• 有机产业理论与实践丛书 •

美丽中国故事

——国家有机示范区创建纪实（二）

国家市场监督管理总局认证认可技术研究中心◎组编

MEILI
ZHONGGUO GUSHI

中国农业大学出版社
China Agricultural University Press
·北 京·

内 容 简 介

有机产品认证示范区的创建为充分利用认证认可手段，服务绿色发展和生态文明建设，构建“大质量”认证联动监管机制提供了有力抓手。

全书主要围绕示范区的生态环境、创建过程、创建成果和辖区内的特色产品展开介绍，不仅展示了示范区良好的生态环境，政府在示范区创建过程中的推动作用，同时还展现了示范区内的特色产品，为社会各界了解国家有机产品认证示范区提供了一个窗口。

图书在版编目(CIP)数据

美丽中国故事——国家有机示范区创建纪实(二)/国家市场监督管理总局认证认可技术研究中心组编. --北京：中国农业大学出版社，2021.12

(有机产业理论与实践丛书)

ISBN 978-7-5655-2689-3

Ⅰ.①美…　Ⅱ.①国…　Ⅲ.①有机农业-产品质量认证-示范区-研究-中国　Ⅳ.①F326.5

中国版本图书馆 CIP 数据核字(2021)第 262216 号

书　名 美丽中国故事——国家有机示范区创建纪实(二)

作　者 国家市场监督管理总局认证认可技术研究中心　组编

策划编辑	王笃利　韩元凤	**责任编辑**	韩元凤
封面设计	李尘工作室		
出版发行	中国农业大学出版社		
社　址	北京市海淀区圆明园西路 2 号	**邮政编码**	100193
电　话	发行部 010-62818525，8625		读者服务部 010-62732336
	编辑部 010-62732617，2618		出　版　部 010-62733440
网　址	http://www.cau.edu.cn/caup	**E-mail**	cbsszs @ cau.edu.cn
经　销	新华书店		
印　刷	北京虎彩文化传播有限公司		
版　次	2022 年 2 月第 1 版　　2022 年 2 月第 1 次印刷		
规　格	185 mm×260 mm　　16 开本　　19.5 印张　　485 千字		
定　价	78.00 元		

图书如有质量问题本社发行部负责调换

本书编委会

主　编　陈恩成　唐茂芝

副主编　王茂华　徐晓丽　曲　丽

编写组　张纪兵　游安君　李国秋　张雯雯
彭　海　徐常青　王吉谭　郝　静
娄　丹　黄红艳　王　欣　王晓彤
刘　磊　张友挺　周　雯　张　菊
孙敏杰　刘　曦　苏宝乐　周金花
杜洪忠　郑　伟　朱　伟　卢建明
李雪辉　刘　裴　彭　波　李雪辉
周静毅　王文莉　牟永鑫　黄德超
罗永福　张　瑞　马堂富　钟蔚恒
古丈文　保请龙　冯　勇　冯　进
李天刚　肖向东　曹永强　杜立民
杨聪文　胥洪超　何晓洪　牟　强
樊逸鹏　袁秀松　张　蕊

序　言

有机农业于20世纪20年代发源于德国和瑞士，在当时是相对于刚刚起步的石油农业形成的一种生态和环境保护理念，并没有形成实际的行动。到了20世纪40年代至50年代，石油农业在发达国家取得了很大发展，甚至一时成为世界农业发展的趋势。这一农业形式重开发轻保护、重生产轻管护，以牺牲农业生态为代价，以高投入高产出为特征，产生了许多严重的环境问题。因此，人类在尊重自然规律的基础上重新审视农业生产方式和生活方式，开始重视有机农业。

发达国家政府从20世纪60年代至70年代开始重视有机农业，并鼓励农民从常规农业生产向有机农业生产转换，有机食品市场也初步形成。有机农业在经历了近半个世纪的漫长实践后，终于在各国的积极推动下开始被广泛接受。有机产品因其涵盖健康、生态、公平、关爱理念，备受广大消费者喜爱。

我国改革开放40多年来，在经济建设取得巨大成就的同时，自然生态环境受到严重的破坏。由于农药、化肥等不合理的使用甚至滥用，致使我国种植业生产源头的污染非常严重，农产品中残留超标；食品添加剂、生长激素和抗生素的不合理使用甚至滥用，使畜禽和水产品受污染严重。导致食品中毒、安全性下降、隐患增多，土地退化严重，生态系统更加脆弱，也成为农产品质量安全的隐患。

有机农业在发挥其生产功能即提供有机产品的同时，关注人与生态系统的相互作用以及环境、自然资源的可持续管理。能够建立一种综合、健康和环保的可持续发展农业生产体系，建立和恢复农业生态系统的生物多样性和良性循环，具有良好的固碳增汇作用，从而实现农业生态自我调节，农业资源再生利用，促进农业的可持续发展。

“十四五”时期，随着乡村振兴战略的不断深入推进，有机农业的发展也被赋予了深入打好污染防治攻坚战的时代责任。

中共中央、国务院《关于全面推进乡村振兴　加快农业农村现代化的意见》中明确要求，加强农产品质量和食品安全监管，发展绿色农产品、有机农产品，推进国家农产品质量安全县创建。

自1995年6月6日，中国第一张有机证书签发以来，中国的有机产品在生产层面上从无到有，由小到大，由点及面，在消费层面上从专供出口到本地消费者购买享用有机食品成为时尚，到进口大量的有机产品。从事有机产业也不再只有农业企业和认证机构，有机贸易、科研、推广、技术支持、产业协会等民间组织纷纷涌现。其社会效益从最初的引进作为防治面源污染的一个有效手段到引领绿色产业、作为推进生态文明建设的重要市场化手段，中国的有机产业正在大步迈向成熟。近几年，我国有机产品认证快速发展，获证企业数量、有机认证证书数量、发放有机码数量等均有增加。2015—2019 年 5 年间有机产品认证数量年均增长率为 13.76%，有机产品产值和销售额呈现稳步增长态势，有机产业呈现“产销两旺”。

与此同时，我国目前尚无一整套论著，对有机产品服务社会发展理论依据和社会实践进行全面阐述，并厘清有机产业的经济、社会和生态服务功能，为国家发展有机产品认证提供理论依据和政策支撑。

本套丛书从有机产业发展历程、有机产品产地环境适宜性评价技术、有机产品认证技术体系、有机产业成熟度评价体系、有机产业安全社会共治理体系构建、有机认证与生态文明等理论层面以及有机投入物质评价技术、有机认证在脱贫攻坚中的作用、有机产品认证示范区建设等方面，分析了有机产业支撑可持续发展的理论依据和实践经验。

希望本系列丛书的出版，能够发挥有机产业的正外部性作用，促进有机产业的发展，为积极应对气候变化做出贡献，为国家发展有机产品认证提供理论依据和政策支撑，也让更多的人理解、参与和支持有机产业的发展。

国家认证认可监督管理委员会
2021 年 10 月

前言

为充分利用认证认可手段，服务绿色发展和生态文明建设，构建“大质量”认证联动监管机制，国家认证认可管理委员会自2011年组织开展“有机产品认证示范区（县/市）”创建活动，目前我国已有129个有机产品认证示范（创建）区，覆盖26个省（自治区/市）。示范创建工作也已取得初步成效：一是落实了“大质量”工作机制建设要求。开展有机产品认证示范创建的地方政府均建立了有机产业发展管理协调机制和有机产品认证监管联动机制，形成了地方政府负总责，地方部门联动监管有机产品的“大质量”工作格局，各部门按各自职责对有机农产品环境、产地、生产、加工、认证、销售进行常态化监管。二是凸显了地方认证监管部门的作用。地方各级政府对有机产业、有机产品认证的重视程度大大提高，提升了地方认证监管部门在县域行政部门协调中的作用和地位。三是满足了人民群众对美好生活的需求。示范创建工作开展以来，提高了有机产品的产量，保障了有机产品质量，实现了有机产业增值增效增收，不断满足市场消费需求。四是探索出了服务乡村振兴战略的好路子。部分县市在示范创建工作中利用有机产业带动“质量兴农、绿色兴农”、推进农业“绿色化、优质化、特色化、品牌化”、助力打好精准脱贫攻坚战等方面已摸索出了一些成熟经验，为服务“乡村振兴战略”探索出了一条好路子。

为总结示范创建工作成效，国家认证认可监督管理委员会于2015年组织编写了《美丽中国故事——国家有机示范区创建纪实》一书，收录了9个国家有机示范区和21个国家有机示范区创建区的创建经验和创建成果。该书一经出版，得到各地政府和相关部门的高度重视和好评，也受到企业、消费者和媒体的广泛关注，对宣传有机产品认证示范创建工作起到了有力的推动作用。

为贯彻落实《国务院关于加强质量认证体系建设　促进全面质量管理的意见》，凝练示范创建工作中的优秀做法和先进经验，树立有机产品认证典型，促进我国有机产业高质量发展，国家认监委组织相关专家，将有机产品认证示范创建工作及效果以纪实方式进行整理总结，以《美丽中国故事——国家有机示范区创建纪实（二）》的方式出版。

本书出版得到国家“十二五”科技部支撑计划“有机产品生产中允许使用物质评价关键技术研究”（2014BAK19B02）和国家质检总局科技计划项目“有机认证作为我国生态文明重要评价指标的前期的探讨”（2014IK151）的资助。本书的编写和出版得到了国家认监委领导、有机产品认证示范区、认证认可专家的大力支持，在此一并表示感谢！

由于示范区分布广泛，加之编写时间仓促，不足之处在所难免，恳请各位专家和读者指正。

国家市场监督管理总局认证认可技术研究中心

2021年10月

目录

北京市

首都西北部的生态屏障

——延庆区国家生态文明示范区建设纪实

北京市延庆区地处北京市西北部，誉称首都西北大门，是首都西北部的生态屏障，全区面积约 2 000 平方公里，著名的万里长城"八达岭"、京北小漓江"龙庆峡"、千古之谜"古崖居"、世界上纬度最低的室外冰雕"龙庆峡冰灯"均位于此。延庆平均海拔 500 米以上，因气候独特，冬冷夏凉，素有北京"夏都"之美誉。

北京市延庆区是首都生态涵养发展区，始终坚持生态立区理念，全面实施生态文明发展战略，先后获得多项荣誉称号。

延庆区耕地多、山场大、光照足、无污染，发展农、林、牧、副、渔业，前景广阔。延庆的蓝天、碧水、净土，为从事有机农业生产提供了得天独厚的环境优势。

一、北京市延庆区从事有机产业的环境资源优势

(一)生态环境优势

延庆地处北京市西北部，三面环山一面临水，土壤污染指数远低于全市平均水平，森林覆盖率达到了 60.4%，空气质量二级和好于二级的天数比重达到 80%以上，地表水水质达到国家Ⅱ级标准，地下水全部达到国家饮用水标准，这是京郊其他区不能比拟的。延庆区先后获得全国绿化模范县、全国控制农村面源污染示范区、ISO14000 运行国家示范区、国家园林县城、国家卫生县城、北京市可再生能源示范区、国家生态县等荣誉称号，2017 年 9 月 21 日被环保部评为国家生态文明建设示范区。延庆的净水、净土、净气，为首都筑起一道坚实的生态屏障，也为延庆发展有机农业提供了绝佳的条件。

(二)气候资源优势

延庆平均海拔 500 米以上，海拔相对较高，夏季气候凉爽，光照资源丰富，同期气温较近郊平原低 5 ℃左右，与近郊平原有一个节气之差，正好弥补了京郊平原区 7—9 月自产蔬菜的淡季空缺。受地形影响昼夜温差大，积温有效性高，有利于进行光合作用，降低呼吸消耗，块根、

块茎作物养分积累快、产量高，水果品质好。加上优良的生态环境，为延庆生产有机蔬菜、苹果、葡萄等有机农产品奠定了资源基础。

（三）土地资源类型优势

延庆土地资源类型多种多样，山区、丘陵、平原都有。平原95%区域的土壤质量达到国家一级土壤环境质量标准。地貌类型的多样性，为农、林、牧、副、渔业的综合发展提供了有利的资源条件；面积广阔的低、中、深山区，山清水秀，人口密度相对较低，耕地资源分散，给发展有机林产品、干果产品和马铃薯、玉米等多种农作物良种繁育及优质中药材种植提供了优越的资源环境条件。

二、北京市延庆区有机产业和有机认证情况

至2017年年底，延庆区有机农产品认证面积1.8万亩，认证总产量2.3万多吨，总产值4.15亿元，占全区农业总产值的21%。现有有机产品认证企业37家，认证证书39张。其中种植类有机产品生产企业30家，认证证书32张；养殖类有机产品生产企业5家，认证证书5张；有机产品加工企业2家，加工证书2张。

延庆有机农产品主要有三大类：一是种植类，品种有玉米、蔬菜、杂粮等，认证面积8 900亩；二是果品类，主要品种有葡萄、苹果，有机认证面积6 350亩；三是畜牧类，产品主要有纯酸牛奶、低脂牛奶等5个系列。

三、保障措施

延庆区委、区政府高度重视发展有机农业产业，始终坚持“政府引导、典型带动、科技支撑、市场运作”的发展思路和“强化认证执法、确保有机产品质量”的监管思路，大力发展有机农业。

（一）政府引导，在有机产业发展的顶层设计上下功夫

为确保有机农业健康、稳步发展，成立了由主管农业副区长为组长，区农委、农业局主要领导为副组长的有机农业发展领导小组，成员包括区农委、农业局、质监局、财政局、工商局、种植中心、水产中心及各乡镇政府，负责全区有机农业发展的监督、指导和协调。领导小组在区农业局设办公室，承担有机农业发展领导小组的日常工作。在建立健全领导小组的同时，区委、区政府先后出台《关于推进社会主义新农村建设促进农民增收致富若干政策的意见》《延庆县有机循环农业中长期发展规划（2009—2015）》《延庆县生态文明建设三年行动纲要（2010—2012）》和《延庆县都市型现代生态农业发展规划（2015—2020）》，为全区有机农业发展指明方向、明晰路径，不断推进有机农业的区域化布局、规模化生产。

为把有机农业扶强做大，区委、区政府积极发挥导向支持作用，不断加大资金投入，整合涉农项目资金，向有机产品优势产业、重点基地、龙头企业倾斜。对生产企业进行奖励扶持，鼓励从事有机产品生产的企业。从2011年开始，新建设施蔬菜日光温室补贴4万元/亩、钢架大棚补贴1.5万元/亩、新建设施葡萄（日光温室）补贴4万元/亩、中药材产业补贴150元/亩、有机

产品认证费用和复审费用100%给予补贴;从2014年开始区政府每年安排1 000万元作为有机产业发展专项资金,在有机认证、购置检测设备、新建农业设施、生防物防等关键环节,给予资金补贴、物资补助和科技帮扶,鼓励企业积极参与有机食品基地建设。多年来,总计投入资金达12亿元。

(二)科技支撑,在增添有机产业发展的新动力上下功夫

在有机产业发展上,延庆立足本地实际,依托首都科技人才优势,逐步建立起以企业为主体、市场为导向、"产、学、研"相结合的科技支撑体系。一是在北京市植保站的支持下开展了天敌昆虫捕食螨、异色瓢虫等防效试验研究,生物农药防治辣椒白粉病、黄瓜霜霉病等药效试验,电生功能水防治果类蔬菜病害试验,植物免疫增产蛋白应用试验,为延庆蔬菜病虫害绿色防控技术的推广应用提供了理论依据。二是国家奶牛产业技术体系首席科学家李胜利在延庆成立延庆综合实验站,建立"产、学、研"基地,指导牛场制定牛群杂交改良计划,提高牛群健康水平,改善牛奶品质及风味,为产业发展、品牌打造提供了人才和技术支撑。三是加强有机生产新技术推广和应用。全区所有有机蔬菜基地分别采用了杀虫灯、防虫网、遮阳网、色板等技术。四是"以虫治虫"的天敌昆虫技术应用于蔬菜有机生产中,成为有效控制虫害发生的重要手段,也是农业病虫害绿色防控的重要措施。2013年,投入资金达1 000万元的北京阔野田园生物技术有限公司投产运营,该公司以工厂化繁育方式生产系列天敌生物产品。目前,已建成4条完善的天敌生物生产线,基本满足了辖区有机企业的需求。

在科技支撑有机产业发展的同时,2013年,投资近500万元建成"延庆县农产品质量安全检验检测中心",并取得"农产品质量安全检测机构考核合格证书"和"国家计量认证证书",实现了农产品检测资质的"双认证",成为北京市获得"双认证"的4个区之一。"延庆区农产品质量安全检验检测中心"可进行蔬菜、水果等植物产品中的农药残留、重金属、硝酸盐、亚硝酸盐和产地环境(土壤、水)以及饲料和牛奶中三聚氰胺等6大类162个项目的定性、定量检测。

"延庆区农产品质量安全检验检测中心"的建成并运行,为延庆有机农产品的质量提供了科技支撑,有机农产品的质量安全得到保障。

(三)示范推广,在引领有机产业发展的方向上下功夫

2011年,延庆县成为"国家有机产品认证示范创建县"以来,始终把培育壮大龙头企业放在发展有机农业的首位,坚持走"以点带面、典型带动"的有机农业发展之路。

1.培植壮大龙头企业

积极落实产业扶持政策,对现有龙头企业予以重点扶持,不断提高市场竞争力和辐射带动能力。北京绿富隆农业股份有限公司、北京北菜园农产品产销专业合作社是延庆区重点培育的有机产业龙头企业,两家企业生产规模占全区有机蔬菜生产规模的80%,年产量达6 000余吨。北京绿富隆农业股份有限公司是延庆首家获得蔬菜有机认证的企业,为2019年世界园艺博览会蔬菜种苗繁育与展示后备基地。

2.积极探索具有地方特色的发展模式

为推动有机农业产业向规模化、产业化发展,突破地区制约瓶颈,充分发挥农民合作组织的桥梁和纽带作用,深入探索新的发展模式。2011年4月北京绿菜园蔬菜专业合作社作为发

起单位，联合全区12个乡镇的16家农民专业合作社成立北京北菜园农产品产销专业合作社（联社）。它是一个以销售为纽带、整合农业资源的综合性农民专业合作社。合作社实行六统一的管理模式，即统一种植规划、统一育苗、统一农资供应、统一病虫防疫、统一技术指导、统一品牌销售，既提高了农民种菜的积极性、降低了散户种植的风险，又保障了蔬菜的质量，促进了合作社的可持续发展。实行三七开的分配模式，即产生的毛利润种植户得70%，合作社得30%。成功解决了种植者"懒"和"散"的问题，调动了种植户的积极性。

(四)强化监管，在推动有机产业的健康发展上下功夫

2011年，延庆县成为全国首批"国家有机产品认证示范创建县"以来，为督促企业落实产品质量安全主体责任，规范有机产品认证、生产、加工、销售行为，有关职能部门根据各自职责，强化了有机产品认证监管和服务工作，初步形成了"各司其职、齐抓共管"的工作格局，辖区有机产业在注重发展规模、数量的同时，更加注重有机产品的质量，使有机产业的发展走上了良性发展的道路。

1.整合执法资源，构建多位一体的监管服务体系

有机产品认证监管涉及质监、工商、农业等多个部门，存在执法资源分散、交叉执法、监管不到位以及信息沟通不畅等问题，在一定程度上制约了有机认证监管工作。近年来，我区多次组织有关职能部门召开有机产品认证监管工作会，研究探讨有机产品认证监管问题，建立了职能部门工作联络机制，形成了一整套有机产品认证监督管理制度。一是明确了各部门职责分工。从有机产品认证、生产、加工、销售各个环节明确了各部门的职责，基本实现了认证监管的无缝链接。二是畅通信息沟通渠道。各职能部门明确了责任科室和责任人，建立了信息沟通机制，畅通了信息沟通渠道。三是组织联合执法检查。在专项监督检查、节假日前、动物疫情、病虫害多发期等重要环节组织联合执法，指导帮助企业采取有效措施抑制疫情、虫害，同时严厉查处企业可能的违规违法生产及销售行为。

2.择优遴选认证机构，督促认证机构落实主体责任

一是招标遴选认证机构。针对个别认证机构认证活动不规范的问题，2013年延庆县质监局、农业局、种植业服务中心等部门联合对有资质的认证机构发出了投标邀请，其中有8家认证机构投标，按照《中华人民共和国认证认可条例》等法律法规的要求和延庆有机企业实际，对投标标书进行了详细的评比分析，择优遴选了两家认证机构在延庆从事有机产品认证活动（其他机构逐步退出）；为满足2019年北京世界园艺博览会和2022年北京、张家口冬奥会期间国内外消费者特别是国外消费者对有机农产品的需求，2017年延庆区针对具有国外有机认证资质的机构进行了招标，其中一家认证机构中标。二是认真落实观察员制度。在延庆从事有机产品认证活动的机构，提前一周告知质监、农业部门，由区质监局派出观察员监督认证活动全过程，重点观察认证机构的认证活动是否符合相关法律法规及《有机产品认证实施规则》的要求等，杜绝认证过程中的违规违法行为。三是提交跟踪检查情况报告。为督促认证机构落实主体责任，发挥服务企业的作用，按法律法规的有关要求，规定了认证机构每年应向区质监局提交认证活动和对企业跟踪检查的报告，并对报告的真实性负责。四是为认证机构排忧解难，督促认证机构独立、客观地开展认证活动。针对认证机构提出的对企业的认证不通过得不到认证费用的问题，区有关部门做出了郑重承诺，认证费用政府买单，只要认证活动符合法律法

规的要求，认证费用照付，从而消除了认证机构的后顾之忧，为认证机构独立客观地开展认证活动创造了条件，从而保证了有机产品认证质量。五是实行认证机构退出机制。对不按《有机产品认证实施规则》等法律法规规章规则从事认证活动、跟踪检查不到位、弄虚作假、认证过程存在违规违法等行为的认证机构，实行退出机制。六是通过对认证企业的执法检查，倒查认证机构落实主体责任的情况。主要是认证环节是否存在不按《有机产品认证实施规则》等开展认证活动、认证活动忽略重要环节以及机构对认证企业的跟踪检查情况等。

3.开展专项监督检查，着力解决有机生产过程中的突出问题

国家认监委于2014年组织了有机产品认证专项监督检查，延庆作为“有机产品认证示范创建县”参加了此次检查。国家认监委安排专家对延庆辖区有机产品生产企业的“体系运行情况、产品生产过程控制的情况、认证机构现场审核情况、证书标志使用情况”等进行现场检查或见证检查，并做出认证有效性评价。检查组在充分肯定延庆作为“有机产品认证示范创建县”取得突出成绩的同时，也指出了少数企业存在的问题，延庆质监、农业部门根据问题的严重程度进行了风险分类，对风险等级比较低的企业制定了帮扶计划，对4家风险等级高、不能持续符合认证要求的有机产品生产企业果断撤销了认证证书。通过此次专项整治，增强了有机企业的忧患意识，为延庆有机产业的健康发展增添了新动力。

为巩固2014年有机产品专项监督检查成果，推动有机产业持续健康发展，延庆区政府于2016年安排10万元专项资金，组织开展了第二次专项监督检查，国家认监委和北京市质监局安排专家进行了现场指导。与此同时，为推动京津冀有机认证合作交流，延庆还邀请了河北省张家口市、承德市的部分县的认证执法人员全程参与专项检查。检查的重点是有机企业2014年存在问题的整改情况和新增有机企业的“体系运行情况、产品生产过程控制的情况、认证机构现场审核情况、证书标志使用情况”等，辖区所有有机企业参与了专项检查。专项检查结束后，按照检查结果对企业进行了排名，召开通报会，向企业宣布了检查结果，点名批评了问题比较多的企业，对违规使用违禁投入品、违反有机产品国家标准要求等情况的5家企业责成认证机构果断撤销了认证证书。通过专项检查，使延庆的有机产品产销环境得到进一步净化，企业主体责任意识进一步增强，产品质量得到进一步保证。

4.开展交流合作，努力提升为有机产业发展保驾护航的能力水平

为提升认证执法监管能力水平，2011年以来延庆县采取“请进来、走出去”的方式与部分省、市、县的认证执法部门广泛开展交流合作。先后有天津市蓟县，河北省承德市丰宁县、隆化县、张家口市崇礼区，山西省广灵县市场监督管理局认证执法人员来延庆就创建有机产品认证示范区工作开展学习交流，达成合作共识；2015年延庆区认证执法人员参加了国家认监委在四川南充举行的有机产品认证示范区授牌仪式，并观摩考察了南充市有机产品认证示范区的建设情况；2016年延庆区质监局参加在河北省丰宁县召开的京津冀认证认可工作交流座谈会，同年邀请河北省、天津市的部分市、县认证执法人员参加延庆区的有机产品认证专项监督检查，在执法一线交流探讨执法经验。

通过广泛开展交流与合作、取长补短、互相学习、共同提高，丰富了认证执法经验，提升了为有机产业发展保驾护航的能力水平。

5.突出重点，兼顾一般，推动认证执法常态化

2011年，延庆成为“国家有机产品认证示范创建县”以来，将有机产品认证执法纳入年度

工作计划，对认证监管做出具体安排部署，推动认证执法常态化。一是按照年度工作计划，组织日常执法检查，主要内容包括认证证书、认证标志使用情况，体系运行情况等。二是结合日常监督检查中发现的投入品使用和病虫草害防治、肥料使用等共性问题，有针对性地进行监管，主要是通过查阅企业是否存在采购违禁投入品的记录、农资库房是否存有违禁投入品、生产现场是否有使用违禁投入品的痕迹、产品风险监测检验是否含有农残，检查企业投入品的使用情况；通过查阅企业是否存在采购违禁化学农药的记录、农资库房是否存有违禁农药、生产现场是否存在使用化学农药的痕迹、向企业了解病虫草害防治措施等，检查企业是否存在使用化学农药的情况。通过企业的有机肥料采购记录、企业堆肥数量和企业的生产面积等评估企业是否存在使用化学肥料的情况。

（五）广泛宣传，在扩大有机产品知名度、影响力上下功夫

结合延庆区“葡萄大会、马铃薯大会、房车大会”等盛会的召开，通过邀请新闻媒体、开展“有机之旅”、发放宣传册、进行有机农产品展卖等活动，宣传延庆有机产品，广泛普及有机知识、有机生活理念。

2016 年 9 月，延庆区邀请国家认监委在延庆举行“有机宣传周”启动仪式。启动仪式上，国家认监委公布了 2015 年度有机产品认证监管结果并介绍了“同线同标同质”三同工作进展。国家认监委信息中心与首批电商平台签署了合作框架协议，将有机产品认证数据接入电商平台，形成“云桥”数据共享机制。中国连锁经营协会牵头组织有机认证机构、有机获证企业、商超做出公开承诺。

活动当天，来自北京市、云南省、广东省、山西省、河北省、内蒙古自治区等地 100 家有机产品、“三同”产品生产企业同台展示了优势产品（其中延庆区 35 家有机农产品生产企业），宣传了品牌形象。北京电视台等多家媒体全程报道了此次活动。

通过多种形式的广泛宣传，使延庆有机农产品走上了更广阔的舞台，扩大了延庆有机产品的知名度、影响力。

四、实施成效

实现经济、社会和生态三大效益的统一，是延庆区有机产业发展的根本目标。多年来，延庆坚持把有机产业作为发展现代农业、实现农业倍增的有力抓手，不断在产业培育、品牌塑造、基地扩张、园区示范、宣传推广等方面做文章，有机产业取得了长足发展，实现了经济社会发展与生态环境保护“双赢”。

（一）产业效益不断提升

截至 2017 年底，延庆区有机农产品种植面积达到 1.8 万余亩，产品涉及 6 大类 140 余个品种，认证产量 2.3 万多吨，累计发展有机生产企业 34 家，有机产业总产值达到 4.15 亿元，占农业总产值的 21%。有机产业已经成为全区农民增收致富的重要途径之一。

（二）生态环境持续趋好

在有机产业发展上，延庆区通过倡导使用有机肥料、生物农药，推行病、虫、草害防控新技

术，保护了土质不受污染；通过建设病死畜禽无害化处理设施、采取生猪无害化补偿措施，确保了环境清洁安全；通过推行有机生产，维护了延庆多样化的生态平衡系统，近10年来，延庆野生鸟类增加了60多种。

(三)示范作用初步显现

与其他地区相比，延庆有机农业发展起步并不早，但发展迅速。2006年北京归原生态农业发展有限公司就取得有机产品认证证书，成为全国较早通过有机牛奶生产全程有机认证的企业；2008年北京绿富隆农业股份有限公司有机蔬菜生产基地被奥组委选为北京奥运会核心蔬菜供应基地；2009年成功注册“延庆·有机农业”品牌；2011年获得了“国家有机产品认证示范创建县”称号；2017年通过国家认监委审核验收，获得了“有机产品认证示范区”称号。以“有机、生态”为主题的有机产业，已成为延庆对外的一张新名片。

(四)品牌战略有效推行

成功打造了“归原”有机奶、“绿富隆”、“北菜园”有机蔬菜以及有机果品等有机农产品品牌。形成以有机果品、有机蔬菜、有机奶制品为代表的3大特色有机农产品基地：

有机果品——以苹果、葡萄等种植为主，主要分布在张山营、旧县等乡镇，面积6 350亩，年产量达到651吨。其中延庆国光苹果、葡萄已成功注册国家地理标志产品。

有机蔬菜——主要分布在康庄、旧县等乡镇，面积1 766亩，年产量2 916吨。北京绿富隆农业股份有限公司、北京北菜园农产品产销专业合作社是我区有机蔬菜种植的重点企业，有机产品备受消费者青睐。

有机奶制品——以生产有机鲜奶、酸奶为主。北京归原生态农业发展有限公司是全国较早取得有机食品认证并实现有机牛奶产业化开发的乳品企业，年产有机奶2 500余吨，其生产的“归原”纯酸牛奶、全脂酸牛乳等系列奶制品在市场上供不应求。

(五)精准扶贫落到实处

延庆区在发展壮大有机农业的同时，辖区有机企业把精准扶贫作为回报社会的重要举措，通过有机认证助力精准扶贫，以“北菜园”“绿富隆”等为代表的有机农业龙头企业采取具体措施帮助贫困地区和贫困户脱贫致富。一是2017年“北菜园”合作社与河北张家口地区的沽源县县长梁镇签订了战略合作协议，初期租赁200亩土地，吸纳当地36户贫困户作为产业工人，北菜园合作社为深度贫困地区提供订单化种植，基础设施建设规范建议，有机认证转换手续协助，有机蔬菜种植规范，有机农场管理规范，生物天敌防控技术，物流管理，统一品牌包装销往北京、天津等地的高端超市，前期阶段性基地管理和技术人员委派，物联网管理技术支持等服务。按户计算，每户收益包括土地流转费、承包大棚收入和利润分红收入，年均收入达到5万元以上，实现脱贫；后期还将进一步扩大合作空间，吸纳更多的当地贫困户脱贫致富。二是优先安排贫困户就业增收。多数贫困户可用资源少、致富技能缺失、致富途径少、致富缺乏一技之长，辖区企业优先安排贫困户就业增收，从传授种植技术、田间管理、病虫害防治等有机生产技术入手，帮助贫困户掌握从事有机生产的技能，畅通贫困户增收致富的途径。三是履行社会责任，助力残疾人脱贫致富。“北菜园”创建了北京市扶贫助残基地，为49名残疾人安排适当的工作岗位，辐射带动4名残疾人参加种植工作，残疾人人均年收入达到了26 000多元，实现了脱贫致富。

五、特色产品

（一）有机蔬菜

北京北菜园农业科技发展有限公司成立于2011年8月9日，注册资本1 000万元，位于北京市延庆区康庄镇小丰营村。公司主要从事有机蔬菜种植、包装加工和产品的销售，是中关村高新技术企业。

1. 多纬度选址

为了让用户每天都能吃上放心的有机蔬菜，北菜园横跨不同纬度，选择优质的自然生态环境，通过不同纬度、气候、海拔等自然环境调节产品种植，避免受局部地区气候环境影响造成的蔬菜断档问题，保障有机蔬菜的持续稳定供应。现已建立了北京·延庆有机蔬菜核心基地、海南·海口/三亚/东方有机蔬菜合作基地、河北·沽源有机蔬菜合作基地、新疆·焉耆有机蔬菜合作基地和黑龙江·五常有机大米种植合作基地，北菜园为用户甄选提供更丰富和新鲜的有机健康食品，让用户每天都能吃到新鲜、健康和安全的有机食品。

2. 从源头到餐桌15重品质管理，食品安全有保障

北菜园引入先进的农业管理模式，建立了4大管理系统和15重品质保障环节：源头有机，在优质自然环境中培育品质更佳的有机食品；精选优质种子育苗，杜绝转基因和化学污染；采用精制有机肥，杜绝病虫害传染源和重金属污染；水肥一体化滴灌，养分直供蔬菜根部；熊蜂自然授粉，避免激素污染；独立研发全国领先生物防治技术——以虫治虫，实现零农药投放……让作物自然生长成熟，保障有机食品从源头到餐桌的新鲜、健康和品质安全。

北菜园总结和推行了适合当地农业的六统一管理模式即：统一农资供应、统一育苗、统一计划生产、统一病虫害防治、统一生产加工、统一销售服务，建立了一个从种子到餐桌的统一管理系统，通过每个环节的严格管理来确保产品的质量。严格按照国家有机蔬菜种植标准选择优质的种子；通过集中、统一育苗降低苗期和土传病虫害的发生，缩短生长周期，降低生产成本；统一计划种植将销售与生产有效的结合，建立以产定销的产销结合模式；统一病虫害防治，既做到了病虫害的科学防治又防止了种植户私自使用违禁物品；统一加工包装是产品质量的检测控制，也是为品牌销售的建立打基础；统一的品牌销售为合作社的长远发展建立保障。

3. 探索和推行“滚动生产”的轮作种植模式

滚动生产是一种工业生产方式，用在农业上就是保持定植、生长的连续性，从而保持同一时间不同生育期的同种蔬菜在田间都有，也就是说同种蔬菜每天都有成熟、可采收的。“滚动生产”延长了蔬菜的供应周期，实现均衡上市的同时，做到了不间断的供应。

北菜园有机蔬菜在2015—2018年期间，有机认证公司对我公司从种植到包装到销售整个生产线的年度检查和后续监督检查中各项指标全部合格。

4. 建立了严密的流通环节管理体系，确保流通环节的产品质量

北菜园自成立以来，专注于互联网+在蔬菜种植、加工和销售方面的应用。2011年引进物联网信息科技技术，给每个作物制作了一个“身份证”，这个身份证上的信息包括每一茬作物

在成长过程中所有的主要栽培操作时间点，如播种、出苗、移栽、开花、结果和收获，各种主要的环境变化，起到预警作用。北菜园通过先进的信息采集和整理的技术手段，将这些信息制成二维码即每棵蔬菜的“身份证”，自此实现了蔬菜安全的可追溯，确保了市民吃上放心菜。通过物联网，对种植基地、配送中心、物流系统和营销网络进行整合，实现了对“商流、物流、信息流、资金流”的全方位管理，通过加强农作物种植过程的监控及规范化管理，降低了施肥灌溉成本，有效防止病虫害，通过电子商务及智能物流，实现了农宅对接一站式服务并对蔬菜的进销存进行了有续管理，实现了成本最大限度地降低，同时通过对销售信息的分析，指导种植基地滚动生产，周年供应。

5.48 小时直达餐桌

加强配送系统建设，蔬菜采摘后即进入冷库包装，优化物流配送服务，保证蔬菜快速直达用户餐桌；12 点前订单次日送达；12 点后订单隔日送达。

2017 年公司对 47 个品种的有机蔬菜进行了有机认证，注册了“北菜园”“菜妞”“365 鲜”等 6 个商标，并通过农宅对接、社社对接、商超对接的方式将有机蔬菜销往京、津、冀地区：华联超市 11 家、华润超市 7 家（其中天津 2 家）、新世界超市 1 家、沃尔玛超市 7 家、哈尔滨远大超市 2 家、婕妮璐超市 2 家、华冠超市 2 家、超市发超市 2 家、天虹超市 1 家共计 35 个；中粮、本来、自然之心、中国邮政和北菜园网、宅配会员客户 1 000 余个，超市零售价平均 35 元，会员直配到家平均 25 元。

通过 7 年的发展，“北菜园”已被北京的高端消费市场认可，信息科技技术引领了蔬菜行业的先河，在京津冀地区起到了示范作用。2014 年 7 月公司正式入驻中关村科技园延庆园，成为村高新企业。我们发起的蔬菜众筹模式销售获得了 2016 年北京市大兴区互联网＋农业创新创业大赛的人才奖。“北菜园”品牌获得了 2016 年“生态中国优选推荐品牌”；2017 年农业好品牌，有机蔬菜种植基地先后被评为国家农民合作社示范社、国家蔬菜种植综合标准化示范区、全国科普示范基地；农业部农村管理干部现场教学基地、北京市女大学生实习实践基地、北京市残疾人扶贫基地。

未来“北菜园”仍将怀揣初心，专注有机农业发展，以食品安全为核心，不断优化产品和服务，完善有机农产品生产服务体系，为用户提供更优质的有机健康生活服务。

（二）有机葡萄

北京金粟葡萄种植专业合作社葡萄园的葡萄品种涵盖了欧美种与欧亚种，共计 36 个品种，如玫瑰香、金田美指、瑞都香玉、夏黑、香悦等品种。园区的葡萄品种具备“皮薄、肉脆、粒大、味香”等特点。葡萄的可溶性固形物含量基本都大于 18%，糖酸比适中。葡萄的品质与口感别具一格，果实的草莓香味、玫瑰香味、麝香味等风味在有机种植管理模式下也是发挥得淋漓尽致。加之采用的葡萄一年两熟技术，使葡萄的成熟第一茬上市时间从 5 月上旬陆续至 7 月初，第二茬在元旦、春节期间上市，达到了错峰上市的目的。目前，金粟葡萄种植专业合作社的葡萄销售仍以采摘为主，同时也依托电商平台，满足全国其他地区消费者的需求。

（三）有机牛奶

“归原有机奶，想喝你就来”。这个广告词流传于每个牛奶消费者的心底，成为广大消费者耳熟能详的口号。我们打造归原有机奶的初衷，就是回归自然，追求纯真。正是遵从这一理念，依照有机奶程序脚踏实地地进行生产，归原有机奶自上市以来才能赢得广大消费者的赞誉和认可。本公司产品有“归原”有机牛奶、“归原”有机酸奶等两大系列 8 个品种。公司购进世界先进的榨乳配套设备是产品质量的重要保证。智能化挤奶过程实现对每头牛所产牛奶的脂肪、蛋白、体细胞、细菌数等相关数据采集；在 20 分钟内，迅速将牛奶降至 4～6 ℃保鲜，最大限度地保留了牛奶的营养与新鲜。归原公司生产的有机奶从牛身挤出到加工成产品，全程实现了密闭式生产，整个过程中奶不与空气接触，杜绝一切污染可能。

归原关注奶牛健康不追求牛奶的产量，归原人坚信牛奶不是人生产出来的，只有健康的奶牛才能产出高品质安全有营养的牛奶。归原奶牛福利好，吃有机饲料，还要定期吃中药保健品，四季能喝温水、听音乐、睡木床，干净整洁的花园式养殖场，每天有专人清理，保证奶牛的生活环境。挤奶程序严格规范，使得原料奶的细菌数很低，国家标准是每毫升菌落总数 200 万个，欧盟是 10 万个，德国和荷兰是 5 万个，归原有机牛奶不超过 2 万个。体细胞国家没有标准强制规定，但是归原有机牛奶体细胞数在 20 万以下。归原有机牛奶的营养更高于普通牛奶，特别是欧米伽 3(ω-3)脂肪酸含量更是高出普通牛奶 2～3 倍，非常有助于儿童脑部发育。维生素和胡萝卜素也比普通牛奶含量高 50%。

六、创建故事

让消费者吃上放心菜的开拓者

他用农民的质朴和做事的执着，用了 10 年的时间，种出了让北京市政府出面保真的高品质有机蔬菜，他以一个共产党员的要求，带领着一方农民实现了农业致富的目标，他和他的“北菜园”有机蔬菜享誉北京，闻名全国。

他就是代表农民利益的北京市人大代表、全国劳动模范——赵玉忠。

他是老百姓公推的全国劳动模范、道德模范，是全国首届“十佳农民”的北京市代表，是北京市“三农”实用人才、北京“三农”新闻人物、北京市有突出贡献的农村实用人才。

赵玉忠，男，61 岁，中国共产党员，北京绿菜园蔬菜专业合作社理事长，北京北菜园农产品产销专业合作(联合)社理事长，北京市人大代表。10 年来，他不计个人得失，无私奉献，带领本村农民，凭借着让消费者放心产品质量，打造出了享誉北京、全国知名的“北菜园”有机蔬菜品牌，使北京市延庆区小丰营村的 298 户农民走上了持续稳定的增收致富路，树立起了北京市蔬菜行业的一面旗帜。

他所在的北菜园位于国家有机产品认证示范区、国家生态示范区、全国控制农村面源污染示范区、2019 年世园会、2022 年冬奥会举办地的延庆区。生产基地的土壤质量达国家一级土壤环境质量标准；空气质量等于和高于二级的天数比重达 80% 以上；地表水水质达国家Ⅱ级标准，地下水全部达到国家饮用水标准。

无私奉献探新路

小丰营村有着 300 多年的种菜历史，村内菜农种植的大白菜在京津冀一带久负盛名，但一直以来无法改变蔬菜价格受到市场波动的影响，碰上行情不好的年份，菜农经常是种得多赔得多，没有市场的话语权。为了改变菜农收益没有保障的局面，借着政府《农民专业合作社法》的颁布，2007 年 4 月，村里成立了北京绿菜园蔬菜专业合作社，开始探索企业化经营蔬菜的道路。18岁开始当上生产队队长的赵玉忠，凭借着在眼镜制造业摸爬滚打25年的企业管理成功经验和较高的威望高票当选为合作社理事长，开始了集体蔬菜经营的新道路。

为了能够让合作社走上良性的发展道路，真正为种植农户解决种植与市场对接的问题，赵玉忠马不停蹄，没日没夜地开始了工作。订产品，找技术，拓销路，每一项工作都需要落实。每天早上来得最早的是他，走得最晚的还是他，经常一天都忘记喝一口水，忙到下午一点多了，爱人打电话才知道，已经过了吃饭的点。在合作社十年，61岁的他，两鬓开始斑白，很多人说“你什么都不缺，还这么辛苦为了什么！”赵玉忠说“乡亲们的嘱托和希望还没有完成，我不能休息啊！”10年来，他没有享受过一个周末，一个假期。他的无私奉献，带动了一批人和他一起，为本地蔬菜种植和经营探索了一条新的道路。

负重前行担责任

农业行业发展投资大、周期长、见效慢，想要凭着合作社最初的18.5万元资金，创出一条农业发展的新道路显然是不行的，为了解决合作社发展所需资金问题，赵玉忠积极想办法，成立互助资金会，凭借着自己多年的信誉，得到了乡邻的大力支持，每一次的筹资都大于合作社阶段发展的需求，到了需要控制资金流入的程度。在合作社发展的初期，为了能让农民的收益得到保障，他开创性地建立了“三七开”分配管理制度。这一制度保障了农户的收益，却也增加了合作社的负担和风险，合作社的许多成员对此提出了异议，然而赵玉忠坚持让农户的利益得到保障，在合作社严重亏损的情况下，负债经营，几乎用一人之力解决了合作社发展所需的资金。在农村，这样的负债是巨大的，他的负债让他和家人承担了巨大的风险，他也为此在数不清的日子里难以入睡，有时从梦中惊醒，然而，赵玉忠始终坚信，种植有机蔬菜是造福一方百姓，惠及子孙后代的伟大事业，他始终坚持不放弃，用他坚实的肩膀独自承担了合作社发展中的所有困难，带领着他的团队负重前行，硬是创出了一条崭新的道路。

科学管理共致富

为了解决蔬菜种植的管理问题，他和他的团队，经过无数个昼夜的讨论和实践，总结推行了“六统一”的管理模式：统一种植规划、统一育苗、统一农资供应、统一病虫防治、统一加工、统一品牌销售，通过每个环节来层层把控产品质量，建立了一套科学的农业企业化管理模式。他还配合有关部门，积极开展田间教学，他亲力亲为，手把手地教会菜农种植有机蔬菜的技术，把产品质量的把控落实到了每个种植的环节。

他的“三七开”分配模式可以说是保持合作社活力的重要动力，是产品质量的坚实人力基础，这是赵玉忠将工业的管理运用到农业种植的典范。“三七开”是让农民在零投入的基础上，扣除产品生产的资料成本，以内部收购价格为基础的分配模式。菜农在蔬菜销售中享受收益的70%，遇到种植蔬菜受灾，农民还可以获得每月1 800元的最低工资补偿，这一模式彻底解决了种植农民在人民公社时期的“出工不出力”的“懒”和分田单干时期的无法规模经营的“散”，让农民做到了“零风险投入，高收益回报”，极大地提高了农民的作业积极性，实现了农民的高效组织，也为我国农民的有效组织开辟了新的道路。

自2011年开始，合作社的种植农民的收入实现了稳定增长。2014年人均收入达到4.2万元，最高达7.8万元，真正让农民成了“产业工人”，走上了共同致富的道路。

诚信执着筑品质

认识赵玉忠的人都知道他是个“爱钻研”的人，为了解决有机蔬菜种植中的各种技术，他四处请教，多方学习。为了让产品均衡上市，建立了滚动生产的农业技术；为了解决虫害的防治，他成了国内第一个把扑食性天敌工厂化生产的人；为了消除消费者对质量的疑虑，他成了国内第一个使用可以追溯蔬菜生长的二维码的人；……他的“钻研”，让他的生产技术受到了国内外农业专家的肯定和赞扬，也让他的有机蔬菜在鱼龙混杂的市场环境下一枝独秀，受到了消费者的青睐。

赵玉忠还是个“倔强”的人，特别是在蔬菜质量的把控上更是如此。

那是2011年春节，有个长期合作的客户订购200箱有机蔬菜，但冬天北方的气温较低，西红柿和豆角无法足量供应。客户希望赵玉忠能从其他基地采购普通蔬菜，然后按照有机蔬菜包装，并承诺按照有机蔬菜价格付费，所需蔬菜不走流通市场，然而赵玉忠坚决地拒绝了客户，为此，客户非常生气。但事情过去以后，客户表示不仅理解了赵玉忠的良苦用心，自己也受到了诚信教育。

还有一件广为流传的事。在种植初期，由于虫害防治中物理防治不到位，天敌又没能及时释放，基地有8个棚里快要采摘的西红柿虫害严重。有人提出：“可以打少许化学农药即可治愈，既不影响产品的质量，又可挽回几十万元的经济损失。”但赵玉忠对他的农户说：“我们种植的是有机蔬菜，不能为了眼前利益而毁了我们的信誉。”他在保证职工利益的前提下勇担损失，带领种植户亲自销毁了所有的病害产品。多年来，他和他的种植农户累计拔掉的秧苗几万株，销毁的蔬菜几十万千克。他的诚信感动了所有的种植户，而有机蔬菜丰厚的回报也让诚信经营的理念在种植户心中生根，如今，诚信已经成为大家的自觉行为。

志存高远守根本

如今的北菜园已经成了为数不多的解决了有机蔬菜种植、加工及销售的成熟合作社，赵玉忠和他的“北菜园”有机蔬菜品牌也已经成了享誉北京的有机蔬菜领导品牌。在2015年北京市政府保真的6个有机蔬菜品牌中，“北菜园”被重点向消费者推荐。

正是赵玉忠不计个人得失的无私奉献，坚持不懈的学习和钻研有机蔬菜的种植技术，对产品质量近乎偏执的追求，使得“北菜园”有机蔬菜成了种植技术过硬，种植过程透明，产品质量放心，产值几千万元的有机蔬菜种植、加工、销售一体化的典型农民企业，在解决食品安全的同时，带动了一方农民的共同致富。他的成功受到社会各界的关注，在我国农业发展的重要时期，成为北京市蔬菜行业一面鲜明的旗帜。

2011年，由他所在的北京绿菜园蔬菜专业合作社牵头，联合北京市延庆区12个乡镇的16家合作社和1家销售公司，成立了北菜园联合社，2015年创建了北京市扶贫助残基地，为49名残疾人安排适当的工作岗位，辐射带动4名残疾人参加种植工作，残疾人人均年收入达到了26 000多元，实现了脱贫致富。

在供给侧改革的大背景下，结合企业自身产业及行业优势，通过产业对接带动贫困地区老百姓增收，以有机产品为标准推动贫困地区产业升级，以产业带动区域发展，以发展带动百姓增收，真正实现精准扶贫，为国家全面脱贫战略贡献企业应尽的责任。

2017年，他所在的北菜园合作社与河北张家口地区的沽源县县长梁镇签订了战略合作协议：当地成立合作社，吸纳36户贫困户作为产业工人，北菜园合作社负责为深度贫困地区提供订单化种植，基础设施建设规范建议，有机认证转换手续协助，有机蔬菜种植规范，有机农场管理规范，生物天敌防控技术，物流管理，统一品牌包装销往北京、天津等地高端超市，前期阶段性基地管理和技术人员委派，物联网管理技术支持等服务。按户计算，每户收益包括土地流转费、承包大棚收入和利润分红收入，年均收入将达到5万元以上，实现脱贫；北菜园只收取利润的3%作为运营管理费用;壮大了村集体的经济。做到了蔬菜产业精准扶贫,促进了京津冀地区的共同发展。2017年获得了北京市非公企业履行社会责任百强上榜企业称号。“我想将我们北菜园的成功经验带给更多的农民合作社和兄弟姐妹,为更多人的农业致富梦想提供帮助……”

十年寒来暑往,十载春华秋实。赵玉忠,一个普通的农民,凭借着一股子“韧劲”和“精益求精”的专注精神,始终如一地践行着一个共产党员的崇高理想和坚定信念,无私奉献,成功地带动了一方百姓,走上了共同致富的新道路。

金谷风露凉,绿珠醉初醒

当代作家汪曾祺老先生写过一篇《葡萄月令》,先生不仅有幸种葡萄,还有幸目睹了葡萄的生命历程,惊诧于花小到几乎看不见的植株,竟然结出叫人称绝的果实,“白的像白玛瑙,红的像红宝石,紫的像紫水晶,黑的像黑玉。一串一串,饱满、磁棒、挺括、璀璨琳琅。”他把葡萄品种的各种颜色与品质描绘得淋漓尽致。的确,葡萄就是这样一种让人欲罢不能的水果。初秋,漫步田间,那挂满枝头,晶莹剔透的葡萄,让人馋涎欲滴,唇齿留香,更让人心儿陶醉,悦目怡情,思绪飞扬。但当秋风一起,葡萄叶就扑扑消失,干净决绝,没有半点割舍的意味,如在兑现和神灵的约定。葡萄架下的生活,就这样回归单调。但有一个地方,即使在冬季,葡萄仍生机盎然,生机勃勃,那就是位于北京市延庆区的北京金粟葡萄种植专业合作社葡萄园区。

北京金粟葡萄种植专业合作社位于著名的延怀河谷葡萄产区。该产区平均海拔500 m以上,年平均气温9.2 ℃,>10 ℃的年有效积温为1 558 ℃,年日照时数2 713.6 h,无霜期206天。9月份昼夜温差达13.7 ℃,产区年降雨量少,仅为442.1 mm,水热系数为1.03,病虫害明显趋轻,为无公害、绿色和有机葡萄生产提供了重要保证。延怀河谷产区四周高、中间低,区域内有官厅水库及妫河、桑干河、洋河、永定河等18条河流,周边多山,河流相间而下,呈现十分明显的河谷特征。独特的地形结构所形成的特殊区域小气候以及水土条件,为鲜食及酿酒葡萄提供了得天独厚的生长环境,是我国乃至全球最适合葡萄种植的区域之一。2014年“延怀河谷”葡萄产区获得农业部颁发的农产品地理标志登记证书,这也是农业部第一个跨省份授予的农产品地理标志登记证书。

北京金粟种植专业合作社成立于2009年,位于延庆镇唐家堡村,占地面积500多亩,建有温室大棚71栋,栽植鲜食葡萄品种36种,主要种植有机葡萄,2013年开始按有机标准种植管理,2014年注册了“金粟丰润”商标,2016年通过“有机产品认证”,2017年合作社被国家九部委授予“国家农民合作社示范社”,被北京休闲观光农业协会认定为“北京市休闲农业三星级园区”。目前已发展成为北京地区规模最大,品质最高的有机葡萄生产基地,可年产鲜食有机葡萄10万千克。近年来,园区已从国内外80余个葡萄品种中选育出适宜延庆地区栽培的优新葡萄品种22个,适宜温室一年两熟的葡萄品种12个。并将葡萄优新品种与技术推广至北京市、河北省、天津市、河南省等地。这些成果的取得与园区“掌门人”的功劳是密不可分的。提起北京金粟葡萄种植专业合作社的总经理朱小华,延庆地区没有几个人不认识她。朱小华,一名70后的女性创业者,她的个头虽不高,但她的创业抗压能力不同寻常。这些年,她带领园区一路披荆斩棘,砥砺前行,最终换取了事业的蒸蒸日上。大家对她的评价就是“敢想敢拼”“坚定的创业者”。朱小华在不忙的时候,总是和园区的工人们一块干活,用她的话来说就是“痛快，得劲儿”。她有时因温室气温过高而意外中暑；有时因疏剪花序而被马蜂蜇伤；也有时因品种的淘汰而懊恼不已，但对待工作，她仍是乐此不疲。朱小华对葡萄园的经营理念一直就是“人无我有，人有我优”。随着消费者对葡萄品种的需求不断提高，部分糖度较低、粒小、味淡的品种已不能满足市场的需求，而且北方地区主栽品种中名特优新稀品种偏少，早中晚熟品种搭配不当，特色不明显，造成葡萄上市过于集中，制约了葡萄栽培效益的提高。为了解决葡萄淡旺季供应问题，保障周年供应，朱小华就改变了生产思路，逐渐开始致力于葡萄的“周年结果，四季采摘”。

作家汪曾祺老先生在《葡萄月令》中描述到“一月，下大雪。雪静静地下着，果园一片白，听不到一点声音，葡萄睡在铺着白雪的窖里。”这段话是对传统冬季葡萄园的形象描述，但冬季在北京金粟葡萄种植专业合作社园区里，葡萄已果红叶绿，一派生机，葡萄也已进入成熟期，和外面的严冬酷寒、白雪皑皑相比，这里的风景独好。为何冬季这里与众不同呢？因为她的手里就有一件“园之重器”，那就是温室葡萄的一年两熟技术。

温室葡萄一年两熟栽培技术，是一项独特的创新技术。目前该技术在国内遥遥领先。葡萄一年两熟栽培技术是在充分利用当地温光资源的基础上，通过运用促进葡萄二次花芽分化、打破夏季冬芽休眠、结合修剪、控温等先进技术，形成两季葡萄产量。实现了第一熟在5—7月份，第二熟在元旦、春节期间。一年两熟的实现既可以提高葡萄产量，又能弥补一次果的不足，延长鲜果销售期，对调节葡萄市场供应、拉长产业链等均起到积极作用，同时还可以创造良好的经济、生态和社会效益。

园区在温室有机葡萄一年两熟标准化管理及技术支撑体系下基本做到生产有标准，操作有规程，管理有规范，标准覆盖整个生产经营管理全过程。为规范温室有机葡萄一年两熟标准化生产，园区实行农药、肥料、浇水、病虫害防治等全过程的标准化控制，对葡萄的树体修剪、花果管理、葡萄园土肥水管理、病虫害防治、采收及贮藏管理状况由专人记录，在温室有机葡萄生产管理过程参照《GB/T 19630—2019 有机产品生产、加工、标识与管理体系要求》《DB13/T 2044—2014》鲜食葡萄有机肥施用技术规程《GB/T 8321.1—2000》农药合理使用准则（一）等标准执行。在温室有机葡萄一年两熟标准化生产管理方面采取高效的标准化管理措施即“二疏、二平衡、三养、四防、五带”技术。“二疏”指疏花、疏果，“二平衡”指土壤养分平衡、树体长势平衡，“三养”指养枝条、养叶片、养果，“四防”指防雨、防病、防虫、防冻，五带指栽植带、生草带、结果带、隔离带、通风带。通过标准化管理措施，为温室有机葡萄的一年两熟生产建立了良好的技术支撑体系。

走在金粟葡萄园一垄垄葡萄架下，浓密的藤叶底间，葡萄一嘟噜一嘟噜地挂着，令人目不暇接。最是那鲜明的色泽，紫的紫得墨黑，绿的绿得鲜亮，黄的黄得透明，每一粒都蒙着淡淡的霜，一如粉面佳人。置身园子里，到处可闻葡萄的香味，禁不住口角生津。金粟葡萄园品种真多，玫瑰香、金田美指、瑞都香玉、香悦……不下30余种，颗粒有大有小，有长有圆，苹成束，滚成团，韵致满园。摘一粒放进嘴里，一阵甘甜之后便是一缕幽香，若断若续。

金粟葡萄园的葡萄品种涵盖了欧美种与欧亚种，共计36个品种，园区的葡萄品种具备“皮薄、肉脆、粒大、味香”等特点。葡萄的可溶性固形物含量基本都大于18%，糖酸比适中。在有机种植管理模式下，这些葡萄真的是“集天地之灵气，揽日月之精华”，葡萄的品质与口感别具一格，果实的草莓香味、玫瑰香味、麝香味等风味在有机种植管理模式下也是发挥得淋漓尽致。加之采用的葡萄一年两熟技术，使葡萄的成熟市场时间从5月上旬陆续至7月初，第二茬在元旦、春节期间上市，达到了错峰上市的目的，极好地做到了“人无我有”，因此葡萄的销售价格为120元/千克。纵使价格稍高，仍抵挡不住消费者对有机葡萄的认可与热情，有时也出现葡萄“一口难求”的景象。目前，金粟葡萄种植专业合作社的葡萄销售仍以采摘为主，同时也依托电商平台，满足全国其他省份消费者的需求。5—6月份等温室葡萄成熟了，果实滚圆，由青变红，就像一颗颗紫红色的玛瑙。只要你闻一闻就会垂涎三尺，轻轻咬开它，就会看到那红嫩的果肉，那丰富的汁水也顺着果皮淌下来，诱人的香味更是扑鼻而来，吃上一粒，脆嫩甘甜，香沁心脾。在寒冷的冬天，那熟透了的葡萄一大串、一大串挂在绿叶之间，那紫色的颗粒像一颗颗晶莹的紫宝石，逗人喜欢。它那光滑的外皮在灿烂的阳光照耀下，透出淡雅的光芒。葡萄梗上挂着几面翠绿的叶子，恰似一顶顶小巧玲珑的遮阳伞，给葡萄挡着阳光。轻轻扒开葡萄皮，嫩嫩的果肉呈现在你的眼前，果肉半透明的，看上去像水晶，像玛瑙，散发着迷人的香味，使人馋涎欲滴。

每栋日光温室的葡萄品种在实现一年两熟后，第一茬葡萄产量可达到1 200千克，第二茬葡萄产量可达到500千克，按照50元/千克计算，每栋温室年产值为8.5万元，而20栋日光温室的年产值则可达170万元。

推广温室有机葡萄一年两熟技术，可提高农户建园、整形修剪、水肥管理与病虫害防治的标准化生产技术水平，充分发挥新技术在果树产业中的作用，对改善延庆区生态环境、促进生物质能能源发展，推动葡萄产业可持续发展具有重要的意义。温室有机葡萄一年两熟技术推广后，不仅可调整延庆地区的葡萄品种结构，而且将会带动延庆地区葡萄产业的发展，同时，还可促进劳动力就业和农民增收。这对拉动相关产业和地方经济的发展具有强大的推动作用。温室有机葡萄一年两熟技术的应用与推广，还可以帮助果农拓宽销售产品种类，促进农村种植结构的调整，优化农业产业结构，加快延怀河谷产区葡萄生产的商品化、产业化进程。这是贯彻落实习近平总书记重要讲话精神、推动京津冀协同发展国家战略的具体举措，是实现延怀河谷葡萄产区产业多元化发展的关键支撑，也是自觉打破自家“一亩三分地”思维定式、促进延怀河谷产区葡萄产业互补共进、提档升级的现实需要。温室有机葡萄一年两熟技术的推广与应用可以使农业生态环境得到明显改善，农业基础设施进一步完善，土壤肥力增加一个等级，而且在有机葡萄生产过程中使用更加安全的生物农药、有机肥，从而进一步有效控制农业面源污染，达到保护环境和实现生态效益的目的。

“金谷风露凉，绿珠醉初醒。”“满筐圆实骊珠滑，入口甘香冰玉寒。”在山水相依的延怀河谷盆地，当傍晚的风和露都凉下来，游人来到温室，走在葡萄架下，轻轻唤醒一颗颗翠绿的葡萄，把冰玉般的凉爽与甘甜洒上舌尖，真是想想便觉得消暑解渴，趣味无穷。

广西壮族自治区

魅力富川　脐橙飘香

——富川瑶族自治县国家有机产品认证示范区创建纪实

一、富川瑶族自治县概况

富川瑶族自治县位于广西壮族自治区东北部，地处湘、桂、粤三省(区)交界的都庞岭、萌渚岭余脉之间，全县辖12个乡镇，总面积1 572.36平方公里。富川海拔在250～1 870米之间，属于典型的亚热带季风气候，气候温和，阳光充足，年均气温为19 ℃，年极端最高温度38.5 ℃，极端最低温度－3 ℃，年降雨量为1 700毫米，雨量充沛，年相对湿度75%；全县境内群山环绕，土地辽阔肥沃，林业用地面积69 663公顷，占总面积的44.6%，生态植被完整，山清水秀，以自然农耕为主，土地以沙壤土和红壤土为主，P、K含量丰富，有机质含量高，天然富硒，具有生产天然富硒有机食品的环境与资源优势，自然环境得天独厚。

(一)区位优势明显，交通四通八达

富川地处湘、桂、粤三省(区)交界处，地理位置优越，距离最近的两个高铁站都在50公里以内。县城距贺州市约60公里，广州市约400公里。县内12个乡镇，全部通柏油路，村村通水泥路。依托铁路网络、高铁、高速公路、一级路等便捷通行全国各地，远及港澳。

(二)文化底蕴深厚，旅游资源丰富

富川丰水天泽，川壑秀美，风情浓郁，境内原始生态保护完好，自然景观秀丽多姿，人文历史文化内涵丰富、底蕴深厚，是中外游客心往神驰的旅游胜地。2015年11月7日富川福利镇正式加入国际慢城联盟，成为中国第四个“国际慢城”，建成于秦始皇二十八年(公元前219年)的潇贺古道；具有600多年的古明城以及秀水状元村、岔山村、福溪宋寨等古村落群建筑历史古迹；历经风霜的古风雨桥；风光旖旎的国家级湿地公园——龟石水库；令人惊叹的神仙湖花海。独特的民族风情、保存完好的原生态景色，令人流连忘返。

(三)各种荣誉实至名归

富川瑶族自治县被誉为“中国长寿之乡”，全国“湘南—桂北—赣南”柑橘生产优势产业带，

并且荣获了“中国特色农业百强示范县”“中国脐橙之乡”“中国名牌农产品”“国家农产品地理标志”“中国地理标志证明商标”“国家农产品质量安全县”“国家脐橙综合标准化示范区”“广西首个国家级出口食品农产品质量安全示范区”等荣誉称号。荣誉的获得，为富川瑶族自治县创建全国有机产品认证示范县铺垫了雄厚的基础。

二、富川瑶族自治县有机产业发展现状

发展有机产业是响应国家生态建设号召的有力手段，是推动有机农业产业向标准化、规模化方向发展，是保障食品安全、保护农业生态环境与改善农村生活状况的关键举措和途径，是实施可持续发展战略的重要载体和精准扶贫的有效措施，是实现生态效益与经济效益同步增长的重要举措。县人民政府非常重视有机产业的发展，以创建“有机富川，长寿瑶都”为发展定位，立足现有生态资源优势，大力实施“生态立县，有机富民”工程，把发展生态有机产业作为富川农业发展主攻方向。自 2010 年以来，县委、县政府根据富川的地理环境和区位优势，有计划地从发展有机脐橙方面入手，逐步扩大发展其他有机产业，目前共有 7 家企业在开展有机农产品生产，目前持有 7 张有机证书(含转换证书)。有机生产总认证面积达 24 326.7 亩，年生产有机脐橙 350 多吨、有机山茶油 3.5 吨、有机稻谷 120 多吨、有机稻米 60 吨、有机竹笋 1 200 多吨，每年减少向当地环境投放化学肥料、化学农药等污染环境的化学物质 2 000 多吨，收效良好，形成了以有机脐橙生产为龙头的有机产品产业链，产值每年都有一定的提高，有机产业形成了一定的规模。

有机认证情况：目前已认证的有机企业有 7 家，分别为富川瑶族自治县碧源茶油专业合作社、富川瑶族自治县益祥油料种植专业合作社、富川瑶族自治县利民柑橘专业合作社、广西贺州秀峰有机农业科技有限公司、广西贺州市正丰现代农业股份有限公司、富川福来果蔬种植专业合作社、广西富川本富脐橙专业合作社。

三、保障措施

(一)领导重视到位

为做好创建国家有机产品认证示范区工作，富川瑶族自治县于 2016 年 6 月 24 日成立了以县委书记陈华、县委副书记县长李裕科为组长的创建国家有机产品认证示范区工作领导小组，领导小组包括 37 个成员单位。领导小组主要负责县国家有机产品认证示范区创建工作的组织协调、督促监管、培训咨询、出台方案、协调解决问题等工作，并于同年 6—7 月份及时成立“创建国家有机产品认证示范区领导小组协调办公室”“自治县有机产品质量监督管理小组”“自治县发展有机产业专家顾问小组”及“自治县有机生产基地生产资料投入品监管小分队”，为创建工作的顺利推进提供坚强的组织保障。

(二)政策保障有力

富川瑶族自治县于 2016 年年底，向国家认监委申报国家有机产品认证示范创建区的时候，已出台《富川瑶族自治县有机产业发展规划(2016—2020 简规)》，于 2018 年 7 月出台《富川瑶族自治县发展有机产业扶持办法(试行)》，保障了有机产业持续、规范、健康发展。

（三）培训宣传到位

在富川瑶族自治县正式被列为第六批（2016 年度）国家有机产品认证示范创建区名单后，各相关职能小组均在不断发挥作用服务有机企业的有机生产工作，比如带领企业到贺州市参加相关有机产业专家培训会，深入企业指导监督有机企业开展有机生产管理，监测空气、水质、土壤等信息反馈给有机企业，帮助有机企业开展生产工作，抽查抽检农药化肥，加强农资市场监管，保障有机企业的正常生产需求等。自 2015 年 8 月份县召开“创建国家有机产品认证示范区暨有机产业发展培训会”以来，逐步强化有机产业技术培训，先后邀请了广西有机农业研究所、北京东方嘉禾认证等公司的专家做有机产业专题讲座培训，开展有机认证工作法律法规、政策、技术规范培训。全县 40 多家涉农企业负责人及管理者代表共 420 多人次参加了各类相关培训，“发展有机产业”在一定范围内和层次上进入了广大老百姓的视野并已经影响了部分人民群众的生活。

（四）部门联动配合

结合富川环境与区位优势等实际，通过各相关部门多次调查研究，富川瑶族自治县于 2016 年研究制定了《富川瑶族自治县创建国家有机产品认证示范区实施方案》《富川瑶族自治县有机农业生产投入品监管措施》《富川有机农业示范基地环境保护措施》等 12 个相关规定，并多次召开会议，对创建国家有机产品认证示范区工作进行明确安排和周密部署，细化分工，加强督查，确保各阶段任务目标如期完成，形成了各负其责、齐抓共管的联动机制。

（五）技术支撑强劲

为确保富川瑶族自治县有机产业科学、快速、健康发展，县人民政府统筹安排各相关单位通过广泛调研和征求意见，对富川有机产业的发展，进行合理布局与科学规划，根据不同乡镇、不同地理环境、不同气候和不同土壤性质等条件，培育和扶持不同有机企业开发生产不同种类的有机产品。同时，委托富川瑶族自治县质监局聘请广西有机农业研究所、广西生态有机产业联合会派驻有机专业技术人员指导富川相关企业开展有机生产，下一步将会聘请国际有机农业运动联盟、中国农业大学等相关专家作为技术顾问提供技术支持与帮助，为富川瑶族自治县持续巩固发展有机产业提供有力的技术保障。

四、特色产品

（一）富川脐橙

因富川独特的地理环境和气候，富川脐橙以其色泽鲜艳、肉质脆嫩、风味浓郁、无核、化渣而著名，具有止咳化痰、消食健胃的功效。曾在 2001 年泰国国际农牧业科技成果暨产品推广博览会上获优秀产品金奖，同年中国绿色食品中心批准使用绿色食品标志；2004 年创建全国无公害水果生产示范基地县，并通过了无公害产地认定；2005 年在自治区农业厅组织的广西 22 种时令水果品质评价中，富川脐橙名列榜首；2006 年“富江”牌脐橙荣获中国名牌农产品称号；2008 年列为自治区大庆指定用果；2009 年通过国家工商总局、商标局评选，获得富川脐橙地理标志证明商标。

（二）山茶油

茶油是从油茶树成熟的种子中提取的纯天然高级食用植物油，色泽金黄或浅黄，品质纯净，澄清透明，气味清香，味道纯正。茶油是值得提倡推广的纯天然木本食用植物油，以及国际粮农组织首推的卫生保健植物食用油。茶油中含有的特定生理活性物质茶多酚和山茶苷，能有效改善心脑血管疾病、降低胆固醇和空腹血糖、抑制甘油三酯的升高，对抑制癌细胞也有明显的功效。

沿袭了祖祖辈辈的种植宿根，富川境内每个乡镇都有几千亩的山茶林，部分已经改良新品种，果粒大，丰产期挂果率高，提升了出油率，每亩山茶油产量达 30 千克左右，那些树龄已经达到 60—90 年的老茶树，果粒小，丰产期挂果率也很低，亩产山茶油仅有 15～20 千克。倡导绿色、有机的生产理念，采用土法压榨方法，继承传统的晾晒烘干、破粉蒸粉、制饼压榨、沉淀过滤榨油工艺流程制得的山茶油，完全保留茶油金黄色泽和浓郁芳香，真正做到了让消费者吃上放心油、健康油。

发展有机　造福八步

——八步区有机产品认证示范区创建纪实

一、八步区概况

八步是贺州市八步区的简称，是贺州市委、市政府所在地，位于广西东北部，地处湘、粤、桂三省（区）交界处，是大西南通往粤、港、澳的重要枢纽。国道 207 线、323 线、洛湛铁路、广贺高速、桂梧高速和永贺高速公路交会于八步，贵广快速铁路建成通车，并开通运营贺州至南宁的高铁动车。八步区总面积约 3 714 平方公里，辖 12 个镇、1 个瑶族乡和 3 个街道办事处，共有 201 个村（社区），其中 185 个行政村。

八步区林业资源丰富，现有森林面积 24.53 万公顷，2017 年森林覆盖率 74.4%，活立木蓄积量 1 306.9 万立方米，是广西主要林区和木材生产基地之一，广西林业产业发展十强县（区），被列为国家木材战略储备基地建设试点县。八步区耕地保有量 66 974.68 公顷。

八步区农业独具特色。八步区是“中国李子之乡”，有广西名牌产品“三华李”，广西著名商标“芬芳”果品。八步是名闻珠三角地区的“百年菜乡”，是全国粮食生产先进县（区），连续 11 年获全国生猪调出大县奖励（2007—2017），2013 年成功创建全国出口食品农产品质量安全示范区和“广西第二批现代农业产业（蔬菜类）科技示范县（区）”，2015 年荣获“国家级（蔬菜、粮食及其制品类）出口食品农产品质量安全示范区”。

全区镜内江河交错，高山丛林江河溪水自然生长着大量的高山云雾茶、石崖茶、竹笋、灵芝、香菇、木耳、各种山野蔬菜、野生鱼虾及天然中草药等，加上当地农民很少使用化学肥料与化学农药并以传统耕种和自然放牧为主，天然产品非常丰富，经检测八步区的耕地及生产用水等均符合有机生产要求，十分适宜发展有机产业。

二、八步区有机产业和有机认证情况

自 2016 年 3 月份开展“创建国家有机产品认证示范区”工作以来，我区高度重视，牢固树立“发展有机，造福八步”、把“绿水青山变成金山银山”的发展理念，积极探索工作思路，明确创建工作目标，多举措开展有机产品认证示范区创建工作，取得了创建初步成效。

目前，全区已有 21 家企业参与开展有机生产，由创建前的 2 家增加到 21 家，获得有机有效证书 19 张（其中获得有机产品认证证书 13 张，转换证书 6 张），由创建前的 4 张增加到 19 张。有机基地种植面积（含转换面积）由原来的 1 000 多亩增加到 29 000 多亩，有机产量由原来的2 000 多吨增加到 4 000 多吨，有机产值由原来的 8 000 多万元增加到 1.2 亿多元。

三、保障措施

（一）加强组织领导，强化职能职责

区委、区政府将创建工作列为当年的重点工作之一，成立了由区委书记、区长任组长，分管副区长任副组长，区经贸局、农业局、畜牧局、林业局、水果办、环保局等及各乡镇（街道）共 38 个相关部门主要领导为成员的“创建国家有机产品认证示范区工作领导小组”，下设领导小组办公室、质量监督小组、有机产业专家顾问小组等专门工作小组，具体负责有机产业发展相关工作。创建工作开展以来，区委、区政府多次召开由各成员单位参加的“八步区创建国家有机产品认证示范区”专题会议，讨论落实相关创建工作具体事宜，为创建工作划拨专项经费 115 万元，保障各项创建工作顺利开展。

（二）制定实施方案，强化工作重点

在各有关单位的帮助下，八步区根据《八步区有机产业发展规划（2016—2020 简规）》，研究制定了《八步区创建“国家有机产品认证示范区”实施方案（2017—2019）》《八步区有机产业发展扶持和奖励办法》《八步区有机产业发展实施方案（2018－2020）》《八步区创树名牌有机农产品实施意见》《八步区有机产业法规与生产技术及培训与科普计划》《八步区有机产品营销平台搭建措施》等文件，并将《八步区 2017—2019 年度发展有机农产品指标任务》分解到各职能部门，确保各项工作的有效落实。力争至 2020 年创建 30 个以上具有一定规模的本地优势有机产品生产基地，引进有机农产品加工企业 5 家，不断拓展有机产品品种及区域。

（三）健全管控机制，强化制度管理

研究制定了《八步区发展有机产业管理办法》《八步区有机产品质量监督管理办法》《八步区有机产业风险评估管理办法》《八步区对获得有机认证单位及在八步境内开展有机认证机构的监管办法》《八步区有机农业生产投入品监管措施》《八步区有机农业示范基地环境保护措施》《八步区有机产品生产管理措施》等相关监管文件，对有机产业、产品生产、流通等环节的管理、监督等提出了具体工作意见，不断规范全区有机产业发展。同时，加强有机产品检查力度，对有机农产品认证获证企业体系运行情况、产品生产过程质量控制情况、证书标志使用情况等

进行监督检查。以区经贸局、农业局、水产畜牧兽医局等部门为成员单位，加强联动执法，严格控制有关禁用物质流入有机生产领域，进一步提升有机产品质量保障水平。

（四）营造宣传氛围，兑现产业扶持政策

八步区紧紧围绕创建工作，采取多头并举的宣传方式，有计划、有步骤、有目的地开展宣传工作。一是会议宣传。创建办每月定期协调召开一次由领导小组成员单位参加的有机农产品基地建设相关会议，并在申报有机产品基地的乡镇中选点召开有机农产品生产基地现场会1次，从而进一步推动全区创建工作的开展。二是编写《创建国家有机农产品认证示范区工作简报》在《贺州日报》《八步区政务信息网》《八步工作简报》等报纸杂志上刊登，并分发到各成员单位，形成你追我赶，共创有机的良好氛围。三是板报横幅标语宣传。以乡镇为主，板报由各基地所在村具体落实，介绍有机农产品生产的概念、意义、效益、技术等知识，以增强农户对有机农产品的认识和理解，横幅标语每个乡镇不少于2条，一个基地不少于3条，内容均为关于创建国家有机农产品认证示范区标语，为创建工作进一步制造氛围。

八步区在做好有机产业生产发展宣传的同时，积极兑现产业发展扶持政策，对在创建工作中有进行农产品有机认证的农业公司、专业合作社、家庭农场等进行资金奖励，截至2017年共奖励6家企业开展有机生产，补助经费25万元。同时积极组织企业参加全国各地开展的有机产品博览会，拓宽八步区有机产品销售渠道，提高企业开展有机生产的积极性。

四、实施成效

（一）特色产业链

目前，八步区参与有机生产的企业有贺州市天洲茶业有限公司，贺州国科农业科技开发有限公司，贺州市恒昌农副产品有限公司，广西客家红生态农业公司等21家，这些有机企业的发展为八步区创建全国有机产品认证示范区打下了良好基础。目前，八步区正在积极引导有机企业的发展壮大，以形成有机特色产业链为奋斗目标。充分发挥八步区资源和环境优势，全面推进生态有机产业发展，利用3～5年的时间，逐步在全区12乡镇、1个瑶族乡和3个街道办事处内实施生态有机种养及加工，形成完整的生态有机农业产业链，创立包括八步有机五谷粮油、有机茶、有机禽畜、有机鱼虾、有机果蔬、有机食用菌、有机中草药等系列八步区生态有机农产品（食品）的国内外知名品牌，使八步区生态有机农产品（食品）逐渐成为八步区生态农业的主要部分，成为八步区农业循环经济建设的重要支柱产业及农民增收脱贫致富的重要途径，把八步区建设成集有机产品生产贸易、有机休闲旅游、有机养生于一体的中国乃至世界知名的有机产品生产示范区。

（二）惠及民生

遵循《八步区创建"国家有机产品认证示范区"实施方案（2017—2019）》《八步区有机产业发展实施方案（2018—2020）》《八步区特色加工业发展"十三五"规划（2016—2020）》，因地制宜立足长远，争建有机产品生产示范基地，发展壮大有机生产企业（合作社），通过建立有机产品生产示范基地，加强当地贫困户有机技术培训和再就业学习，推行"公司＋基地＋农户"种植养殖发展模式，促进贫困村有机产业发展。争取贫困村培育1～2个有机生产专业合作社，实现

“培训一人、致富一家、带动一片”。目前进行有机生产种植加工，积极参与精准帮扶的企业（合作社）有广西贺州市正丰现代农业股份有限公司、贺州市天德星农林投资发展有限公司、贺州市恒昌农副产品有限公司、贺州市八步区开山荫渚岭开山白毛茶加工厂、贺州市丰登种养专业合作社、贺州市贺街业旺蔬菜专业合作社等。这些企业（合作社）开展蔬菜水果、食用菌、茶叶种植加工等，他们发挥有资金实力、有农业技术经验、懂市场行情的优势，组织当地农民以劳力、土地、资金等多种方式入股，采用“龙头企业＋基地＋合作社（农户）”模式，通过“四统一”（统一管理、统一生产、统一提供物资、统一购销）的模式，以及通过土地流转、集中由企业经营土地聘用原土地承包者务工的模式，不仅有力地支撑了行业发展，而且规避了小农户有机认证风险，既能解决八步区剩余劳动力就业问题，又能帮助困难群众脱贫致富。例如，贺州市天德星农林投资发展有限公司、贺州市恒昌农副产品有限公司食用菌示范基地建设，通过“基地＋农户”模式大力发展食用菌产业，引导带动农户积极发展食用菌生产；贺州市八步区开山荫渚岭开山白毛茶加工厂、贺州市丰登种养专业合作社，通过土地流转模式，增加农户收入，拉动当地经济发展，惠及民生。

（三）平衡发展与生态保护

创建国家有机产品认证示范区是响应国家发展有机农业、生态农业号召的有力行动，也是推动有机产业特别是有机农业向正规化、规模化发展，保障农产品（食品）安全，保护和改善农村与农业生态环境的关键举措和途径，实施可持续发展战略的重要载体，实现生态效益与经济效益长远统一的重要措施。

八步区进行有机农业开发不是一味地追求高产量，而是实现稳产优质可持续，在种养、加工、包装、贮藏、运输等各个环节树立强烈的质量意识，走“高质量—高价格—高利润”的路线，以质量而非单纯的数量获取好的经济效益，引导有机生产企业切实树立质量和品牌意识，坚决杜绝违背有机生产标准的行为，生产的有机产品必须经得起严格的检查、检测，确保有机质量，是有机产业发展的基础。推动八步区生态有机产业发展，以资源环境承载能力为依据，优化农业生产力布局，加强农业环境突出问题治理，促进资源永续利用。通过有机基地创建和产品认证，发展生态、循环农业，使用生物农药、生物肥料和农家肥改良土壤，优化生态环境，促进美丽乡村建设，促进生态文明建设。

（四）脱贫与精准扶贫

有机企业的发展以及有机基地的建立，吸纳当地众多建档立卡贫困户就业，为帮助当地贫困户解决劳动就业起着积极作用。2017 年，有机企业恒昌农副产品吸纳建档立卡贫困户 30 人，天德星农林吸纳建档立卡贫困户 25 人，业旺蔬菜专业合作社吸纳建档立卡贫困户 3 人，天顺农产品合作社吸纳建档立卡贫困户 3 人等，据统计，有机企业（合作社）安排贫困户人员就业 200 多人，直接带动部分贫困户年人均增收 2 000 多元。

五、经典范例

开山白毛茶栽培历史悠久，是广西名茶之一，主产于广西贺州市八步区开山镇。据了解，开山白毛茶种植始于明朝年间，属罕有的苹果香型茶，有“开山毛尖”的美称。清朝乾隆皇帝下江南时称其为“一品开山茶，天下无佳茗”。2012年，开山白毛茶制作工艺被列入广西非物质文化遗产保护名录；2014年11月，开山白毛茶荣获“农产品地理标志产品”。

坐落于八步区开山镇东南村的贺州市八步区开山萌渚岭开山白毛茶加工厂，实乃有机生产企业的代表。该企业于2013年就开展有机种植有机生产，企业现有经过杭州万泰认证有限公司有机产品认证的萌渚岭“开山白毛茶”有机生产基地，基地面积33.3公顷，年生产鲜茶叶50吨，加工有机红茶5吨，有机绿茶5吨。该企业通过土地流转模式，发展有机白毛茶基地建设，保证了农民的利益，合作形式灵活多变，抗市场风险能力强，这种成熟的生产模式为企业发展有机生产打下了良好的基础。目前，有43户农户办理委托管理协议，吸纳托管资金183多万元，已有13户农户在有机基地周边种茶128亩，吸纳贫困户200多户务工，年人均增收2 000多元，取得了明显的经济效益和社会效益。

六、特色产品

八步区有机产品主要有大米、燕麦、紫薯、山楂、砂糖橘、铁皮石斛、金线莲、石斛、竹笋、葛根、茶叶、灵芝、木耳、野生鱼等。其中，贺州市八步区开山萌渚岭开山白毛茶加工厂的白毛茶，制成的茶品质特色为：汤青叶绿、回味甘甜；外形细圆光直、白毫显露；冲泡后芽嫩叶绿，始饮时微苦，随后转甜，清香馥郁，满口生津；其苹果香味独特，色、香、味俱美。贺州市金子山生态灵芝林下种植专业合作社的灵芝，采用仿野生灵芝生态种植法，植于山林，大型个体的菌盖达20厘米×10厘米，厚约2厘米，灵芝含有丰富的有机“锗”，锗有抗癌功能，还有促进新陈代谢、延缓人体衰老等功效。广西三合生态农业发展有限公司的山楂，山楂果酸甜可口，生津止渴，内含较多种类的营养物质。贺州市贺街业旺蔬菜专业合作社的竹笋，味香质脆，具有清热化痰、益气和胃等功效；葛根，味甘微辛，气清香，性凉，有解肌退热生津之功效。

生态立区　有机富民

——平桂区国家有机产品认证示范区创建纪实

为加快推进农业现代化建设步伐，提高农产品的质量和档次，全面提升有机农业发展的整体水平，平桂区以优越的生态环境资源为基础，依托贺州“世界长寿市”优势，以打造健康长寿有机产品品牌为目标，积极开展有机产品认证工作，大力发展生态有机农业，并在此基础上启动创建国家有机产品认证示范区工作，取得了初步成效。

一、平桂区概况

平桂区位于贺州市的中部，距贺州市城区中心仅6公里。辖区总面积约2 022平方公里，管辖西湾街道、黄田镇、鹅塘镇、沙田镇、公会镇、大平瑶族乡、水口镇、望高镇、羊头镇共9个乡镇(街道),124个行政村(社区)、1 246个自然村、2 468个村民小组。属南亚热带季风山区气候,海拔50～1 200米,有机土层深厚肥沃,雨量充沛,气温年均20℃左右,无霜期超300天,境内森林面积达407.9万亩,森林覆盖率高达84.7%,是全国平均水平的3倍多,居广西首位,是全国生态建设示范区。近年来,我区先后获得"全国绿化模范区""国家级生态示范区""国家级出口食品农产品质量安全示范区"等荣誉称号。

二、平桂区有机产业发展概况

平桂区高度重视生态有机产业发展,长期与广西生态有机联合会合作,并委托全国知名认证机构指导和支持企业、合作社和家庭农场开展有机产品认证工作。目前,全区已有9家企业的种植基地通过有机认证或转换认证,通过有机认证(含转换)基地总面积达332.64公顷。认证产品包括百香果、香芋、马蹄、大果山楂、葡萄、中草药等10多个产品,年产量达5 985吨。形成了以水果、中草药为龙头的有机产品产业链。当前,全区还有27家企业启动有机认证工作,有机产业发展态势良好,这也为平桂区创建"全国有机产品认证示范区"提供有利的基础条件。

三、创建工作的主要做法

(一)加强领导,强化组织保障

一是平桂区积极争取自治区、贺州市层面的支持。2015年1月,市政府与自治区质监局签订《关于推动质量兴市促进贺州科学发展加快发展合作备忘录》,出台了《贯彻落实〈推动质量兴市促进贺州科学发展加快发展合作备忘录〉工作方案》(贺政办发〔2015〕25号),同时还出台了促进有机产业发展的扶持政策,将平桂区"创建国家有机产品认证示范区"列为2015年的重点工作,大力支持平桂区发展生态有机产业。二是强化组织领导,确保工作有力推进。平桂区与市质监局签订了工作备忘录,强力推进创区工作。平桂区成立了由区委书记、区人民政府区长任组长,分管副区长任副组长,区经贸局、环保局、农业局、水产畜牧兽医局等相关部门主要领导为成员的"创建国家有机产品认证示范区"工作领导小组,为示范区创建工作的顺利推进提供坚强的组织保障。2016年,区委区政府先后召开4次创区工作专题会议,讨论落实相关创建工作具体事宜,并划拨创区专项资金25万元,为创建工作提供了资金保障。

(二)强化措施,形成推进全力

为确保示范区创建工作有序进行,平桂区落实各项措施,全力推进创区工作。一是明确工作责任。制定了《平桂区创建有机产品认证示范区实施方案》等相关文件,对示范区创建工作进行具体安排和周密部署,明确了各单位的工作任务和推进时间要求。区委、区政府成立督查组,适时开展督查活动,确保各阶段任务目标如期完成。创区工作形成了各负其责、齐抓共管的联动机制。二是出台激励措施。制定了《平桂区发展有机产业扶持办法》,对大力发展有机产品的公司企业、合作社进行扶持奖励。2016年共补企业9家,补贴资金109.8万元,有效地提高了企业开展有机产业的积极性,促进了有机产业的发展。

(三)科学规划,加强技术支撑

为加快平桂区有机产业发展,根据区现有有机产业发展状况,聘请广西有机农业研究所、广西生态有机产业联合会等相关单位作技术支撑单位,科学编写平桂区有机产业发展规划及有机产业发展实施方案,为平桂区有机产业发展指明了方向和明确总体目标。此外,还邀请国际有机联盟亚洲理事会、中国农业大学、国家认监委及环保部相关专家指导区有机产业的发展,为创建工作提供强有力的技术保障。

(四)注重培训,强化服务和监管

2016 年,为提高推进创建工作水平,平桂区还在培训和监管上下功夫。一是抓好技术培训。平桂区先后邀请广西有机农业研究所等多家研究所的专家做有机产业专题讲座培训,累计举办 7 期有机产业技术培训班,全区 9 家涉农企业负责人及管理者代表共 400 多人次参加了培训。二是强化监管。平桂区制定出台了《平桂区发展有机产业管理办法》等系列监管制度,成立了以经贸、工商部门为成员单位的联合监管机构,形成联动执法,强化有机产品有效性检查力度。同时委托贺州市产品质量检验所随时为平桂区的有机产品进行抽检监测,2016 年共抽检 36 批次,进一步规范了有机农产品生产农资的投入监控,严格控制有机生产禁用物质流入有机生产领域,确保平桂区有机产业健康发展。

四、下一步工作方向

为确保创区工作成效更加显著,下一步平桂区将从四个方面提升“国家有机产品认证示范区”的创建工作和促进有机产业健康发展。

(一)严格监管,巩固基础

进一步加强技术指导和有机监管工作。做好现有 9 家企业近 332.64 公顷有机产品基地的生产技术指导和有机监管工作,确保认证企业的生产环境、产品质量及质量管理体系完全符合国家有机产品认证要求;积极指导和支持其他 27 家企业开展机认证工作,加强品牌创建的指导,确保有机产业健康有序发展和效益显著。

(二)加强认证,扩大规模

进一步加大有机认证力度,重点是做好 9 家企业(合作社)的认证和巩固扩量工作,力争认证面积达 572.58 公顷。分别是:贺州市治中果蔬种植专业合作社 26.66 公顷百香果;贺州国科农业科技开发有限公司 8.7 公顷水稻;贺州巨欣金银花生物科技有限公司 47.55 公顷金银花;贺州市腾丰有机大果山楂种植专业合作社 68.67 公顷大果山楂;贺州市平桂区润土农作物种植专业合作社 40 公顷莲藕;广西贺州市和兴农业发展有限公司 28.67 公顷百香果;贺州市四维种养有限公司 33.33 公顷马蹄、芋头;贺州市平桂果业协会 65.73 公顷贡柑、蜜橘;贺州市金竹山家庭农场 13.33 公顷贡柑;同时继续引导其他有意发展有机产业的企业申请有机稻谷与有机大米生产、有机果蔬生产、有机杂粮生产、有机香料生产、有机茶叶生产、有机保健酒生产等认证项目,扩大平桂区有机认证规模,提高水平,创建一批有影响力的有机品牌。

（三）宣传策划，打造品牌

充分利用电视、网络、掌上平桂、报纸、微信等方式加大对有机产业发展工作的宣传，让有机产品的优势深入人心，支持和鼓励有机产品生产企业围绕“长寿贺州，生态平桂”加强品牌策划，打造名牌产品，提升有机产品影响力和知名度。同时引导扶持企业通过各种展会加大对有机产品的宣传，提升有机产品的知晓度和美誉度。

（四）强化政策，加大扶持

区委、区政府将根据平桂区有机产业发展规划，陆续出台相应的产业扶持政策，大力促进有机产业持续发展壮大，不断巩固和提高平桂区创建国家有机产品认证示范区成果，把平桂区建成名副其实的有机产业大区，以实现“生态平桂、长寿之乡、养生之都”及“生态立区、有机富民”的目标。

生态有机　魅力茶乡

——昭平县国家有机产品认证示范区创建纪实

一、昭平县概况

昭平县地处广西东部、桂江中游，位于桂东粤西结合地带，县域面积约 3 273 平方公里，森林覆盖率达到 85.55%，位列广西和全国前列，大气质量达到国家二级标准，总体特色是“山美、水魅、镇古、茶香、人长寿”，是镶嵌在桂东大地上的一颗璀璨的绿色明珠，良好的生态环境为发展有机产业提供了得天独厚的条件。先后荣获“全国生态建设示范县”“中国最佳休闲旅游县”“全国农业旅游示范点”“全国文明县城”“中国长寿之乡”“全国低碳生态十强县”“中国名茶之乡”“中国有机茶之乡”“中国百佳深呼吸小城”等 10 多个国家级荣誉称号。2015 年 12 月被国家认监委批准为创建国家有机产品认证示范区。

（一）昭平县区位优势明显

昭平县位于桂东粤西结合地带，是广西的东大门，承接粤港澳大湾区产业，对接大湾区市场。广贺高速公路、永贺高速公路、贵广高铁都已建成通车，贺州至巴马高速公路建设全力推进，柳韶铁路正加快规划建设，昭平与周边城市的时空距离不断缩短。

（二）昭平生态环境良好，利于有机产业发展

昭平森林覆盖率由 2015 年的 84.7%提高到现在的 85.55%，县城集中式饮用水水源水质达标率 100%，主要江河地表水达标率 100%，大气环境质量达到二级标准，有机种植土壤质量得到有效提升和持续保持生物多样性。基地土壤的疏松度、有机质含量高，各有机认证基地土

壤和需灌溉基地水源抽检样品检测结果全部符合有机生产要求。

(三)昭平山川秀丽,风景旖旎,旅游资源十分丰富

黄姚古镇是千年古镇,素有“梦境家园”之称,是中国最具旅游价值古城镇和中国最值得外国人去的50个地方金奖景区。古镇曲径通幽,古榕参天,千年石板街、古戏台、宝珠观(广西壮族自治区工委旧址)、文明阁、古石桥和奇峰溪流,构成一幅自然天成的易笔国画《古镇神韵》,令游客流连忘返。境内还有七冲国家级自然保护区、大广原始森林、南山茶海、五叠泉瀑布、马三家瀑布、黄花山温泉、孔明岩、出气岩、九如洞、北陀古墓群、天然睡佛、桂江风光等景色迷人的景区。

二、有机产业和有机认证情况

创建国家有机产品认证示范区激发了全县发展有机产业的积极性,快速推动有机产业特色化、规范化发展。目前昭平县有机产业生产类型主要为茶叶、木耳、坚果、肉牛、草莓、黄瓜、白菜、西红柿、生菜、灵芝、金线莲、石斛、油茶、竹笋等。有机产业生产种植基地总面积达到5 368公顷,其中有机茶叶基地475.79公顷,有机果蔬、木耳、坚果等49.502公顷,野生采集4 842.8公顷。养殖基地面积692.33公顷,加工企业产量222.05吨。目前,昭平县有机产品认证获证组织20家,有机认证证书数量29张,有机生产基地总数为27个。与创建初期相比较:获证组织数增长233.3%,证书数量增长123.1%,有机基地数增长125%,加工企业数增长40%,种植基地面积增长164.2%,加工产量增长103.2%,有机产品总产量增长148%,有机产值额增长345.7%。

三、保障措施

(一)各级重视到位

在创建期间,全县上下紧密联动,积极开展示范创建工作,将创建工作纳入县政府年度工作报告和县委深改组工作要点,纳入年终绩效考评范围,顶层设计推动有机产业的发展。注重与全县其他重点工作同安排、同部署、同落实、同考核,县委、县政府主要领导、分管领导多次深入有机创建办和有机基地检查指导,多次听取创建工作专题汇报,积极协调解决创建工作中遇到的突出问题和困难。

(二)政策保障有力

成立了由县长担任组长的昭平县争创国家有机产品认证示范县工作领导小组,设有专门的有机创建办公室,具体负责有机示范区创建协调、指导、服务和监督管理工作,制定了《昭平县有机产业发展规划》《昭平县有机产业发展扶持和奖励办法》政策,做到人员、场地、经费的“三落实”,保障了有机产业持续、规范、健康发展。

(三)资金扶持到位

2015—2018年6月,县财政在本级财政和上级追加共计为农业产业发展和有机产业发展

投入资金 7 684.59 万元，对有机企业认证费、基地道路、病虫害防治、基地标识标志、企业宣传、品牌建设、有机产品销售等方面给予项目资金支持，及时解决有机产业发展中的经费难题。2016 年以来逐年加大对有机产业项目扶持和资金投入力度，2017 年开始县财政每年预算 150 万有机产业奖扶资金，2017 年兑现有机产业奖扶资金近 60 万元。

（四）联动监管保障

昭平县成立了以质监、工商、食药、农业、茶叶、水产畜牧等部门组成的联合检查组，制定了《昭平县有机监管部门联动监管制度》，规范联合监管人员、频次和处理措施，加强有机产品有效性检查力度，提高监管效率，确保联动监管制度有效落实。

（五）宣传推介有效

一是营造内在氛围。充分利用电视、报刊、网络等媒体，通过发放宣传手册、文化衫、雨伞、围裙等宣传物品，在公路沿线、县城主街道设置宣传标语等方式，广泛宣传有机产品及有机示范创建工作，提高认识，引导当地广大群众认识有机产业的发展前景。组织开展有机知识“五进”宣传服务活动，在全社会营造人人关注有机、个个消费有机、全民参与有机的良好社会氛围。二是向外扩展影响力。组织县内有机企业参加国内电商生态峰会、国际有机峰会、深圳国家天然有机产业博览会、广西电子商务高峰论坛、中国国际茶业博览会等，加强与外部交流。2017 年 4 月，在昭平黄姚成功举办国内首届生态有机产业创新发展大会暨中国（昭平）第一届有机茶交易会，将昭平县有机品牌和“昭平红”“昭平绿”等公共品牌推向全国。

四、实施成效

（一）特色产业链

昭平县按照“因地制宜、突出特色、一业为主、多元发展”的思路，突出有机茶产业特色，促进茶树种植种苗繁育、种植、茶叶加工、茶叶商贸、茶田观光、茶文化展示等关联产业集聚。通过延伸示范区产业链，结合新农村建设，把示范区打造成一主多辅、一体多元的“美丽示范区”。国家 4A 级景区南山茶海景区是茶旅融合的典型代表。集康体运动、休闲养生、主题度假、研学体验、观光摄影五大核心功能于一体，南山茶海景区多次举办观茶海骑行、摄影活动，号称“桂东第一桥”的南山茶海玻璃桥于 2018 年国庆黄金周开放，吸引了近万名游客登桥观赏茶园秋景，实现茶产业与生态休闲旅游、民俗文化有机结合，极大地促进茶旅融合、共同发展。昭平县还进一步延伸茶产业链，引进了年产 500 吨高纯度茶多酚加工项目，项目建成后可实现年销售收入 1.68 亿元，带动昭平 5 万～8 万茶农每亩增收 500 元以上。

（二）惠及民生

有机产品在生产中完全或基本不用人工合成的肥料、农药、生长调节剂和畜禽饲料添加剂，而采用有机肥满足作物营养需求或采用有机饲料满足畜禽营养需求。为此，昭平县有机企业在生产管理的除草、修剪、施肥等农事活动中增加就业，让当地的村民和贫困户直接参与到有机产品的生产过程，根据获证组织用工数据显示，从事有机农业农民人均可支配收入为 2.04 万元/年，明显高于当地农民人均农业收入（1.00 万元/年），增收效益明显。

(三)平衡发展与生态保护

据统计，按常规茶园种植每年每公顷需要投入化肥 4.5 吨，昭平县有机茶基地面积由创建初期的 188 公顷增长到现有的 476 公顷，为此，2018 年预计有机茶种植可减少化肥投入量 1 300 吨，减少对环境造成污染和能源的消耗。

(四)脱贫与精准扶贫

昭平县发挥以有机茶为龙头的企业示范带动作用，引导有机茶企业以有机＋扶贫的模式和“公司＋合作社＋基地＋茶农”的产业模式，把提升农产品品牌价值与实施精准扶贫有机结合起来，辐射带动茶农合作经营生态茶园，为当地农户提供了一万多个就业岗位，帮助 5 000 多户贫困户增加经济收入。

引社会帮扶，助推产业扶贫。积极对接扶贫后盾帮扶单位，通过助推茶叶销售、品牌推广等方式，为昭平茶走出广西、迈向世界打造宽广平台。2017 年，昭平的故乡有机茶被中航集团定为飞机客舱乘客饮品用茶和候机楼贵宾厅乘客用茶，“昭平茶”品牌影响力不断扩展；通过组织中航集团职工集中采购，采购合同总成交额 1 064 万元，各有机茶企业自愿提取成交额的 10%作为中航集团联系点昭平镇江口村专项扶贫资金，全力推动昭平茶产业发展、带动贫困户增收脱贫；借粤桂扶贫政策平台，鼎湖区与昭平县推动组建了广西将军峰茶业集团有限公司，3 030 万元广东省级帮扶资金投入该集团，通过在昭平县 10 个易地扶贫搬迁安置点布局茶园和茶叶加工厂，带动该县 43 个贫困村茶产业发展，促进茶业转型升级，初步实现有机茶品牌化经营。

经过多年的努力，昭平县有机产业得到了长足的发展，形成了以茶叶为龙头，食用菌、蔬果、肉牛等齐头并进的有机产品产业链，探索出了一条有机农业发展与生态环境保护有机结合、有机农业与地方特色旅游业良性互动发展的道路。

五、特色产品

(一)昭平红

“昭平红”是利用“福云 6 号”绿茶品种茶青制作工夫红茶的新工艺，克服了绿茶品种制作红茶出现的发酵不匀、汤色欠红、香低味淡、苦涩味重的技术难题，研制出的红茶新产品。“昭平红”外形条索紧细、卷曲成螺，颗粒匀整紧实，色泽乌润金灿，汤色红艳明亮，杯沿金圈明艳；叶底红匀明亮，茶芽肥嫩匀整。香气清高持久，滋味浓醇鲜爽，温润顺滑，回味隽永。2013 年，昭平红获国家地理标志证明商标，商标注册号为：12124997。

“昭平红”茶含有大量的维生素 C 和钙、铜、钠、磷和锌等矿物质及微量元素；每 100 克红茶中的热量低于 1 244 千焦。“昭平红”茶成分拥有多项药理作用，在保健、养生、美容方面发挥独特功效。红茶中的咖啡碱能提神消疲；多酚类、糖类、氨基酸、果胶能生津止渴；咖啡碱和芳香物质联合作用下能利尿；茶多碱能降脂解毒；茶多酚的氧化产物还能够促进人体消化，和胃、养胃。

“昭平红”茶深受消费者喜爱，在 2010 上海国际茶博会迎世博“中国名茶”评选中荣获金奖。从 2013 年开始，成为缅甸领事馆的指定高端接待用茶、2013 年第十届东盟博览会指定用茶，2017 年国内首届生态有机产业创新发展大会暨中国（昭平）第一届有机茶交易会，“昭平红”获金奖。

（二）昭平绿

“昭平绿”茶以“三绿四美”即外形翠绿、汤色碧绿、叶底嫩绿和茶形美、茶汤美、茶香美、茶味美的品质特点享誉区内外，销往上海、安徽、浙江等省市，茶叶外销占到茶叶总量的 95%以上。2013 年，“昭平绿”获国家地理标志证明商标，商标注册号为：12124998。

谷雨清明前绿茶具备“芽叶细嫩、汤色清亮、芬芳扑鼻、入口有回甘”四大特点。干茶细长蓬松、白毫尤显，柔美的曲线，犹如东方女子般婉约；茶汤，色泽翠绿油润，汤色清澈明亮，栗香浓郁持久，滋味鲜醇回甘；茶底，经过规范标准的鲜茶叶，叶底嫩匀绿亮，茶型完整无损，边缘平整，余香不绝，尽显新茶叶的耐泡特色。

六、创建故事

有机产业破解昭平“富饶的贫困”

“到了五月份，气温升高，雨水一多，茶角胸叶甲就多了，站在茶园里能听到四周到处是甲虫啃茶叶的‘沙沙’声，用手一抖，从茶树上哗啦啦往下掉甲虫，真叫人着急。”广西壮族自治区昭平县干了十几年茶叶生产的江其柳，也算是种茶行家了，他说的究竟是怎么回事呢？

在昭平县故乡茶博园、南山茶海等茶叶种植基地，几个山头上，一排排茶树沿山势梯级而上，空气中仿佛流动着氤氲水汽，将茶叶洗得菌绿油亮。“这是我们的有机茶基地，不管虫子咬成什么样，坚决不能打药。”故乡茶业公司总经理梁铭般说出了答案。

昭平县“九山半水半分田”，却拥有着森林覆盖率超过 85%所带来的纯净空气和清澈河流。一边是富饶的生态资源，另一边却是国家级贫困县，如何破解这“富饶的贫困”，在“半分田”上求发展？近年来，有机产业正在异军突起，成为昭平脱贫攻坚的利器和突破口。

剪秃茶树饿死害虫——用最“笨”的办法执行最严苛的有机生产标准

喝茶的人都讲究“明前茶”“雨前茶”，因为稀少，价格也就金贵。离“谷雨”还有 10 多天，正是采“雨前茶”的时节，记者在昭平的茶园里却看到，一些茶树已经修剪得光秃秃的，一片叶子都没有了。

江其柳告诉记者，这就是昭平县老百姓用来对付害虫的办法，不能打药杀虫，那就每年 5 月开始把茶叶全部剪掉，让害虫失去食物自己饿死。

“茶树剪秃了得一个月才能长出新叶，相当于损失了一个月的产量。”梁铭般说，“600 亩大的茶园剪完得十几天，有时候没来得及剪，虫子吃完叶子开始啃树皮，把茶树都啃死了，看着真心疼。”

“伤敌一千、自损八百”，这听上去是一个最“笨”的办法，然而，“笨”办法背后是最执着的坚持。“良好的生态是昭平最大的优势，发展生态有机产业是昭平最好的出路，我们就是要实行最严苛的标准，打造昭平有机产业的‘金名片’。”昭平县县长邓少华说。

昭平有机“金名片”中还有“喝山泉水长大”的食用菌。4 月 12 日，在去往昭平县仙回乡的山路上，泉水潺潺、鸟鸣幽幽，两边修长的翠竹在空中相握，搭成了拱形廊。在仙回乡记者看到，露天地里整整齐齐摆放着一排排菌棒，有的上面还有未摘的木耳。“木耳是一种喜氧作物，这里氧气含量本来就高，再加上河水带动空气流动，为木耳提供源源不断的氧气，品质自然就比大棚里的要高。”昭平县天润食用菌公司技术推广部经理梁明玉说。

吸的是氧气，喝的是山泉水。“我们给木耳浇的水是从山上引下来的山泉，这水是可以直接喝的。”种了30多亩木耳的仙回乡大中村农民陆庄学说。

在广西生态有机产业联合会会长陆家逸看来，有机生产是一个遵循自然规律和生态学原理的过程，“有机食品位于食品质量金字塔的顶层，与产地环境和种植过程息息相关，完全不用化肥、农药、生长调节剂、饲料添加剂等合成物质。”

自然禀赋为昭平有机产业发展提供了得天独厚的条件。昭平县质量技术监督局局长杨浪才告诉记者，去年，昭平获评“国家有机产品认证示范创建区”。目前通过有机认证的基地总面积达7 762.45公顷，生产有机产品2 000多吨，总产值超亿元，平均每亩增收1 800元，每年减少投放化学肥料、化学农药等2 000多吨。

稻耳轮作门口打工——让更多农民分享到有机产业的红利

“我去年木耳一亩地利润1万多元，你种得好，利润更多吧?”古盘村农民林盛永对陆庄学说。当记者问起种有机木耳的效益时，附近几个村的农民凑在一起算起账来。

“一个菌棒成本2.5元，1亩地放1万棒，成本是2.5万元。

1棒能收1.5两(75克)，天润公司采取订单模式回收，1千克木耳保底价50元。再扣除成本，1亩地利润能达到1.25万元。”陆庄学说。所以，他今年牵头成立了一个合作社，三四十家入股，一共种了35亩木耳。

昭平县境内多山，“半分田”上如何产出高效益？有机农业在传统种植上做加法，把昭平富饶的生态资源做出“附加值”，把好山好水好空气“变了现”。

“以前这块地主要是种水稻，到了冬季地就荒了，现在又种了一季有机木耳，木耳生长周期是9月份到第二年4月份，时间上正好和水稻错开。”林盛永指着地头一个写着“不与人争粮、不与粮争地、不与地争肥、不与农争时”的“稻耳轮作”技术指示牌说。

“以前用普通方式种水稻，每亩利润也就300～400元，现在为了保证木耳有机，种水稻的时候我也不施化肥不打农药，水稻也变成有机的了。我种的是优质黑稻品种，每亩利润能达到1 000元。”鹿鸣村农民陆依林告诉记者。

有机产业对生产、加工环节的要求都很高，就需要更多人工。在故乡茶园记者看到，茶树底下零星长着杂草。“不能用除草剂，这些草都得靠人工除，一年2次，茶园常年都需要人手。”梁殷铭说。

40多岁的昭平镇马圣村农民黄金凤已经在故乡茶园打工十几年了，一年能挣到2万多元。“在家门口打工什么都不耽误。”黄金凤说，“而且，我从这里学了技术，家里1亩地也种上了有机茶。现在每天白天来上班，中午回家照看茶园，晚上照顾老人孩子。丈夫也在县城做工，每天我们一家人都能见面。”

“如果没有有机产业，昭平可能还会有七八万人要去外地打工。现在男女老少在家门口就可以找到工作照顾家，留守儿童和空巢老人也少多了。”昭平县质量技术监督局副局长吴振建说：“虽然对于县里财政收入贡献并不高，但却是实实在在促进老百姓增收致富的惠民产业。”

政策扶持企业带动——将“留白”转化为可“变现”的财富

在当前脱贫攻坚进程中，人们也注意到一个现象，拥有丰富生态资源的地区，往往是经济发展的“洼地”，被称为“富饶的贫困”。昭平作为中国长寿之乡、全国十大生态产茶县，前不久还入围全国“2017百佳深呼吸小城”名单，是典型“富饶的贫困”地区。

绿水青山就是金山银山。回过头来看，这种“富饶的贫困”也正是精彩的“留白”，成为一个地区发展的核心竞争力。当然，“留白”不等于“空白”，这种核心竞争力必须转化成发展优势，才能成为可以“变现”的财富。在这个转化过程中，昭平找到了有机产业这把金钥匙。

“昭平县早在1994年就与华南农业大学合作建立优质茶示范基地，在全国率先开展有机茶研究，探索有机茶园的技术指标，推广有机茶生产。”邓少华介绍说。近年来县里又制定了《昭平县有机产业发展规划》，出台了《昭平县有机产业发展扶持和奖励办法》《关于加快茶叶产业发展的决定》等相关政策。在政策推动和扶持下，一批本土龙头企业成长起来，目前全县获有机认证的企业已经有10家，亿健、将军峰、故乡、天成、象棋山、将军红等多个知名有机茶品牌获得认证，其中，故乡茶业公司有机茶进入了广西高速公路服务区销售，昭平有机茶成为中国国际航空公司航班用茶。

有机产业不同于传统农业，在市场和技术上有更高的要求，龙头企业成为拉动产业、带动农民的一支重要力量。“种木耳虽然利润高，但前期光菌棒投入就2.5万元，很多农民投不起，我们通过与金融机构合作，针对贫困户发放扶贫小额贴息贷款，解决农民缺少资金、担心风险的困惑。”梁明玉告诉记者，“而且我们也对农户实行统一技术培训，每100亩地指派2～3名技术员长期驻扎，对农民进行全程指导，确保每根菌棒干木耳产量超过1.2两(60克)。”

4月12日，在对茶叶生产基地、加工场所进行了检查和取样之后，环保部有机食品发展中心专家刘振华完成了实地评估环节。如果顺利得到认证，在昭平有机农业的地图上，将增加一个连片种植面积最大的有机茶园。

这个位于南山的茶园，带着昭平人对长寿之乡的自豪以及对有机旅游产业的期盼，被赋予一个更为动听的名字，叫作“南山茶海”。

创建国家有机示范区　促进现代农业转型升级

——资源县国家有机产品认证示范区创建纪实

一、资源县概况

（一）基本情况

1.地理位置

资源县位于广西壮族自治区东北部越城岭山脉腹地，是广西的北大门，属桂林市管辖，距桂林市区98公里，介于东经110°13′～110°54′、北纬25°48′～26°16′之间。东面、南面、西南面分别与全州县、兴安县、龙胜县毗邻，西面、北面分别与湖南省城步苗族自治县、新宁县交界。

境内有华南第一高峰猫儿山，是长江水系和珠江水系的发源地之一。

2.人口面积

资源县东西横距 65.5 公里，南北纵距 63.4 公里，总面积 1 941.01 平方公里，是一个少数民族聚居县。全县辖资源镇、中峰镇、梅溪镇、瓜里乡、车田苗族乡、两水苗族乡、河口瑶族乡等四乡三镇，共 74 个村(街)委。有苗、瑶、壮、侗、回、蒙古、彝、朝鲜、满、土家、毛南、么佬、仡佬、黎等 14 个少数民族，占全县总人口的 21.8%。

3.气候特征

资源县属亚热带季风气候，全县平均海拔在 800 米以上，是典型的高寒山区。全县气候温和，四季宜人，年均气温 16.7 ℃，极端最高温度 38.8 ℃，极端最低温度－8.4 ℃；年降雨量 1 736 毫米；光热适宜，年均日照时数为 1 275 小时。是广西壮族自治区霜、雪、冰期最早、最长的县份之一。

4.森林资源

资源县是全区林业重点县，素有"一水四田九十五分山"之称，是我国南方杉木、马尾松、毛竹的中心产区之一。境内植被丰富，种类繁多，据森林资源调查资料统计，境内有原生植物 164 科，1 120 余种，其中华南铁杉、长苞铁杉、资源冷杉属国家保护的珍贵树种，红豆杉、华南五针松、柳杉、马褂木为我国稀有特有树种，全县森林覆盖率达 79.21%。

5.药材和土特产资源

资源县素有"天然药库"之称，中草药材品种多、质量好，药用植物达 200 余种，其中大宗的药材有杜仲、黄柏、厚朴、天麻、茯苓、金银花等 20 余种。全县现种植天麻达 3 万窖，有"三木"药材(杜仲、黄柏、厚朴)林 7 000 公顷，是广西"三木"药材基地县。全县土特产资源十分丰富，已形成生产规模，具有较高开发价值的有蕨菜、薇菜、竹笋、生漆、油桐、棕榈、山苍子、松脂、香菇、木耳、茶叶、百合、猕猴桃等 10 余种。

6.旅游资源

资源县有丰富的旅游资源，境内山清水秀，石奇林幽，集我国名山、名江、名瀑特色于一体，是广西首批优秀旅游县。境内拥有"世界自然遗产""国家森林公园""国家地质公园"三顶桂冠的八角寨景区；有丹山碧水，被誉为"华南第一漂"的资江景区；有"中国最佳漂流胜地"的五排河探险漂流景区；有休闲度假丹霞温泉景区、天门山生态观光景区及"一瀑九折"的宝鼎瀑布景区等，同时拥有丹霞和喀斯特两种地貌。

(二)经济发展概况

近年来，资源县认真贯彻落实习近平总书记系列重要讲话精神和市委、市政府各项决策部署，坚持"生态立县、农业稳县、工业富县、旅游强县"的发展思路，牢牢守住发展、生态两条底线，积极主动适应新常态，采取有力措施稳增长、调结构、促改革、惠民生，全县经济社会保持稳中有进、稳中向好的态势，实现了"十三五"良好开局。

经核算，2017 年全年地区生产总值完成 60.12 亿元，增长 7.4%；组织财政收入 3.2 亿元，增长 7.9%；固定资产投资 74.56 亿元，增长 17.6%；社会消费品零售总额 13.08 亿元，增长 11.2%；城镇居民人均可支配收入 3 0334 元，增长 7.8%；农村居民人均可支配收入 9 968

元，增长 10.3%。

粮食生产稳定并向品牌化迈进，全县完成粮食播种面积 13.61 万亩，粮食总产量达 5.55 万吨。建成瓜里乡白竹村、两水苗族乡塘洞村富硒产品（水稻）示范基地。大力发展特色种植和特色养殖。通过建设避雨栽培、水肥一体化等配套设施，对西红柿、红提等传统农产品进行提质增效。全县发展红提、西红柿、辣椒、猕猴桃等特色种植 10.76 万亩，总产量达 9.4 万吨；完成蔬菜种植 10.58 万亩，产量达 15.11 万吨。特色药材白及、重楼种植面积分别达 1 400 亩、200 亩。

发展肉牛、肉羊、竹狸、生态猪等养殖 13 万多只（头）。车田西红柿、车田辣椒被评为国家地理标志保护产品。扎实推进现代农业示范区建设，打造了 3 个县级示范区和 7 个乡级示范区。积极培育新型农业经营主体，新增示范社 5 家、家庭农场 12 家，全县市级农业龙头企业达 8 家、合作社达 335 家、家庭农场达 37 家。发放有机补贴 80 万元，“平安有机”示范县创建成果进一步巩固。

以清洁能源、农产品加工、竹产品加工、矿产品深加工等为重点，加快发展绿色工业。中电投广西金紫山风电有限公司、丰旺水电有限公司等 5 家清洁能源企业总产值 8.98 亿元，占规模企业总产值的 14.62%。高纯度石英砂（粉）精深加工基地、绿境竹业等项目顺利实施。农产品加工业初步形成。重点推进中峰工业园区建设，新增园区工业用地 300 亩、工业项目 18 个。为建设服务型园区，投入资金达 1 亿元，完善了园区规划，园区路网、给排水管网、污水处理厂、标准厂房等基础设施开工建设，园区承载力不断提升。

2017 年全年旅游接待人数同比增长 16.81%，旅游收入同比增长 19.52%。

（三）丰硕成果

近年来，资源县先后荣获“全国造林绿化先进单位”“全国扫除文盲先进县”“全国绿化模范单位”“全国林业公安基层建设先进单位”“全国学雷锋先进集体”“全国行政区域界限管理工作先进集体”“全国村务公开民主管理示范县”“全国婚姻登记规范化管理示范窗口单位”“全国科技进步考核先进县”“全国残疾人工作先进单位”等荣誉。1995 年被自治区人民政府确定为享受少数民族自治县待遇。2005 年被《中国国家地理》杂志评为中国最美的地方之一。2007 年，被环保部正式命名为“国家级生态建设示范区”。2012 年，被国家发改委、财政部、林业局确定为“全国生态文明示范工程试点县”。2013 年，资源县水产畜牧兽医局获得第七批桂林市“精神文明单位”称号。2014 年凭借其独特的旅游资源优势、良好的生态环境及深厚的文化底蕴，荣登“2014 最美中国榜”，荣获了“最美中国·文化旅游、生态旅游、特色旅游目的地城市”的称号。民俗节庆品牌——“七月半”民族传统河灯歌节被国家旅游局列为“中国百姓生活游”十大主题之一，2014 年成功入选为国家非物质文化遗产。同时，资源县还是 2011—2020 年国家重点扶持的滇桂黔石漠化区（广西）区域发展与扶贫攻坚规划的 29 个县之一，也是自治区级贫困县。

（四）发展思路

全面贯彻党的十九大精神，以习近平新时代中国特色社会主义思想为指导，紧紧围绕市委五届四次全会、市五届人大三次会议及县委十三届四次全会重大部署，坚持稳中求进工作总基调，坚持新发展理念，紧扣社会主要矛盾变化，按照高质量发展要求，以推进供给侧结构性改革为主线，努力践行“生态立县、农业稳县、工业富县、旅游强县”发展思路，突出抓好脱贫攻坚、乡村振兴、产业发展、基础设施、城镇化建设、环境治理、民生保障七大任务，全面做好稳增长、促改革、调结构、惠民生、防风险各项工作，促进经济社会持续健康发展，为如期实现全面建成小康社会而努力奋斗。

二、资源县有机产业和有机认证情况

(一)资源县有机产业发展背景

资源县境内小气候复杂多样，具有明显的山地气候特征。全县气候温和，四季宜人，年均气温 16.7 ℃，年均降雨量 1 736 毫米；光热适宜，年均日照时数为 1 275 小时，无霜期 285 天。耕地面积 16 543.52 公顷。灌溉水源丰富、水质优良，空气清新，土层深厚、土质肥沃、有机质含量高。无工业“三废”污染，无重金属超标，最为适宜发展有机农业。

2017 年，资源县委、县政府提出把创建有机产品认证示范县作为促进现代农业转型升级的引擎，把发展有机农业作为现代农业发展方向，努力实现农业增效、农民增收，最终实现脱贫致富。2017 年 2 月 9 日在资源县第十六届人民代表大会第二次会议上政府工作报告中提出“要进一步夯实有机农业基础，抓好有机农业示范点建设，做强产业，做优品牌，力争 2017 年成功创建国家级有机产品认证示范县”，并出台了《资源县创建国家级有机产品认证示范县实施方案》文件。

(二)资源县有机认证情况

1.有机产品认证情况

截至 2018 年 11 月 13 日，全县共有 12 家企业获得 18 张有机产品认证证书，较 2017 年创建有机示范县之前新增 7 家，增长率 140%。

2.有机产品转换证情况

截至 2018 年 11 月 13 日，全县共有 5 家企业获得 6 张有机产品转换证证书，较 2017 年创建有机示范县之前新增 1 家企业，增长率 25%。转换认证企业名单：资源县丹霞生态养殖科技有限公司、资源县两头黑种养农民专业合作社、资源县德发农林开发有限责任公司、资源县昌盛生态种养农民专业合作社、资源县丰满园中药材种植有限公司。

3.认证的种类及规模情况

截至 2018 年 11 月 13 日，全县认证的产品种类有蔬菜、中药材、茶叶、肉猪、肉牛、山羊、肉鸡等 7 种。其中蔬菜面积 1 250 亩，中药材面积 800 亩，茶叶面积 1 520 亩，猪 2 310 头，肉牛 742 头，山羊 480 头，鸡 5 000 只。

三、保障措施

(一)成立机构，加强领导

成立以政府党政主要领导为组长的资源县创建国家有机产品认证示范县工作领导小组，县委、县人大、县政府、县政协分管领导任副组长，层层分解目标任务，责任到部门到人。

（二）科学规划

以生态经济学和有机农业理论为指导，以生态保护、改善环境为目标，因地制宜，县政府出台并实施了《资源县有机产业发展规划》。实行统一规划，分步实施，逐项到位，重点突破，整体推进。

（三）制定优惠政策和措施

对从事有机农产品生产经营的企业及合作组织给予政策优惠，出台了《资源县发展有机扶贫产业系列奖励及扶持政策方案》《资源县"三品一标"奖励办法》。

（四）构建质量安全监管长效机制

一是建立了资源县有机产业互联网管控追溯平台，在生产、加工、配送、电商、质量追溯等环节进行精细化、标准化、数据化、信息化、科学化管控，实现全程透明，来源可溯，去向可追，保证有机产品品质，充分发挥全程追溯的功能作用，增强全程质量控制能力。二是资源县工商质监局出台了《有机产品监管工作实施方案》，狠抓质量监管，严格落实投入品监管、产品质量检测，有计划、有针对性地开展专项检查及质量抽检工作。

四、实施成效

（一）特色产业链

通过1年的创建，资源县形成了种植业以有机蔬菜为主，养殖业以有机肉牛为主的有机主导产品，以点带面，带动现有的茶叶、中药材、山羊等有机产品发展，再按照《资源县有机产业发展规划》推动资源县有机产业的纵深发展。

1. 有机蔬菜

截至2018年11月13日，全县共有6个有机蔬菜企业获得有机产品认证证书，2个有机蔬菜企业获得有机产品转换认证证书，总面积1 250亩。按照"公司＋合作社＋基地＋农户""公司＋致富能手＋基地＋农户"的订单农业模式，推动资源县有机蔬菜产业发展及农户稳定增收，有机蔬菜产品销往南宁、广东等地高端市场。

2. 有机肉牛

截至2018年11月13日，全县共有2个有机肉牛企业获得有机产品认证证书，认证规模存栏量742头，年出栏230头，产量54吨。按照"公司＋基地＋贫困户"的订单农业模式，推动资源县有机肉牛产业发展和农户稳定增收，产品销往珠海、上海等地高端市场，供不应求。

（二）惠及民生

1. 社会效益

一是资源县有机蔬菜的发展带动了公司2家，农民专业合作社9家，2017年带动农户548户2 369人，其中受益贫困户245户995人；二是资源县有机肉牛的发展带动了公司1家，农民专业合作社1家，2017年带动贫困户280户980人。

2. 经济效益

一是有机蔬菜规模 1 250 亩，产值 1 800 万元，人均年收入 4 100 元，人均年增收 865 元。二是有机肉牛 742 头，年出栏 230 头，年产量 54 吨，产值 1 080 万元，人均年收入 6 000 元，人均年增收 1 256 元。

(三)平衡发展与生态保护

资源县有机农业的发展有效改善了全县农业生产基础条件，减少了化肥和化学农药的使用，土、肥、水得到了合理调节和有效利用，保护了生物多样性，维持了生态平衡，营造了优美的生态环境，促进了人与自然的和谐发展，自然资源的可持续发展。

(四)脱贫与精准扶贫

2017 年 8 月，资源县被国家认监委列为运用有机产品认证扶贫县。2016 年以来，全县已实现 18 个贫困村脱贫，脱贫人口 3 300 户 12 692 人。

通过贫困人口动态调整，截至 2018 年 9 月底，资源县在全国扶贫开发信息系统内共有建档立卡贫困人口(含退出户)10 733 户 41 084 人。围绕县脱贫摘帽目标任务，2018 年年初，县计划脱贫 3 520 户 13 798 人，贫困村摘帽 13 个村，贫困发生率降低至 2.41%。

1. 有机蔬菜产业助推扶贫

目前，资源县有机蔬菜产业覆盖 9 个贫困村，11 个企业，合作社成员先把土地流转给合作社，再从合作社承包土地按合作社统一要求和管理进行种植生产，从土地农民变为生产工人，成为新型农民，主要收益有：土地流转、劳务输出、入股分红等。

2. 有机肉牛产业助推扶贫

目前，资源县有机肉牛产业覆盖 3 个贫困村。一是实行“公司+基地+贫困户”的运营模式。资源县金紫商贸责任有限公司与有条件发展黄牛养殖的贫困户签订黄牛代养协议，由公司无偿提供牛犊，供农户饲养，农户充分利用自家山地牧草和秸秆资源育肥黄牛，一般育肥时间为 7～10 个月，育肥后由公司统一回购，公司实行最低回收保护价 26 元/千克，农户养殖期间所生牛犊归农户所有。2017 年，带动了 256 户贫困户养殖黄牛，已发展 380 户贫困户养殖黄牛。据统计，每头黄牛年均增重 100～150 千克，按每头牛年增重 100 千克计算，每饲养一头牛农户增收 2 600 元，按每户饲养 4 头牛计算，每户农户至少增收 10 400 元/年。二是贫困村集体经济入股，有机产业分红。龙塘、田头水、粗石三个贫困村以集体经济专项资金 50 万元入股公司，贫困村负盈不负亏，每年按投入资金不低 10%分取红利，上述贫困村每年将获得集体收入 5 万元以上。三是带动贫困户种植牧草获利。公司提供草种及技术指导，按 240.4 元/千克回购牧草，目前带动近 300 名农户(贫困户 120 户)利用山地种植牧草 100 余亩，每亩产出牧草约 25 吨，亩产值约 10 000 元，每户种植牧草可增收万余元。四是不忘初心大力扶持贫困户。公司长期聘用农户 26 人，其中贫困户 16 人，牧草种植等农忙时期需招收近 200 名临时工(优先贫困户)。通过聘用务工每年使农户人均增收 6 000 余元。

五、创建故事

牛大王传奇

资源县，地处广西最北端越城岭山脉腹地，南接五岭，北连三湘。这里碧水萦回，山清水秀，石奇林幽。悠悠浔江河，水流激荡，百转千回，别有洞天。浔江河畔的车田苗族乡田头水村，苗妹苗姐动人的山歌和醇香的油茶，让你流连忘返。浔江河源头是美丽的金紫山十里坪坦，海拔 1 500 多米，这里，草原风光，山野清风，绿波叠翠。举目远眺，只见成群牛羊在草原上吃草栖息，时而追逐时而奔跑。在十里坪坦这四季柔情与灿烂光景交织的迷人画卷中，你会遇到一个指挥工人放牧的汉子，他就是村民们眼里的“牛大王”杨盛根。

杨盛根，男，56 岁，苗族，高中学历，广西桂林市资源县车田苗族乡人，现任资源县金紫商贸有限责任公司董事长。他坚守大山 20 年，从一名返乡创业人员成为远近闻名的“牛大王”；引领带动当地群众发展高山黄牛有机养殖，实现年产值 2 000 万元以上，让有机黄牛养殖成为高山乡镇的特色产业。

杨盛根出生在车田苗族乡一个叫田头水的山村里，父母是在黑土地上辛勤耕作的农民，家境并不宽裕。杨盛根是家中长子，下面有 3 个弟弟和 1 个妹妹。1979 年高中毕业后，富有经济头脑的他卖过冰棍，当时一根冰棍才 2 分钱；他放过木排，把木头捆成一排沿浔江河漂流而下，风黑夜高，流水湍急，放木排危险而又辛苦。1985 年，杨盛根结婚了，婚后的他思前想后，不安于现状的他决定跑运输。杨盛根贷款 3 万元买了辆车，这车在当时车田苗族乡算是第一辆。后来机缘巧合，车田苗族乡财政所缺一个司机，把他招聘进去了，他的爱人也进了乡粮管所。照理说，他和爱人有了稳定的工作，自此人生可以平稳顺畅下去。然而 1995 年，杨盛根又做出了一个大胆决定，他辞掉乡政府财政所司机的工作，赴南宁、钦州、海南等地打工。

杨盛根在南宁一家农业公司工作，参与多个扶贫产业场建设，看到建设的果园、蔬菜场给当地带来的实实在在的经济效益，就心里琢磨自己的家乡适不适合，考虑可以引进什么品种合适。2000 年，有点积蓄的杨盛根回到家乡，依靠打工赚回来的经验和资本，结合本地特色，个人投资 10 万元，建起了大棚，试验推广嫁接技术，引进了适合高山种植的台湾珍珠圣女果，一种就是 7 年；他把技术和种植经验毫不保留地教给村民，施行“订单农业”的模式，跟周边农户签订协议，合作发展，他自己腰包鼓了，农户收入也高了，村民们脸上笑开了花。山风徐来，阳光下杨盛根看到苗寨山上遍地的珍珠圣女果挂满枝头，红艳艳的，分外好看，他也开心地笑了。

2008 年，不安分的杨盛根又有了新的想法，他村子上面的金紫山十里坪坦，高山气候，草原如画，地阔草肥，牧草资源非常丰富，如果养牛羊，该是多么好的一个天然环境！他看到牛羊有机食品的前景，开始探索有机生态种植、养殖技术。他大胆承包了 100 多亩的高山天然草场，从外地购进 100 头牛犊。然而由于不适应本地高山寒冷潮湿的气候，再加上养殖、管理技术缺乏，第一批牛犊存活率不到 30%，损失惨重。剩下的牛在过冬时，工人喂了山上的茅草，又死了一批。杨盛根把牛肚子剖开来，才找到了原因，原来是工人把茅草切割成锋利的棱角形，牛吃下去后，消化不了，茅草把牛肚撑破了。但他坚信“农村人就是要靠山吃山，靠水吃水，守着这么好的天然资源就要懂得保护和利用”，不服输的他到各地考察学习，聘请专家实地指导，通过几年的实践摸索，最终培育出了适合本地独特地理条件、环境条件和气候条件的优良品种高山黄牛。2012 年杨盛根成立了资源县金紫商贸有限责任公司，经过几年来不懈努力，该公司已发展成为一家集牛羊养殖、有机肥处理、有机蔬菜种植为一体的生态循环型有机农业发展企业，公司现拥有养殖基地 3 个(能繁母牛基地、有机牧草基地、有机肥种植西红柿基地)，有机牧草基地拥有 9 000 多亩高山草场，现存栏肉牛 1 100 多头、肉羊 2 100 多头，年总产值达2 000 万元，牛、羊肉已通过 ISO9000 质量体系认证，获得有机产品认证，2016 年杨盛根获得了自治区南方牧场扶持项目资金 360 万元，2017 年杨盛根用孙子的名字杨山河注册了“杨山河”品牌，并获广西名牌产品称号。他把读完大学在外工作的儿子杨进伟也叫了回来，再送儿子到柳州畜牧学校深造，学成后回家协助他一起管理公司。杨盛根又投资 50 万元，建起冷库和真空包装车间，产品具备了鲜活冷链销售条件。公司先后获得了自治区标准化示范场、生态养殖 4 星级示范场、广西水产畜牧业行业重点龙头企业、广西养牛先进牛场、广西养殖优秀企业、国家级标准化示范场等荣誉称号。他本人于 2017 年获得桂林市十佳养殖大户荣誉称号，并作为资源县高山黄牛的代言人参加了“党旗领航，电商扶贫——我为家乡代言”活动，获得最有家乡味道代言奖和广西十佳代言人荣誉称号，成了名副其实的牛大王。

富起来的杨盛根不忘乡亲，勇于社会担当，乐于奉献爱心。他说：“我的成功离不开县委、县政府对农业的重视和对有机生态产业的扶持，特别要感谢的是县农业局局长，经常来牛场悉心指导工作，提出了很多好的建议。我做出了一点成绩，就要怀着感恩的心去回报社会。”2018 年，杨盛根在下乡考察新养殖基地途中，机缘巧合了解到梅溪镇沙坪村特困户王万弟房屋建设的实际困难，立即决定拿出 5 万元，帮助其完成了危房改造。他把龙塘、田头水、粗石三个贫困村以集体经济专项资金 50 万元入股公司，贫困村负盈不负亏，每年按投入资金不低于 10% 分取红利，上述贫困村每年将获得集体收入 5 万元以上。杨盛根实行“公司＋基地＋贫困户”的运营模式，公司与有条件发展黄牛养殖的贫困户签订黄牛代养协议，由公司无偿提供牛犊，供农户饲养，农户充分利用自家山地牧草和秸秆资源育肥黄牛，育肥后由公司统一回购，农户养殖期间所生牛犊归农户所有。2017 年，他带动了 256 户贫困户养殖黄牛。2018 年，已发展 380 户贫困户养殖黄牛，每户农户至少增收 10 400 元/年。

风雨人生坎坷路，不忘初心砥砺行。杨盛根，这位苗乡的牛大王，用他的智慧和爱心，带领村民们在致富路上阔步前行；用他的执着和坚韧，书写着他的人生传奇。

贵州省

建设生态家园　开发有机产业
——凤冈县国家有机产品认证示范区创建纪实

一、凤冈县基本概况

凤冈县位于贵州东北部，隶属革命老区遵义市，是一个典型的山区农业县，总面积约 1 883 平方公里，辖 13 镇 1 乡 86 村(社区)，全县自然资源与生态环境优越，属中亚热带湿润季风气候区，年均气温 15.2 ℃，土壤含锌、硒两种微量元素，以茶叶、肉牛、生猪、水稻、烤烟、万寿菊为主导产业，森林覆盖率达 67%，空气质量和饮用水质达标率均为 100%，良好的生态环境为凤冈推动有机产业奠定了坚实基础。

二、凤冈县有机产业及有机认证情况

全县进行有机生产的企业相对稳定，辖区内连续 3 年以上获得有机产品认证的生产企业占所有有机产品获证企业的比例达 62.5%。凤冈县生产的有机茶、有机大米、有机牛肉等产品以其有机、安全、健康等独特品质，达到了既卖产品、又卖环境的目的，增加了农业附加值，为农民增收、企业增效打开了一扇希望之门。

截至 2018 年 11 月，全县共获有机认证企业 21 家，有机认证证书 35 张。有机生产基地 22 个，有机及转换认证基地面积 31 083.36 亩，分别分布在 11 个乡镇。其中：有机茶叶基地面积 27 506.85 亩，有机水稻基地面积 1 070.55 亩，有机果园面积 140.1 亩，有机水产养殖面积 48.06 亩，有机蔬菜面积 42.97 亩，有机认证的肉牛年存栏 800 头。

三、保障措施

(一)党政高度重视，联动机制有效

为纵深推进“建设生态家园，开发有机产业”战略，实现全县经济跨越式发展。早在 2008 年，县委、县政府就成立了凤冈县绿色战略领导小组办公室(后更名为“凤冈县有机产业发展办

公室”)，专门负责全县绿色战略、生态产业和农业标准化建设，牵头制定全县有机产业发展规划，负责指导全县有机产品生产、申报、认证咨询及质量监督等工作。县委、县政府将有机产业发展提上了重要议事日程，2016年在中共凤冈县第十二次代表大会和凤冈县第十六届人民代表大会上提出了全域有机、全产业链有机(简称“双有机”)发展之路，成立了以县长为组长，县四家班子分管和联系领导为副组长，相关职能部门和各乡镇主要领导为成员的“双有机”工作领导小组，并调整组建了“凤冈县双有机发展中心”，专门负责有机产业的规划、组织、协调、监督等相关工作。建立了凤冈县创建国家有机产品认证示范区工作联席会议制度，在示范区创建过程中起到了很好的综合协调作用。2017年7月26日，县第十二届三次全会将《中共凤冈县委关于以实施“双有机”战略为突破口加快推进全国生态文明示范区建设的决定》(县发〔2017〕7号)作为重要战略审定，再一次开启了有机产业发展的新历程。2018年7月23日，凤冈县委中心学习组举行第十次集中学习暨“双有机”战略务虚会，进一步坚定走“双有机”发展之路。

(二)扶持政策到位，实施保障有力

为促进有机产业健康、持续、快速发展，创建工作启动以来，县委、县政府出台了关于促进有机茶产业发展的一系列扶持政策，2016年和2017年又分别印发了《关于进一步加强“三品一标”监管工作的实施意见》(凤府办发〔2016〕90号)和《关于扶持“双有机”发展的政策规定》(凤府办发〔2017〕21号)，明确了支持全县有机产品认证、基地建设、品牌打造、宣传培训、追溯体系建立等相关扶持措施。并整合农业综合开发项目、农业产业化项目、扶贫开发项目和国债项目，在不改变项目资金使用渠道的前提下，将涉农项目进行集中捆绑使用，优先考虑获得有机认证的企业作为首选项目实施单位，以加快提升有机认证企业的综合竞争力。据初步统计，从2014年至今，每年全县整合各方面补助资金2 000万元以上，集中用于企业有机认证、有机肥(生物农药)购买、有机码及二维码、天眼监控等追溯体系建立、加工厂建设、产销服务平台及品牌打造等。

(三)质量管理严格，风险防控得当

为实现全县有机产品标准化生产和制度化监管，根据国家有机产品法律、法规和相关规范性文件，一是编制发布了有机产品县级地方标准7个，制定了有机产品基地管理、环境保护、农业投入品备案等一系列配套措施，为企业组织有机生产管理建立了准则。二是制定了有机产品质量安全及环境污染突发事件应急预案、农产品产地准出及产品准入监督管理办法，建立了“红黑榜”名单管理等机制，安装了基地“天眼工程”，建立了二维码、有机码追溯体系。还探索实施茶叶质量“五级防控”(县、镇、村、组、企业)和“三抓五统一”(三抓指“抓品质、抓市场、抓品牌”；五统一是“统一农用物资的采购，统一有机肥的施用，统一生物农药的喷洒，统一茶青市场管理，统一茶青采摘标准”)等管理模式，助推了全县有机农业健康有序发展。三是企业建立了内部监管机制。从事有机产品生产、加工和营销的企业不断完善内部监督管理制度，建立完善有机产品生产、加工和营销质量手册。根据质量体系进行生产、加工、经营全程跟踪记录，确保有机产品质量品质的可追溯性。四是建立外部质量监测体系。由县农产品检验检测中心牵头，各乡镇农业服务中心配合，建立县、镇(乡)级和企业相结合的检测服务网络，配置了检测硬件设施，形成了“企业自检、部门监督、市场监控”的有机产品质量监测体系。五是建立有机风

险识别机制。县农牧植保站负责开展病虫害系统调查，农产品检验检测中心负责开展有机原料、有机产品、基地土壤监测，县市管部门开展产品监督抽检，县环保局环境监测站开展大气、水质监测，系统识别有机风险，及时发布病虫情报、预警信息，并采取相应的有效控制措施。六是及时关注国内外有机产业发展的形势，及时发布舆情信息，并经常组织相关职能部门积极开展环境监测、农资市场整治、有机生产基地检查、有机产品质量监测及市场检查等工作，使创建区风险得到有效防控。自创建以来未发生过重大有机产品质量问题和环境污染事故。

（四）坚持高位引领，规划培训先行

一是自发展有机产业以来，凤冈县分别与北京大学、贵州大学、西南大学等高等院校、环保部有机食品发展中心、认证机构、进出口检验检疫局等科研单位和部门建立了长期战略合作关系，北京大学环境科学与工程学院学生社会实践基地、环境保护部有机食品发展中心凤冈办公室等技术指导机构在凤冈落地。二是采取走出去的方式，到广西乐业、江西靖安、南京国环认证中心考察，县长亲自率队到国家认监委汇报工作，争取政策支持，接受创建工作要求，为有机产业推进把脉问诊。三是采取请进来的方式，先后邀请环保部南京国环有机产品认证中心和北京大学环境公共政策研究社编制了《贵州省凤冈县有机产品发展规划》和《凤冈县生态农业可持续农业发展规划》，并在2014年针对凤冈县有机产业发展实际情况对《贵州省凤冈县有机产品发展规划》进行修订。多次以县委、县政府名义邀请他们，有针对性地对有机产业从业者和领导干部进行培训；组织各乡镇、相关部门及有机认证企业参加环保部有机食品中心主办的"全国有机食品开发和信息交流"等培训。截至目前，累计培训人员达6 000余人次，带动4万多绿色有机产业示范户。

（五）强化宣传推介，拓宽有机市场

一是通过电视、报纸、网络等各种媒体，大力宣传国家有机产品认证示范区创建工作，让广大干部、企业、群众理解和支持示范区工作，营造示范区创建的良好氛围。二是积极组织企业参加多届中国国际茶业博览会、中国国际有机食品与绿色食品博览会、北京国际茶业展、有机产品宣传周、中国茶叶博览会、上海国际有机博览会等活动。三是借力省委"黔货出山"的战略部署，提出了以"良心产业·有机凤冈"为引领，创新提出"双有机"（全域有机、全产业链有机）概念，并在2017全国有机高峰论坛凤冈峰会上形成了"凤冈共识"。在"双有机"发展理念突破常规，得到了国内专家学者的高度认可。为了全面夯实有机产业发展的基础，不断探索山区现代农业发展之路，加快推进农业供结侧结构性改革，全面开展面源污染治理，实施了"六大环境整治"攻坚战，打造全域有机的大环境，力争到2021年，将凤冈打造成"贵州第一、西南一流、全国知名"的有机县。四是打造了集有机食品贸易平台、展示中心、有机认证、物流配送、短期仓储、商业娱乐、居住休闲等功能为一体的有机食品集散地——凤冈县有机食品城，项目总投资6.8亿元，建筑面积约25万平方米，建有"茶天下"茶叶交易市场1个，现已有仙人岭公司、朝阳茶业、万壶缘茶业等有机认证企业入驻，入驻涉茶商铺21家，初步形成集茶叶包装、茶具、茶叶产品、物流、电商平台、茶馆等设施较为齐全的茶产业功能体，实现年销售额2 000万元以上。同时将进一步加大招商力度，打造完善有机产业功能框架。不断加大凤冈有机产品宣传力度，为企业创造更多展现有机品质的推介平台，拓展有机产品销售渠道及范围，提升凤冈有机产品的社会认知度和市场价值，积极鼓励企业走有机之路。

四、实施成效

自 2014 年凤冈被国家认监委列为第三批国家有机产品认证示范区创建以来，县委、县政府始终坚持“生态产业化，产业生态化”的发展理念，把发展有机产业作为维护良好的自然和生态环境的一项重要举措，将生态优势转化为品牌优势和产业优势，举全县之力创建国家有机产品认证示范区，区域有机产业发展取得了明显成效。

（一）特色产业链

凤冈县有机农业生产区域相对集中，有机茶种植及加工主要分布在永安镇田坝村、崇新村、土溪镇大连村、峰岩镇巡检村 4 个村，有机大米种植及加工主要分布在龙泉镇三坝村、进化镇临江村，有机肉牛、有机水产养殖分布在王寨镇新民村。有机生产、加工、销售一体化经营程度高，严格按照有机产品标准组织实施，10 家有机认证加工企业全部有自己的有机种植基地，有机认证企业在全国各地设有专卖店，有机产品进入淘宝商城，并远销国外。有机产品从当初唯一的有机茶逐步延伸到了有机大米、有机肉牛、有机水产等，催生了田坝 4A 级有机农旅一体化景区，并被农业部、国家旅游局授予“全国休闲农业与乡村旅游示范县”称号。

（二）惠及民生

与创建初期相比，获证组织数增加 61.5%，证书数量增加 59.1%，有机生产基地总数增加 83.3%，种植面积（不含转换认证）增加 34.9%，种植认证产量（不含转换认证）增加 34.7%，加工认证产量（不含转换认证）增加 16.9%；有机养殖实现从无到有，产值达 3 530 万元；有机产业总产值达 5.26 亿元，有机产业总产值增加 17.2%。全县从事有机农业生产的农民年人均可支配收入已达 13 559 元，明显高于当地农民年人均可支配收入 9 271 元的标准。

（三）平衡发展和生态保护

县委、县政府始终坚持“建设生态家园，开发有机产业”的发展战略，着力实施“四绿工程”（营造绿色环境、培育绿色基地、实施绿色加工、打造绿色品牌），坚持“四生一有”（生态农业、生态工业、生态城镇、生态旅游和有机田园文化）发展理念，畜—沼—茶（林、果、蔬）生态农业模式取得了可喜的成绩，全县森林覆盖率从 1997 年的 32.5%提高到 67%。利用茶园套种桂花的套作技术，积极采取太阳能杀虫灯、粘虫黄板、人工除草等物理措施，严格执行有机肥、生物农药等使用管理，有效逆转凤冈县农业生产农药、化肥使用量不断增长的趋势，确保了茶园生物多样性，当地生态环境得到有效改善。2013 年以来，每年至少减少化肥使用 2 600 吨、减少农药使用 26 吨。先后荣获“全国造林绿化百佳县”“国家级生态示范区”“全国沼气能源建设先进县”“中国富锌富硒有机茶之乡”“中国名茶之乡”“中国生态旅游百强县”“全国农业综合开发县”“贵州优质茶叶生产示范区”“国家农业标准化示范区（富锌富硒茶综合生产）”“国家出口农产品质量安全示范区（茶叶）”等称号的基础上，又获得了“国家美丽乡村标准化试点”“国家农业综合标准化示范县”“国家有机食品生产基地示范县（试点）”称号。目前，国家农产品质量安全县、国家农业可持续发展试验示范区正在创建中，这些创建载体必将进一步推进凤冈县有机农业的标准化水平和产品品牌信誉度。

（四）脱贫与精准扶贫

一是凤冈县明确把有机茶产业作为农民脱贫致富的重要支柱产业发展以来，有机茶辐射带动标准化茶园建设，全县茶园面积从2006年不足3万亩发展到40余万亩，实现了“人均一亩茶”的目标，涉及全县14个乡镇76个村居。通过种植茶叶，茶农年人均收入比未种茶前平均增加2 500～3 000元，因茶脱贫农户达到1.5万户。

二是通过精心培育和扶持，形成了一批有规模、上档次、出效益的农产品加工企业，有效促进了地方经济发展和农民增收。通过贷款贴息等政策扶持以及企业自身经营管理，龙头企业由小到大、由弱变强，快速发展，生产规模逐年扩大，有效抵御了市场风险，带动农户发展能力大幅提升。

三是将有机产业作为支农资金整合的平台，用有限的项目资金，引导财政支农资金向有机产业集中，带动了社会资本向有机产业聚集；通过集中火力加大投入，不仅有效解决了产业发展投入难问题，还推动了水、电、路等基础设施建设，促进了农村基础设施全面提升，起到了四两拨千斤的作用。

五、经典范例

最为典型的是凤冈县永安镇田坝村，20世纪80年代，因缺水灌溉导致农业发展长期落后，年人均收入不足350元。为了改变贫困落后面貌，县委、县政府积极调整产业结构，大力发展茶叶产业，并于2003年率先在田坝村发展有机茶园。截至2018年，田坝村的有机茶基地面积达1.67万亩，标准化茶园2万余亩，有机茶产业已经成为推动田坝群众致富、经济发展、社会进步的支柱产业，田坝村采取多种模式发展有机产业，成为凤冈县最富裕的小康村。

一是“合作社＋农民”统管统联有机发展模式。由行业协会组织发展有机生产基地，实现总体认证和统一管理，通过引进企业实现有机产品加工认证，加工企业协助管理基地，认购有机原料。永安镇田坝村联邦茶叶专业合作社将1 097.57公顷有机茶园管理纳入了村规民约，并采取视频监控、统购统防统治、组建联防队、机防队等措施对有机茶园进行实时监控和管理，还建立了有机加工企业与茶农之间进行基地认领与持卡交售的连接机制，切实带动了农户进行有机管理的积极性，社员茶农采摘的有机茶青比常规茶青每斤多卖10%～20%，体现了有机茶价格优势，促进了农民增收。

二是创新融合有机管理模式。野鹿盖茶业等有机认证企业实行“围栏式”封闭型、标准型、智慧型管理模式。通过土地流转租赁，聘用长期管理人员和雇用农民工严格按公司要求和有机生产标准，严把入口、出口关，将有机产品各环节生产链条掌握在公司手中。仙人岭茶业等有机认证企业采取“公司＋基地＋农户”模式，发挥企业的龙头引领作用，采取订单收购、土地入股、股份分红等方式，建立企业与农户之间的利益连接机制，实现共赢目标。

三是畜—沼—茶（果、蔬、稻、鱼）生态循环有机种养模式。推行沼气、太阳能等清洁化循环式生产，拓展畜—沼—茶（林、果、蔬、粮）循环发展，实现了有机种、养的内部循环，由农庄（场）自主申报有机认证。这种种养结合的循环生态模式，已被农业部正式认定为南方生态农业模式，将其称为“凤冈模式”，并先后在中央一台、中央新闻频道等主流媒体播出。

四是有机田园＋农旅一体化有机产业链模式。充分发挥西南地区最大有机茶海、避暑、茶事体验、农事体验、休闲观光等优势，围绕有机产业发展，全力打造全景域旅游景观，涌现出了以国家4A级景区茶海之心田坝景区和仙人岭景区为代表的休闲农业和乡村旅游景区，将茶园变花园，将茶区变景区，打造有机田园，形成有机带动多元聚合的产业发展模式。

五是“大数据+农业”有机可追溯模式。利用大数据系统平台，实现从种子培育、田间管理、食品加工、产品销售智能化、数据化管理，企业实现了田间管理、产品加工远程视频监控，建立了完善的可追溯体系。

田坝村特有的优质环境和锌硒土壤，奠定了田坝村独特的茶叶品质，为优质茶的培育造就了良好的生长条件。全村共有大、小茶叶加工企业56家，其中国家级龙头企业1家，省级龙头企业3家，市级龙头企业4家，规模以上有机加工企业3家。各企业营销网络健全，产品远销北京、上海、重庆、广州等城市，并出口欧盟、新加坡等地。“春江花月夜”“绿宝石”“仙人岭”“浪竹”等知名茶叶品牌，参加了中绿杯、国际茶博会、国家绿茶高峰论坛等国家级的茶叶评比活动，共获得金奖12枚、银奖3枚。全村农民年人均可支配收入10 000元以上，全面小康总体实现程度95%以上，田坝村已从以前的贫困落后的困难村变成了今天人人向往的小康村。

回望田坝村，仙人岭云雾缭绕，仙人湖碧波荡漾，万顷森林绿浪翻滚，万亩茶园青翠欲滴。林中有茶，茶中有林的独特景观，似一幅绿色生态画卷，成了乡村旅游的一个胜地。西部茶海生态旅游的新蓝图，又在田坝村徐徐展开。

六、特色产品

由于气候环境、生态环境和土壤机构的特殊性，这里的农产品均含锌、硒等丰富的有机微量元素。凤冈打造的锌硒有机茶，是凤冈最具代表性和知名度最高的有机食品，其锌硒特色、有机品质在全国都是罕有，凤冈锌硒茶被列为国家地理标志保护产品，凤冈锌硒有机茶的发展，带动了凤冈生态有机食品的开发。

凤冈锌硒有机茶，是天、地、人和谐共生的象征，是凤冈人智慧的结晶。她献一叶翠绿把生活染成茶色，她奉一滴晶莹在茶海掀起波涛。凤冈锌硒有机茶形匀索紧、色泽油润、嫩绿耐泡。茶汤黄绿明亮、醇厚回甘、鲜爽沁脾。凤冈锌硒有机茶的“锌、硒、有机”三合一是天生德行。唐代茶圣陆羽曰：“往往得之，其味极佳”；今之茶人赞：“中国绿茶营养保健第一茶”。

七、创建故事

凤冈有机茶业的坚守者

——贵州野鹿盖茶业有限公司的有机产业故事

在凤冈，提到有机茶产业的发展，茶业界一定会大谈“野鹿盖”有机茶业；在贵州，提到有机茶品牌，茶业界和消费者们常常会联想到“野鹿盖”。“野鹿盖”牌有机茶，不仅是凤冈有机茶的代言品牌，也成了贵州有机茶品牌中的名牌。

2005年10月10日，贵州野鹿盖茶业有限公司在凤冈成立，2008年6月18日，“野鹿盖”有机茶商标正式向国家商标局提起注册申请。十三年如一日，野鹿盖有机茶业和有机品牌发展之路充满艰辛，但公司始终如一，坚守有机承诺和有机标准，率先成为凤冈“双有机”发展模式的先行者和“良心产业·有机凤冈”的践行者。

尊重自然、关爱自然，全域、全产业链有机发展

2016年年底，凤冈提出全域有机、全产业链有机的“双有机”发展模式。2017年4月29日，来自全国各地的专家、学者集聚在中国西部茶海之心——凤冈田坝，出席2017年中国凤冈“全域有机、全产业链有机”高峰论坛，共谋有机产业发展良方，共商生态文明建设大计，形成了全域有机、全产业链有机发展模式之“凤冈共识”。从此“双有机”模式成为推进凤冈生态文明建设，引领凤冈有机产业发展的重要模式。而野鹿盖有机茶业早在发展之初，就将“双有机”发展理念植入产业发展中，通过数十年的发展，走出了一条专属“野鹿盖”有机茶业的发展之路。

2005年年初，“野鹿盖”有机茶业负责人陈胜建来到凤冈县考察，发现凤冈绿水青山、气候宜人，很适合发展有机茶业。他说干就干，很快选择凤冈县永安镇、土溪镇，开始流转土地，创办加工厂。到2005年11月，就发展了茶园1 755.96亩。2006年又新建茶园289.5亩，2007年再新建茶园827.5亩。截至目前，公司建有标准有机茶园3 017亩，其中永安镇1 016亩、土溪镇2 001亩。建有机茶加工厂两座，永安镇和土溪镇各一座，年生产加工能力1 500吨，建有3个有机茶直销门市部，分别在贵阳、遵义、凤冈。

从发展之初开始，贵州野鹿盖茶业有限公司法定代表人陈胜建就坚持“双有机”发展理念，要求公司全体员工都要秉承有机理念，种、产、销全域全产业链按照有机标准执行。公司茶叶基地不施任何农药和化肥，完全依靠自然生长，并严格按照有机标准种植和加工。

在最初5年，企业连续亏本3 000多万元，让茶业界很多人士不解。然而陈胜建却说“野鹿盖”有机茶，是“珍藏自然的秘密”的茶，需要对自然的尊重和关爱，需要时间的沉淀，让它慢慢释放出自然的活力。正是他独到的有机理念和具有前瞻性的发展探索，让“野鹿盖”有机茶一入市，便是高端定位，并成为高端茶市场的宠儿。

普及有机关爱原则，带动当地农民脱贫致富

农村、农民才是茶叶企业发展的根基，关爱农民就是关爱土地，关爱土地才能出产好茶。在发展中，公司始终不忘有机关爱原则，将有机关爱与农民利益和土地保护相结合起来，将基地内的农户纳入有机理念普及的重点，引导他们珍爱土地，维护生态环境，带动他们共同致富。

至2018年参与到“野鹿盖”有机茶叶种植、生产、加工、销售等环节的农民达到了1 100多户。公司带动当地贫困户731多户，解决就业600多人，特别是公司加工生产季节，每天采摘茶青用工300余人，两个加工厂用工80余人。据不完全统计，公司从2009年至今，公司3 000余亩有机茶园基地除草、剪枝、茶青采摘等费用在4 200万元左右，这些资金不仅推动公司不断发展，还解决了当地老百姓就地就业。并做到就地精准扶贫，增加了当地老百姓收入，带动老百姓脱贫致富。

个性突出，野鹿盖有机茶业引来广泛关注

“野鹿盖”有机茶业发展模式，不仅是贵州有机茶业界的先行者，在中国有机茶产业也是个性突出，成为中国茶业发展的典型案例，引来媒体一片关注。

2009年3月24日贵州省政府参事、贵州大学人文学院教授涂光禄及贵州社科院研究员谢家雍参观了“野鹿盖”茶园地并在贵州日报发表重要文章“让土地迸发力量——一个城市人和他的3 000多亩茶园引发的思考”。

2011年9月6日，贵州日报再次刊登了贵阳人老陈的“凤冈实验——把农民组织起来，让农民和我们一起进入市场，做尖端产品，打造一个茶叶界的‘贵州茅台’”。

2011年9月22日，贵州日报特别报道陈胜建有机农业顺应时代需求大有可为的文章，全国各地专家教授学者都赞同并发表老陈哥的整合土地、协力共赢、有机农业惠及新农村的重要文章。

2012 年 6 月 3 日，贵州都市报健康生活报报道了——“陈胜建：好茶来自不用农药的茶树”。

2012 年 6 月 25 日，贵州日报特别报道了“凤冈野鹿盖山区茶产业可持续发展模式”。

2012 年 12 月 9 日，中央 13 频道报道了经济生态兼顾“凤冈现象引热议——贵州野鹿盖茶业有限公司有机茶品质价格与生态建设的辩证关系”。

有机坚守之路，终获累累硕果

连续 5 年亏本 3 000 多万元，对很多企业来讲，都是一个发展的死结。但野鹿盖茶业的老总陈胜建，硬是咬牙破了这个死结，峰回路转，迎来柳暗花明又一村。今天的“野鹿盖”茶业，各种荣誉接踵而来。

“野鹿盖”牌系列红茶、绿茶产品曾荣获第八届“中茶杯”全国名优茶评比“一等奖”；中华全国工商业联合会医药业商会养生基地管理委员会“指定使用产品证书”；中国国际健康养生美食大赛“指定贵宾礼品”。

2009 年，贵州野鹿盖茶业有限公司被财政部、中国科协评为全国科普先进单位。2011 荣获贵州省扶贫龙头企业，2013 年荣获贵州省农业产业化经营重点龙头企业。2015 该公司基地茶园被环保部评为国家有机食品生产基地；2018 年被中企国质信用评估中心（北京）评为“中国茶行业质量信用 3A 级企业”。负责人陈胜建 2013 年被评为全国年度经济人物杰出贡献奖，2014 年被贵州省茶叶流通协会评为十大种茶能手。

青山 · 绿水 · 有机

——正安县有机产品认证示范区创建纪实

一、正安县基本概况

正安县是渝南黔北经济文化的重要交汇区域，素有“黔北门户”之称。全县总面积约 2 595 平方公里，是国家扶贫开发重点县，贵州省 14 个深度贫困县之一，也是遵义唯一一个深度贫困县。2017 年，经济发展实现重大突破和取得历史最好成绩，综合测评位居全省县域第二方阵第 2 位。完成地区生产总值 100.64 亿元，增长 15.5%；完成 500 万元以上固定资产投资 89.22 亿元，增长 23.9%；完成 2 000 万元以上规模工业增加值 17.01 亿元，增长 13.8%；完成城镇居民人均可支配收入 26 659 元，增长 10%；完成农村居民年人均可支配收入 9 189 元，增长 10.8%；完成社会消费品零售总额 24.22 亿元，增长 10.4%。

正安是“中国绿色名县”，属典型的喀斯特地貌，气候、土壤、地貌、森林覆盖率和森林蓄积等自然资源要素十分丰富。特别是实施 1.6 亿元的小水电代燃料项目，每年减少 CO_2 排放量 5 616 吨，SO_2 排放量 146.6 吨，保护天然林面积 90 万余亩。可以说，不可复制的青山绿水，得天独厚的自然条件，正是培植有机的沃土。这些年，相继孕育出了极具地方特色的“正安白茶”，其氨基酸含量高达 9.1%，是普通绿茶的 2～3 倍，素有“绿茶瑰宝”“茅台品质”之美誉，全县茶叶面积 35 万亩，其中白茶 20 万亩；方竹笋也是这一特定区域的稀有资源，方竹基地达 22 万亩。

二、正安县有机产业和有机认证情况

绿色生态的自然环境，犹如一座座取之不尽的富矿，孕育出一大批天然独特的物产，正安茶叶、正安方竹笋等，这些获得国家有机认证的产品，正是这片沃土的馈赠。青山绿水中，几缕墨香，一壶清茶，传承着中国文化绵延不绝的韵味。而生长在白云生处的方竹笋，是吸大自然之灵气生长而成的稀有之物，以其独特的品质享誉全球。

自 2015 年开展国家有机产品认证示范区创建以来，全县有机认证（转换）企业从 4 家增至 23 家，认证证书从 8 张上升为 54 张，认证产品从茶叶扩展到方竹笋、水稻、谷子、红豆、黑豆、大豆、绿豆、薏苡、高粱，认证转换面积从 408.71 公顷扩大到 3 483.3 公顷，有机生产认证产量增加 7 111.57 吨，增长率为 2 129.7%；有机加工认证产量增加 352.16 吨，增长率为 736.1%。

三、保障措施

（一）夯实思想基础，形成“三大共识”

县委政府始终秉承有机发展的理念，高度重视创建工作，首先从思想这个“总开关”入手，夯实思想基础，形成齐抓共管、抢抓机遇、品牌推动“三大共识”。

1. 形成齐抓共管的共识

创建工作涉及方方面面，靠单打独斗是没有出路的，只有大家同心协力。通过会议、培训等形式，统一思想，提高认识，让全县上下充分认识创建工作的重要意义，在如何把绿水青山转化为金山银山的具体行动这个问题上形成共识，就是要利用良好的生态环境、优美的自然山水，走产业化发展之路，发展有机产品，提高农产品、食品质量和附加值，在环境保护和生态建设中让经济提质增效。同时使大家明白我们有创建的良好基础，适合发展优质高端农产品，适合搞有机农业。为此，全县上下迅速形成齐抓共管共识，各相关部门对照职责，分工协作，密切配合，扎实开展查缺补漏，精准对标补短板、着眼常态重长效，共同推动创建工作实施。

2. 形成抢抓机遇的共识

绿色生态是正安最宝贵的资源优势。正安县的优势在绿色，出路也在绿色，就是要做好绿色生态文章，大力发展高效农业，而有机创建正是做好这一文章的点睛之笔。这些年，正安县认真贯彻习近平总书记的“两山”理论，坚定不移走绿色发展、绿色崛起之路，建成“国家生态原产地产品保护示范区”，同步创建有机产品认证和地标产品保护两个国家级示范区。从全市、全省来看，绿色生态环境好的地方不少，重视绿色发展的地方也不少，而同时创建这三个示范区的不多，这就是机遇。为此，全县上下咬住不放，抢抓机遇，抓早抓主动，立足优势，全域全产业开展示范创建。

3. 形成品牌推动的共识

质量是品牌，有机是王牌。产业的发展首先取决于有无市场竞争力，市场竞争力必须要质量品牌来推动，而“有机”则是品牌中的王牌。美好生活需要促使人们追求“有机”，有机创建就是适应美好生活的需要。随着我国高收入群体不断扩大，有机产品被更多人接受、不愁销路，有机创建追求的就是效益高、销路好，实现农业转型升级。而正安县的多数产业还处于“微笑曲线”的底部，赚的是辛苦钱、血汗钱，这就是正安县群众“勤劳不富裕”的重要原因。通过各方面的工作，全县干部群众在这个问题上形成共识。同时大家还进一步认识到，通过有机创建，使耕地、河流、水塘以及大气更加洁净，农村环境干净、优美，能够满足人们“美好生活需要”，才能巩固脱贫成果、稳定脱贫成效，进而逐步富裕、迈向小康。为此，干群同心，迎难而上，主动作为，为创建工作注入强大合力。

（二）着力制度建设，强化“三大保障”

好的制度是做好一切工作最有效的保障。县委、县政府在夯实思想基础的同时，着力制度建设，切实强化组织、政策和经费三大保障。

1. 强化组织保障

成立了以县长为组长、县四家班子分管（联系）领导为副组长、县直相关部门主要负责人为成员的工作领导小组，组建了专门的领导小组办公室，明确目标任务，细化责任分工，严肃追责问责。同时，充分利用媒介、节会等载体和示范效应，全覆盖、宽领域、多维度进行宣传。通过中央电视台、人民日报、新华社等全国性媒体进行专题报道，在高速公路、核心基地及示范点设立宣传牌，组织 4 家企业参展陕西杨凌农高会等，为示范区创建扬声造势，提高群众的知晓率和参与度。

2. 强化政策保障

依托贵州农科院现代农业研究所编制了《正安县现代山地高效农业发展总体规划（2015—2020）》；组织专家编制了《有机农业发展总体规划（2015—2020）》，并作为专项工作纳入全县十三五总体规划。相继出台了“1＋X”配套文件，“1”即《正安县创建国家有机产品认证示范区实施意见》；“X”包括《正安县关于加强有机农产品监管措施的意见》《正安县关于茶产业助推脱贫攻坚工作的实施意见》《正安县脱贫攻坚“一户一产业一户一就业”全覆盖实施方案》《正安县关于方竹产业发展的实施意见》《有机茶叶标准化基地建设农药、肥料物资补贴管理办法》等文件和具体政策措施。

3. 强化经费保障

逐年加大财政投入，出台了对有机生产企业实行贴息贷款、项目支持、奖励补助、土地配置等优先扶持政策，为有机产品基地配置太阳能杀虫灯、诱虫板、生物农药、有机肥料等生产资料，充分利用各种项目资金免费或减免收费，对有机茶叶基地、有机茶加工厂进行补助。截至目前，累计投入 181 万元用于有机产品认证、有机农药、有机肥补贴等工作；拨付专门经费 151 万元，以县委、县政府名义邀请认证机构、高等院校等单位专家学者，有计划地对有机产业从业者和领导干部进行培训，直接接受培训人员达 15 080 余人次；通过财政投入和捆绑项目向有机产业倾斜，每年整合各类涉农资金 7.2 亿元参与有机建设。

（三）致力质量建设，健全“三大体系”

示范区创建的关键，在于有机产品的质量建设。而产品质量的保证，却离不开风险防控、监督管理和检验检测三大体系的完善。

1. 健全风险防控体系

根据《GB/T 19630—2019 有机产品生产、加工、标识与管理体系要求》标准的要求，建立健全标准化管理体系，县政府出台了《有机产品基地的管理检查制度》以及有机产品农业投入品公告、质量环境安全监管（红黑榜名单）等制度，为企业组织有机生产管理建立了准则。着眼有机生产经营各环节风险识别预警防控，制定了有机产品风险防控及应急预警机制和质量安全突发事件、农产品环境污染突发事件、有机茶园重大病虫害防控应急预案以及有机茶病虫害监测体系建设方案等措施文件，及时识别辖区内的有机产业链条中存在的风险，制定了有效的风险防控和应对措施。及时关注国际国内有机产业发展的形式及有机产业相关的舆情信息，对发现的风险点，及时发布舆情预警信息，协调相关职能部门组织风险防控。积极开展有机认证监管、环境监测、环境保护监管、绿色防控、有机基地缓冲隔离带改造、农资市场整治、农药备案管理、有机生产基地检查、有机产品市场检查等工作，示范区风险得到有效防控。三年来，未发生重大有机产品质量问题、产品质量安全和环境污染事故。

2. 健全监督管理体系

一是狠抓农业投入品经营管理。建立打假工作机制，定期组织县市场监管局、农牧局等相关部门开展专项整治，严厉打击农业投入品经营的违法违规行为。累计办理案件 10 件，共处罚款和没收违法所得近 14 万元。二是强化有机产品生产过程监督。相关职能部门定期或不定期对全县有机茶叶生产基地进行联合检查，严厉查处有机生产过程中违禁农业投入品使用行为。三是强化监管服务。部门、乡镇、村组成立创建服务小组，建立了县乡村三级服务网络，由市场监管局牵头，为创建工作提供高效优质服务。四是实行动态管理。通过各种途径，多方位收集信息，并在政府网站建立信息专栏，及时上传监管信息，强化有机产品使用的政府监管和社会监督。同时，坚持将农业专业合作社建在产业上，成功探索出“专业合作社＋龙头企业＋基地＋农户”的生产管理模式，切实提高有机农业生产经营的组织化程度。

3. 健全检验检测体系

先后投入资金 500 万元，全面完善检验检测体系建设。与西安国联质量检测技术股份有限公司和遵义市产品质量检验检测院合作，利用其核心技术及资质，定期进行抽检。比如，正安白茶与遵义市产品质量检验检测院签订战略合作协议，先后对氨基酸含量进行检测及对比研究。县农产品检测中心已成功通过检验检测机构资质认定，19 个乡镇成功建立农残快速检测实验室，有机产品生产企业已基本完成农产品追溯体系建设，部分企业实现了田间管理、产品加工远程视频监控，建立了完善的追溯体系。同时，编制了巡查、抽查和产品定检计划，认真组织并接受国家、省、市等各级的产品质量监督抽查。2017 年，国家、省、市抽茶叶样品 12 个，合格样品 12 个，合格率达 100％。

四、实施成效

坚持牢固树立“生态立县、绿色富民”发展理念，始终把发展生态经济、循环经济作为促进转型发展的重要抓手，大力发展绿色特色产业。

(一)特色产业链

早在2004年，县委、县政府便提出了“一步跨越三十年，实现农村沼气化”的工作目标，打造生态产业发展大县，累计建设农村沼气池8万余口。沼气的“蓝色之光”，点燃了产业发展的希望。用沼液、沼渣给茶苗、蔬菜等农作物施肥，为发展有机产业打下了良好基础。随着国家对生态环境保护的要求，有机种植模式发生了改变，通过茶园杂草＋油菜籽饼＋水混合发酵后施肥，探索出新的有机种植循环管理模式。

正安县的有机主导产业正是结合当地的“一长两短”产业来进行发展。正因为正安县地理环境优势，种植的白茶氨基酸含量高于普通绿茶，并且经济效益高，因此在全县范围内大力倡导农民种植白茶，目前已覆盖8个乡镇的11家企业种植有机茶，7家有机认证企业实现了从生产基地到加工工厂到线上线下销售的全有机产业链模式，并远销海外。全力推进无公害农产品发展，中药材、食用菌、核桃、蜜蜂、肉兔等特色农产品亮点纷呈。170家特色农业企业、402个产品在贵州绿色农产品平台上线运营。绿色、生态、有机特色进一步凸显。

(二)惠及民生

正安县有机产业认证企业涉及12个乡镇，从创建初获证组织数量4家增加到15家，增加275%，认证证书由8张增加到24张，有机种植面积(不含转换认证)由169.2公顷增加到1 237.18公顷，增加631.2%，有机种植认证产量(不含转换认证)由155吨增加到1 281吨，增加726.5 %，有机种植认证产值(不含转换认证)由1 240万元增加到5 692万元，增加359%，有机加工认证产量(不含转换认证)由11吨增加到380吨，增加3 354.5%，有机加工认证产值(不含转换认证)由1 760万元，增加到21 396万元，增加1 115.7%。2017年普通农民人均可支配收入为9 189元，从事有机农业农民人均收入达到了11 946元。

(三)平衡发展与生态保护

正安县有机农业严格按照《GB/T 19630—2019有机产品生产、加工、标识与管理体系要求》实施，有机产品基地采用太阳能杀虫灯、诱虫板、人工除草、人工采摘等方式控制病虫害、减低杂草的生长，使用生物农药、有机肥料保证有机农业的产量，农药使用量从2014年的211.77吨减少到现在的176.6吨。积极探索畜牧堆肥发酵的有机循环模式来保护生态环境的平衡发展。

正安县始终把保护生态、爱护环境作为实现可持续发展的第一选择，相继实施了绿化造林、封山育林、退耕还林和野生动物及自然保护区等为主的林业重点生态项目，切实加强以森林为主体的生态资源建设和保护力度，通过封山育林、人工造林等实现了森林面积、蓄积、森林覆盖率三指标同步增长，全县森林覆盖率由2015年创建初期的56.5%上升到60.1%，生态环境得到极大的改善。良好的生态环境奠定了生态农业和有机产业赖以生存和发展的环境基础，为培育绿色有机产业提供了核心条件，同时有效改善了人居环境。全县有野生植物254科805属1 952种，野生动物有107科465种，充分体现了正安县的生物多样性。

(四)脱贫与精准扶贫

品牌带动产业，产业推动发展。有机认证带来了良好的经济效益、社会效益、文化效益和生态效益，既带动了产业发展，又促进了产业互动，还推动了乡村振兴和生态循环发展，为脱贫攻坚注入强大活力，被群众称为“永续的绿色银行”。全县共有建档立卡贫困人口 31 958 户 128 491 人，坚持因地制宜、分类实施，着力推进建档立卡贫困户“一户一产业、一户一就业”，实现 13 074 户 49 081 人直接受益，带动上下游企业上百家，助推贫困发生率从 2015 年的 13.94%下降到 5.95%。

一是凸显经济价值。通过有机认证和示范区创建，最大化发挥示范带动效应，极大提高了农业产业管理水平，从而增加产品的附加值，带动产品价格显著提升，对常规农业起到了很好的示范、指导和借鉴作用。2017 年，全县投产茶园年产茶叶 1.2 万吨，产值 15 亿元；年产方竹笋上万吨，产值 1 亿元以上。正安白茶单价突破 16 000 元/千克，实现翻一番。销售渠道进一步拓宽，从一般集贸市场、超市、饭店、机场等，纷纷走进北京、上海等国内外市场。助推有机产品种植、加工企业发展，初步形成了有机产品种植、生产、加工、销售为一体的产业链条。带动 170 多家农业企业、400 多个产品在贵州绿色农产品平台上线运营，助推正安绿色农产品走出山门、俏销市场、风行天下。有效促进了工业提效升级，规模工业增加值增速连续 3 年大幅上升。

二是凸显社会价值。有机产业核心区基础设施打造与全县乡村振兴战略相得益彰，极大改善了人民群众的生产生活环境，路变宽了、房变新了、产业变大了、人民群众的腰包更实在了。农村居民年人均可支配收入实现 9 189 元，同比增长 10.8%。按照全县产业发展规划，到 2020 年，茶园总面积达 50 万亩，全县方竹林面积达到 70 万亩。茶农们算了一个对比账：平均每亩茶园茶青收入一般为 3 000 元，高的可达 8 000 元以上，如果延长产业链，加工、销售环节升值等，收入更加可观，加之一年建园，受用几十年。仅以每亩 3 000 元计算，一年的茶叶收入相当于三季烤烟、四季水稻、五季玉米。人均拥有 1 亩茶可解决温饱，人均 2 亩茶可奔小康。

五、经典范例

正安县桴焉茶业有限责任公司，前身桴焉茶场，位于距县城 31 公里的桴焉乡坪生村，毗邻九道水国家级森林公园，相接五汇湖自然风光，园区平均海拔 1 350 米，山高地阔，阳光充足，雨量充沛，土肥地缓，资源丰富，土壤呈微酸性（pH 在 5～6.5 之间）。1986 年，随着“非耕地开发，兴办绿色产业”的口号，把发展茶叶作为全县国民经济的重要项目来抓，开始大面积种植茶叶，桴焉乡人民政府积极响应，通过实地查看，桴焉乡的坪生村各方面条件都很适宜种植茶叶，通过前期的准备工作，于 1987 年，在桴焉茶场种植了 1 500 亩茶叶，1989 年相继又种植了 1 300 多亩。农户年均收入每亩可达 700 元，极大地带动了当地农民的积极性，在种植过程中从不使用化肥和农药，采取施有机肥和油饼＋牛粪发酵的形式促进茶叶生长。2007 年，桴焉茶叶基地正式申请有机认证，认证面积达 2 538 亩。获得有机认证后，茶叶产品单价直线上升，低端产品价格从 16 元/千克上涨至 30 元/千克，高端产品价格从 1 400 元/千克上涨至 2 400 元/千克，价格平均上升了 80%左右。目前，茶叶销往江苏、浙江、上海、湖南、广西等地。

有机茶产业发展采取“龙头企业＋基地＋农户”的形式极大提高了生产经营的组织化程度；对农户的茶青实行保护价订单收购，公司辐射周边茶园 13 000 亩，直接带动农户 1 500 多户，26 000 多人受益，其中贫困户 155 人，人均增收 3 500 元以上。并建成可视化监控追溯系统，为农产品的可追溯系统建设奠定基础。通过近几年的打造，以及得天独厚的自然条件，正安县已经形成了集茶产业、旅游、饮食为一体的发展道路，成了人们夏季避暑的天堂。

六、特色产品

正安白茶，作为贵州的名茶，是一种珍罕的绿茶变异品种，其成品采用绿茶工艺加工而成，特点是氨基酸含量高达 9.1%，是普通绿茶的 2～3 倍，素有“绿茶瑰宝”“茅台品质”之美誉，2011 年被国家质检总局批准为地理标志保护产品。

正安县远离大城市和重点工矿区，无工业污染，空气质量达国家一类标准，水质良好，未受任何污染。这些都是白茶生长的绝佳环境，成就了白茶生产不可复制的优势。“正安白茶”茶树生长在低纬度、高海拔(800～1 100 米)、寡日照、山地土壤、地形切割大等绝佳的自然环境。“正安白茶”是在气温 23 ℃以下等条件下发芽，产生 DNA 断裂(叶绿素不能合成)白化而成，一旦环境变化，白茶异化也便消失。采摘期仅在每年清明节前，全年仅有短短不到一个月的采摘、生产期。

“正安白茶”先后获得“中国驰名商标”“地理标志证明商标”“全国十大最具文化底蕴名茶”，先后在北京、上海等国际茶博会上获 3 个金奖，得到国内茶行业高端消费者青睐。品牌价值突破 6 个亿，产品供不应求，产品价格不断提升。在第四届中国国际茶业博览会上，中国茶文化研究理事、国际茶业科学文化研究会常务理事、中国茶道专业委员会顾问舒玉杰在品饮正安白茶后，挥毫泼墨，欣然为“正安白茶”题下“人间美韵，盛世嘉茗”八个字。

七、创建故事

为有机插上腾飞的翅膀

田应伟，现任正安县市场监管局党委书记、局长。军人出身的他，自 2015 年在正安县获得国家认监委同意创建国家有机产品认证示范区以来，对有机产业发展和有机产品认证示范创建工作情有独钟，借助示范区创建，大力开展有机产品认证工作，积极培育有机产品认证企业，推动有机产品多样化，同时为打造产品品牌，付出了艰辛努力，经过 3 年创建，取得了一定成绩：全县有机认证企业从 4 家增至 23 家，认证证书从 8 张上升为 54 张，认证产品从茶叶扩展到方竹笋、五谷杂粮等，认证面积从 408.71 公顷扩大到 3 483.3 公顷，有机生产认证产量增加 7 111.57 吨，增长率为 2 129.7%；有机加工认证产量增加 352.16 吨，增长率为 736.1%，这些成绩的得来，离不开田应伟同志多年的不懈努力与辛勤的工作。

田应伟是一名“老局长”，从 2005 年开始，到 2018 年任局长已 13 年。但是，有机产品认证示范区创建工作对于他这个“老局长”来说，却是个全新的领域。他给自己提出一条硬性要求，就是刻苦学习有机产品认证工作各方面的知识，努力提高业务水平。在加强自身学习的同时，田应伟还提出瞄准能力短板，实行“靶向滴灌”，着力提升全局干部职工有机产品相关业务知识。每年有计划地对有机从业者和领导干部进行至少 2 次有机产品相关知识培训会。同时，在单位集体活动中，融入有机产品业务知识的讲解，让全局干部充分了解把握培育发展有机产业的意义以及培育、监管、发展等方面的知识，有效激活了全局上下有机产品认证及示范区创建的内在动力。对示范区创建工作，田应伟同志实行每周调度制度，坚持每周听取一次汇报、一次专题调度、一次现场指导，从示范区基地选取、宣传片制作、宣传牌的布局、设计、宣传内容等，都一一把关，督促落实。

正安县是国家扶贫开发重点县，是贵州省14个深度贫困县之一，也是遵义唯一一个深度贫困县。在脱贫攻坚这场决战中，如何发挥市场监管部门的作用？面对这一命题，田应伟很快找准了自己的坐标。那就是充分发挥职能作用，立足正安资源优势，做有机产品，发展有机产业，利用有机产业推动精准扶贫的工作理念。

人民对美好生活的向往就是我们的奋斗目标。在发展有机产业精准扶贫的过程中，田应伟坚持把发展有机产品认证放在首位，紧紧围绕做好有机茶、有机方竹笋、有机高粱、有机肉牛等产业的工作思路，按照“调研一个、培育一个、成熟一个、认证一个、成功一个”的发展原则，对贫困村在有机产品认证、品牌培育上予以精准帮扶。

多次听取田应伟的汇报后，县委、县政府很快统一了思想，充分认识到对于正安这个农业大县来说，发展有机产业，将给广大农民、企业及社会带来巨大的经济效益和社会效益。

说干就干。县委、县政府下定决心，迅速启动了申报有机产品认证示范区创建工作，成立了由县长任组长的创建工作领导小组，将有机产业作为实现经济发展转型和脱贫攻坚的重要引擎之一，纳入全县经济社会发展“十三五”规划，制定了有机农业发展总体规划（2015—2020），将示范区创建与产业发展、生态扶贫等资金相结合，每年整合各类涉农资金7.2亿元，形成了政府、部门和企业三个层面各司其职、各尽所能、三级联动的良好格局。

幸福都是奋斗出来的。在田应伟同志的努力下，通过示范区创建，有机认证带来了良好的经济效益、社会效益、文化效益和生态效益，既带动了产业发展，又促进了产业互动，还推动了乡村振兴，为脱贫攻坚注入强大活力。2017年全年累计减少贫困人口4 033户16 681人，实现7个贫困村出列销号，贫困发生率从2016年的8.73%下降到5.95%，同比下降2.78个百分点。在极大带动产业发展的同时，极大提高了产品的知名度和影响力，从而增加产品的附加值，带动产品价格显著提升。绿茶获得有机认证后，产品供不应求，单价直线上升，低端产品价格从16元/千克上涨至30元/千克，高端产品价格从1 400元/千克上涨至2 400元/千克，价格平均上升了80%左右；正安白茶价格突破32 000元/千克，实现翻一番。销售渠道进一步拓宽，从一般集贸市场、超市、饭店、机场等，纷纷走进北京、上海、欧盟等国内外市场。带动创业就业近10万人，农村居民年人均可支配收入实现9 189元，同比增长10.8%。按照全县产业发展规划，到2020年，茶园总面积达50万亩，全县方竹林面积达到70万亩。按绿茶亩产值3 000元以上、白茶亩产值10 000元以上计算，届时正安茶产业综合效益将突破40亿元。同时，有机产品种植示范区基础设施打造与全县乡村振兴战略相得益彰，路变宽了、房变新了、产业变大了、人民群众的腰包更实在了。

有机麻江　生态田园

——麻江县国家有机产品认证示范区创建纪实

党的十八大以来，麻江县根据自身优势特色产业发展需要，大力发展有机产业，以此提升农业产业发展水平，推进农业产业标准化、生态化、品牌化发展，带动农户增收，助推脱贫攻坚，努力实现百姓富、生态美的有机统一。

一、麻江县基本概况

麻江县地处贵州中部，清水江上游，是黔东南州的西大门，清末状元夏同龢的故乡。全县辖 4 镇 1 乡 2 个街道，总面积约 960 平方公里，森林覆盖率为 62.61%，苗族、瑶族、畲族、仫佬族、布依族等少数民族占全县总人口的 81%。县内交通便利，区位优越，气候凉爽，资源丰富，被列入了长江经济带、黔中经济区和凯麻都城镇经济带规划，是中国南方最大的蓝莓种植基地县，享有“中国红蒜之乡”“中国锌硒米之乡”等美誉。荣获中国蓝莓产业科技创新十强县、第七批全国农业标准化优秀示范区、国家出口食品农产品质量安全示范区、国家农村产业融合发展试点示范县、国家有机产品认证示范区等称号。2017 年年末，贫困人口 5 399 户 1.67 万人，贫困发生率为 10.39%，贫困村 25 个；2018 年，全县计划脱贫 4 267 户 1.43 万人，年末贫困人口发生率控制在 1.48%以内，实现 25 个贫困村全部出列。

二、麻江县有机产业和有机认证情况

麻江农业基础较好，蓝莓、冷凉蔬菜、锌硒米等都是叫得响的特色农产品，加上少数民族聚居地区生产生活习性，让数百年来坚守“绿色、生态”的传统农耕文化，与有机农业倡导的“健康、生态、公平、关爱”理念如出一辙。同时，麻江高度重视生态保护，空气优良天数率达 100%，环境质量符合发展有机农业需求。迫切的发展需要，良好的生态环境，良好的特色产业基础，让有机农业发展提上了重要日程。

麻江县委、县政府始终按照习近平总书记“守底线、走新路、奔小康”的指示精神，坚持“创新、协调、绿色、开放、共享”五大发展理念，坚定绿水青山就是金山银山观念，坚守生态与发展两条底线信念，突出用好“民族文化和生态环境”两个宝贝，大力发展现代山地特色高效农业，大打“特色牌”“生态牌”“健康牌”，举力发展有机农业。

处于亚热带湿润季风气候区的麻江，冬无严寒，夏无酷暑，水热同季，四季分明，雨量充沛，县域生态环境优越，植物资源丰富，气候温和，水资源丰富，土壤 pH 为 4.1～6.3，正好满足我县蓝莓产业发展对酸性土壤的要求。麻江有机农业发展之路起步于蓝莓产业的健康壮大，从 1999 年冬开始，采取对本地品种进行筛选和对优良品种进行引进相结合的方式进行栽培试验，2002 年经中科院江苏植物所和省林业厅组织专家现场验收，蓝莓种植获得成功。通过组织技术力量先后完成贵州省林业厅“美国蓝浆果引种试验研究”、贵州省科技厅“蓝莓种苗高效培育技术研究”等攻关课题、示范项目 16 项，麻江县自主成功地攻克了蓝莓种苗快繁技术和高效栽培技术，筛选出适宜麻江种植品种 14 个，取得 6 项国内领先的科研成果。后据日本工业技术综合中心检测报告说明，麻江原生态种植蓝莓中花青素的含量达到 255 毫克/100 克，远高于加拿大种植的 186 毫克/100 克，中国东北种植的 140 毫克/100 克，以及日本长野种植的 104 毫克/100 克。

十年磨一剑，出鞘展锋芒。2012 年麻江步入科技引领、产业升级的快车道，结合国家认监委《关于开展“有机产品认证示范区”创建活动的通知》精神，县委、县政府统一领导、整体部署，以一个产业、一本规划、一项政策、一套班子为契机，以技术支撑、政策支持、宣传动员、产业发展为引导，以有机蓝莓产业为主要载体启动了国家有机产品认证示范创建区的申报工作，在11家规模企业取得有机(转换)产品认证证书，产业具备规模效应的情况下，麻江成功申报第二批国家有机产品认证示范创建区。自推广种植蓝莓以来，坚持"科学规划、预防为主，综合治理"的方针，科学应用农业、物理防治措施，规划单块小规模建设种植基地，不追求大规模连片种植，充分利用自然山体、沟谷、河流、林分为隔离，保证了基地建设区域的生物多样性，为天敌创造良好的栖息地；通过补充腐熟农家肥、堆肥、林下枯枝落叶等有机质肥料，结合对蓝莓植株的修剪等措施，增强树体抗病能力；采用生草法栽培的同时，通过人工或机械割草，降低林下空气湿度，破坏病源滋生环境；应用频振式杀虫灯等物理性防治方法诱杀趋光性害虫的成虫，采用糖醋液诱杀趋味性害虫，降低虫口基数，确保了至目前为止辖区范围内各种植基地从未发生过区域性病害、虫害灾情。在此基础上充分利用麻江县蓝莓栽培标准化示范区建设成果，在蓝莓产业发展过程中，注重把产业推进、技术成果与标准化建设结合起来，围绕有机蓝莓产业发展实施蓝莓标准化栽培技术研究，制定了《有机蓝莓育苗技术规程》《有机蓝莓栽培技术规程》和《有机蓝莓采收包装贮运技术规程》3个黔东南州地方技术标准，规范了有机蓝莓产业发展。

截至认证示范区创建验收时，全县有机认证面积13 612亩，获证组织30家、认证证书32张。其中蓝莓种植认证面积11 000余亩，蓝莓加工产品认证核定产量33吨；稻谷种植认证面积990亩，大米加工产品认证核定产量98吨；猕猴桃种植认证面积500亩；核桃种植认证面积500亩；茶叶种植认证面积375亩；白菜、芫荽种植认证面积200亩。示范创建过程中，"麻江蓝莓"取得地理标志证明商标并获批国家地理标志保护产品，黔东南州人民政府于2017年8月印发《麻江蓝莓地理标志产品保护管理办法》，将麻江蓝莓地理标志产品划为全州16个县市范围保护，同年11月"麻江蓝莓"入列农业部2017年度全国名特优新产品果品类公示目录。2017年、2018年持续两年依托中央电视台广告扶贫项目将"麻江蓝莓"品牌广告宣传片推送央视5个频道，持续向外推介"麻江有机蓝莓"产品品牌，不断提升麻江特色有机农产品的知名度和市场影响力。

三、保障措施

(一)党政重视，强抓不懈

为抓好有机产业发展工作，成立了由县委书记任组长、县长任常务副组长的有机农业大县创建工作领导小组，在2011年设立有机与出口水果管理办公室后，于2016年专门设置麻江县有机产业发展管理办公室，负责全县有机产业发展和国家有机产品认证示范区创建工作，形成了"主要领导亲自挂帅，县级干部专抓，常设机构有效运行，部门充分联动"的创建工作管理机制。同时，结合麻江县蓝莓、锌硒米、红蒜、蔬菜四大特色优势产业，成立了农业产业发展工程建设指挥部，将县果品办、县蓝莓产业工程技术中心、县农业局蔬菜站和农推站、县有机产业发展管理办公室集中办公，建立了优势农业产业发展与有机农业建设同步推进、一体配合的工作模式。

(二)规划先行，有序发展

2011年《中共黔东南州委、黔东南州人民政府关于加快蓝莓产业发展的意见》印发后，麻江县先后印发《麻江县有机蓝莓产业基地建设规划》《关于大力实施“1258”工程建设推进现代山地特色高效农业发展的意见》等指导性文件，结合一、二、三产业发展综合情况对有机产业发展进行短中期规划，明确要依托国家有机产品认证示范区创建工作，进一步健全有机产品标准化生产体系，建立完善有机产品产地准出和市场准入机制，强化产品质量安全监管，完善产品质量安全可追溯体系。

(三)政策到位，保障有力

出台了《中共麻江县委、麻江县人民政府关于有机蓝莓产业发展的意见》《麻江县有机农业发展奖补办法》等相关政策文件，采取财政投入和整合项目资金对有机产业发展中的基地建设、产品深加工、市场营销、品牌建设等方面明确了相关扶持措施，发展过程中全县投入有机产业建设资金共计 1.8 亿元(其中：财政投入资金 6 000 万元，整合林业、国土等项目资金 12 000 万元)。此外，在有机产品认证示范区创建过程中投入工作经费 2 000 余万元(其中：科研设施设备 800 万元、标准体系建设 100 万元、培训推广应用 650 万元、产品认证及品牌建设奖补 220 万元、联动监管及质量监测 300 万元、创建申报及验收 120 万元)；有机获证企业基地建设方面，含有机肥、植保产品、农事活动、保鲜贮运等生产性支出，每年平均投入运维管理费用近 4 000 元/亩。

(四)产业融合，联动发展

按照“提一接二连三”的产业发展思路，坚持“园在景中、景在园中”发展理念。麻江县成立了农文旅园区管委会，全力抓好农文旅融合发展和园区景点建设，将乌卡坪蓝莓生态产业示范园区与蓝梦谷蓝莓生态旅游景区一体化打造，初步建成蓝梦谷景区、嘎尤苗寨景区、药谷江村园区。通过农文旅相互支撑、互动融合一体化发展，将麻江打造成为现代山地高效农业、特色食品加工、旅游休闲度假、健康养老四大聚集区，切实推动农文旅融合发展，增强有机产业发展活力。

(五)培养人才，科技创新

充分利用麻江作为国家引进智力成果推广示范县的优势，先后邀请了美国、荷兰、加拿大、智利等多国农业专家以及国内知名专家到麻江县指导和培训有机农业生产。选派技术人员先后到美国、德国、加拿大、法国、澳大利亚等国学习先进农业技术。县蓝莓办、农业技术部门围绕有机生产关键技术，组织专家通过室内培训或现场培训的方式，结合农事季节不定期开展标准宣传、栽培技术、植物保护、土壤培肥等技术培训，不断强化获证组织、生产管理者的有机生产意识，提升从业人员有机生产技能。

(六)标准引领，转型升级

充分利用麻江县蓝莓栽培标准化示范区建设成果，在有机蓝莓产业发展过程中，特别注重把产业发展与标准化建设结合起来。围绕有机蓝莓产业发展实施蓝莓标准化栽培技术研究，制定了《有机蓝莓育苗技术规程》《有机蓝莓栽培技术规程》和《有机蓝莓采收包装贮运技术规程》3 个黔东南州地方技术标准，为产业升级奠定好基础。

(七)龙头带动,品牌发展

示范区创建期间,麻江县共培育了黔甬、瑞蓝、睿林等 9 个龙头企业。通过"公司+合作社+农户"等产业发展模式,龙头企业积极发挥标准示范和龙头带动作用,助推有机农业产业发展。申报"麻江蓝莓"为地理标志保护产品,注册"麻江蓝莓"为地理标志证明商标,培育"白竹林"麻江蓝莓为贵州省名牌产品,打造"玉馥冠"牌大米为贵州省著名商标,持续向外推介"麻江蓝莓""麻江锌硒米"有机产品,不断提升麻江特色有机农产品品牌。

(八)联动监管,降低风险

建立风险预警机制,监测有机产业发展舆情信息。2017 年开始,麻江县与贵州省流通环节食品安全检验中心合作,利用麻江县蓝莓工程技术中心场所及设备,共建贵州省流通环节食品安全检验麻江分中心,该中心建成后,将实现有机农产品的就地就近和随时检测。引进了广东农丰宝有机肥加工厂生产项目建设,提供有机基地用肥保障,确保有机生产基地投入品风险得到有效管控。

(九)数据聚集,云上安全

2017 年来,麻江县组织有机蓝莓生产基地与贵州省科学院"食安云"平台开展合作,应用贵州"七朵云"系统工程建设中的食品安全云平台,投入资金对辖区有机蓝莓生产基地进行了检测,建立了产品数据、企业数据、质检数据、质量追溯等,利用先进的云技术、大数据分析手段,为蓝莓打通质量检测、品质认定、销售渠道提供技术支撑。实时将基地有关数据等与贵州绿色优质农产品"黔货出山·风行天下"农商联动大数据平台实现数据互通,不断提高获证企业质量安全自律意识、提升企业品牌形象价值、提振企业产品市场信心,促进消费者与政府、企业相互信任。

四、实施成效

(一)生态环境保持平衡发展

通过多措并举发展有机农业,麻江县空气质量持续达到《GB 3095—2012 环境空气质量标准》Ⅱ级标准,水质持续达到《GB 3838—2002 地表水环境质量标准》Ⅲ类标准,空气质量优良天数率为 100%,出境断面水质达标率为 100%,环境质量符合发展有机农业需求。发展有机产业,更加注重的是"健康、生态、公平、关爱"的理念。麻江积极鼓励并优先扶持有机产品生产企业在基地养牛、养鸡,配套养蜂,将蓝莓树修剪废弃枝条粉碎后覆盖还园,形成以草养牛、林下养鸡、牛粪和树枝还园的内部循环有机栽培模式。示范区创建以来,有机生产基地累计减少化肥用量 3 796 吨,辐射带动生态农业累计减少化肥用量 14 000 余吨。县域内土壤质量得到了明显改善,生物多样性得到了较好保护,初步建立起了良性生态循环系统。

(二)产业链条不断延长

在大力推进有机生产基地建设和有机认证的基础上,全县着力推进农文旅融合发展。在东部片区,以建设中国农业公园为载体,着力规划建设大健康康体医药文化园、生态蓝莓产业示范园、乡村田园养生养老园、现代农业科技博览园和有机生活公园。特别是有机生活公园，注重从生产、生活、生态三个角度重新认识科技有机、品质有机和精致有机，拟规划有机慢活村落、有机田园、有机蔬菜生产示范园、有机稻米产业示范园。通过有机标准化种植，建设有机农业示范基地，促进示范推广和提质增效。在中、西部片区，积极抓好花果源生态农业产业示范园区、坝芒高科技蔬菜产业示范园区建设，建立有机农业示范。积极建设莓类产业文化园，并依托贵州炉碧省级经济开发区碧波工业园区蓝莓生态工业园、食品药品工业园、大坪特色轻工业园和凯里铁路物流工业园四大版块，大力推进有机蓝莓加工，延伸产业发展链；积极建设麻江县电商产业园，建立"云上麻江"电商营销平台拓宽销售渠道，在贵阳、凯里建立"麻江蓝莓"专卖店、放心粮油专卖店，综合利用京东、天猫、贵农网等网络销售平台，多途径多渠道促进麻江有机产品销售；依托有机农业基地建设，建设蓝梦谷等农业园区，开辟旅游精品线路，开发有机农业观光旅游，积极推动三大产业融合发展，最大限度地提升了有机产业的发展活力。

(三)惠及民生

有机产业突飞猛进的发展，带动了农业产业转型升级，极大提升了农业产业发展质量和效益，有机蓝莓鲜果较常规鲜果每千克售价高出 20 元，有机锌硒米较常规大米每千克售价高出 12 元。在有机农业产业发展的基础上，大力发展以有机观光农业为基础的生态旅游。2017 年 6 月，麻江县举办第二届乡村旅游节暨蓝莓文化节，共计接待游客 14.86 万人次，实现旅游综合收入 1 783.2 万元、有机农业生产基地和有机产品加工厂年创造就业岗位 5 600 多个，整体带动农户 6 000 余人通过参加有机种植或到有机基地务工等方式实现增收脱贫，有机农业产业逐渐成为助力脱贫攻坚、带动老百姓脱贫致富的重要渠道。

(四)脱贫与精准扶贫

发展有机农业，最终目的是助推脱贫攻坚，决胜同步小康。通过实施"政府引导、整合发展、全面提质、全产业发展"的战略，引导贫困群众将山林土地、"特惠贷"资金入股到合作社、企业等经营主体参与有机农业生产经营。通过平台公司的运营，按照"资金变股金、资源变股权、农民变股民"的"三变"原则，引导贫困农户将扶贫资金、土地、资源等要素，通过股权量化方式，与平台公司捆绑发展，建立"公司＋村集体＋合作社＋贫困户"利益联结分配机制，让有机产业在脱贫攻坚中大显身手。按照"三变"模式农户以土地入股公司，由公司投资建设发展蓝莓产业，农户土地占股 40%，在蓝莓投产前的 2 年按年均每亩 600 元支付土地租金，3 年投产后农户预期每亩年分红 1 000 元以上，通过发展产业带动农户稳定增收。蓝莓全产业链实行标准化经营管理，整合项目支持有机产业发展，激发有机产业发展活力，让有机产业成为地方经济发展的重要引擎，实现贫困户、平台公司、产业参与者三方共赢，形成"政府输血"强基础、"企业输血"强产业、"自我造血"强本领的产业"真扶贫 扶真贫"新模式。目前，麻江县通过已经建立连片有机农业产业基地及其辐射产业带动贫困人口发展，通过有机基地股权分红、参与有机种植或到有机基地务工、围绕有机产业发展旅游等方式实现脱贫致富，从事有机农业农民人均可支配收入达到 1.5 万元/年。

五、经典范例

（一）选聘生态护林员，带动贫困户就业

为适应创建有机农业大县的需要，进一步加强生态环境保护工作，麻江县从建档立卡贫困户中选聘生态护林员，从2016年9月1日起县级财政会同县林业主管部门通过“一卡通”按季度发给护林员管护补助，让其通过护林实现稳定的就业和精准脱贫。李琴是麻江县宣威镇光明村6组的村民，今年28岁。因父母双亡，从小她就与哑巴奶奶相依为命，生活非常艰苦，家里的田土都被乡镇扩建占了，没有经济来源，政府考虑她的困难，动员其应聘生态护林员。如今成为生态护林员的她每季度可获得2 500元的护林补助，她在护林的同时积极发展养殖，养有山羊15只，两手抓，年收入可达到20 000元左右，大大改善了家庭的贫困面貌。在麻江，像李琴这样的贫困户护林员有1 000余人，每人每年可获得10 000万元的护林补助，既保护了青山绿水，又实现了在家就业，增加了收入，实现了生态环境保护与精准扶贫的有效结合。

（二）有机生产技术培训，提高贫困户参与有机生产的技能

为助推有机蓝莓产业发展，加大对从事有机农业的企业、合作社、贫困户的培训，提升劳动生产技能。2017年，麻江县组织县果品办、县蓝莓产业工程、县蓝莓协会方面的技术专家，并依托贵州省科学院、贵州大学、南京农业大学等科研机构专家团队，每年组织生产技术培训8期，组织开展现场指导培训30余次，培训企业、合作社管理人员200余人次，培训务工贫困群众500余人次，使贫困户从培训中，熟练掌握了有机生产劳作的技术，提高了务工技术水平。文正涛是麻江县宣威镇光明村10组的贫困户。近年来，到有机蓝莓基地务工收入已成为其重要的收入来源。以前，由于没有技术，到有机蓝莓基地务工，人家还不要，即使要也是做一些粗笨的活儿。参加了多次专业技术培训后，她已成长为一名熟练技术工，各有机蓝莓基地有活，争着要她，收入也更稳定了。

（三）认购入股有机产业，贫困户利益分红

麻江花果源生态农业开发有限公司（以下简称为花果源公司）成立于2011年8月，2012年与麻江县政府签订招商引资合同，并在3月完成种植金银花300亩、红心猕猴桃1 000亩。2013年种植核桃树500亩。2014年该公司以猕猴桃、金银花开展有机认证。2016年贤昌镇人民政府按照“公司＋村党建脱贫合作社＋贫困户”的精准扶贫模式，通过产业扶贫项目资金为贤昌和甲耳两个村级合作社认购花果源公司已挂果收益的猕猴桃1 367株8年部分收益权。公司按照100元/株的标准每年12月份对入股的贫困户进行收益分配（即每年136 700元）。按“5311”对分红资金进行分配，即从收益中提取50%给贫困户分红，留30%作为合作社公共积累继续购买收益权，提10%作为项目运行管理费用，10%作为村集体经济积累。贫困户收益平均分配到41户贫困户（贤昌村10户，甲耳村31户）。年底分红对麻江县贤昌镇贤昌村43岁的赵明流而言，让春节因为甩脱了贫困的“帽子”而有着特别的意义。赵明流是贫困户，一家4口人，他是家里的经济支柱，大儿子读初中，小儿子在上幼儿园，家里需要花钱的地方很多。2016年12月，他参与花果源公司项目分红领就开始到了1 667元的大红包。1 667

元的分红带来的不仅仅是手中收入的增长，更重要的是让他看到在家门口发展猕猴桃产业致富的希望。赵明流满怀憧憬地说："去年公司经常组织村里的贫困户去猕猴桃基地参观学习，教授种植技术，我也学了，学到家后自己也种了一点，相信通过自己的双手可以'种出'美好生活。"

六、特色产品

蓝莓又称越橘或蓝浆果，为杜鹃花科越橘属多年生灌木型果树，其果实圆形或扁圆形，深蓝色，单果重 0.5～2.5 克，果实完熟柔软多汁，风味醇美，香气特殊，适于鲜食和加工。果实中除含有一般水果中的有机酸、维生素和矿物质外，还含有丰富的花青素、不饱和脂肪酸、鞣花酸及微量元素钾、钙、锌、铁等，维生素 E 和 B 族维生素的含量也比较突出。特别是蓝莓果实中高含量的花色苷类色素，经医学证明对减轻眼的疲劳及提高夜间视力有独特功效。其抗氧化作用列各种水果蔬菜之首，因此被国际粮农组织列为人类五大健康食品之一 。

据测定，蓝莓果实中含有丰富的营养成分，属高氨基酸、高锌、高钙、高铁、高铜、高维生素的营养保健果品，其营养价值远高于苹果、葡萄、橘子等水果，是集营养与保健于一身的第三代果树品种，风靡欧、美。美国最有影响的健康杂志 *Prevention* 称蓝浆果为"神奇果"。

近几年，欧美和日本的科学家对蓝莓的医疗保健作用做了大量的研究，取得了许多令人振奋的成果，它不仅具有良好的营养保健作用，还具有防止脑神经老化、强心、抗癌、软化血管、增强免疫力等功能。归纳起来主要有以下 6 方面：一是抗氧化、抗衰老。自由基与人类的衰老具有某种关系，特别是活性氧与各种疾病如癌症、先天性免疫系统疾病、心血管病关系密切。USDA(美国农业部)人类营养学的研究人员已经发现，与其他 40 种新鲜水果和蔬菜相比，蓝莓的抗氧化功能名列榜首。蓝莓中所含的花青素，是使其具有抗氧化功能的主要因素，其抗氧化能力可减少人体代谢副产物自由基的生成，延长细胞衰老。二是防止尿道感染。蓝莓中含有一种化合物，这种化合物可以防止细菌附着在尿道的细胞壁上，从而防止尿道感染。三是解除眼睛疲劳，改善视力。蓝莓中的花色苷色素对养护调节性近视、假性近视，消除眼睛疲劳有益。对连续几个小时或十几个小时盯着电脑屏幕看，造成眼睛疲劳、视力模糊、怕光、干眼、泪眼以及人到中年视力减退、老花眼等有养护作用；能养护眼睛在暗处的视力，对夜间驾车者有益；蓝莓花青素对预防自由基过高导致的眼睛晶状体的蛋白质氧化、晶状体浑浊、白内障的改善大有益处。根据美国营养学家建议，每天食用蓝莓产品 40～80 克，可以达到眼睛保健的目的。四是延缓脑衰老，增强记忆力。蓝莓对与衰老有关的瞬间失忆症有明显的改善和预防作用，并且有助于改善人类与其他动物中枢神经的功能，从而逆转因衰老而造成的神经信息传导减缓、认识能力蜕化。五是抗癌作用。蓝莓花青素能抗氧化，清除自由基，能有效抑制使癌细胞增值的酶的活性，以此来保护更多的健康细胞免于被癌细胞侵蚀。六是天然色素源。蓝莓的许多功能归功于果实中高含量的天然色素。美国的一份研究报告指出，蓝莓所含有的花青素是所有的水果与蔬菜之中含量最高的，而蓝莓的花青素最丰富的部分就是在它特有的紫色果皮部位，野生的蓝莓果实中含量最高。

让有机产业扮靓高山生态有机茶之乡
——纳雍县国家有机产品认证示范区创建纪实

近年来，纳雍县按照省、市加快发展山地高效生态农业决策部署，牢牢守住“发展和生态”两条底线，深化“绿水青山就是金山银山”的理念，积极打造绿色有机产业链，强力推进纳雍县有机产品认证示范县创建工作。在县委、县政府的坚强领导下，在毕节市质监局的大力帮扶下，纳雍县于2017年9月通过了国家认监委的专家答辩，并于10月18日被国家认监委批准为“国家级有机产品认证示范创建区”，实现了毕节市“国家有机产品认证示范创建区”零的突破。

一、立足生态优势，促进有机发展

纳雍县位于贵州省西北部，隶属毕节试验区，有着“纳雍高山生态有机茶之乡”“中国玛瑙红樱桃之乡”的美誉。纳雍还拥有着得天独厚的自然优势，气候宜人，年平均气温14.2℃，年平均日照1 494.5小时，年平均降雨量1 243.5毫米，无霜期268天，低纬度、高海拔、寡日照、多云雾；水源优良，河流平均径流量为49.92亿立方米，地表水大于国家三级水域标准；空气清新，优良率为96.8%，空气质量优于国家二级标准；土壤肥沃，有耕地2.07万公顷，土壤pH在4.5～6.5之间，有机质含量最高达129.8克/千克，氮含量最高达5.7%，磷含量最高达95.4毫克/千克、钾含量最高达399毫克/千克，有机种植区域达到国家土壤环境质量二级标准(GB 15618—2018)。

在纳雍县获批建设“国家有机产品认证示范创建区”以来，县委、县政府从加强有机产业发展的体制机制建设着手，促进纳雍县农产品种植、加工企业走有机绿色发展道路为出发点，不断加强宣传和知晓力度，有效提升了纳雍县绿色发展水平。截至目前，全县共有10家企业实施了有机产品认证，有效证书16张，有机产品种植面积1.73万亩，梅花鹿养殖面积600亩、乌蒙乌骨鸡/威宁鸡3.92万羽、鸡蛋19.6万枚，而且纳雍县有机产品种类突破了原来只有茶叶的单一模式，新增了牡丹花、玫瑰花、猕猴桃等多个种类，实现了全县有机认证产品从无到有、认证数量从少到多的跨越，进一步丰富了纳雍县有机产品种类，形成了多品种、种植、养殖结合立体发展的良好模式。下一步，纳雍县将完善制度建设，鼓励樱桃、茶叶、食用菌种植、糯谷猪、土鸡养殖等特色产业加大有机认证力度，同时市场监管部门将加强技术指导和加大事中、事后监管力度，进一步推进“国家有机产品认证示范创建区”建设工作。

二、强化保障措施，协调渐进推动

纳雍县采取“多步到位”的工作举措，全力建设国家有机产品认证示范区。一是组织领导到位，成立以县长为组长、分管副县长为副组长的创建国家有机产品示范区工作小组，整合市场监管、农牧、发改、财政等20个县直部门力量，制定“1+N”配套实施办法，层层签订责任状，全过程统筹参与和推动各项创建工作。二是资金保障到位，县财政每年至少安排3 000万元用于生物防治、绿色防控、有机认证、品牌推介、环境治理、植树造林等方面。三是奖励扶持到位，对获得国家、省、市级龙头企业、农民专业合作社、星级家庭农场、“贵州省名牌产品”“贵州省著名商标”“无公害产品”“绿色产品”“有机产品”“地理标志产品”，分别给予1万～20万元不等的奖励。四是绿色防控到位，实施“理化诱控，生物防控”的绿色防控技术模式，提高有机肥使用量，促进生态系统平衡、互补。五是监管措施到位，制定纳雍县有机产品认证监督管理办法、联席会议制度等有机生产管理措施，整合全县执法力量，联合打击冒用有机品牌等违法行为，保护有机品牌发展。六是技术保障到位，加强与中国农业大学、中国质量认证中心、杭州中农质量认证中心、北京五洲恒通认证有限公司等院所和科研机构的合作，通过校、地、企共建形式，定期组织对有机产品生产、加工、包装、营销等知识进行培训，提高从业人员综合素质。

三、创建提质升效，助力脱贫攻坚

纳雍县以创建国家有机产品认证示范区为契机，通过行政推动、政策拉动、示范带动、项目驱动等措施，积极推进“公司+合作社+贫困户”带动模式，紧紧围绕着纳雍高山生态有机茶、纳雍玛瑙红樱桃、纳雍糯谷猪、纳雍土鸡和纳雍食用菌五个主导产业，指导贫困户通过土地流转、日光温室、合作养殖、扶持资金等生产要素入股的方式，积极加入农民专业合作社。

创建工作开展来，纳雍县有机产业发展坚持错位竞争、差异发展的战略，立足特色、突出重点，不断加大“名、特、优、新”特色产品开发力度，有力促进生态有机产业上规模、上档次、上水平，紧紧围绕着纳雍高山生态有机茶、纳雍玛瑙红樱桃、纳雍糯谷猪、纳雍土鸡和纳雍食用菌五个主导特色产业，在生产上实行“统一种植、统一养殖、统一技术指导、统一防疫、统一收购、统一屠宰、统一加工、统一销售”。

土鸡产业方面，确保2亩生态放养场带动1个贫困人口，出栏1只鸡参股贫困户分红3元，每个贫困户年分红1 200元，带动2.6万贫困人口稳定脱贫；生猪产业方面，选择能人担任家庭农场主，每个家庭农场投入100万元，带动20户贫困户，每户贫困户按3万元“特惠贷”加2万元政府补贴的标准入股，年固定分红5 000元。食用菌产业方面，按照贫困户户均1个大棚，由公司提供技术指导，贫困户自行管理，公司年终经营净利润按入股农户60%、村集体(流转土地的村)10%、企业30%的比例进行分红，菌棒生产用工首先考虑贫困户劳动力，同时对2016年易地扶贫搬迁对象，按财政扶贫资金人均2 000元量化入股红托竹荪或冬荪种植专业合作社进行分红；茶叶产业方面，2016年茶产业扶贫项目21个，茶业示范点16个，投入资金4 620万元，脱贫人口达2.9万人，人均收入提高3 850元，顺利实现11个乡镇的“减贫摘帽”，真正体现纳雍县茶产业发展在精准扶贫工作的贡献份额。在加快发展茶产业中，纳雍县完成投资9 950万元，预计2020年新增规范化优质茶园5万亩以上，稳定从业人员2万余人，受益人口5.85万人，切实帮助农户拓渠增收，加快贫困户脱贫致富步伐。

四、夯实技术基础，突出区域特色

纳雍县自然条件得天独厚，产茶历史悠久。《贵州通志》载："平远府茶产岩间，以法制之，味亦佳。"纳雍建县较晚，大部属大定（今大方县），而纳雍的姑箐毗邻织金，属平远州，"平远府茶产岩间"，指的就是纳雍县水东乡姑箐村的姑箐茶。在高海拔的纳雍，茶种在山上，山插在云中，茶与山的美妙结合，实在是一种不可多得的意境。正因如此，中国茶叶流通协会特别着意纳雍茶叶，于 2010 年 11 月 28 日给予纳雍一个具有唯一性的定位：中国高山生态有机茶之乡。

一花引领百花开。茶叶种植、有机认证、加工、销售一时在纳雍风生水起，多家茶叶公司先后落地，多个茶叶商标先后注册。2000 年以来，纳雍县委、县政府以茶产业为载体，以项目为依托，申报和实施了系列茶叶产业项目。也是在这一时期，民革中央专家组、中国农科院茶叶研究所专家把恢复与发展纳雍茶叶产业的手势指向纳雍，规划了大自然茶场、东风茶场、蚕箐茶场、杉木箐茶场等。

目前，纳雍县已经注册茶叶企业 46 个，茶叶商标有姑箐、康莨、府茗香、雾岭、杉木箐、水凝芳等，知名茶叶产品有贵茗翠剑、府茗香翠龙、云雾翠芽、雾岭红等；它们多次在国际国内茶叶博览会、展览会、评比会上获得大奖。同时，6 家茶叶公司通过 QS（食品质量标准）认证、7 个茶场通过有机认证、4 家茶企业获得质量管理体系认证和食品安全管理体系认证、1 家茶企业获称"国家级扶贫龙头企业"、3 家茶企业获称"省级龙头企业"。

今天，在"中国高山生态有机茶"的唯一性标牌下，纳雍茶叶种植风生水起，"茶种在山上，山插在云中"成了一种意境，更成了一种标识！同时纳雍县开始了"农旅结合"的布局，云雾缭绕、茶叶飘香的种植基地中，种上了横竖成排的樱花，铺上错落有致的林间小路，吸引着成千上万的游客观光旅游。在这里品上一壶雾岭茶，抿上一口糯谷猪肉，欣赏乌蒙群山中这一亮丽的风景线。

亚热带季风气候，雨热同期，光照条件好，雨水充沛，这一系列良好的自然环境优势，非常适合樱桃生长，促使纳雍成了贵州樱桃优势产区之一，也是"玛瑙红樱桃之乡"。

纳雍玛瑙红樱桃因品相貌似玛瑙而得名，相比普通樱桃，玛瑙红樱桃果实鲜红、口感纯正、酸甜适度，而且存放时间相对较长，可以维持采摘后 4 天不变色、不变味，其中蕴含糖、酸、维生素 C 较高，有"中国南方樱桃之王"之称。

玛瑙红樱桃作为纳雍县特色经果产品，全县种植面积达 11 万亩，其中维新镇总溪河沿岸有 8 亩成片分布，年产量居全县之冠。在总溪河畔，不光能感受到习习的河风拂面送爽，还能领略到一番令人"垂涎欲滴"的景致。远观：沿河两岸红绿相间的果树层层叠叠，无尽延伸；近看：一颗颗晶莹剔透、紫红圆润的果实挂满枝头，密密实实。这就是总溪河流域一带闻名遐迩、令人神往的初夏风光——玛瑙红樱桃盛产景观。据统计，纳雍县总溪河景区平均每天接待游客 1 万人次左右，单日接待游客最高 2 万人次。到总溪河可摘樱桃，逛樱桃园，清爽的气候惹人喜爱，各种纳雍土鸡农家乐、烙锅、烧烤摊、餐馆、休闲娱乐场，吃喝玩乐样样俱全……

农旅结合发展的纳雍，已成为人们观光旅游的首选之地。

五、铆足发展干劲，奋力追赶超越

国家有机产品认证示范创建工作，资源优势是基础，政府引领是关键，部门联动是保障，打造品牌是长远。纳雍县将紧紧围绕创建国家有机产品认证示范县的目标，加大宣传力度，积极参与国内国际有机产品博览会、展销会活动，全方位推介纳雍有机产品，提高有机产品的社会知名度和认可度；加大财政及扶持资金投入力度，开展土地休耕轮作，强化有机基地建设；坚持“猪—沼—茶”“鸡—肥—果”等可持续发展有机生产模式，以有机发展助力精准脱贫，引领9万贫困人口致富奔小康，实现有机综合产值达2.5亿元以上。

纳雍将铆足干劲，奋力超越，以品牌、市场倒逼有机产业发展，进一步强化全域产业链，做好有机文章，从而“强农、壮工、兴商”，推进“纳货出山”，巩固国内市场，走向国际市场，真正让有机产品风行天下，让有机产业扮靓“山地公园省”，唱响“多彩贵州风”，为毕节试验区第四个金色十年，营造“百姓富、生态美”的纳雍新未来。

六、特色产品

（一）土鸡产业

拟建1 000个土鸡生态放养场，年出栏3 000万羽，带动2.6万贫困人口稳定脱贫。采取“公司＋放养场＋支部＋农户”的经营体系，成立纳雍源生牧业发展股份有限公司，选择能人带头实施生态放养，贫困村投入集体资金，按因素法将贫困户扶贫资金量化入股，确保2亩生态放养场带动1个贫困人口，出栏1只鸡参股贫困户分红3元，每个贫困户年分红1 200元。现已建成种场1个、土鸡育雏场24个、生态放养场88个，投入资金1.4亿元，原种场已进种鸡2万羽，已出鸡苗14批共计18万羽。

（二）生猪产业

拟建300个生猪养殖家庭农场，年出栏生猪60万头，计划带动6万贫困人口稳定脱贫。建立“公司＋家庭农场＋农户”的经营体系，成立纳雍德康农牧有限公司，选择能人担任家庭农场主，每个家庭农场投入100万元，带动20户贫困户，每户贫困户按3万元“特惠贷”加2万元政府补贴的标准入股，年固定分红5 000元。现种场已开工建设，完成128个家庭农场的选址工作，土地流转完成50个，完成平场24个，启动家庭农场建设5个，下拨资金1 344万元。

（三）食用菌产业

拟建大棚5 000个，带动4 000余贫困人口脱贫。成立金蟾大山控股独立法人公司，按照贫困户户均1个大棚，由公司提供技术指导，贫困户自行管理，公司年终经营净利润按入股农户60％、村集体（流转土地的村）10％、企业30％的比例进行分红，菌棒生产用工首先考虑贫困户劳动力，同时对2016年易地扶贫搬迁对象，按财政扶贫资金人均2 000元量化入股红托竹荪或冬荪种植专业合作社进行分红。已投入资金2 720万元，现已开展研发中心、菌棒厂和大棚基地建设。目前建成钢架竹荪大棚110个，红托竹荪菌棒栽培面积达63 782.4平方米；简易大棚147个，示范栽培红托竹荪73 900平方米，香菇示范基地20个，生产示范香菇30万棒，平菇示范基地2个，生产示范平菇20万棒，外调进冬荪菌种101.22吨，建冬荪仿野生示范栽培基地面积500多亩。

（四）茶叶产业

为更好地推进茶产业精准扶贫工作，帮助脱贫一批贫困户，扩大茶产业规模，壮大龙头企业，做靓茶产业品牌，提升茶产业效益，提高茶产业精准扶贫成效。纳雍县2016年起，组织3个专班分别到11个茶叶重点乡镇进行座谈调研，共组织召开主要领导和分管领导、茶叶重点村支部书记、乡镇扶贫工作站负责人和农业服务中心主任、茶企业负责人座谈会23场，走访乡村干部、茶企业负责人、贫困户代表1 220余人次，对纳雍县茶产业扶贫工作进行认真总结。主要以建优质茶园基地方式带动发展。纳雍县在化作乡、锅圈岩乡、中岭镇、姑开乡、乐治镇等多个乡镇抓茶产业和绿化造林工作，森林覆盖率达61%以上，成功入选全省高效农业示范园区、贵州高山有机茶叶标准化示范园区，先后获全国农业旅游示范点。化作乡枪杆岩、厍东关乡获得2017年国家3A级旅游景点称号，化作乡万亩茶乡荣获最美茶乡之称号。全县已拥有优质茶园面积29.4万亩，其中已投产面积18.5万亩，茶业加工厂60多个。纳雍在开展驻村帮扶活动中大力发展茶产业，提高城乡居民收入，近年来，由于国家实行退耕还林还草，部分山地流转，农村出现大部分的剩余劳动力，发展茶产业，解决农村剩余劳动力的就业。2016年茶产业扶贫项目21个，茶业示范点16个，投入资金4 620万元，脱贫人口达2.9万人，人均收入提高3 850元，顺利实现11个乡镇的“减贫摘帽”，真正体现纳雍县茶产业发展在精准扶贫工作的贡献份额。在加快发展茶产业中，纳雍县完成投资9 950万，预计2020年新增规范化优质茶园五万亩以上，稳定从业人员2万余人，受益人口5.85万人。

七、创建故事

由黑转绿敢为先，馥郁芬芳雾岭间

在乌蒙巍峨高山中，有一片美丽的茶山，那里风光旖旎，那里景色秀美，那里重峦叠嶂，那里绿树成荫，那就是由谭正义亲手建立的茶叶种植基地，位于纳雍县骔岭镇海拔高达1 900～2 300米的高山上，环境优越独特，常年云雾缭绕，茶叶飘香。谭正义，骔岭镇坪箐村土生土长的人，现为贵州省雾翠茗香生态农业开发有限公司董事长，因其丰富的创业经历，有着多种身份——有人说他是煤老板，有人说他是企业家，他自己却说自己是个地地道道的农民。一方水土养育一方人，在纳雍县创建国家有机产品认证示范区之际，他始终坚持“以人为本”，争当有机认证先锋官，带领老百姓拓渠增收，脱贫致富。

男儿不展凌云志，空负天生八尺躯

2009年，谭正义还是一位煤老板，在骔岭镇小屯村经营大河路口庆荣煤矿，由于煤炭产业可持续发展难，政策变化快，门槛逐年提高，且只能解决青壮年就业，他意识到“走一条可持续发展的道路，让百姓有活干，有钱赚，绿化山头是关键。”

当时，纳雍县壮大茶产业的行动风生水起，有中国高山生态有机茶之乡的美誉，挖煤炭的谭正义决然把战场从地底转到地面，放弃采煤，改种茶叶，开始“黑”变“绿”的转身。

小屯村和坪箐村交界的神箐大山一带多是荒山，谭正义流转过来，自驾挖掘机垦地，机器用废两台，垦出了等高线一般的层层梯土。加上从周围几个村寨流转的承包地，茶叶基地建起来了。

不经一番彻骨寒，怎得茶花扑鼻香

这时，有人质疑，海拔太高，茶种不活。谭正义的茶山海拔1 900米以上。然而，在海拔2 000米以上的高山上种茶难度超乎常人想象，秋种冬死，循环往复，种完茶苗种茶子。于是有人开始质疑，海拔太高，茶种不活，在山顶，茶苗只有7—9月份适合生长。一年中的其余时间，气温低，茶苗要么“冬眠”，要么受雪凝之害，生长出来的部分，根本抵消不了雪凝消耗的部分，质疑之声不无道理。

“在高山，茶树都难得过冬，虫子还过得了冬？不喷农药，虫子也会死。”多年涉足纳雍茶产业，纳雍县农牧局产业办农艺师吴嵩觉得，不喷农药，无疑是高山茶让消费者看好的一个原因，而茶叶因高山气温低下而获得的缓慢生长，又让茶叶本身蓄积了更多的茶多酚、咖啡碱、脂多糖等，高山茶自然“高人一等”。这是茶叶生产领域最为可持续的生产理念，谭正义“一条路走到黑”，就是要种海拔最高的高山茶。茶叶幼苗在山上栽不活，谭正义就在山下用营养坨育苗，苗长壮了，才带土带肥移栽到山上。公司的6 950亩茶园就是这么建起来的，“不可能”变成了“可能”。高海拔茶园的摸索种植成功，改变了高山地区传统种植效率低下的现状，突破了高海拔种茶瓶颈。

有机认证不放松，立根原在绿山中

有机认证是茶叶消费选择的一个标准，为了让每一片茶叶都经得起检验，谭正义开始了有机认证，有人只认证部分茶园，而谭正义6 950亩茶园全认证，每年光是认证费用就是20多万元，要“保证每一片茶叶都经得起检验”。

为了种出原生态的有机茶叶，谭正义从安顺等地购买有机肥料，但耗时长、成本高、不可靠。茶叶要“有机”，得用有机肥，2012年，谭正义投入巨资在茶山下一盆地建立起年出栏1万头规模的配套养殖场，形成了种猪繁育、牧草种植、熟化饲料加工、污物处理(污水、粪便)、有机肥利用(沼液、沼渣)全配套的高山生态立体循环种养殖模式。除有机追肥外，谭正义还坚持人工除草，“真正的有机是不含任何农药和化学成分，哪怕是用最环保的除草剂也不行。”

“刚开始都是靠车拉，一天两车，每天只能送30立方米沼液上山。”谭正义说，这样的方式效率低下，根本无法满足种植需求。

“修建沼液提灌系统，把沼液从海拔1 800多米的养殖场提到海拔2 300米的神箐山上，让沼液自流，灌溉每一株茶苗。”谭正义设想一出，质疑声又来了。

“不可能!”许多人说，山太高，落差太大，沼液肯定提不上去。

谭正义还是“不信邪”，办过煤矿的他比谁都清楚，提灌系统能否成功，关键不在技术，而在管材。“普通铁管不抗压，那就选无缝钢管，无非增加成本。”

说干就干，就在这个春天，谭正义投资600多万元，建成了总长20公里的沼液输送管道，以及遍布茶叶基地的沼液储存池。

如今，轻轻压下电闸，拧开阀门，沼液就能源源不断上山，灌溉每一株茶苗。

凝心聚力铲穷根，脱贫攻坚正进军

2017年以来，他积极响应组织的号召，把新时代农民讲习所建在产业基地上，挂牌雾翠茗香公司产业脱贫讲习所，“授人以鱼不如授人以渔”谭正义说，“讲习中，我们充分利用酒席场中群众聚集机会、利用田间地头群众种植时节、利用门口院坝群众摆白话拉家常之余进行讲习。从党的十九大精神一直讲到养殖技术、茶叶种植技术、八月瓜种植技术、除草技术等。”

通过讲习，企业内务工人员种植、养殖技术明显改良，周边群众种植、养殖激情明显提高，村民房前屋后园艺栽培逐步成形，路边雕刻摊点明显增多，合作社经营逐步走入正轨，贫困户就业问题逐步解决。

一片茶山养育一方人，坪箐村7 000亩的茶山解决了周围200多名村民的就业问题。据统计，该公司每年付给村民的土地流转、工资等费用在200万～400万元。每到除草、采茶季，就可见坪箐村上百名村民茶山劳作的身影。

谭正义说，由于气候原因，今年的春茶采摘比往年晚了半个月，采摘时间从清明节开始可一直持续到8月底。平均每天都有上百人在基地采茶，按照1千克50元，平均每人2千克的采摘量计算，每天支付工人工资上万元。

家住茶园附近的采茶工人张应莲告诉笔者，趁着天气好来茶山上帮忙，每天都能采到2～2.5千克，活路轻松工资也高，一天轻轻松松就能赚100多块钱。

但是，在开始投产的近几年，无论产量怎么翻番，对谭正义而言，都仅是“聊胜于无”，毕竟每年单是人工锄草，费用就是80多万元，“富的是农民”，农民有了活干，就有了收入。

路漫漫其修远兮，吾将上下而求索

如今，谭正义注册的高山生态有机茶品牌“雾岭雪芽”“雾岭红”市场影响力不断提高。同时养殖场的生态猪也深受消费者的认可，随着深加工的建成，销售渠道的打开，成为周边种养殖大户，合作社30家，发展规模5万头以上。

公司基地建设投入已长达9年，建设资金款达7 300万以上，基地管理、规模扩大、产品推广等需要大量融资，产品生产技术的更新需要人才的引进和培养，高品质农产品的推广和渠道建设也正在摸索中，但谭正义始终坚信，人们对绿色有机食品高品质的追求是必然趋势。只有坚持、坚守品牌的质量，才能做出真正高品质、受欢迎的农特产品。自称“胆子大”的农民谭正义，几乎押上了全部身家。到现在，已经是他种茶的第9个年头了，投了1亿多元，估计得15年才能真正实现资金回笼。“别人是十年磨一剑，我现在才磨了半‘剑’！”站在山顶的沼液池旁边，泥土钻进谭正义的凉鞋，他视而不见，他看见的是一个把“不可能”变成“可能”的将来。

河北省

打有机牌　建生态县　走扶贫路

——丰宁满族自治县国家有机产品示范区发展经验

一、丰宁满族自治县概况

丰宁位于河北北部，南邻北京，北靠内蒙古。全县总面积约 8 765 平方公里，为河北省面积第二大县，全县地形地势复杂多样，海拔 365～2 293 米，分坝上、接坝、坝下三个地貌单元。坝下群山绵延，河谷纵横；接坝峰高谷深，林木茂盛；坝上天高地阔，风景优美。年平均气温 2.4～7.1 ℃，平均降水 398.2～447.7 毫米。丰宁是京津重要的水源地和生态屏障，具有京津上风上水之称，供北京用水的潮河、供天津用水的滦河均发源于丰宁。丰宁是华北生态系统和京津冀水源涵养功能区的核心区，被称为“首都之肺”。全县有耕地 139 万亩，草场面积 736 万亩，林地 754 万亩，森林覆盖率 57.5%。辖 10 镇 16 乡 309 个行政村。丰宁历史悠久，文化底蕴深厚，是天下第一鸟“华美金凤鸟”的故乡。红山文化、龙山文化、山戎文化几经兴替，农耕文明与草原文明水乳交融。雍正十三年设四旗厅，乾隆四十三年取“丰芜康宁”之意设立丰宁县，1987 年经国务院批准成立丰宁满族自治县，属国家级贫困县，是河北省 6 个坝上县、32 个环京津县、22 个扩权县之一。

二、丰宁满族自治县有机农业发展优势

(一)自然资源优势

丰宁地处内蒙古高原向冀北山地丘陵的过渡地带，四季分明，光热充足，昼夜温差大，雨热同季。由于气候差别大，土地肥沃，使丰宁种植出的农产品呈现出种类繁多、营养丰富、口感极佳、功能优异等显著特点并能够实现梯次种植，分期上市。

(二)生态环境优势

丰宁是京北生态系统的核心区，是生产有机食品的风水宝地，空气负氧离子丰富，是天然氧吧，出境水质基本达到二类水标准，可以说是“天蓝、地绿、水清、土净”。丰宁气候冷凉，病虫

危害轻，畜禽粪便等有机肥充足、廉价，农业生产历来很少使用农药和化肥。多年来，全县上下已树立了生态是第一资源、第一品牌的意识。年造林 20 万亩以上，森林覆盖率年平均提高 1.3%。同时实施了水源保护和涵养、水土流失治理、禁垦禁牧、节能减排等一系列过硬举措，生态环境质量还在逐年提升。

（三）农业基础优势

丰宁属典型的半农半牧区，是华北知名的农业大县和畜牧养殖大县，经过持续的农业结构调整，初步形成了有机奶业、有机蔬菜、有机杂粮、有机养殖为主导，中药材、林果、食用菌共同发展、百花齐放的农业产业格局，全县市级以上农业产业龙头企业达到 52 家，农业合作社 1 300 多家，为有机农业提供了广阔的发展空间。

（四）市场区位优势

丰宁紧邻京津高端市场，交通便捷，已有张唐、多丰两条铁路和张承高速、国道 111 线贯穿全境，县城到北京交界处只有 18 公里，距北京市区 180 公里，距天津市区 260 公里。可根据市场做出迅速反应，易于快捷供货，能够有效保证产品鲜活，而且运输成本低，市场区位优势明显。

三、丰宁满族自治县有机产业和有机认证情况

按照习近平总书记“张承地区定位于京津冀水源涵养功能区、同步考虑解决京津周边贫困问题”的指示精神，丰宁满族自治县把发展有机农业作为统筹推进“生态建设”和“脱贫甩帽”两大任务的最佳切入点，2015 年，启动了“国家有机产品认证示范县”创建工作。3 年来，丰宁满族自治县国家有机产品认证示范县创建工作成效显著，全县累计投入资金 10.2 亿元，奶业、蔬菜、黄旗小米、特色养殖等有机园区初具规模，生产、加工、仓储、运输、流通等各个环节有效畅通，有机产业链条基本形成。

有机农产品的经济效益已初步显现，丰宁正在大踏步地向做大、做强有机产业的目标不断迈进。在有机产业的推动下，农业发展赢得效益。丰宁县在黄旗镇重点打造全国有基农业示范基地，编制了《小米有机农业示范基地发展规划》，并制定了一系列管理制度和管理办法，按照有机基地八大体系在组织领导、规划、政策、管理体系、技术体系、流转体系、综合利用体系和可追溯体系进行创建。通过有机农业示范基地的创建，品质得到了提升、产值不断增加，品牌效应凸显。经过有机产品认证的小米，已经进入中央各大部委及京津各大商超，基地产品在淘宝、京东、中粮网、百城源等电商平台销售火爆。

为保障创建质量，通过严格筛选，在全国范围内确定了中国质量认证中心、爱科赛尔等 6 家信誉度高的有机认证公司进驻丰宁，开展认证工作，认证证书从创建前的 7 家企业 12 张证书发展到目前的 35 家企业 57 张证书，覆盖种植、养殖、生产等。

四、保障措施

在国家认监委的积极引导和大力支持下，在省、市质监部门的指导和帮助下，丰宁满族自

治县精心谋划、周密部署,狠抓“四大体系”建设,有力推动了有机产品认证工作扎实、有效开展。

(一)以组织为保障,狠抓工作体系建设

成立了由县长任组长、分管副县长任常务副组长、相关部门一把手为成员的创建工作领导小组,明确责任,细化分工。领导小组下设办公室,具体负责创建日常工作,负责做好县级验收及验收后的监督管理工作,主任由市场监管局局长兼任,为常设机构,配备了专职人员。各乡镇全部成立了政府一把手为组长的领导小组,相关企业成立了以企业法人为组长的创建小组,形成了完善的县、乡、企业三级创建体系。

(二)以科学为引领,狠抓规划体系建设

立足丰宁生态资源优势,充分体现区域特色,聘请国内顶级专家团队编制了《有机农业发展规划》,按照统筹规划、分步实施、稳健推动的原则,把建设各类有机农业示范园区作为创建载体,坚持区域化布局,打造“有机种植、有机养殖、有机产品加工”三大板块。选定积极性高、基础条件好、经济实力强的龙头企业、农民合作组织、专业大户作为建设主体,通过优势资源和特色产业培育一批、按照有机生产标准规范一批、对已获认证的提升一批的“三个一批”原则,科学推进,逐步实现创建目标。围绕各区域有机发展实际,因地制宜,以乡镇为单位编制了《有机农业示范园区建设方案》,在园区布局、品种选择、产品认证、市场销售等环节进行了全盘规划,聚焦有机奶、有机蔬菜、有机杂粮等优势产业,聘请中国农业大学等单位编制了专项规划,形成了完整的规划体系,为主体做大规模、做强产业、做优效益指明了方向,有效激发了有机园区的发展活力。

(三)以政策为导向,狠抓扶持体系建设

先后出台了全县《有机农业示范园区扶持政策》《坝上及接坝地区生态有机农业综合示范园区扶持政策》以及黄旗有机小米、有机奶等专项扶持政策。将有机产业发展与脱贫攻坚紧密结合,在全县《产业扶贫全覆盖扶持政策》中专门制定了《有机农业扶持政策细则》,县财政每年筹资 2 亿元,上不封顶,在有机肥料、节水、饲草、有机认证、有机产品销售、信贷贴息、名优产品等方面,给予全产业链扶持;统筹整合涉农项目,用于支持有机园区建设,确保园区跟着规划走、项目跟着园区走;通过政策引导,极大地调动了市场主体的积极性,做有机农业,在丰宁已蔚然成风。

(四)以质量为命脉,狠抓监管体系建设

坚持把生产出有机健康的高品质农产品作为核心要求,把有机认证作为首要标准,通过在全国范围内严格筛选,确定了 6 家技术雄厚、信誉度高的有机认证公司进驻丰宁,开展认证工作。严格要求认证公司对质量负责,对创建工作负责,明确认证费用由县财政全额支付,只要认证公司从严认证,无论认证结果如何,一律兑现费用,从源头上杜绝了弄虚作假,同时实施“三大监管机制”确保了认证的严肃性、真实性、有效性和长期稳定性。一是全程见证机制。严格认证过程监管,组织认证监管部门、行政主管部门、业务主管部门、认证机构共同参与,严格把关。依据有机产品认证实施规则有机标准逐阶段进行筛选淘汰,经过十个阶段的严格认证,

对认证行为规范的企业，进行重点帮扶，对于达不到标准的项目，及时进行整改、补充，并采取延长转换期的方式提升产品质量。在认证及例行检查时，丰宁满族自治县执法人员同步跟进，对全过程进行见证和监督，并填写《见证检查表》，对认证公司的检查过程及被检查企业的状况进行评估、打分，保证发现问题及时处理。二是“双退出”机制。严格证后监管。企业获得认证后，实行了常态化的检查机制，同时针对获证种类各时间段的风险程度进行“飞行检查”，一旦发生生产企业违规行为，立即退出认证，并根据《有机产品认证管理办法》的要求进行处罚，1～5 年内不得再次申请认证。对发现认证机构未按规定从事认证活动、跟踪检查不到位、弄虚作假、认证过程存在违规违法等行为的，实行退出制度并列入黑名单，禁止在辖区从事认证活动。三是分级监管机制。针对辖区内认证企业分布广，认证种类多等实际情况，丰宁县紧抓耕种、除草等高风险时期以及动物疫情、病虫害多发期，提前介入，实地进行检查指导和重点监管。根据质量评价体系，将县内的认证企业分成 A、B、C 三个等级，对等级较低的企业和终端产品在市场上销售的企业进行重点监管。创建工作开展以来，丰宁县累计进行各类检查 260 多次，有效巩固了有机认证成果。

丰宁独有的相关部门联合监管模式，分级监管机制，对全县有机农业进行全产业链监管，确保了认证质量。

五、实施成效

（一）特色产业

有机示范县创建工作给丰宁各项事业带来了蓬勃的活力和强劲的势头。

初步形成了有机奶、有机蔬菜、有机杂粮、有机养殖为主，林果、食用菌、中药材共同发展，百花齐放的产业格局。创建主体不断壮大，产品品质有效保障，有机认证助推市场销售一路向好，产业效益显著提升。奶业现代化牧场改造全面完成，鲜奶有机程度全部达到 A 类牧场标准，售价提高了 30%，缘天然集团液态奶扩能项目迅速跟进，日处理能力达到 500 吨，获得“中国驰名商标”。蔬菜产业，千亩以上有机园区达到 10 个，昌达公司打造出 5 000 亩华北最大的有机露地蔬菜示范区，优质的有机蔬菜敲开了首都的大门，首农集团、新发地市场等大型企业纷纷与丰宁县签订合作协议，今年，丰宁满族自治县被确定为北京冬奥会蔬菜供应基地。“黄旗小米”有机认证面积达到 6 000 多亩，获得“国家一级优质米”殊荣，黄旗小米地理商标成功注册，成为“国家地理标志保护产品”。经过有机产品认证的小米，平均价格在 20 元/千克以上，是创建前的 4 倍，黄旗皇的精品小米在第十五届中国国际农产品交易会上获得金奖，每千克售价达到 120 元。全县有机产业链条不断延长，精深加工企业达到 7 家，新增大型有机肥企业 3 家。平安高科公司成为全国唯一一家掌握菊粉规模生产的高科技企业，“维乐夫牌菊粉”获得生态原产地保护，产品供应圣元、光明、亨氏、三元、同仁堂等大型企业。“丰宁有机”公共品牌效应不断增强，知名度显著提高，荣达、水星、禾林等众多企业纷纷获得河北省名牌产品、河北省优质产品称号，丰宁有机农产品在京东、淘宝等电商平台销售火爆，爱尚羊有机肉羊、肉牛屠宰深加工项目还未建成，全国各地订单便纷至沓来，与国企江苏紫阳交通集团达成年 20 万只有机肉羊销售订单。可以说，通过有机认证，通过国家有机产品认证示范县创建，使丰宁真正实践了供给侧结构性改革，体会到了有机发展给农业产业带来的巨大推动作用。

(二)惠及民生

政府通过政策引导传统农业向高端高质高效农业发展,由于一家一户传统农业的分散经营,农业投入品的过度使用,导致一些食品农产品品质下降,药残超标,食品农产品安全事件频发,广大人民群众热切盼望餐桌上的安全,舌尖上的健康,呼唤健康、优质的农产品走上市场。发展有机农业从根本上引导广大农民向合作社发展,向公司化运营,形成合力,提升农产品质量,提高销售价格,逐步解决食品农产品不安全问题。这些从两个方面惠及了民生:一方面广大农业从业者提高了收入,生活品质得以提升;另一方面可以大量提供优质的有机食品使消费者有更丰富的选择,消费者的生活质量得以保障。

(三)平衡发展与生态保护

丰宁是习近平总书记定位的京津冀水源涵养功能区的核心区,是京津的供水源头,“北京一杯水,半杯自丰宁”,生态建设和保护是丰宁的重点工作,更是政治任务。有机产品认证示范县的创建有力地推动了“生态农业”的发展,助力于平衡发展与生态保护。

有机养殖业与有机种植业协调发展,资源合理配置,两个产业可以相互支持,相向而行。众所周知,养殖业的粪便处理是一个难题,如果处理不合理不仅自身养殖受到影响,而且对环境也带来很大的破坏。丰宁县在发展有机农业前,动物的养殖业主要花钱请人,清理粪便,并进行无害化处理;种植业的秸秆因无处堆放进行焚烧。而现在,有机的种植企业会花钱将这些动物粪便购买回去,经过腐熟,发酵成有机肥料供农作物使用。而农作物的附属品,如秸秆、米糠、菜叶等又是动物良好的饲料。这样在提高农副产品收入的同时不仅建立了有机种植和有机养殖的产业链循环,还化解了农业焚烧秸秆和粪便污染的环境问题,使有机农业向着环境保护的方向发展。而政府所做的是通过有机农业规划的方式对有机种植业和有机养殖业根据规模进行合理的配置和布局,使其能够相互满足需要。

另外通过养殖场、养殖小区设施的改造不断深化,有力提升了养殖企业治污力度,养殖业面源污染防控水平显著提高;有机农业使用农家肥或有机肥替代化肥,改良了土壤结构,提高了土壤肥力,推广“三诱一生”绿色防控技术,农药使用得到有效避免。比如黄旗小米的核心区黄旗镇是供北京市用水的潮河的发源地,通过黄旗有机小米园区建设,年减少化肥使用 220 吨,减少农药使用 0.6 吨,有效降低了首都水源污染风险,提高了供水质量。根据丰宁认证面积推算,全县年可减少使用化肥 3 000 吨,减少使用农药达到 90 吨。同时,有机生产使土壤中的微量元素得以修复,保持了土壤生机和农业生物的多样性,使生态系统的完整性和自然资源生产力得以保持,促进了丰宁生态与经济和谐发展,实现共赢。

(四)脱贫与精准扶贫

有机的快速发展为产业脱贫注入了强大动力,特别是被国家认监委列为有机产品扶贫试点县后,丰宁满族自治县紧抓机遇,打响“有机扶贫攻坚战”,创新实施了产业扶贫全覆盖工程,以创建“国家有机产品认证示范县”为支撑,以龙头企业带动为引擎,加快农民增收步伐,力争让每一个贫困户都有生产经营性收入或财产性收入,实现“稳定脱贫”。依托产业优势,实施“大产业引领,小项目覆盖”,在重点项目、扶贫龙头企业带动基础上,围绕各有机园区,年谋划“全覆盖型”乡镇扶贫重点项目 300 个以上,按照“规划到村组、扶持到项目、责任到人头、受益到贫困户”的思路，精准施策，探索创新了奶、菜、肉羊、杂粮等产业扶贫模式。比如缘天然集团建设了奶业扶贫牧场，采取“政府＋银行＋企业＋贫困户＋保险”方式，有劳动能力的贫困户就地打工，无劳动能力贫困户用扶贫贷款入股，使贫困户“土地流转得租金、就地打工挣薪金、牧场入股分股金”，实现了“一企带千户，一地生三金”；比如有机蔬菜产业，我们创新出了全村集中土地流转，组织贫困户规模经营的镇村主导型。还有企业负责投入、管理、销售，贫困户认领地块，参与收益分成的企业引领型。此外，还有乐拓牧业股份公司合作养羊、黄旗小米“三零一保”、有机食用菌“122”等多种模式，都实现了有机农业与贫困户紧密的利益联结。目前，全县各类乡镇级产业全覆盖项目已经达到 1 260 多个，基本实现了贫困户全覆盖，带动全县 2.56 万贫困户户均年增收 4 500 多元，成为脱贫攻坚“第一动力”。

六、经典范例

（一）有机生态　丰芜康宁

7 月的河北省承德市丰宁县，天高水阔，草肥花艳，清爽怡人的气候，新鲜洁净的空气，良好的生态环境，吸引着四面八方的游客。

7 月 27 日，一批特殊的客人来到丰宁，他们是全国各地的有机农业知名专家学者，省、市政府领导和质监、农业等相关部门负责人，但他们不是前来观光度假的。

在这一天，丰宁满族自治县创建国家有机产品认证示范县、全国有机农业示范基地正式启动，丰宁县在国家和河北省率先同时创建国家有机产品认证示范县和全国有机农业示范基地。这批特殊的客人与丰宁县委、县政府领导共同按下了象征启动“双创”县创建的水晶球，拉开了丰宁有机生态产业发展的序幕。

丰宁县位于河北省北部，地处燕山北麓和内蒙古草原南缘，南邻北京、北靠内蒙古，全县境内有潮河、滦河、牤牛河、汤河、天河五条河流，水资源量 5.3 亿立方米，是京津的重要生态屏障和水源地。县域面积 8 765 平方公里，是京津周边有着广阔地域的传统农业大县，水源清洁、空气优良、土壤无污染，四季分明，光热充足，昼夜温差大，雨热同季，适合多种农作物生长。

多年来，丰宁县以生态作为立县之本，水源、空气和土壤环境均为全省最优，得天独厚的区位、资源、生态优势，为发展有机农业提供了无可比拟的产地环境，丰宁县政府积极鼓励企业提高质量，争创名牌，开展有机产品认证，先后有 7 家企业率先走上了打造有机产品这条绿色发展之路，取得了 10 张有机认证证书。有机认证让这 7 家企业的产品摇身变得“高大上”，引领丰宁的农产品敲开了京津冀市场的大门，时差蔬菜、杂粮、禽蛋等农产品在京津冀具有很高的知名度，曾经的“皇家贡米”黄旗小米更是盛名远播，处于国际黄金奶源带的丰宁有机鲜奶被蒙牛、伊利等知名企业用于加工高端奶。

良好的生态环境是丰宁最大的财富，生态经济是强县之举、富民之路。2015 年初，丰宁县委、县政府抓住京津冀协同发展纲要即将实施的有利时机，发挥丰宁是北京水源涵养核心区的优势，决定把有机农业作为现代农业的着力点，出台了《加快创建有机农业示范县的决定》，号召全县上下齐心，把丰宁打造成高端生态有机农业区域，把生态有机农业塑造成区域标志品牌。

为了深入了解有机农业示范县创建路径，县委书记、省市质监等相关部门领导和工作人员先后到质检总局、国家认监委、中国绿色食品发展中心、中国农大、北京商委等单位，就丰宁创建有机农业示范县的相关问题进行了沟通请示。专家们通过听取汇报及现场考察，一致认为，丰宁发展有机农业的条件得天独厚，发展有机农业是丰宁现代农业的必然选择。专家的肯定给了丰宁县委、县政府更大的决心，决定既争创"国家有机产品认证示范县"的牌子，也争创"全国有机农业示范基地"，通过"双创"促使丰宁有机农业更扎实，更有效。

路径明晰后，丰宁县把建设各类有机农业示范园区作为有机农业发展的载体，在全县范围内坚持区域化布局，打造"有机种植园区、有机养殖园区、有机产品加工园区"三大板块。经过一次又一次的调研和论证，最终选择了31家积极性高、基础条件好、经济实力强的市场主体作为有机园区的建设主体，进行先期试点。通过示范引领，再逐步扩大示范园区规模，做大做强有机产业。为了确保园区建设顺利推进，丰宁举全县之力连续投资9.87亿元，强力扶持有机种植、养殖的农业产业项目，在有机肥料、节水、饲草、有机认证、有机产品销售、信贷贴息、名优产品等方面给予全产业链扶持。做有机农业已成为全县的共识，在丰宁已蔚然成风。

质监部门从"双创"项目之初，省、市、县三级一直进行跟进式服务，针对丰宁实际提出创建国家有机产品认证示范县的布局，对31个认证主体开展认证整体策划、认证的前期调研，调研范围涉及每一个认证企业的每一个地块，调研内容涉及基地地块的周边环境、灌溉用水、地块面积、基地农事活动等。对划入园区的龙头企业逐一进行现场指导，并针对划入园区的31个认证主体的特点，遴选5家技术雄厚、信誉度高的有机认证公司分别对黄旗小米、养殖、蔬菜种植生产组进行认证。对认证企业进行集中培训和一对一的技术服务，组织企业学习标准化种养殖、有机认证的步骤和条件、有机农产品基地管理方法等内容。通过培训和技术指导让企业对有机认证有清晰的认识和思路，知道怎样发展有机、争创品牌。全县四大园区的31个有机认证主体前期认证工作均已完成。

目前，丰宁已形成坝上、坝下主打肉牛、肉羊养殖的特色养殖区，中南部主打设施蔬菜、辅助木腐菌的种养混合区，继续发挥处于国际黄金奶源带的奶业优势，新增11个乡镇新建现代化牧场的奶业成长区，保有黄旗小米"皇家贡米"品牌，实现资源的可持续利用和发展的小米保护区，有机山杏基地、有机杏扁基地、有机设施桃基地、有机梨基地共同打造的果品培育区五大板块、五区并进的丰宁有机农业产业新格局。

3～5年后，丰宁将做大做强有机农业这篇文章，在河北全省率先打造国家有机产品认证示范县和全国有机农业示范基地两大"金字招牌"，将自身得天独厚的生态优势转化为经济优势。届时，一批批产自丰宁的有机奶、有机杂粮、有机蔬菜、有机肉将会销往全国各地乃至国外。

(二)京东丰宁生鲜馆

日前京东丰宁生鲜馆正式开馆，标志着"互联网＋"在河北丰宁落地生根。丰宁生鲜馆项目，结合丰宁优质的农副产品，快速塑造全县拳头产品和重点品牌，从而实现农产品的品牌化、规模化、产业化，带动企业、农民增收。丰宁的时差蔬菜、杂粮、有机奶等农产品在京津冀具有很高的知名度，"皇家贡米"黄旗小米盛名远播。目前，丰宁发展蔬菜示范园区41个，面积23.1万亩，总产量7.5亿千克。丰宁两年投资9.87亿元扶持有机种植、养殖的农业产业项目，打造坝上、接坝和坝下地区有机农业示范园区，形成有机农业产业新格局。

（三）承德市御今农业发展集团有限公司

1.企业基本情况

承德市御今农业发展集团有限公司成立于 2015 年 3 月，注册资金 1 000 万元，法定代表人：孙志伟，注册地址为：承德市丰宁满族自治县南关乡长阁村。公司主要以有机农产品种植及销售，农业观光，农副产品加工、销售，农副产品进出口、货物进出口、技术进出口、代理进出口为一体的综合农业产业化龙头企业。2017 年被认定为河北省科技型小巨人企业。

按照各级政府农业产业发展的战略定位及指导，公司确立了发展有机食用菌、蔬菜种植的基本思路，目标定位于改变当地种植结构、增加农民收入，建设成为辐射带动能力强、科技含量高的农业产业化龙头企业。

2.企业生产经营情况

公司于 2015 年开始发展食用菌有机种植项目，截至 2018 年初，公司已认证的有机园区达到 400 亩，所有种植园区均建立了完善的食用菌产品质量可追溯制度和有机生产管理流程，整个生产环节做到全程监控，以保证所有产品达到健康、安全、放心的真正的有机产品。公司坐落于南关乡长阁村，所有园区都是采用“公司＋农户（贫困户）＋基地”的经营模式，组织贫困户或农户成立农民专业合作社，公司负责基础建设、技术指导、产品销售，贫困户或农户负责日常经营管理。同时公司结合精准扶贫工作又推出了“反租倒包”和“122”精准扶贫模式。

3.企业参与扶贫开发情况

公司所在地丰宁满族自治县为国家级深度贫困县，在各级政府的指导下，公司确立了产业扶贫的基本思路，致力通过发展产业带动贫困户脱贫致富，带动和指导贫困户就业创业，积极投入到农业生产中来，并为其提供相应的就业创业条件，使之早日实现脱贫，不再返贫并走向致富的道路上来。

为了更快带动当地农户和贫困户脱离贫困，公司结合产业特点和当地实际，探索出“四金模式”，所谓“四金”：一是租金，当地农户或贫困户把土地经营权流转到合作社，可获得土地租金。二是薪金，农户或贫困户通过参与园区生产，获得相应劳动报酬，每人每月工资 2 400 元，按 10 个月算每年可收入 2.4 万元。三是股金，根据公司经营情况和带动能力，可吸纳一部分贫困户的扶贫资金持股分红，从而获得股金。四是经营收益金，部分农户或贫困户既可以在园区工作，还可在学会技术之后，自己直接在园区从事食用菌种植，合作社负责技术指导及产品回收，农户或贫困户获得相应经营收益。按每人管理 2 万棒核算，每年至少可获得经营收益 2 万～2.5 万元，加上前期统一制棒的工资收入 1 万元，年经营收益可达到 3 万～3.5 万。这一模式得到了省、市、县各级政府的认可，已在全省推广。

为了做到精准扶贫，公司又先后推广了两种模式：一是反租倒包模式，从 2015 年起，公司推出了反租倒包模式，即农户或贫困户把土地租给公司，公司负责把棚室建好，再包给贫困户进行经营，并且与农户或贫困户签署订单，保证其最低收益，扶贫效果非常显著。二是“122”精准扶贫模式，就是 1 个贫困户或脱贫巩固户，管理 2 万袋菌袋，保证纯收入最低 2 万元。公司同进驻示范基地的贫困户或脱贫巩固户签订食用菌生产和产品收购、利润保障合同，并依法进行公证，市场风险由公司承担，贫困户或脱贫巩固户在公司技术员的指导下，按技术规范生产合格的产品，公司按等级全部收购。扣除菌棒的投入成本后，如果平均每棒利润不足 1 元，不足部分由公司补足。而对平均每棒利润超过 1 元的种植户，公司则再给予超过部分 30%的激励奖。最终确保基地帮扶贫困户在 1 个生产周期就可脱贫，而且脱贫后不再返贫。

2018 年，通过各种方式带动贫困户 290 户，同时带动 4 个乡镇 8 个自然村的食用菌产业发展。

七、特色产品

（一）有机“黄旗小米”

黄旗小米种植有悠久的历史渊源。自清朝皇太极时期就拨专银在黄旗种植谷子，成为朝廷贡米，自康熙后供京城皇室食用。勤劳朴实的丰宁县人民以此为荣，一直种植至今并向周边适宜区域扩展。丰宁满族自治县所产小米因其粒形圆润饱满、色泽晶莹金黄、清香可口而被誉为“黄旗小米”，自此供不应求，民谚“要吃小米到黄旗”即源于此。结合丰宁满族自治县实际和市场需求，丰宁满族自治县决定把大力发展“黄旗小米”作为富县富民、兴工强农的重要项目来抓，以此推动丰宁满族自治县产业结构调整及农业内部结构调整，为发展丰宁满族自治县商品农业、优质农业和增加农民收入提供坚实保障。

黄旗小米种植品种主要有红谷子、大金苗、老不死、黄旗皇等，平均亩产 180 千克左右。丰宁“黄旗小米”米粒圆润、色泽金黄，口感好，富含人体所需的多种营养成分。

2016 年 7 月 4 日，原国家质检总局批准对“黄旗小米”实施地理标志产品保护，随后成功注册成为国家地理标志证明商标。

在丰宁种植的“黄旗小米”采用原始的人工种植方法，期间不使用任何农药、化肥；加工期间只采用简单的脱壳去杂工艺，不使用任何防腐等添加剂，保证了黄旗小米从种植到餐桌没有受到任何污染，完全符合有机认证的要求。

目前有黄旗皇、四旗厅、佳耕、米奇皇、清健隆、宇鑫农场六个品牌的黄旗小米生产企业获得有机认证证书，涵盖种植和加工，认证面积达 7 000 亩，产品在京津冀地区供不应求。

（二）缘天然有机奶

缘天然集团位于丰宁满族自治县大阁镇西区路 78 号，已经拥有京北缘天然农牧有限责任公司、丰宁缘天然乳业有限公司等 5 个子公司，总资产 10.4 亿。员工总数达 400 余人。集团现已拥有“自己种草、自己养牛、自己加工、自己销售”的品质保障链条，是集饲料种植开发、奶牛饲养、乳品加工、良种繁育等于一体的企业集团。在生产经营中构成了一个农、工、牧结合，相互促进，协调发展，良性循环的产业链条。2007 年公司被列为省级重点建设项目、市级优秀企业、承德农业产业龙头企业、市畜牧产业化发展先进单位、2008 年被评为省级农业产业化重点龙头企业，国家级扶贫龙头企业。2010 年被农业部评为国家级奶牛标准化示范场。被河北省安监系统评为“安全生产标准化二级企业”；2012 年 5 月被国家评为农业产业化龙头企业。

有机草场（自然天成）：大片生态苜蓿草场和青贮草场，禁止使用农药、化肥、除草剂和植物生长调节剂等违规违禁物质。

有机牧场（科学饲养）：充足的阳光、无污染的水源和纯净的空气、引进南美洲乌拉圭良种奶牛和以色列“TMR 全日粮科学饲养管理技术”，在饲养过程中不使用抗生素和化学药品，采用德国高智能化挤奶设备，充分保证奶源安全。

有机工厂（标准严格）：生产车间采用医药车间标准，实现计算机全自动控制的 CIP 清洗系统，保证生产过程保持无菌状态，欧洲乳业科技公司全程提供生产技术，按照欧盟技术标准生产。

缘天然重点实施生产项目：高端有机奶生产线项目。公司投资 8 000 万元引进瑞典最前沿的奶加工设备和技术，建设高端有机牛奶加工生产线，年生产能力 10 万吨。

目前，产品包括有机酸奶、有机常温牛奶两个系列产品。有机酸奶有 16 克、240 克、480 克、580 克等规格产品；有机常温牛奶名称为有机纯牛奶，包装规格为 250 克×12 盒。

（三）有机时差蔬菜

丰宁县属张、承冷凉地，气候为大陆季风型高原气候，春秋较短，干旱少雨，冬季较长，寒冷干燥，夏季无暑，清凉宜人。无霜期在 75～97 天，适合蔬菜营养的积累。同时在蔬菜生长的季节，昼夜温差可达 14 ℃，既有利于蔬菜营养物质的积累，也有利于防止病虫害。土地宽广肥沃、无工业污染源，而且交通便利。该地区 6—9 月份为宜耕期，尤其在 8—9 月份，全国蔬菜生产淡季，蔬菜供应紧张时，恰逢此地区蔬菜成熟季节，弥补了全国菜场的供应不足，尤其是京津唐地区的蔬菜供应。故称为时差蔬菜。

时差蔬菜错季上市，品质较好，所以受到广大消费者的欢迎。目前坝上有数个上万亩的蔬菜种植基地，县政府也依据国家政策给予时差蔬菜种植支持，如给予补贴，对企业用电采用优惠价等。目前坝上较大的有机蔬菜种植公司为昌达农业公司，公司有蔬菜产地交易市场 4 处，保鲜库 2 800 平方米，加工车间 2 600 平方米，拥有 3 000 吨的存储能力，认证种植基地 5 000 亩，年销售各类蔬菜 2 万多吨，营业收入 3 200 万元，是承德市农业产业化重点龙头企业。

丰宁特殊的地理环境，有利于种植时差蔬菜，对京津蔬菜市场是一个很好的补充。目前有北京诺亚农业发展有限公司、北京春播科技有限公司等企业来丰宁发展有机时差蔬菜的种植，并且还有沱沱工社、湖西岛等有机销售企业在丰宁大宗采购有机蔬菜。丰宁种植的有机时差蔬菜的品种包括土豆、洋葱、胡萝卜、番茄、白菜、西兰花等 50 余个品种。

（四）“维乐夫（vilof）”牌菊粉

维乐夫集团成立于 2003 年，是一家专业从事菊苣科研、育种、种植、深加工和销售的全产业链、综合性、高科技农业企业。在北纬 40°的坝上草原，运营万余亩符合 GAP 标准的种植基地，并在丰宁经济开发区，建成亚洲规模最大的菊苣菊粉生产线与全球第二家菊苣低聚果糖生产线，填补了国内空白，结束了婴幼儿配方奶粉中菊苣益生元只能从欧洲进口的历史。

维乐夫集团以优秀的产品品质和国际化的管理标准，成为 2008 年北京奥运会菊苣菜的唯一供应商，公司产品菊粉益生元成为 2012 年“两会”定制食品，从 2014 年开始，历时 4 年，维乐夫集团与北京协和医院内分泌科、卫生部内分泌重点实验室，开展了维乐夫菊粉对 2 型糖尿病的人体医学临床及机理研究。取得了重大科研成果，并在国际期刊发表文章。揭示了肠道菌群的改变与糖代谢疾病的关系。为科学家、医学工作者、食品生产企业找到了通过肠道菌群来改善代谢综合征的金钥匙。

2017 年，维乐夫投入巨资，在北京建立维乐夫食品研究院，以益生元和膳食纤维为基础，围绕肠道健康，深入开展科学研究和产品开发，为客户提供全方位的技术和产品解决方案。

在生产技术方面拥有 20 多项发明专利，发起并主导起草了“菊粉”“低聚果糖”的国家标准制定。

在科研方面，维乐夫集团与中国科学院、中国农业科学院、北京协和医院、中国农业大学、江南大学等开展了菊粉、低聚果糖在肠道健康与慢病防治中的应用及临床营养研究。

“维乐夫(vilof)”牌菊粉系列产品也被评为河北省名牌产品，“维乐夫(vilof)”牌菊粉(低聚果糖、多聚果糖)、菊苣菜等产品获得中国生态原产地产品保护证书，畅销国内；产品主要供给光明乳业、亨氏乳业、蒙牛集团、圣元乳业、君乐宝等20多家乳品生产企业，并出口巴西、泰国、英国等国家。同时菊粉系列产品及复配产品生产技术已逐步实现产业化，产品进入市场，供需求者直接食用。

公司倡导“高纤维、低热量”的营养理念，向企业和民众提供有机、高品质的功能性食品，推动菊苣这一“利国、惠农、健民”的健康产业的发展。

(五)“御今尚品”有机香菇

“御今尚品”有机香菇产自丰宁满族自治县御今农业，依托于产地优质的水源和得天独厚的自然生态环境，种植全程按照生态、有机方式管理，并建立了完善的产品质量可追溯制度和生产管理流程，使整个种植环节做到全程监控，以保证产品达到营养、健康、安全的优质生态产品。

“御今尚品”有机香菇是一种高营养低脂肪的具有保健功效的食品，不仅营养价值很高，而且具有很高的药用价值，其味道鲜美、营养丰富。

(六)“福丰满”牌野生杏仁粉

“福丰满”牌野生杏仁粉来自河北承德丰宁水星乳品有限责任公司。

它的原料——山杏仁，取自地上无污染，天空无雾霾的燕山深处天然野生山杏林。公司通过古方传承与现代科技相融合，打造出了具有六大优势的“承德特色好食品”。

纯野生，源天然。北方山杏生于低纬度、高海拔的燕山深处，那里没有工业污染，没有人为干预，依然保持着原始的纯净的本色。

自山杏采收、脱壳、脱苦、加工、仓储等所有生产环节，都按照“有机”标准严格操作。公司的工艺先进，技术一流，既使山杏仁的营养成分、特有风味不被破坏，又筛除了山杏仁的有害物质，使山杏仁蜕变升华为保健、养生、美颜融为一体的“特色固体饮料”。

根据《本草纲目》记载，山杏仁有镇咳、化痰、理肺、润肺、怯风寒的功能。因此，公司的产品非常适合受空气污染的群体、吸烟群体、肺功能衰弱等群体的食疗调理。

现代医学认为，山杏仁含丰富纤维质，可促进肠蠕动、健胃整肠，帮助消化、预防便秘。

山杏仁含有丰富的维生素E，具有抗氧化、延缓衰老的作用，长期食用可健美皮肤，淡化色斑，使皮肤白嫩光滑。

“福丰满”品牌，实现了个性化、方便化、人性化的温情关怀。

目前，公司生产的有机杏仁粉、有机杏仁蛋白粉、杏仁奶粉等3个系列21个单品当中，又分为含糖型、无糖型。即有机野生杏仁粉、有机野生杏仁粉(无糖型)、有机野生杏仁蛋白粉(高蛋白型)、有机野生杏仁粉(纯品型)、有机速溶野生杏仁奶粉、有机速溶野生杏仁奶粉(无糖型)。

每个系列的包装、含量、规格、食用方法等，都按照不同消费层次，采取了袋装、杯装、筒装、罐装、精装等多种形式，以此展示出每个产品都能承载起“福丰满”的殷殷期待，每个产品都能诠释出“福丰满”浓缩了天地精华，饱含了古今智慧，盛满了人间挚爱的博大内涵。

“福丰满”的真情，会给您送去一缕温暖；

“福丰满”的关怀，会给您增加一份健康；

“福丰满”的品质，会给您带来一片新生活！

“福丰满”，新品牌，硬实力。它将以其物美、质优、实惠、温馨的竞争力，冲出家门，阔步全国，走向世界。

八、创建故事

缘天然集团董事长孙玺珉：有机奶业托起扶贫事业

做奶业就是做良心，凭良心一定能做好，离开了良心这条路，你怎么做也不行。我们要做有机食品专家，引领我国有机乳品行业健康发展。

北纬41°，世界公认的优质奶源区，这里孕育了一颗冉冉升腾的奶业明星——缘天然集团。缘天然，厚积薄发，连业内人士也感觉缘天然是一个悄悄长大的乳业巨人。

日前，记者在丰宁采访脱贫攻坚，有幸结识了缘天然集团董事长孙玺珉。他憨厚中透着一丝精明，睿智中透着一份淳朴，给记者留下了深刻的印象。

孙玺珉，一个传奇式人物。他走出大山打拼创业，又重回山村带领乡亲向贫困宣战；他创立有机奶品牌，建立全产业链有机乳品企业，让消费者喝上放心奶；农民、企业家、党支部书记，这些标签记录了他成长的足迹……

“我本身就是一个农民，我知道农民的苦。我们有责任、有决心让一贫如洗的山区农民走上脱贫致富路。”孙玺珉的话语铿锵有力。

使命召唤　毅然返乡二次创业

丰宁满族自治县是国家重点贫困县，五道营乡十七道沟村人世代在贫困线上挣扎。孙玺珉，就是从这个偏僻的小山村走出来的。改革开放之后，孙玺珉从家乡的穷山沟来到北京，抓住机遇，敢闯敢干，经过8年艰苦创业，在北京、山东、沈阳等地成立了4家公司，总资产过亿元。曾任北京光明圣洁木制品有限公司董事长，并任北京市工商联执委、北京光彩事业促进会常务理事。家乡依然贫穷和落后的状况，让孙玺珉总在琢磨应该回乡投资创业，也算是没辜负那一方山水的养育。

当初，接到丰宁满族自治县投资邀请后，他曾有过犹豫，但家乡人贫困的生活场景、对农民脱贫致富的一份责任，以及对生态农业发展前景的一份期待，使孙玺珉在家人的反对声中坚定了回乡创业的信心。

创业该选择什么项目？投资农牧业风险高、周期长、管理难度大。孙玺珉的亲朋挚友也都劝他不要搞农牧业。但农民出身的孙玺珉深深懂得，没有农牧企业的龙头带动，没有现代农业的推广，农民就不可能脱贫致富，农村就不可能建成美丽乡村。

当初，从十七道沟村走出去，如今又回到十七道沟村，这可不是简单的“轮回”。在从北京返回家乡创业之初，孙玺珉投资1 000万元在五道营乡创办了“京北绿洲乳业有限公司”，并开创了“公司＋农户＋科技协会＋订单＋合作社”经营模式。

2006年，孙玺珉组建中兴农牧股份有限公司，开始着手自己种草，自己养奶牛，发展自己的牧场，虽说规模不大，但几百头奶牛经过细心培育产出了质量和口感上乘的牛奶，得到了市场的认可。2008年3月，孙玺珉组建丰宁缘天然乳业有限公司，当年年底企业拿到了生产许可证，开始介入乳品加工业。

2012年春节刚刚过去，乍暖还寒，十七道沟村开始了每3年1次的换届选举。这一次选举，回乡创业的孙玺珉进入了村民的视野。那一天，孙玺珉全票当选为十七道沟村党支部书记。

自担任十七道沟村党支部书记以来，孙玺珉顺利实施了村民迁居工程，新盖的14栋楼房于2014年7月竣工交付使用，460余户分散在12个自然村的村民整体搬迁入住居民楼，有效改善了村民的居住条件。村民还是那些村民，土地还是那些土地，在孙玺珉的领导下，十七道沟村从一个贫穷落后的山村一跃成为丰宁令人瞩目的新农村典范。

安全放心　奶业全产业链发展

“以往传统的‘奶业公司＋农户”的模式，难以管理，导致了各种违规添加剂的出现，所以我们要自己种草，自己养牛，自己做乳品生产，建立完整的奶业全产业链条，才能提供给消费者最安全、最放心的牛奶产品。”对于生产有机奶，对于发展生态农业，孙玺珉有足够的把握和底气。

“我们自2006年起，就已经开始自己种草，自己养牛。直到2008年，才开始生产经营牛奶产品，这样做的目的就是为了让消费者知道什么是真正的好牛奶。”孙玺珉说。

依托中国农业大学的技术支持，发挥丰宁得天独厚的生态优势，缘天然成为河北省首家“有机奶源”认证企业。

丰宁坝上草原地处北纬41.2°的国家级生态示范区，是全球公认的最适合奶牛生长的黄金奶源带。缘天然自然天成的有机草场——生态苜蓿草场和青贮草场，缘天然有机牧场均坐落于此。得天独厚的自然环境和地域优势，成了缘天然牧场发展有机牛奶的基石，为来自澳洲和南美洲的良种奶牛提供了绝佳的生长环境。

草场、牧场、工厂均为缘天然乳业自有产业，严格保证了产奶、制奶环节中的每一道工序所有标准和操作规范全部按照有机体系运行，从而保证了缘天然有机奶100%的纯粹以及零添加。

“好喝的牛奶是通过实践来证明的。”孙玺珉介绍说，引进以色列“TMR全日粮科学饲养管理技术”，在饲养过程中不使用抗生素和化学药品，充分保证奶源安全。缘天然的生产车间是国内为数极少的设有标准化工序的车间，原奶经过消毒处理后，不用添加任何成分，就能达到和超过国家标准，直接灌装成品。

“在缘天然有机牛奶的包装上，消费者都可以看到醒目的提示语：本品不添加任何添加剂。”孙玺珉拿起一盒缘天然有机奶说：“细心的消费者可能会注意到，很多商超里出售的牛奶标明的是‘不含防腐剂’字样 。其实添加剂除了大家所熟知的三聚氰胺以外，还有很多种，如稳定剂等，这样的牛奶长期饮用都是对人体有害的。消费者仅凭口感很难分辨。”缘天然有机牛奶成了全国所有乳制品中少有敢做此承诺的产品。

这样的承诺缘于缘天然始终坚持的企业经营理念——完整产业链，牛奶才安全。健康、优质的奶源100%来自自有的生态有机牧场，真正做到“不收外面一滴奶”。孙玺珉告诉记者：“奶源的优质和统一使得任何添加剂变得毫无意义。”

缘天然有机奶良好的信誉和品质赢得了合作单位和客户的认可。自2012年开始，公司陆续与中国人民解放军总后勤部、中国航天科技集团、中国石油等各部委和企业建立了良好的合作关系。缘天然的步伐稳健、坚定、执着，已发展成为集饲草种植、奶牛养殖、乳品加工、良种繁育、高效有机肥开发等为一体的拥有完整产业链条的国家级农业产业化重点龙头企业。

目前，缘天然集团拥有5个子公司，总资产10.4亿元。现有天然饲草基地20万亩，人工种植有机饲料基地3万亩，现代化奶牛牧场4座，设计总存栏1万头，高端有机奶加工生产线8条，日处理有机奶能力500吨，高标准综合化验室1个。

近来，最让孙玺珉高兴的是“缘天然”商标被国家工商总局认定为中国驰名商标，这是缘天然实力集中爆发的一个例证。

缘天然几乎不做广告，企业规模也不算太大，但缘天然的品牌知名度近年来在京津冀地区持续发酵。经过了市场的检验、认可，如今缘天然已经成为高端奶的代名词，备受京津冀高端消费人群的青睐。

孙玺珉认为，生态、绿色、有机，这是中国奶业未来发展的必由之路。

责任担当　产业扶贫在路上

作为缘天然的掌舵者，孙玺珉深知，他的身后不仅仅是一家企业，还有成千上万户农民的殷殷希冀。

为更好地参与到脱贫攻坚中来，缘天然集团组建了产业扶贫办公室。带动农民脱贫致富，也成了缘天然的职责。

丰宁满族自治县窟窿山乡，是全县最穷的乡之一，全乡7个村，都是贫困村。早先，村民们靠种荞麦生活，可荞麦产量低，一亩地收80多千克，卖200多元，有的时候，连种子钱都收不回来。

如今，缘天然将这些贫困村的1 100亩土地流转过来，改为有机牧场，种植苜蓿和青贮玉米。对村民来说，每亩地每年有500～600元的租金，不外出务工的农民还可以在牧场工作，每个月有2 800～3 500元的收入，基本上可以实现一人挣钱，全家脱贫。

这种扶贫模式就是缘天然集团探索出的“政府＋银行＋企业＋贫困户”的运作模式。贫困户以扶贫小额贷款5万元入股奶牛扶贫牧场，入股资金由公司统一管理使用，企业还本付息，每年按照不低于入股本金5%分红，连续分红3年，贫困户不承担任何风险，每年分红2 500元。

另一种扶贫模式是股份合作制扶贫模式。每个奶牛扶贫牧场吸纳不少于1 000户贫困户入股，公司按照入股扶贫资金5 000元20%比例付给贫困户固定分红，连续分红5年，贫困户每年可增收1 000元，5年到期后入股本金退还给贫困户。

孙玺珉介绍说，一个奶牛扶贫牧场，可带动建档立卡贫困户1 000户。目前，缘天然集团共有4个这样的牧场，共带动建档立卡贫困户4 000户，贫困户实现了稳定增收。

当问到如何理解一家龙头企业的发展壮大与产业扶贫事业的关系的？孙玺珉表示，唯有龙头企业发展壮大了，带动农民脱贫致富的能力才会更强，才能让更多的贫困户实现稳定脱贫、持久增收。2016年，缘天然集团投资1.3亿元新建的乳品生产车间已经投入生产，每年可生产低温奶9万吨、常温奶6万吨，年产值可达10亿元，利税1.7亿元。加工品种涵盖超高温灭菌奶、酸奶、巴氏奶、奶酪、冰激凌等100余种产品，实现丰宁所产鲜奶全部县内加工转化。

谈到未来发展，孙玺珉并不想搞特大企业集团，还是想踏踏实实地保证产业链上每个环节的质量安全，主要服务范围是京津冀地区。

孙玺珉透露，2017年公司计划新建4个奶牛扶贫牧场，新进奶牛1万头，牧场部分基础设施已经建设完成，总投资3亿元。新建的4个扶贫牧场投入经营后，公司奶牛养殖规模将达到1.5万头，日产鲜奶250吨，将通过进场务工、土地流转、股份制经营等扶贫模式继续带动1万户贫困户2.5万贫困人口实现增收脱贫。

“一个追求卓越、用社会责任称量财富的企业家”，对这样的赞誉，孙玺珉当之无愧。

让生态更美　让农民更富

——丰宁发展有机农业助农增收纪实

2018年8月3日，中国绿色食品发展中心将一块写有“全国有机农业（小米）示范基地”的牌子授予了丰宁满族自治县。

丰宁水质好，土壤和空气环境质量优，适宜发展有机农业。2015年初，丰宁结合张承地区水源涵养功能区的定位，把发展有机农业作为着力点，下大力真抓实干，启动了国家有机产品认证示范县和全国有机农业示范基地创建工作。

3年间，共投入各类资金9亿多元，建成种植、养殖、加工等各类有机园区35个，有机种植面积达到8.6万亩，养殖业有机认证数量超过6 000头，形成了以奶业、蔬菜、黄旗小米和特色林果4类有机产品为主，以食用菌、杂粮、中药材和其他产品为辅的完整的有机农业产业链条。

发展有机农业，让生态效益显著提升

每天5时左右，苗玉旺便出门查看谷子的长势。站在山坡上，看着脚下成片的谷子地，苗玉旺难掩喜悦之情：“今年的谷子长得不赖，肯定又是个丰收年。”

苗玉旺是丰宁皇旗黄种植有限公司董事长，他们种植的谷子可不是一般谷子。“我们的小米，每千克均价在40元以上，精品小米能卖到120元。”苗玉旺自豪地说。

是什么让黄旗小米身价倍增？“它们沾了有机的光。”丰宁农牧局相关负责人道出了其中的秘密。黄旗小米种植实现了全产业链纯生态种植，自选品种，施用农家肥，苗期全人工锄地、拔草，利用红外电子栅栏等进行害虫隔离灭虫，保证了全种植过程中无污染、无化肥、无农药添加。

丰宁气候凉爽，病虫危害轻，牛粪等有机肥充足。多年来，全县上下已树立了生态是第一资源、第一品牌的意识。通过实施水源保护和涵养、水土流失治理、禁垦禁牧、节能减排等一系列措施，丰宁有机产品种植养殖的优势越发突出。另外，丰宁还制定了专门的管理办法，建立了投入品公告、投入品市场准入等制度，建立了农业投入品专供点，加强对种植养殖基地环境、生产过程、产品质量的监督检查。

丰宁将有机农业示范基地建设与畜禽污染资源化利用推进相结合，注重种植基地和养殖基地协调发展，解决了清洁、能源、肥料等一系列问题。据推算，发展有机农业，丰宁年可减少使用化肥1.5万吨，减少使用农药100吨。

发展有机农业，让更多农民摆脱贫困

一走进丰宁昌达农业有限公司，笔者便被一番忙碌景象吸引，企业内往来车辆不断，工人们将地里的蔬菜筛选后装车，几个小时后，带着露珠的新鲜菜品便会进入京津市场。该公司负责人彭德强介绍，通过认证的有机蔬菜达到5 300亩，因为品质好，一点儿不愁销路。

近年来，丰宁昌达农业有限公司精心打造有机绿色蔬菜种植基地，成为一家集生产、加工、销售于一体的蔬菜产业化龙头企业。在这些龙头企业的带动下，丰宁让一批贫困户实现了脱贫，仅 2017 年，农业产业化龙头企业就辐射带动贫困户 2 600 多户。

以产业扶贫全覆盖为总抓手，以创建国家有机产品认证示范县为支撑，以龙头企业带动为引擎，培育有机农业健康发展，为贫困农民脱贫增收注入了强大动力。通过土地流转、务工、入股、合作等多种形式，丰宁广大贫困农民参与到有机蔬菜种植上来，实现了紧密的利益联结。据介绍，截至 2017 年底，各类农业产业对贫困农民覆盖率已经达到了 83%，带动贫困户户均增收 3 000 元以上。

九、结束语

在创建“国家有机产品认证示范县”的实践中，丰宁县深切感受到了“有机”的优势和“有机认证”的力量，亲身体验了有机农业对产业发展和精准脱贫巨大的带动作用。这些成绩的取得，离不开国家认监委和各级领导的大力支持，认监委及各级领导先后多次来丰宁满族自治县调研指导，把丰宁满族自治县确定为全国有机扶贫试点县，在湘西、蓝山、延庆等多次会议中，都邀请丰宁满族自治县参加交流并进行了发言，拓展了视野，交流了经验。丰宁有机产业的发展还有很长的路要走，还有很多的难题需要破解。但是，我们有信心、有决心，更有恒心，我们将一如既往地与各界朋友密切沟通、接受指导、精诚合作、携手前行。相信丰宁的有机产业一定会越做越大，产品品质一定会越做越好，经济效益一定会越做越高，扶贫作用一定会越做越强，勤劳、善良的丰宁人民一定能够把丰宁建设成全国知名的有机产品认证示范县。

党的十九大报告首次提出建设富强民主文明和谐美丽的社会主义现代化强国的目标。绿色发展是建设“美丽中国”的必由之路。丰宁将时刻牢记习近平总书记关于“绿水青山就是金山银山”的重要理念，贯彻落实好党的十九大精神，开拓创新，大胆探索，为进一步加强生态文明建设，谱写美丽中国河北篇章，扛起丰宁担当。

河南省

魅力灵宝山水　有机苹果飘香

——灵宝市国家有机产品认证示范区创建纪实

一、灵宝市概况

在黄河中上游，河南省最西部，豫、陕、晋三省交界的地方，有一块被赞誉为“人杰地灵、物华天宝”的土地。5 000 多年前的轩辕黄帝，在这里采铜铸鼎、治国兴邦；3 000 多年前的周王朝，在这里建起了雄关要塞——函谷关；两千多年前的古代圣贤老子，在这里著写了千古名著——《道德经》。这就是灵宝。

灵宝地处黄河中游，历史悠久，文化灿烂，属中华文明发祥地之一，位居豫秦晋三省交界的枢纽地带。境内的函谷关形成一道天然屏障，是古代通洛阳、达长安、连京都、接帝畿的要冲，为历代兵家必争之地。灵宝地处黄河流域的中原文化摇篮地带，是华夏文明的重要发祥地，早在约 170 万年前的旧石器时代，先民们就在灵宝点燃了人类文明的圣火，繁衍生息在这块古老的土地上。这里历史文化积淀深厚，黄帝文化、老子文化独具特色。境内的荆山黄帝铸鼎原，是 5 000 多年前中华民族始祖轩辕黄帝定居、铸鼎祭天、奠定邦国、驭龙升天之所和海内外华人寻根祭祖圣地；2006 年度十大考古新发现的中国最大史前文化遗址聚落群——灵宝西坡遗址，被列入中华文明探源工程六大遗址首选。灵宝商为桃林，周名桃林塞，公元前 114 年（汉元鼎三年）设弘农县，至今有 2 100 多年历史。公元 741 年（唐开元二十九年），唐玄宗因在函谷关掘得“灵符”，遂易年号为“天宝”，赐桃林县为灵宝县，寓“人杰地灵，物华天宝”之意。紫气东来、白马非马、鸡鸣函关、假虞灭虢、唇亡齿寒等历史故事与传说也发源于此。

灵宝于 1993 年 5 月撤县设市，目前辖 15 个乡镇和 2 个管委会，441 个行政村，总面积约 3 011 平方公里，现有耕地面积 6 万多公顷。灵宝地处豫西丘陵山区，南依秦岭，北濒黄河，生态环境优美，土质肥厚，地貌类型多样，是我国中西部交汇处一座保存完好的天然动植物资源宝库。海拔 2 413.8 米的河南省最高峰“老鸦岔”，海拔高度 800～1 200 米的亚洲第一高山果园“寺河山苹果基地”，均位于灵宝境内。优美独特的生态环境、大山大河迥异的地理条件，为特色农产品的发展提供了优越的自然条件。这里地上苹果飘香，誉满神州；地下藏金埋银，物产丰富；有果品、矿藏、林业、牧业、旅游 5 大资源优势，是闻名全国的“苹果之乡”“黄金之城”

“道家之源”，被授予中国优秀旅游城市、中国金城等称号。“文武两雄奇”函谷关，黄帝采铜铸鼎、驭龙升天之地铸鼎原，国家100处重大遗址之一的北阳平遗址群，中华文明探源工程首批6大遗址之一的西坡遗址，东汉廉吏的“四知”太守杨震祠，记录灵宝人民“艰苦奋斗”精神的窄口水库等人文景观，见证着灵宝历史的沧桑，蕴含了灵宝独具特色而又富有魅力的人文旅游资源。

二、灵宝有机产业和有机认证情况

近年来，灵宝市委、市政府高度重视有机产业发展，以创建国家有机产品认证示范区为契机，通过四个着力，即着力扩大有机认证面积，着力提升有机产品质量，着力培育有机产品品牌，着力打造有机农业竞争力，将其作为促进农村经济结构调整、推动农业转型升级、提升全市农业产业规模、提高农业整体效益的有效途径。通过5年来的创建工作，深深地体会到了有机认证对推动农业产业转型升级的重要意义，也感受到了示范区创建对提升灵宝市特色农产品的品牌效应、品牌价值的巨大作用，全市上下重视有机生产、狠抓有机创建、打造绿水青山的有机产业发展示范效应得到了进一步的凸显。

在灵宝市委、市政府大力发展特色有机农业的政策引领下，以苹果、大枣、核桃、杜仲、蔬菜、烟叶、食用菌等为主的几大特色产业已经形成优势产业。苹果种植总面积达到6万公顷，年产量14亿千克，其中已建成面积367公顷的4个国家级标准果园，是国家确定的“无公害苹果生产基地”“优质果品生产外销基地”，“灵宝苹果”品牌价值48.32亿元；大枣的总面积达到9 000公顷；核桃的总面积达到1.7万公顷；中药材的总面积达到6 667公顷；烟叶的总面积达到4 333公顷；食用菌生产基地10个，总规模达到6 162万袋；蔬菜的总面积达到7 867公顷，全市年生产果蔬系列产品40万吨，被评为中国果菜加工十强县市。

自2006年荣获省农业标准化示范市以来，灵宝市先后申报获批了灵宝苹果、大枣、杜仲3个国家地理标志保护产品，创建了灵宝苹果、大枣、杜仲、精品苹果等4个国家级农业标准化示范区。

目前，全市农业龙头企业稳定在65家以上，农民专业合作社达到971家，有德汇杜仲、远山农业、高山果品等5个有机认证企业，引导培育7个企业合作社申请有机认证，新增7个认证品种。全市农业特色产业发展格局已经形成，有机农业得到了充分发展。仅这5家有机产品龙头企业，拥有有机生产基地面积1 635公顷，有机产品年产量为5 000吨，相关产值达到8 000万元，受惠农户600余户，2 000余人直接受益，户均增收15 000余元。

三、保障措施

（一）强化政府主导，突显政府主体责任

通过健全组织保障体系，不断提高对示范区建设创建工作的认识。一是建立一把手推进机制。2013年6月，灵宝市就成立了由工商质监局、农业畜牧局、园艺局、林业局、菌办、环保局等16个部门和13个乡镇组成的创建有机产品认证示范区工作领导小组，建立联席会议制度，构建分级负责、分工协调、高效统一、合力推进的工作机制。各乡镇成立创建办公室，明确专人、负责抓好有机产品示范区的创建。在创建过程中，灵宝市根据工作需要和人员变动情况，进一步强化了由市长为组长、主管副市长为副组长、相关成员单位负责人为成员的创建工作领导小组，完善联席会议制度，每季度召开一次会议，研究解决工作中遇到的困难和问题。

二是根据中共中央办公厅、国务院办公厅《关于创新体制机制推进农业绿色发展的意见》和国家认监委关于“国家有机产品认证示范区”创建活动的工作要求，结合实际，制定出台了《灵宝市有机产业发展意见》《灵宝市有机产业发展目标及考核办法》，并将有机产业发展工作纳入政府 2018 年度目标考核内容，实行每季一督查，半年一通报，每年召开总结表彰大会，确保有机产业发展的各项目标任务圆满完成。三是对市委、市政府自示范区创建以来在发展有机产业方面的政策文件进行详细梳理归纳，形成系统性、完整性相统一的政策文件体系。四是邀请农业及有机认证方面的专家组成专业团队，编制《灵宝市有机产业发展规划(2018—2025)》，确保达到国家“十三五”规划、中共中央办公厅、国务院《关于创新体制机制推进农业绿色发展的意见》等国家政策方针各项要求，为全市有机产业快速有序发展提供规范合理的科学依据。

(二)加强联动监管，发挥部门联动优势

在示范区创建工作中，一是切实落实好联席会议制度。主管副市长不定期召集市工商质监局、农业畜牧局、林业局、园艺局、菌办、环保局等主要成员单位召开联席会议，对《灵宝市创建国家有机产品认证示范区实施方案(灵政〔2013〕86 号)》中规定的各部门创建工作职责进行明确、部署，对部门联动监管、联合执法检查从组织形式、检查分工进行要求、强调，进一步提高了各成员单位对此项工作的认识，增强工作积极性，发挥好多部门联动机制作用。二是健全执法监督、投诉和处置机制。印发《关于对全市有机认证企业监督检查的通知》，每年年初，由市有机创建办制定年度联合执法工作方案，对有机认证企业进行部门联动监管、定期联合执法检查，将成员单位联动工作情况纳入《灵宝市有机产业发展目标及考核办法》年度考核内容。工商质监、农业、林业、公安等部门联合执法，及时查处伪造、冒用、超范围使用认证标志和违规生产等违法行为，切实维护有机产品市场秩序。三是每年市有机创建办组织相关成员单位对全市有机生产企业进行有机生产投入品使用、有机生产记录、认证证书标志使用、获证企业是否持续符合有机认证等情况进行 2 次以上的由联合执法检查，检查结果将作为有机生产企业年度诚信评价的主要依据。

(三)采取激励措施，扩大有机产业规模

灵宝市在确保现有有机认证企业持续发展的基础上，采取更有效的激励措施，扶持和引导更多的企业进行有机认证，达到有机种植、养殖、加工平衡发展，进一步扩大有机产业规模，提高有机农业的占比。一是加大 2018 年度奖补资金的兑现力度。在去年划拨到有机创建办年度奖补资金 40 万元的基础上，将此项资金纳入财政年度预算，由有机创建办按照《灵宝市有机认证企业奖励扶持及诚信评价办法》的规定进行兑现奖励。二是年末与市政府督查科联合对乡镇的有机产业发展情况进行督查考核，督促乡镇加强有机产业宣传引导，保证完成有机产业发展年度目标。三是依托市农业龙头企业发展平台，围绕有机养殖、有机加工，积极引导培育发展一批有机认证企业，进一步扩大灵宝苹果、食用菌、核桃、葡萄、石榴等优势特色有机产业规模，促进形成有机生产循环经济链条。

四、实施成效

近年来的示范区创建工作，已经在全市产生了发展有机农业的示范带动效应。

一是特色产业优势突出。全市目前已经形成以苹果、食用菌为主，大枣、核桃、烟叶、杜仲等特色产业，集种植、加工、销售一条龙，产业规模不断壮大的特色农业产业体系，有机产业发展基础强劲。

二是农业标准化基础扎实。目前，灵宝市已创建国家级农业标准化示范区 4 个，省级农业标准化示范区 9 个，5 个地市级农业标准化示范区；全市农业标准化覆盖率已达 85%，农产品合格率达 95%以上，先后有 13 个乡镇被三门峡市政府命名为农业标准化示范乡镇，农业标准体系建设不断完善，制定的 6 大类 200 多个农业标准文本，基本涵盖了农产品生产的产前、产中、产后全过程。

三是生态环境不断改善。通过“国家有机产品认证示范区”的创建工作，在全市推广精耕细作、用养结合、间作轮作、农牧结合等有机农业生产模式，严格规范农业投入品管理，加大土壤、水质改良力度，实施有机肥替代化肥项目，促进了灵宝市农业生产废弃物生态消纳和循环利用。有机肥替代化肥项目争取农业部专项资金 1 000 万，建设有机肥替代化肥示范区 1 333.3 公顷（2 万亩），使化肥施用减量，减少农业面源污染物，改善和治理地表水、地下水污染和土壤结构，项目区内环境得到明显改善，同时增加有机农作物产量，提高有机农产品品质，对促进生态农业的发展，起到很好的带头示范作用。

四是产业链条日趋完善。灵宝的有机农业产业链已经基本成型，带动了全市相关产业的发展，实现了农业增效、农民增收。如围绕苹果产业，突出农产品资源充分利用，产业链得到拉长，提高了附加值。目前规模以上果品加工企业 6 家，年可加工果品 40 万吨，消化果蔬能力为 180 万吨。利用每年修剪的大量苹果树枝、杜仲树枝和人工林枝条等，全市发展了食用菌产业，目前已形成焦村镇杨家村等 12 个食用菌专业村，年生产规模达到 1.2 亿袋。食用菌生产规模的壮大，引发外地客商纷纷投资食用菌加工项目，逐步形成了香菇加工产业集群，产品出口马来西亚、越南等国家。利用废弃菌棒新建年产 10 万吨有机肥项目，实现了生态菌业循环利用，全市果品生产—香菇种植—菌棒有机肥—有机种植的有机生产循环经济链条逐渐形成，达到了土壤改良和环境保护的目标。

五是品牌效应得到加强。灵宝市积极鼓励有机生产企业加大有机品牌商标的宣传广告投入，落实三门峡市政府出台的省“著名商标”5 万元的奖励政策。市工商质监部门也加大对灵宝有机生产企业品牌培育推荐力度，让灵宝有机生产企业获得更多的政府荣誉和市场认可。每年 10 月底，灵宝市委、市政府均举办灵宝苹果产业发展大会，广泛邀请全国各地的分销渠道商、电商、零售端、餐饮机构、500 强企业等到会参观，从多方面多维度推广，增加灵宝有机产品知名度和曝光率，着力打造诚信有机产品品牌，进一步扩大灵宝苹果品牌影响力和知名度。

2017 年 12 月 23 日在人民大会堂，由国家质检总局指导，中国质检报刊社主办的 2017“质量之光”年度质量盛典上，灵宝苹果荣获“年度魅力品牌”称号。2018 年 4 月 5 日，灵宝市成功举办了“中国河南灵宝首届苹果花节”；9 月 23 日，首届“中国农民丰收节 · 灵宝苹果采摘季”在亚洲第一高山果园——灵宝寺河山隆重举行；11 月 16 日，灵宝市人民政府与中国出入境检验检疫协会、北京长城国际展览有限责任公司联合在北京展览馆举办“中国 · 河南 · 灵宝金苹果品牌之谜——灵宝金苹果高端品鉴会”，展示了灵宝苹果中的代表性果品——金苹果。这是灵宝市专门为灵宝苹果高端品牌注册的“灵宝金苹果”商标，制定了品牌运营管理办法，从基地确定、产品标准、生产管理、科学储藏、品牌运营、营销包装等 6 个方面谋划，经过生产 99 道工序，全力打造“灵宝金苹果”品牌。

在2015年，在上海合作组织成员国政府首脑（总理）理事会第十四次会议上，灵宝苹果上了特供餐桌；2017年，灵宝苹果还荣获中国生态原产地知名品牌、全国十佳苹果地标品牌、中国十大名优苹果、2017中国果品区域公用品牌价值英雄、中国果品区域公用品牌十强等称号；2018年，灵宝苹果又被国家确定为首批名特优新产品和农产品地理标志登记产品。

得天独厚的自然条件和悠久的栽培历史，孕育了独特的苹果品质，灵宝市先后被国家确定为出口苹果及果汁质量安全示范区、优质苹果生产基地和外销基地、园艺产品出口示范区和优势苹果产业带，荣获全国现代苹果产业十强县（市）、中国优质果品基地十强县（市）等称号。2017年，灵宝市灵宝苹果被农业部确定为第一批中国特色农产品优势区和果品有机肥替代化肥示范县。目前，全市水果总面积7万余公顷，总产量16亿千克，其中苹果6万公顷，产量14亿千克，品牌价值达183.40亿元，品牌强度系数859，居全国县级第一位。

六是促进旅游业协调发展。围绕旅游“吃、住、行、游、购、娱”，灵宝市改造现有果园，发展有机生产，促进各种水果采摘园、观光园、生态园、体验园、创意园建设，举办形式多样的品尝采摘、农耕体验、果树认养、成果展示、休闲观光、餐饮住宿、摄影大赛、文化艺术等活动，推进有机果品产业与旅游业有机结合，打造有机苹果田园综合体。果品产业链条年吸纳农村劳动力30万人，安排就业转移4万人，带动果农年增收3亿元。果品产业已经成为灵宝市农业发展最具特色、农村经济最有潜力、农民增收最稳定的第一大支柱产业。

通过创建“国家有机产品认证示范区”工作，灵宝有机产业得到了政府的高度重视，引起了有机农业生产经营者的浓厚参与意识，全市有机产业得到了快速发展，已经形成了政府与相关部门引导、企业与农户参与、社会公众关心的良好氛围，走出了一条科技与生态自然融合的发展道路，初步达到了共建生态文明的目标。有机产品认证示范区创建工作不仅提升了灵宝有机农产品的品牌效应、提高了产品附加值，也进一步促进了农业增效、农民增收，创造了良好的社会经济效益。

五、特色产品

（一）灵宝苹果

灵宝市地处全国两大苹果最佳适生区之一的黄土高原东缘，享有“亚洲第一高山果园”“苹果之乡”的美誉，全市水果总面积115万亩，总产量16亿千克，总产值48亿元，其中：苹果90万亩，产量14亿千克，产值42亿元。灵宝市先后被国家确定为出口苹果及果汁质量安全示范区、优质苹果生产基地和外销基地、无公害苹果生产示范基地、园艺产品出口示范区和优势苹果产业带，荣获中国优质果品基地十强县（市）、中国果菜加工十强县（市）、中国苹果二十强县（市）等称号。灵宝苹果色泽鲜艳、香味浓郁、酸甜适口、品质优良，在全国历届水果鉴评会上屡获金奖，先后荣获“中国生态原产地知名品牌”“中国十大名优苹果”“中华名果”“中国名牌农产品”“第八届中国国际农产品交易会金奖产品”“中国果品区域公用品牌50强”等称号，品牌价值183.4亿元，连续稳居全国县级苹果品牌价值第一位。

1.历史悠久，辐射发展

灵宝苹果由“灵宝苹果之父”李工生于1921年从烟台、青岛等地引进栽植，经过近百年发展，至2018年已达90万亩，其中东南部山区苹果面积25万亩，川塬区、黄河滩区65万亩。灵宝苹果早熟品种1万亩、中熟品种16万亩、晚熟品种73万亩，主要品种以优系富士为主。通过灵宝自身的苹果产业发展，也带动了豫、亲、晋等周边地区的苹果产业蓬勃发展，是我国西北黄土高原优质苹果的发源地。

2003年，灵宝苹果获得国家地理标志保护产品荣誉；2012年，“灵宝苹果”地理标志证明商标通过国家审批正式启用。灵宝市按照“核心品牌突出、母子品牌联动”的发展思路，以建设“灵宝苹果”品牌为引领，整合品牌资源，统一品牌形象，搭建灵宝苹果质量安全追溯信息平台，对品牌苹果销售实行“身份验证码”追溯制，实现了“生产有记录、信息可查询、流向可追踪、责任可追溯”，成为全国第一个可以直接追溯至农户的苹果质量安全追溯体系。

2. 文化厚重，特色突出

灵宝苹果文化厚重悠长、地方文化特色突出。早在1985年，时任中共中央总书记的胡耀邦来灵宝视察，为灵宝题写了“发展苹果和大枣，家家富裕生活好”的题词，掀起了灵宝大发展苹果的高潮；1996年11月，全国人大常委会副委员长费孝通来灵品尝苹果后，对独特优良的苹果品质给予了高度评价，题词赞誉“灵宝苹果甲天下”；2010年10月19日，国务院副总理回良玉在第八届中国国际农交会上与寺河乡窝头村果农王成义视频对话，进一步激发了全市农民发展苹果的积极性和主动性；2011年，灵宝园艺部门组织专业人员先后编撰了《灵宝苹果志》，成为全国第一部以苹果志形式编写的专业志书；谱写了《灵宝苹果甲天下》赞歌，成为全国第一首赞美苹果的歌曲；2013年9月，灵宝市建成了河南省第一个苹果博览馆，通过壁纸、版面、实物、雕塑、动漫、影音、书画、剪纸等多种形式，并制作品牌形象卡通人物“小灵”和“小宝”，全方位展示灵宝苹果品牌文化。2018年4月5日，灵宝市成功举办了“中国河南灵宝首届苹果花节”；9月23日，首届“中国农民丰收节·灵宝苹果采摘季”在亚洲第一高山果园——灵宝寺河山隆重举行。

3. 质量上乘，品牌响亮

灵宝市专门为灵宝苹果高端品牌注册了“灵宝金苹果”商标，制定了品牌运营管理办法，从基地确定、产品标准、生产管理、科学储藏、品牌运营、营销包装等6个方面谋划，经过生产99道工序，全力打造“灵宝金苹果”品牌。2018年11月16日，灵宝市人民政府与中国出入境检验检疫协会、北京长城国际展览有限责任公司联合在北京展览馆举办“中国·河南·灵宝金苹果品牌之谜——灵宝金苹果高端品鉴会”，对灵宝苹果中的代表性果品——金苹果进行了专门展示，酸甜可口的灵宝金苹果，得到了与会嘉宾现场高度称赞。

灵宝市独特的自然优势和勤劳的果农孕育了独具特色的灵宝苹果品质，香味浓郁、脆香可口、酸甜适中、天然富硒、绿色有机。灵宝苹果核心区位于海拔800米以上东南部山区，土层厚、海拔高、温差大、日照长，七项指标非常适合苹果生长。果园土壤有机质含量平均15.62克/千克，明显高于西北黄土高原其他苹果产区有机质含量。先后荣获2017质量之光年度魅力品牌、中国生态原产地知名品牌、全国十佳苹果地标品牌、中国十大名优苹果、2017中国果品区域公用品牌价值英雄、中国果品区域公用品牌十强等称号，2018年，灵宝苹果被国家确定为首批名特优新产品和农产品地理标志登记产品。

（二）灵宝大枣

惊涛拍岸的黄河穿过晋陕大峡谷后，变成一个娴静的少女，带着对往事的留恋，在黄河拐弯处形成一个凸型小半岛。她不但滋养了75万灵宝人民，而且还给他们带来上天的馈赠-灵宝大枣。灵宝大枣以其色艳果大，肉厚核小，味鲜香甜，富有弹性著称。

灵宝市由灵宝、阌乡两县合并而成，灵宝大枣便是因产于灵宝老县城(今灵宝市大王镇老城村、后地村一带)而得名，其大枣产量约占全市总产量75%左右。

灵宝大枣又称灵宝圆枣、屯枣，栽植历史可上溯至东汉时期。1930年《重修河南通志——灵宝县采访册》曾这样记载："枣栽植面积约8 000亩(约530公顷)，亩产4斗，总产3 200石，多数出境。"灵宝大枣有明显的地域特色，灵宝市大王镇地处豫西丘陵山区，四季分明，气候温和，湿润的气候特征为灵宝大枣的生长发育提供了最佳的适生环境。另外，灵宝大枣生产地域土壤多为褐土和风沙土，适宜大枣生产发展。特别是主栽区的沙土或沙壤土上生长的枣树，由于土壤疏松深厚，透气性好，土壤微生物活跃，因此枣树根系发达，植株健壮，产量高，品质好，寿命长。正是由于气候、光照、土质、雨水等独特的自然条件，决定了灵宝大枣的品种特性和质量特色。

灵宝大枣示范区面积发展到7 000公顷，产区主要集中在大王、西闫、函谷关等地。其中以大王所产大枣品质最优。目前，示范区农户达到2.4万多户，单位产量提高了20%，新增总效益3 000多万元，枣区农民人均纯收入由2007年的5 792元增加到2013年的11 088元。灵宝大枣被群众称之为"幸福红果"。

1.源远流长的栽培史话

大王镇是灵宝老县城的治所所在地，灵宝大枣便是因产于灵宝老县城(今大王镇老城、后地一带)而得名。灵宝大枣最早栽培年代已无从可考。据有关资料记载，距今1 300多年的唐代就有栽植，且形成一定规模。一代女皇武则天就是因为爱黄河气势豪迈，爱枣林风光宜人，才在大王镇后地村修皇城，建行宫。至今，皇城的根基还依稀可见。现在群众中还传颂着"武则天爱灵宝，大修皇城"的民谣。宋代灵宝大枣栽植面积不断扩大，灵宝老县城北面的枣林已是一望无尽，老县城里已形成一定规模的灵宝大枣销售转运市场。明代灵宝大枣不仅栽植面积进一步扩大，而且管理技术得到进一步提高。老城、后地等沿黄村枣园中至今还保存有千年以上古枣林4 000多亩，历经千百年风霜雪雨，依然苍劲挺拔，不改高产稳产的品质，成为一道独特的自然景观。

2.名扬海外的上佳品质

灵宝大枣独具特色，是枣中精品，被列为灵宝三大宝之一。老城、后地出产的大枣更是优中之优。灵宝大枣以其色艳果大，肉厚核小，味鲜香甜，极少虫害，富有弹性而著称，在国内外颇有盛誉。人们常常谈到灵宝大枣的弹性，因肉厚而有弹性，因有弹性而压后极易复原，这是其他任何枣类无可相提并论的一大特色。"捏着软，吃着甜，踏扁了能复原。"便是对其独特品质的形象写照。1914年灵宝大枣曾作为河南名产在巴拿马万国博览会上获得金奖，把美名推向全世界。2000年又荣膺中国首届枣类鉴评会红枣类金奖。2004年被国家命名为100个原产地域保护产品之一。

鲁迅先生对灵宝大枣情有独钟。《鲁迅西行记》中记载，1924年9月15日，鲁迅先生乘火车到陕州，又由陕州坐航船到灵宝，一上岸看到一望无际的枣林，红艳艳的大枣挂满枝头，情不自禁地说"号称桃林，不见桃树，只见大枣累累。"鲁迅先生此行是为了撰写《杨贵妃传》，来到灵宝后，深情赞美："真不愧是美人出生的地方"。后来在谈到灵宝大枣时，鲁迅先生赞曰："灵宝大枣品质极佳，为南中所无法购得。"著名文学翻译家曹靖华也曾赋诗赞美灵宝大枣道："顽猴探头树枝间，蟠桃哪有灵枣鲜”。

3.蕴含厚重的文化积淀

灵宝大枣自古以来即为良药，一般中药常用其作引，故被称为“百药之引”。《本草纲目》及古代药典均有对大枣的记载：“大枣味甘性温，且有补中益气、滋心润肺、和脾健胃、益气生津、补血养颜之功效。”灵宝民间长期流传着“五谷加红枣，胜似灵芝草，每日食三枣，百岁不显老”的顺口溜。同时，当地的民风民俗也打上灵宝大枣烙印，枣乡人以灵宝大枣为主要作料，制作出丰富多彩的枣食品：酒枣、蜜枣、枣粥、枣糕、枣泥、枣粽，以此作为节日美味、待客佳品。古典名著《红楼梦》中就提到用灵宝大枣枣泥点心作贡品，送进皇宫让皇帝及嫔妃们享用。民间常把枣食品做成艺术品，姑娘出嫁要蒸枣糕，花、鸟、虫、鱼等各种面塑集于一身，表示喜庆和吉祥。更有趣的是，至今民间仍在新婚被褥里缝进大枣和花生，祝福新人枣（早）生贵子，生活甜蜜。老人过寿、小孩过百天和生日时蒸的枣糕、枣馍，寓意着蒸蒸日上、生活甜蜜。

今天的人们，来到灵宝大王的古枣林，看到这些数百年乃至千年古枣树，至今仍枝繁叶茂，果实累累，可谓天下少有之奇观。走进枣园，站在枣林间放眼望去，只见一片郁郁葱葱的绿色枝叶中，淡黄枣花点缀其中，高大的枣树一眼看不到头，树林茂密，遮天蔽日，成为一道靓丽的景观，不仅让人乐在其中、流连忘返。

（三）灵宝杜仲

《本草纲目》载“杜仲，嫩叶可食，久服，轻身耐老；昔有医人杜仲服此得道。”巍巍小秦岭，绵延伏牛山，滔滔黄河水九曲十八弯，为药之上品“灵宝杜仲”提供了得天独厚的生长条件，造就了其无可比拟的内在品质。杜仲雄花茶焦香浓郁、口味醇正、茶汤金黄透亮，富含各种维生素、氨基酸、杜仲黄酮、绿原酸、桃叶珊瑚苷等有效成分。

杜仲为杜仲科植物，本科仅1属1种，是仅存于我国的第三纪孑遗植物，属我国珍稀濒危第二类保护树种。目前，我国进行杜仲果园式标准化种植，仅有灵宝市一个地区。种植面积6万余亩，每年可提供杜仲雄花茶10吨左右，杜仲籽油50吨左右，杜仲叶5 000吨左右。杜仲雄花，杜仲籽占全国总产量的80%以上。

1.历史追溯

科学家根据杜仲化石考究，在远古时代，也就是在6 500万年前，杜仲繁衍在中国浙江东部。第四纪（即180万年前）冰期来临时，不知是大自然的恩赐，还是环境的偶然性，杜仲情有独钟的留存到中国的中部。

杜仲这一神奇的远古植物与灵宝有着密切的历史渊源，据南北朝药学家陶弘景著《名医别录》记述：“杜仲生长虞山谷及上党、汉中……”弘景注：“上虞在豫州，虞虢之虞，非会稽上虞县也。”据考证，虢有南虢和北虢之分，北虢在今河南省三门峡市西南面，灵宝属辖境之内。

宋代药物学家苏颂著《图经本草》中记述杜仲：“今出商州、成州、峡州近处大山中。”峡州，即今河南省三门峡市地区，辖境相当于河南省熊耳山以北地区的灵宝、卢氏等地。

据古代医药典籍记载，杜仲的认识和利用至少已有2 000多年的悠久历史，我国最早一部药书《神农本草经》记载：“杜仲，味辛平，主腰脊痛，补中，益精气，坚筋骨，强志，除阴下痒湿，小便余沥。久服，轻身耐老……”；我国伟大医药学家李时珍巨著《本草纲目》记载：“杜仲，辛，平，无毒。主治腰膝痛，补中益精气，坚筋骨，强志，除阴下痒湿，小便余沥。久服，轻身耐老……润肝燥，补肝虚……故能入肝而补肾……”

2.杜仲的由来

古时候，有一位民间医生，名字叫杜仲，他筋骨不强、腰腿酸痛。有一天，他进山采药，偶尔看见了一株粗壮、挺拔的参天大树的树皮里有像“筋”一样的多条白丝，再撕开周围其他植物的皮部，却未见这种现象。他认为该种植物不同寻常，树皮里竟有多条“筋骨”，人若服用了这种树皮的“筋骨”，也会像这种植物一样筋骨强健。于是，杜仲下决心尝试。第一天服用后，没有不良反应，他就大胆服用。过了几天后，不仅没有不良反应，反而自觉精神好多了，腰、腿也轻松了。又过了一段时间后，他的腰不酸了，腿不疼了，腰板也直了。经过长期服用，奇迹出现了，他不仅身轻体健，头发乌黑，而且长寿不老。这时候，有人问他“你吃了啥长生不老药？这么精神焕发、轻身耐老?”此时，杜仲便告诉了人们这个秘密。于是一传十，十传百，一些老人也开始服用这种植物的树皮，而且效果很好，出现了许多健康长寿的老人。后来，杜仲竟因服此植物树皮得道成仙而去。为了表达人们的崇敬、思念之情，后人便把这种植物唤为“思仙”“思仲”。天长日久了，人们就干脆将这种植物叫“杜仲”。

这一故事有《本草纲目》为据。我国伟大医药学家李时珍巨著《本草纲目》载：“昔有杜仲服此得道，因以名之。思仲、思仙，皆由此义。杜仲，能入而补肾，补中益精气，坚筋骨，强志，治肾虚腰痛。久服，轻身耐老……”

3.灵宝杜仲的发展

灵宝市从20世纪90年代初开始利用小秦岭山区地理、气候、土质等优势栽植杜仲，经过20多年的培育、管护，现已形成3万多亩的杜仲生态基地，先后被中国林业科学院、中国有机食品杨凌认证中心、中国林学会杜仲研究会、国家质量监督检疫总局确定、批准为“杜仲高科技综合研究示范基地”“中国有机食品生产基地”“中国第一杜仲籽园”“灵宝杜仲地理标志保护产品”。

近年，灵宝市十分重视对杜仲产品的科研和开发工作，相继与中国林科院、西北农林科技大学等建立科研合作关系，加快杜仲保健产品杜仲雄花茶、杜仲籽油胶囊、杜仲洋参软胶囊以及含糖型和无糖型杜仲饮料等产品的研发，其中杜仲雄花茶及胶囊已推向市场，深受用户喜爱。2015年7月，北京汇源集团在灵宝注册控股灵宝市德汇高原杜仲种植公司，进一步提升灵宝杜仲深加工水平，促进灵宝杜仲产业的发展壮大。

生态明珠　有机泌阳

——泌阳县国家有机产品认证示范区创建纪实

一、泌阳县概况

泌阳县位于河南省驻马店市西南部，东西距驻马店、南阳两市均为97公里。属浅山丘陵区，境内伏牛山与大别山交汇，长江与淮河分流，总体格局呈“五山一水四分田”。全县辖 9 镇 10 乡 3 个街道办事处，352 个行政村，总面积约 2 335 平方公里。

泌阳县历史悠久，古称比阳，春秋属楚，战国归韩。经西汉，历南北朝，止唐代，先后 7 次置州，8 次设郡，15 次立县。明洪武十三年定名泌阳至今。泌阳人杰地灵，是中国无神论的先驱、南北朝时的范缜的家乡。

泌阳县特产丰富，泌阳驴、马谷田瓢梨属历史名产，泌阳花菇、白云仙桃、铜山湖花白鲢、羊册菊花心白菜闻名遐迩，自主培育的“夏南牛”是全国第一个也是唯一一个肉牛品种。

泌阳县地理位置优越。泌阳县位于驻马店市西南部，南接桐柏，北连方城、舞阳，西临唐河、社旗，东交遂平、确山、驿城区。总面积 2 335 平方公里，其中耕地 134 万亩。境内伏牛山与大别山交汇，长江与淮河分流，山峦起伏，河流、湖泊错落其间，地势中高，东北、西南两隅低平，桐柏山余脉在县境内呈“S”形走向，形成南阳盆地东缘的脊背地带和长江、淮河两大水系的分水岭。驻南、确内、泌唐、许泌、平桐、棠西六条省级公路贯穿全境，沪陕高速、焦桐高速、新阳高速穿境而过，“中原北戴河、天中大森林”“生态明珠、盘古圣地”的旅游品牌正在全省、全国叫响。

泌阳县地形地貌多样。泌阳县地处浅山丘陵区，地势中部高，东西低，山区面积占总面积的 43%，丘陵区占 41%，平原区占 16%。海拔在 83～983 米之间，平均海拔 142.1 米。主要山峰 168 座，白云山主峰白茅堵海拔 983 米，为驻马店市最高峰，横亘县境中东部，北有罗汉山、五峰山，中部有双山、三山，南部有铜山、盘古山等。县内水质和空气质量均达到国家一级标准。

泌阳县自然条件优劣共存。泌阳县地处北亚热带与暖温带过渡地带，属大陆性季风气候。春温暖季短，夏炎热多雨，秋短夜凉昼热，冬长寒冷少雪。四季分明，气候湿润。境内物产丰富，土地肥沃，土壤有黄棕壤土、潮土、砂礓黑土和水稻土 4 类，适合多种作物生长。农作物有 100 多种，生产小麦、大豆、芝麻、花生、棉花等。泌阳森林资源丰富，适生树种繁多，仅以乔木、灌木为主的果树就这 200 余种。现有山林 125 万亩，其中，经济林 20 万亩，薪炭林 25 万亩，用材林 60 万亩，防护林 20 万亩，森林覆盖率 43.3%，常年林业总产值 4 亿元。境内水草丰盛，宜放牧，利养殖。

泌阳县淡水资源丰富。泌阳为江、淮两大水系支流上游发源地之一。县境内河流众多，库塘密布，降水充沛，水资源比较丰富。大小河流共 153 条，多为上游河。其中一级河 2 条，即泌阳河和汝河（沙河）。泌阳河西流，为境内最大河流，属长江流域，长 74.3 公里，流域面积 1 338 平方公里。汝河东流，属淮河流域，长 68 公里，流域面积 1 110 平方公里。全县有大中小型水库 76 座，其大型水库 1 座（板桥水库）、中型水库 1 座（铜山湖水库）。总蓄水量 10 亿立方米，可养殖水面 12 万亩，年水产品总量 2 400 吨，为全省之最。淡水养殖前景广阔。

泌阳县是中国盘古圣地、国家现代农业示范区、国家级出口食品农产品质量安全示范区，还是中国第一个肉牛品种——夏南牛的诞生地。泌阳县还先后获得全国生态示范县、全国铜山优质烟生产基地县、全国十大牲畜繁育基地县、全国薪炭林基地县、全国油料百强县、全国秸秆养牛示范县、全国供港活牛基地县、全国生猪外贸基地县，获“全国食用菌生产先进县”“全国科技工作先进县”“全国体育工作先进县”、全国粮食生产先进县、国家级卫生县城、省级文明县城、省级园林县城、河南省对外开放先进县、河南省农业标准化示范县等荣誉称号。

近年来，泌阳县坚持把创建国家有机产品认证示范区作为深化农业供给侧结构性改革、推进一二三产业融合发展的重要抓手，大力发展优质高效有机产业，通过实施标准化、规范化生产，开发出了一批具有地方优势与特色的无公害、绿色、有机产品，培育出了一批具有较高知名度的有机产品品牌。泌阳县先后创建了“无公害食用菌”“白云仙桃”“无公害肉牛”“铜山湖花白鲢鱼”“马谷田林果”“金铜山烤烟”等6个国家级农业标准化示范区，“泌阳花菇”获得地理标志产品保护，制定了《地理标志产品 泌阳花菇》和《夏南牛》两项国家标准。

二、泌阳县有机产业和有机认证情况

泌阳县于2016年12月被国家认监委列为“第六批(2016年度)国家有机产品认证示范创建区”，成为河南省为数不多、驻马店市唯一一个国家有机产品认证示范创建区。至2018年11月，全县25企业获得30张有机认证或有机转换认证证书，涉及46种产品。其中，种植类21 000亩，产量11 865.7吨；食用菌类1 020万袋，产量8 905吨；水产养殖5 000亩，产量950吨；夏南牛养殖4 900头，产量2 450吨；加工类499吨。初步形成了3条比较完整的有机产业链：玉米、青贮玉米种植—夏南牛养殖—牛肉屠宰加工；油料作物种植—植物油加工；食用菌栽培—食用菌产品加工。同时利用夏南牛养殖粪便、油粕、废菌袋、秸秆又制成有机肥返田的良性循环。

泌阳县国家有机产品认证示范区创建工作已经形成了“政府强力推进、企业主动带动、部门配合联动、农户积极参与”的工作格局。国家有机产品认证示范区创建工作不仅提升了泌阳有机农产品的品牌效应，提高了产品附加值，也进一步促进了农业增效、农民增收，创造了良好的经济效益和社会效益。为推进农业产业化、标准化、高端化发展、增加农民收入、加快新型有机农业可持续发展起到了积极的推动作用。

三、保障措施——构建三个体系，强化顶层设计

一是构建组织领导体系。县政府成立了以县长为组长，分管副县长为副组长，县工商质监局、县农业局、县委农办、县财政局等20个单位主要负责人为成员的创建工作领导小组，统一协调全县有机产业发展和组织管理工作。创建办公室设在县工商质监局，具体负责创建工作。同时，县政府多次召开有机创建工作专题会议，下发了创建工作方案和有机产品认证发展培育计划，给各乡镇街道下达了有机产品发展目标任务。动员会后，根据有些领导和企业对有机产品的认识模糊的问题，县政府邀请了杭州万泰认证有限公司卢振辉总经理对创建工作进行专题辅导。在充分调研的基础上，结合泌阳县实际，从为何有机、如何有机、如何认证三个方面，为我们做了一次生动的专题辅导。通过专题辅导，使我们对有机产品认证和国家有机产品认证示范区创建有了一个全新的认识。有些时候，并不是经营主体不愿发展有机产品，他们只是对认证程序、认证要求不了解，因此存在误解，通过强有力的宣传发动，部分企业和合作社对有机产品认证还是积极主动的。

二是构建政策支撑体系。修订完善了《泌阳县有机产业十年发展规划(2011—2020)》，从环境、技术、管理、政策、营销、保障诸方面对泌阳县的有机产品开发进行了全面规划；县政府出台了《关于加快无公害农产品绿色食品有机农产品发展的意见》和《泌阳县创建国家有机产品认证示范区工作实施方案》，围绕县政府确定的各项工作任务，县直各单位、各乡镇街道、各企

业各司其职、各尽所能，保证了创建工作有条不紊地展开。

三是构建奖励补助体系。出台了《泌阳县有机产业发展奖励补助办法》，对在泌阳县从事有机产业发展的经营主体（企业、合作社、家庭农场等）进行奖励和补助。对 2017 年 1 月至 2019 年 12 月之间获得的有机（含有机转换）认证证书，每个认证证书奖励获证经营主体 3 万元，奖励所在乡镇街道 5 000 元。我们还对建立质量检测室、开设有机生产投入品专营店（专柜）和有机产品专营店（专柜）的、参与有机产品（产业）标准起草的也分别给予奖励。2019 年 4 月份，县政府对 2017 年度创建工作进行了表彰，足额兑现了奖励资金 32.5 万元。通过实施补贴奖励政策，充分调动了全县有机产业发展的积极性。

四、实施成效

（一）实施三项带动，增强自身优势

一是优势产业带动。依托泌阳县产业优势和资源优势，充分发挥中国第一肉牛品种——夏南牛，泌阳花菇、林果等品牌优势，重点抓好夏南牛、水产、食用菌、林果、小麦、油菜、茶叶等品种的推广和规模化养殖、种植。2017 年，全县夏南牛年出栏 45 万头，新建标准化规模肉牛养殖场 6 个，存栏夏南牛 100 头以上的肉牛规模标准化养殖场 179 个，畜牧业年产值 42 亿元。全县全年食用菌总产量 34 万吨，产值 34 亿元。至 2018 年 11 月，通过认证的种植类面积 21 004 亩，产量 11 865.7 吨；获得有机认证的养殖类肉牛 4 900 头，产量 2 450 吨；食用菌类 1 020 万袋，产量 8 905 吨；水产养殖 75 000 亩，产量 950 吨；加工类产量 499 吨。

二是龙头企业带动。为加快有机认证步伐，以有机农业、生态工程、循环经济、农业产业化经营和可持续发展的、遵循自然和经济发展规律的，能充分发挥泌阳县资源与产业优势的获证企业列入重点扶持对象，作为样板示范。泌阳县选择了河南恒都夏南牛开发有限公司、河南恒都食品有限公司、河南懿丰油脂有限公司和泌阳县真菌研究开发有限公司 4 家企业，作为示范带动龙头企业予以重点扶持。参与创建的农民专业合作社 19 家，覆盖了种植、养殖、加工、农机服务等领域。

三是示范基地带动。有机产品认证示范区建设涉及千家万户，难度大，困难多，鼓励企业、合作社或农场采用土地转包、租赁、入股等形式流转土地，组建基地，积极发展有机产品种养殖。按照点线面结合的思路，鼓励种植大户、科技能人带头建设一批有机农业示范乡镇街道、示范基地、示范企业，以点带面推进有机产业发展，形成一人带一村、一村带一片的效应。同时，县政府要求各乡镇有机种植品种尽可能向当地优势产业集中、向产业大户集中，不盲目跟风，最大限度地发挥品种的基地规模化优势和农业、林业、水利、科技等项目资金的使用效益。在政策上，支持企业和业主利用自身优势，完善配套设施，健全技术体系，率先并带动周边群众积极参与有机产品认证示范区建设。围绕“公司＋基地＋农户＋标准＋认证”的模式，构建了以 4 家企业为龙头，以有机示范基地为龙身，以示范乡、示范村、示范户为龙尾的有机产品创建新格局。

目前，泌阳县已经获得有机产品认证（含有机转换认证）的企业由创建初期的 4 家发展到 25 家，获证数量由初期的 6 张证书发展到现在的 30 张证书，获证数量占全市证书总数的 85.7％。

(二)拓宽三条途径,确保产品质量

为确保有机产品质量,我们着力从三个方面做起:一是加强综合治理。在环境控制保护方面,实行有机生产环境综合治理。生产地头设立农业废弃物品堆放池,集中统一处理;农作物秸秆进行堆沤或高温腐熟后还田;逐步加强农田、沟河、道路、林网和村庄的综合治理,改善生态环境。二是坚持生产标准。以国家级农业标准化示范基地和创建标准化农产品为基础,以"三品一标"为重点,建立了名、特、优农产品质量标准和生产技术规程,推行标准化生产和规范化操作管理,构建有机产业链。依托生产基地和新型农民专业合作组织,实行统一供种,统一施肥,统一生产管理,统一病虫害防治,统一收购,统一加工包装,统一产品销售,把有机产品生产技术落实到有机农产品从生产到销售的全过程。三是强化质量检测。依托现有质量检验机构,根据不同农作物的生长季节,采取定期与不定期抽检的方式,对有机农产品生产基地的产品进行产前、产中、产后全过程质量安全抽检,鼓励农产品生产加工企业和农民专业合作组织建立产品质量自检机构,把有机农产品质量控制措施贯穿到生产中的各个环节。有机农产品获证单位100%建立生产记录和产品销售记录,实现产品质量可追溯。

(三)建立三项机制,促进规范发展

一是建立全程管理机制。主要包括基地标准化建设控制体系,有机产业投入品控制体系,示范区质量安全监督管控体系,示范区监控、预警、纠偏及评估控制体系,应对重大突发事件控制体系,企业质量安全控制体系,宣传培训控制体系,落实全程监管的各项措施,全面监控有机产品生产经营的各个环节。二是建立监督检查机制。按照省市质监局确定的检查内容和方法,对获证经营主体开展认证后监督检查。创建办会同相关职能部门,对认证机构和获证基地、企业按照《有机产品认证管理办法》《有机产品认证实施规则》实施监督检查。为全面掌控获证经营单位产品质量状况,2018年以来,现场监督有机产品认证检查活动18次,涉及企业17家。同时,加大有机产品质量监督抽查力度,对全县获得有机产品认证的经营单位所生产的有机产品,进行质量监督抽查2(家)次。三是建立督查通报机制。由县创建办公室会同县督查委,把创建工作纳入全县重点督查事项,定期开展督查活动,及时发现问题并督促各乡镇街道整改。建立通报制度,定期召开联席会议,及时通报创建工作存在的问题,落实整改措施。2018年以来,全县累计开展督查26次,督促整改问题11个,整改率达96%。

(四)实现三个对接,突出创建效应

一是与脱贫攻坚工作对接。泌阳县是省定贫困县,脱贫攻坚是当前的中心任务,涉及全县工作的方方面面。泌阳县树立了开展创建工作与脱贫攻坚结合的思路,通过找准着力点,相互促进,实现共同发展。重点从以下三个方面做起:一方面依托现有的产业扶贫基地,发挥龙头企业、新型农业经营主体的作用,对符合认证条件的,在贫困村、贫困户中建立有机产品生产基地。另一方面在创建工作中,对贫困村、贫困户发展有机产品种植、养殖的,严格落实《泌阳县有机产业发展奖励补助办法》,加大奖励补助力度,想方设法给予大力支持,既可以为创建工作提供支撑,又可以增加贫困户的收入。第三方面实施认证扶贫政策,充分发挥有机产品认证在脱贫攻坚中的作用。通过有机认证的30家企业中有12家承担了脱贫攻坚任务,扶贫基地达14个,已有5家企业提出有机扶贫产品认证申请。

二是与培育新型农业经营主体、发展龙头企业对接。目前，全县龙头企业以及新型农业经营主体达到1 532家，在推进农村经济发展中起到了“主力军”的作用。在有机创建工作中，把龙头企业和经营主体列为创建主体，支持企业和业主利用自身优势，完善配套设施，健全技术体系，率先并带动周边群众积极参与有机产品认证示范区建设。出台《泌阳县有机产业发展奖励补助办法》，目的就是充分调动经营主体和企业的积极性和主动性。通过加大培育力度，实施品牌营销战略，推广指导有机产品生产企业、农民专业合作社利用电商平台开展网络销售，积极引导龙头企业、协会参加博览会、展销会、评奖评优活动，以及通过各种媒体宣传，挖掘品牌内涵，树立品牌形象，扩大泌阳县有机产品品牌影响力。

三是与自身优势对接起来。泌阳县境内山清水秀，林业资源丰富，以香菇为主的食用菌在泌阳县由来已久，是泌阳县的主要支柱产业之一。泌阳花菇以其独特的形、质、色、花而闻名中外，被誉为“菇中之皇”“世界一绝”。“泌阳花菇”于2005年12月被批准为地理标志产品。以香菇为主的食用菌栽培不需要与土壤接触，所有木屑均来自泌阳县的食用菌用材林，栽培全过程采用生活饮用水，无须施加农药、化肥。泌阳县境内还有两座饮用水源保护的大中型水库。杭州万泰认证有限公司的专家来泌阳县调查走访时认为，泌阳的香菇栽培和板桥水库、宋家场水库的水产养殖，其实采用的就是有机生产方式，整个过程不需要任何化肥和农药，有机产品认证不会增加生产者的成本，只能增加销售价格，特别是香菇生产不需要有机转换，可以直接认证。至2018年11月，全县通过有机产品认证的食用菌达1 020万袋，产量达8 905吨。水产养殖75 000亩，产量达950吨。

五、创建故事

推行有机产品认证　带动乡村振兴发展

——泌阳县真菌研究开发有限公司

公司基本情况

泌阳县真菌研究开发有限公司是一家集科技研发、食用菌遗传、育种、栽培、加工、贸易为一体的科技型企业。公司占地面积60亩，建筑面积22 800m²，注册资金1 200万元。公司是目前国内规模较大的食、药用菌科技型专业研究机构，主要从事食用菌的遗传、育种、栽培、加工、菌种保藏、药用真菌研究、食用菌病虫害防治和食药用菌信息收藏。现有员工120人，其中食用菌专业技术人员30余名，高级农艺师6名，从事食用菌专业遗传、育种的研发人员9名，电商研发人员10余名。2018年9月23日，在河南省首届新型职业农民创业创新大赛暨中国农民丰收节中真菌研究开发有限公司荣获“成长组一等奖”，省长陈润儿亲自为公司总经理禹宗本颁发奖牌。公司先后获得：“国家科技型中小企业”“龙头企业技术创新中心”“河南省农业科技园区”“河南省真菌研究院士工作站”“河南省食用菌育种工程技术研究中心”“河南省新型职业农民培育示范中心”“河南省五一劳动奖章”“河南省扶贫协会先进会员单位”“驻马店市农业产业化重点龙头企业”“驻马店市食用菌工程技术研究中心”“泌阳县长质量奖”“脱贫攻坚工作优秀带贫企业”等荣誉称号。

积极推行有机产品认证带动精准扶贫

2018年以来，公司积极参与到泌阳县创建国家有机产品认证示范区工作中，在泌阳县工商管理和质量技术监督局与杭州万泰认证公司相关工作人员的鼎力帮助下，真菌研究开发有限公司于2018年6月顺利取得杭州万泰认证有限公司颁发的中国有机产品认证证书，开创了河南省食用菌行业的先河。泌阳县真菌研究开发有限公司禹庄食用菌种植基地，占地300亩，基地集科普教育、技术推广、示范、试验、科研、培训、新技术新品种展示、食用菌产业文化交流于一体，按照有机方式种植管理，严格遵循有机产品国家标准，采用天然有机质全程质量监控，产品通过了203项农残和5个重金属检测，确保每一颗菌菇的健康安全。通过有机产品认证提升了公司生产水平，提高了有机产品的质量，减少投入，降低成本。根据《国家认监委关于运用有机产品认证服务精准扶贫的通知》的要求，泌阳县真菌研究开发有限公司运用有机产品认证促进扶贫脱贫，有效地带动了贫困群众增收脱贫，2018年公司带动全县种植有机食用菌产品8 000万袋。

公司与碧桂园强强合作，进行社区直营

2018年6月公司与碧桂园集团签署合作协议，双方共同充分发挥自身的核心优势，强项联合，打造泌阳县与碧桂园集团食用菌名牌，争创国内一流、世界领先；双方将产业扶贫与人才培训、转移就业、驻村帮扶、认证扶贫等有机结合，形成长效扶贫机制，为实施乡村振兴战略和解决“三农”问题探索出了新路径，打造出了新样板。公司所生产的有机食用菌产品在包装时使用统一的有机产品认证标志，并在有机标志的周边加施“认证扶贫”字样，然后通过碧桂园凤凰优选社区直营超市平台，销售到全国30多个城市的碧桂园小区，在为广大碧桂园业主提供健康、无污染、口感好的食用菌食品的同时，利用有机产品认证标志中附加的扶贫信息消费来自泌阳县的有机食用菌产品，形成“环境可持续、质量有保证、产品有市场、销售有渠道、消费有群体”的可持续消费扶贫模式，助力泌阳县推进精准扶贫脱贫工作。

食用菌产业扶贫，创造“三零”模式

近年来，各级党委政府始终将扶贫开发工作摆在经济发展的首要位置上，积极适应形势发展，以改革和创新推进扶贫开发工作，泌阳县真菌研究开发有限公司在董事长禹宗本的领导下，积极响应党和国家号召，大力支持各级政府的工作，利用企业自身优势，不断积极探索，如何把食用菌产业作为带动农民发家致富，对贫困户实行输血、造血两不误，使食用菌产业成为“精准扶贫、精准脱贫”的助推器，探索出“公司＋基地＋贫困户”产业扶贫模式，创造性地在全县开展零成本投入、零距离就业和零风险经营的“三零”产业扶贫，破解了扶贫从“输血”到“造血”的难题，实现了贫困户长远、持续性脱贫。

围绕“三农”做好精准扶贫，实现“减贫”到“脱贫”与“输血供氧”到“造血制氧”的转变，公司在脱贫攻坚中，2016年度以来公司采用公司＋基地的形式，先后在王店镇、双庙乡、杨家集、高邑、马谷田镇等16个乡镇建有食用菌产业园和基地35个，建设香菇棚15 000棚，发展香菇及各种食用菌2.3亿袋，全县贫困户16 513多户，37 111人。公司2017年度食用菌产业扶贫全县6个乡镇396户，1 367人，2018年度计划食用菌产业扶贫4 680户，16 380人，公司充分发挥自身优势，采用公司＋金融＋贫困户，推行零成本投入、零距离就业、零风险经营的“三零”产业扶贫模式。

食用菌产业化扶贫作为泌阳县深化扶贫攻坚的重要载体，是扶贫开发的必由之路，也是精准扶贫的必然选择，泌阳县真菌研究开发有限公司积极努力做到“真扶贫、扶真贫、做实事、见实效”，使有机产品认证在脱贫攻坚中做出了更大的贡献。

生态瑰宝出淮源
——桐柏县国家有机产品认证示范区创建纪实

一、桐柏县概况

河南省南阳市桐柏县位于豫鄂边区河南省南部桐柏山脉中段，南阳盆地东，是千里淮河的发源地。西汉始设复阳县，隋开皇十八年（公元598年）置桐柏县，沿用至今。桐柏区位优越，素有“宛东咽喉、信西屏障”之称，宁西铁路、沪陕高速、312国道横穿东西，焦桐高速纵贯南北，是东引西进的重要交通枢纽。

桐柏县是国家扶贫开发工作重点县和老苏区县、山区县。县域总面积1 915平方公里（合287万亩），其中耕地68.6万亩，水面28万亩，山林草坡195万亩，自然环境特点“七山一水二分田”，辖13镇3乡2个园区，207个行政村，8个社区。先后获得全国科技进步先进县、全国生态环境建设示范区、中国人居环境范例奖、国家园林县城、河南省生态县等荣誉称号，2016年被列入国家重点生态功能区。

桐柏是中原旅游胜地，有盘古溪、通天河、桃花洞、黄岗红叶园等主要景观118处，史称“福地”“洞天”；桐柏山负氧离子含量每立方厘米达2万单位以上，被命名为“淮河源国家级森林公园”“河南省十佳风景名胜区”。

桐柏是江淮两大流域分水岭，是一个底蕴厚重的文化名县。悠久的历史、古老的民风形成了独特的桐柏文化，其中淮源文化、盘古文化、佛教文化、红色文化最为鲜明。2005年被中国民协授予“中国盘古之乡”，全国六家之一、河南省唯一的河南佛教学院正在加紧建设。1984年桐柏被河南省政府确认为老苏区县，2005年中共中央中原局旧址暨桐柏革命纪念馆被列为全国百家红色旅游经典景区之一，2007年被评为“河南省十大文化强县”。

二、发展背景

桐柏县有得天独厚的资源优势，山奇、水美、河秀、林密，是全国著名的植物基因库，共有植物1 800多种，是河南省面积最大的“两松”基地，森林覆盖率达53%，空气中负氧离子含量最高达每立方厘米4万个，被誉为“天然生物物种基因库”“自然博物馆”“天然氧吧”。近年来，桐柏县坚持生态方向，着力加快生态农业体系建设，农业产业化规模初显成效，全县农副产品加工企业达50余家，发展专业合作社500余家、家庭农场120余家，初步形成了以茶叶、板栗、中药材（木瓜、夏枯草、桐桔梗、杭白菊、金银花等）、特色水果、设施蔬菜、水禽、香猪养殖、油茶加工等为主的八大特色产业，规模化发展花生、板栗、茶叶、木瓜、夏枯草等生态产业70.5万亩。

桐柏县严格按照国家有机产品认证标准，采取政策激励和扶持的办法，强化龙头企业带动，引导专业合作社规范发展有机农产品，大力开展有机认证创建工作。截至2017年，桐柏县有机产品基地总面积发展到近7.4万亩，31家企业（合作社）获得了有机产品（基地）认证（转换期认证），品种涉及桃、核桃、黄金梨、猕猴桃、板栗、茶叶、桔梗、油茶、水产养殖10大类25种产品，涵盖种植、养殖、加工，共计获得证书43张，其中有机产品认证证书13张，转换认证证书30张。“桐桔梗”获得国家地理标志产品保护；“桐柏朱砂红桃”“桐柏玉叶茶”“桐柏香椿”取得农产品地理标志登记证书。同时，紧抓“京宛对口合作”机遇，强力组织有机产品进京销售。目前已有13家企业、10余种产品实现进京销售，年销售额达1 800多万元。

三、创新实践

近年来，县委、县政府大力发展生态经济，培育有机产业发展，着力解决“三农”问题。2016年在多次深入调研的基础上，县委、县政府把创建国家有机产品认证示范区作为全县六大重点项目之一，经过全县共同努力，整体工作推进有力，成效明显。一是强化职能职责。县政府出台了《桐柏县创建国家有机产品认证示范区实施方案》，成立了县长贾松啸任组长，县委统战部长王磊任副组长，以质监、农业、林业、水利等18个职能部门为成员单位的有机产业发展领导小组，组建了有机产业发展领导小组办公室，具体负责创建活动的组织领导、安排部署、协调推进等工作，明确了各部门、各单位的工作职责和工作目标。二是制定产业规划。制定了《桐柏县有机产业发展规划》，明确以后发展方向。结合精准扶贫有关政策，发布了《桐柏县有机产业发展指导意见及奖励补助办法》，有力调动了认证企业的积极性，为桐柏县创建国家有机产品认证示范区工作奠定了基础。三是明确工作重点。全县上下突出工作重点，从有机产品示范点的确定、种养业和加工业生产环节的监督、品牌建设和宣传、奖补制度制定等方面进行突破，全力推进有机产品认证示范区创建工作。四是协调部门联动。根据县委、县政府的要求，有机产业发展领导小组成员单位按照各自职能分工，先后召开了有机产业发展座谈会、创建国家有机产品认证示范区推进会和培训会；召开部门协调会10余次，对全县获证企业全部巡查一遍。经过全县上下共同努力，桐柏县国家有机产品认证示范创建区工作顺利通过国家认监委有关专家的咨询论证，国家认监委于12月14日进行了网上公示，并于12月27日以国认注〔2016〕77号文件发布通知，成为南阳市第二个获批的国家有机产品认证示范创建区。五是加大宣传力度。充分利用有关网站媒体，广泛宣传桐柏县有机产业发展的政策、优势等，营造创建国家有机产品认证示范区浓厚的舆论氛围。2017年8月4日南阳日报用《生态瑰宝出淮源》的专版对桐柏县创建国家有机产品认证示范区工作做了报道；9月28日我们又组织6家企业的8种产品在北京参加了全国有机产品认证扶贫成果展示；12月19日又召开了桐柏县创建国家有机产品认证示范区新闻发布会，邀请了大河报、河南省电视台、河南省广播电台、河南经济报、东方今报等20余家省内知名媒体参加，12月26日南阳日报头版用《桐柏有机产品让农民搭上致富快车》为标题，大力宣传了桐柏县创建工作。六是助力精准扶贫。通过开拓有机产品市场，扩大认证成绩展示、认证企业展示、认证产品展示，培育了一批龙头企业，把创建国家级有机产品认证示范区工作提高到为桐柏广大人民群众谋取利益、改善生活质量的高度，拓展建档立卡贫困户就业机会，实现有机产业发展和精准扶贫工作紧密结合。据不完全统计，全县25家获证企业带动1 200余户贫困户脱贫致富，让广大人民群众真正得到实惠。七是狠抓表先奖优。2017年11月7日，召开了全县创建国家有机产品认证示范区工作表彰暨推进会。

会上，对2016年工作中成绩突出的14家乡镇和县直单位以及20名先进个人进行了表彰，并对25家企业兑现97.8万元的奖励资金，有力地调动了全县上下干事创业的积极性。

四、创建成果

有机农业的发展有效推进了全县生态文明建设，为桐柏县带来了巨大的生态效益、经济效益和社会效益。

（一）生态环境显著改善

“生态县建设，是发展之需、利民之举、长远之计，事关人民群众的切身利益。”桐柏县委、县政府主要领导多次强调，生态县建设是落实科学发展观、实施可持续发展，增强综合实力和竞争力，促进全面小康社会建设的最佳途径，一定要把这项惠民工程抓好抓实抓出成效。桐柏县出台了《桐柏县省级生态县建设实施方案》等10余个规范性文件，将生态创建工作纳入乡镇（园区）、部门年度综合考评，对成功创建环境优美乡镇、村给予奖励，对年度农村环境保护工作先进乡镇通报表彰，全县近80%的乡镇荣获省级生态乡镇称号。通过发展有机产业，污染得到有效控制，全县生态质量日趋改善，地表水质持续好转，桐柏县森林覆盖率山区达71.6%、丘陵区达38%、平原区达20.1%，先后荣获“全国造林绿化先进集体”“全国退耕还林先进集体”“全国绿化模范县”“全国经济林建设示范县”“全国森林防火先进集体”“全省林业生态县”等荣誉称号。

（二）生态经济快速发展

实施生态城镇工程。桐柏县人均公共绿地面积20.36平方米，街道绿化率达98.14%。桐柏县以创建生态乡镇为载体，以规划为龙头，以“绿、洁、畅、亮、美”为标准，加大投入，垃圾消纳场、污水处理厂建设逐步完善，全面加快小集镇基础设施建设步伐。目前，全县城镇化率达43.5%，纳入南阳市星级集镇13个，50强镇5个，国家重点镇2个，13个乡镇成功创建省级生态镇，城关镇成功创建国家级生态镇。

实施生态工业工程。以集约、节约、环保为目标，加快推进产业集聚区建设，促进关联企业和配套企业集聚发展，形成一批特色鲜明、竞争力强的循环经济产业集群。按照“减量化、再利用、资源化”的循环经济理念，围绕减少产业中下游产品做文章，着力构建循环利用产业链，使“三废”产品全部成为绿色工业发展的资源。

实施生态林业工程。大力实施荒山造林、封山育林、退耕还林、淮防林建设工程，严格保护好森林公园、饮用水源保护区、旅游景区等生态资源。加大城镇园林绿化力度，提高城镇绿化面积，深入开展植树造林活动，围绕重点区域实施增绿行动，均取得良好成效。

实施生态旅游工程。坚持以自然山水为依托，以“四大文化”为内涵，以生态观光、康体养生及休闲度假为支撑，提升旅游综合效应，着力打响淮河之源、盘古之乡、英雄桐柏、佛教圣地旅游品牌，高起点完善了淮源、龙潭河、桐柏革命纪念馆、五虎山四大精品景区规划，增强桐柏县生态旅游的经济拉动力和持续发展力。河南佛教学院一期工程顺利建成招生，淮源景区被授予“国家级风景名胜区”称号。

实施生态农业工程。按照高产、优质、高效、生态、安全等要求，强力推进生态农业基地建设，建成茶叶、林果、中药材、花卉苗木、蔬菜等高效生态农业示范基地40万亩，认证无公害农产品基地80多万亩。桐柏县有机产品基地总面积发展到近7.4万亩，31家企业（合作社）获得了有机产品（基地）认证（转换期认证）。紧抓“京宛对口合作”机遇，强力组织有机产品进京销售。目前已有13家企业、10余种产品实现进京销售，年销售额达1 800多万元。

（三）生态社会和谐稳定

通过发展有机产业，可以满足社会对安全、有机食品的需求，从源头上把住了农产品质量关，保障了群众“舌尖上的安全”。

五、特色产品

（一）桐柏有机茶

桐柏红是红茶的一种，产自河南南阳桐柏县。地处淮河之源，佛教圣地，盘古之乡的河南桐柏，由于独特的地理位置和自然环境，自古以来就盛产茶叶。作为唐代的茶圣陆羽曾在《茶经》上对古义阳郡（即现在的桐柏东部）茶的品质做了详细评价，民间曾有流传：“借问陆君何处去，品茗只向太白峰”就是对“桐柏山茶”历史之悠久的最好诠释。有《桐柏县之志》记载为证，到宋代时桐柏已被列为全国十大茶场之一。宋代的一位名士在游览太白峰诸多名胜品完桐柏山茶后，特地写下一副传诵至今的佳联：“阁楼三层读书论奇，泉水九壑听瀑蒸茗”。

桐柏玉叶是河南省南阳市桐柏县的特产之一，茶叶的一种。桐柏玉叶茶产于土壤肥沃、气候温和、雨量充沛、云雾缭绕，茶园群山环抱、温差大、树木和野花常年多见，小气候特别的老茶区——桐柏山主峰太白顶东侧的金台观、水帘洞、桃花洞一带，是桐柏茶种场研制的新名茶。

（二）有机桐桔梗

桐柏县有天然中草药1 000多种，素有“中药宝库”之称。桐桔梗因产于桐柏县桐柏山而被《本草纲目》命名为桐桔梗。桐桔梗有独特菊花贯心，入药可祛痰排浓、除邪避湿瘟、补内漏及喉痹。原为野生，现已能人工种植。2006年4月26日，国家质检总局批准对桐桔梗实施地理标志产品保护。

（三）有机猕猴桃

桐柏当地特产之一，也称狐狸桃、藤梨、阳桃、木子、毛木果、奇异果、麻藤果等，果形一般为椭圆状，外观呈绿褐色，表皮覆盖浓密绒毛，其内是呈亮绿色的果肉和一排黑色的种子。因猕猴喜食，故名猕猴桃；亦有说法是因为果皮覆毛，貌似猕猴而得名，是一种品质鲜嫩，营养丰富，风味鲜美的水果。

（四）有机黄金梨

黄金梨产于韩国，属砂梨系列，由韩国园艺试验场罗州支场于20世纪杂交育成的新品种，1984年定名。1997年引入我国山东，桐柏金芙蓉农场于2014年引进种苗，黄金梨，平均果重350克，果圆而整齐，果色淡黄，果肉细嫩而多汁，含糖量可达14.7%。味清甜，而俱香气。风味独特，品质极佳。具有生津、润燥、清热、化痰等功效，素有“百果之宗”“天然矿泉水”之称。

渠首丹江　有机淅川

——淅川县国家有机产品认证示范区创建纪实

一、淅川县情

淅川县地处秦巴山区、伏牛山南麓，豫、鄂、陕三省七县市接合部，是南水北调中线工程核心水源区和渠首所在地、全国移民大县、国家扶贫开发重点县、国家重点生态功能区。全县国土总面积约 2 820 平方公里，辖 17 个乡镇(街道)，500 个村(社区)。

淅川县位于河南省西南边缘，地处北亚热带和暖温带的结合部，四季分明，年平均气温 15.8 ℃，昼夜温差 10 ℃左右，雨量充沛，光照充足，每天日照 10～12 小时，无霜期长达 230 天左右，大量土地属黄黏土或黏土土壤，有机质含量在 1.4%以上，pH 为 6.8～7.5，且磷、钾含量较高，矿物质微量元素充足，境内有丹江、灌河、淇河、滔河、刁河五大河流，水质优良，丹江水库起到了调节县域小气候的“湖泊效应”，南北农作物均可在此生长。

淅川县有 2 616 平方公里在南水北调中线工程核心水源区，占全县总面积的 92.8%。20 世纪 50 年代，修建丹江口大坝，淹没淅川土地 362 平方公里(占总淹没面积的 48%)，淅川老县城、14 个集镇及大批基础设施被淹。淅川数万名干部群众参加建设，49 人为兴建大坝献出生命，98 人受伤致残。南水北调中线一期工程建设，淅川新增淹没面积 144 平方公里(占新增淹没总面积的 47.6%)，3 个集镇、36 家工矿企业及大批基础设施被淹，各项淹没指标占库区两省六县市总淹没指标的一半。南水北调中线工程引水总干渠渠首位于淅川县九重镇陶岔村，干渠全长 1 432 公里，其中，淅川境内长 14.4 公里。

淅川县是全国移民大县。移民搬迁从 1958 年修建丹江口水库开始，至 1978 年基本结束，历时 20 年，先后动迁 20.2 万人。南水北调中线工程建设，淅川动迁 16.5 万人，是河南省唯一的移民迁出县。我们坚持把移民迁安作为一项政治任务，全党动员、全力以赴，克难攻坚、顽强拼搏，自 2009 年 8 月试点移民启动以来，共组织移民对接近 2 000 次、行程数 10 万公里，投入人力 110 多万人次、出动车辆 10 多万车次、维修道路 284 公里、架设供电线路 3 753 千米、开展医疗服务 2.6 万人次，有 10 名同志在移民一线以身殉职，淅川干部群众用汗水、泪水和热血谱写了一曲感天动地的移民壮歌，实现了河南省委、省政府“四年任务、两年完成”目标，铸就了“忠诚奉献、大爱报国”的淅川移民精神，受到李克强总理等领导的充分肯定，多次被国调办和省市党委、政府表彰、奖励、记功。

二、有机产业发展情况

近年来，淅川县服从服务南水北调大局，以水质保护、绿色发展为主线，以创建国家有机产品认证示范区为载体，围绕生态富民产业，全面加快水清民富县强新淅川建设步伐，有机产业逐渐发展并形成了一定的规模。

2014 年淅川县开展了“国家有机产品认证示范区”创建工作。经过不到两年的辛勤付出，2015 年底，国家认监委批准淅川县为 2015 年度全国 17 个“国家有机产品认证示范区创建区”之一，是全省第 3 家获批的“国家有机产品认证示范创建区”。

随着淅川县国家有机产品认证示范区创建工作的深入推进，已经带动经济产业结构转型升级，全县特色有机产业稳步壮大，初步建成以软籽石榴、黄金梨、核桃为重点的有机果品示范基地，以茶叶、金银花为主的有机茶种植及加工示范基地，以花椒、葡萄、橡籽等采集为主的有机野生采集示范基地，以丹水鱼、虾、蟹为主的有机水产示范基地，实现了水质保护与经济发展双赢。2018 年 10 月 12—14 日，国家市场监督管理总局认证监督管理司国家有机产品认证示范区现场指导专家组对淅川县国家有机产品认证示范区创建工作进行了实地指导。截至目前，淅川县获得有机产品认证的企业数为 20 家，有效认证证书 35 张。有机基地总面积达 49 292.91 公顷，综合产值达 5.6 亿元，形成了软籽石榴、核桃、黄金梨、茶叶、金银花、水产等特色有机产业。从产品种类上看，淅川县有机产业面积最大、产值最高的是水产品，认证面积为 46 666.66 公顷。

三、保障措施

(一)强化组织保障体系，提升创建工作认识

一是健全领导机构。县委、县政府把示范区创建工作列入重点任务专办，成立了淅川县建设国家有机产品认证示范区工作领导小组，统筹开展此项工作。各乡镇和各有关部门，也成立了专班领导小组，专人抓落实。二是加强政策支持。县政府先后多次派人到山东潍坊、陕西洋县、四川蒲江和西充等参观学习其他示范区创建先进经验，研究出台了《淅川县有机产品培育认证三年行动计划》等一系列关于发展有机产业的文件，制定了《淅川县有机产业发展规划》，明确了全县有机产业发展目标、发展思路、重点建设内容、基础设施及配套保障措施。三是强化督查考核。县委、县政府把有机产品认证示范区创建工作作为乡镇和部门工作目标考核的重要内容，将工作推进情况与项目配套、绩效考核、干部任用相结合。县建设国家有机产品认证示范区领导小组办公室联合县委、县政府督查室采取台账管理、分段提醒、清单交办、跟踪督办等方式，对县直单位、乡镇政府、有机认证企业进行督查。

(二)强化水质保护体系，构筑绿色生态屏障

为保护好生态环境，服务于党中央、国务院编织水生态安全网络的国家大局，县委、县政府以水质保护、绿色发展为主线，一是建立生态文明绩效评价考核和终身责任追究制度。将生态环境、水质保护、造林绿化、湿地建设等纳入绩效考核体系，将考核重点向生态领域延伸，把干部政绩向绿色政绩聚焦。二是完善库区污染防治工作。围绕工业点源污染治理，累计投入 3.7 亿元，先后关停并转企业 380 余家，全面取缔库区水上餐饮船及网箱养殖，关停拆除禁养区内 600 余家养殖场，彻底消除了工业点源污染。围绕面源污染防治，实施增施有机肥工程，推广以源科生物产品为主的有机肥。先后对境内 73 条中小流域进行综合整治。大力推进农村户用沼气，有效控制了农村面源污染。在全国率先建成了县乡污水处理厂和垃圾处理场，全

面实现了污染防治的全覆盖。三是抓好植树造林，染绿库区。淅川县实行合同化造林治理荒山 53.2 万亩，森林覆盖率达到 45.3%，人工造林面积连续 10 年居河南省第一位。是全省公益林面积最大县和全省 25 个重点林业县之一。

（三）强化标准建设体系，提高技术支撑水平

一是加大与相关院校和科技机构的合作。淅川县与河南农业大学签订了校县合作协议，在农业标准化、病虫害生物防治、种植结构、开发模式、良种繁殖、规划设计等方面进行技术攻关。淅川县多家有机基地与中国农科院、中国农业大学等进行项目合作。二是健全有机产品相关标准技术体系。根据国家标准和行业标准，结合淅川县有机产业实际情况，实施统一的有机产品生产技术规程，建立健全有机产品产前、产中、产后各环节质量与技术要求的相关配套标准体系，保证生产全过程有标可依和各项执行标准实施到位，做到“环境有监测、操作有规程、生产有记录”。三是建立县、乡、村三级技术服务网络。整合质监、农业等部门技术力量，深入各乡镇，认真筛选、培育有机产品认证企业及产品，组织举办培训班，邀请省内外有关专家、认证机构检查员实地指导有机农业生产。对乡镇领导干部、农业企业负责人进行有机农业知识宣传培训，切实提高从业者的技术能力和管理水平。

（四）强化扶持推广体系，扩大产业发展规模

一是扶持有机产业龙头企业。在财政扶持项目、奖补项目、专项资金、税费征收、用地、用水、用电等方面向有机产业龙头企业倾斜，鼓励农民采取参股、合作等方式，与有机产业龙头企业、专业合作社建立紧密型利益联结机制，形成新型产业化经营模式。二是不断完善产业链条。结合淅川县现有资源优势，围绕有机产品认证示范区建设缺失环节，大力招引优质粮食、果蔬等加工企业，完善有机产业链条。三是加大财政支持力度。在南阳市政府给予每张新认证有机证书 1.5 万元补助基础上，淅川县再给予 1.5 万元补助，并结合扶贫产业项目，借力对口协作，整合涉农资金，投资 2 000 余万元援建淅川冷链项目优先落户有机产业基地。

（五）强化诚信保障体系，提升质量信用等级

一是建立质量信用机制。指导各生产基地完善产地环境监测、生产过程动态监管、产品质量监测、包装标识管理、全程可追溯管理、应急预案等监管制度。二是深入开展有机产品质量监测。通过产品监测，及时发现产品质量突出问题，找准薄弱环节和工作切入点，健全以监测、分析评价、预警、防范、控制为主线的风险管理机制。以龙头企业为重点，实现“生产有记录、流向可追踪、质量可追溯、责任可界定”的产销一体化有机产品质量安全“可溯化”流程，确保全县不发生农产品质量安全事故。三是健全有机生产企业诚信评价体系制度。对评价为 C 级的企业，由职能部门加大监督检查力度并通知认证机构依据有关规定进行处理。

（六）强化市场监管体系，保障农产品质量安全

为促进淅川县有机产业健康发展，提高有机产品质量水平，防止重大质量安全事故和区域性质量问题发生，主要从投入品使用风险、环境影响风险和企业诚信风险三个方面着手有效识别风险，县有机办制定了《淅川县有机产业发展监控、预警、纠偏及评估控制体系实施办法》，采取以下六种风险防控措施：一是加大有机农产品质量安全法律法规、相关政策和安全知识的宣

传培训。二是建立有机产品质量安全责任制度。三是推进示范带动效应，抓好标准化有机示范基地创建，加强技术指导服务。四是依法对有机农业投入品实行市场准入许可制度，杜绝禁用药物在有机产品生产区域出现。五是建立从风险监测、风险评估、风险预警、应急处置的全过程应急管理制度，构建质量安全应急管理网，最小化有机产品质量安全事故真实风险带来的危害，规避风险。六是建立健全有机农产品质量安全监管体系，增加有机产品监管、监测工作经费预算，将监测和监管所需经费纳入当地财政预算。

四、创建成果

(一)延伸产业链力促持续发展

淅川县高度重视有机产业链的建设，加快围绕农产品资源充分利用，拉长产业链，提高附加值。全县现有生态林果面积 33 万亩，规模以上深加工企业 5 家，为林果产业发展兜了底，让群众吃了定心丸，带动林果种植面积连年扩大。淅川县利用每年修剪的大量林果树枝，发展了食用菌产业，在滔河乡建立了淅川县食用菌产业孵化园，出过菇的菌棒成为堆制有机肥的重要原料，实现了生态菌业循环利用，有助于土壤改良和环境保护。在水产品开发方面，淅川县立足水库水质安全，大力发展生态渔业，通过每年向丹江口水库放养鲢鱼、鳙鱼、匙吻鲟等净化水质鱼类，不仅发挥水生生物净化水质作用，也可生产生态鱼，致力打响渠首生态有机水产品品牌。淅川的有机产业链基本成型，带动了全县相关产业的发展，实现了产业增效，群众增收。

(二)引领优势发展特色产业

一是建成有机果品基地。在九重、马蹬、寺湾等乡镇，建成近万亩以软籽石榴、黄金梨、核桃为重点的有机果品基地。二是建成有机茶叶基地。以毛堂等乡镇为重点，依托龙山红茶业有限公司、绿林茶业有限公司和润丰农业有限公司，建成万亩有机茶叶种植及加工基地。三是建成有机野生采集基地。以河南渠首生态园有限公司为依托，在香花镇柴沟村建成 7 000 亩有机野生采集基地；以三宝绿色食品有限公司为依托，在上集镇曹庙沟村建成 3 000 亩野生橡籽有机采集基地，橡籽淀粉获得有机加工认证。四是建成有机水产基地。以县水产局为主体，依托淅川县丹水湖水产系列开发有限公司，对丹江库区 70 万亩水域进行了有机认证。从产业代表性上看，软籽石榴、核桃、黄金梨、茶叶、金银花、杏李、食用菌是全县有机产业发展潜力最大的优势产业，新培育的杏李、大樱桃、食用菌等产业基地正在向有机化方向发展。

(三)有机产业助力精准扶贫

近年来，淅川大力发展有机绿色扶贫产业，确立了“短中长”三线结合发展思路，闯出了一条水源地贫困县有机产业扶贫的“绿色路径”。一是坚持因地制宜，做实短线产业。以菌、蔬、药等生态产业为重点，目前已覆盖 1.2 万户贫困户，户均年增收 6 000 元以上。二是突出生态高效，做强中线产业。发展经济林果，软籽石榴、黄金梨、杏李和薄壳核桃等规模种植，成为稳固脱贫的重要支撑，带动贫困户近 8 000 户。三是立足资源禀赋，做大长线产业。以丹江湖创建 5A 级景区为契机，发展有机农业观光游和乡村旅游。已培育乡村旅游点和农旅示范园 40 余个，解决了 2 000 多名贫困群众的就业问题。积极打造区域公用品牌“淅有山川”，逐步形成了中国(渠首)石榴节、丹江柑橘节、西簧猕猴桃节等地方特色的节庆品牌，生态有机产业正在让淅川的“青山”源源不断捧出“金山”。

（四）有机产业发展助推水质保护

在有机产业发展和生态环境综合治理的相互作用下，淅川每年新造林面积均在10万亩以上，生态造林合格面积连续10年居全省县级首位。累计发展软籽石榴、薄壳核桃、金银花等生态产业33万亩，森林覆盖率已达45.3%，筑牢了水源区生态安全防护屏障；农业面源污染防治工作得到了农业部的充分肯定。截至2018年6月，南水北调中线工程从陶岔渠首调水入渠水量达150亿立方米，监测显示，南水北调中线一期工程通水4年来，各项水质指标稳定达到地表水标准Ⅱ类以上，保证了“从丹江口到家门口，从源头到龙头”的水质安全。

五、特色产品

近年来，淅川县充分发挥资源优势，引导群众调整农业产业结构，大力发展生态有机产业，以有机产业引领百姓脱贫致富。

（一）软籽石榴

淅川县生态环境优良，四季分明，利于软籽石榴糖分的积累，温度适宜，很少受冻害影响，因此产出的软籽石榴，果皮光洁明亮，籽呈紫红色，果皮薄，平均厚0.3 cm，可食率为61.9%，肉汁率92.6%，含糖量15.8%，含酸量0.29%，维生素C含量1.87毫克/100克，品质、口感俱佳，成为软籽石榴中的精品。

淅川县紧紧围绕打造“中国石榴之乡”这个目标，利用独特的区位和山水优势，将石榴产业发展与脱贫攻坚相结合，与生态旅游相结合，与乡村振兴相结合。利用贫困村房前屋后空闲地种植，实施了贫困村绿化工程，每户栽植10～20株石榴。通过土地流转、整合零散土地，扶持龙头企业发展石榴，先后引进河南仁和康源、果然出色、豫淅红、丹亚湖等公司。全县已建设千亩以上石榴基地8个，发展软籽石榴3.5万亩，带动8 000余人脱贫致富。2019年第三届中国石榴博览会、第八届全国石榴生产与科研研讨会将在淅川县举办。淅川县将以举办此次盛会为契机，大力宣传推广石榴产业发展的先进理念、高端技术和科研成果，继续坚持科技引领，扩大规模，提高质量和效益，做强品牌，推动产、学、研、销交流与合作，促进“文化、旅游、扶贫、农业”的融合发展，带动群众增收，保护一库清水，推动淅川石榴走向全国、走向世界。

（二）黄金梨

淅川县黄金梨种植基地位于丹江口水库上游，该基地周边为荒山、林地，园区由隔离墙与外界相隔，环境优美、光照充足、空气清新，依靠经有机认证的有机肥作为基肥，来补充梨生长过程中的肥料需求。该基地种植的黄金梨果肉细嫩而多汁，白色，石细胞少，果心很小，味清甜，而俱香气，风味独特，品质极佳。

近年来，黄金梨种植基地通过举办“黄金梨采摘节”活动，每年吸引近万余名游客进园观光采摘，采摘节期间，种植基地举办果园采摘、削梨吃梨比赛等一系列丰富多彩的节庆活动。在全域掀起全民采摘热潮，不仅带动了乡村旅游的发展，也鼓起了果农的“钱袋子”。

(三)有机丹水鱼

丹江，古称丹水、淅江、粉青江，是汉江的最大支流，淅川境内长约107公里，流域面积约2 616平方公里。丹江水库是南水北调中线引水工程的水源地，现有库容达290.5亿立方米，库区四周群山耸峙，湖光山色，碧波万顷，库区水质常年稳定保持在国家二级及以上饮用水标准。丹江库区内水产资源丰富，长年生长着鳡鱼、白鱼、鳜鱼、鳊鱼、鲤鱼、鲫鱼、黄颡鱼等鱼类68种，虾类3种，蟹类5种，天然鱼类生产潜力为1 000万千克。

随着南水北调中线工程的实施，为推进库区绿色发展，实现水清民富县强的目标，淅川县坚持以水质保护为核心，走上了生态优先、绿色发展的转型之路，并通过政策扶持和体制机制创新，持续改善区域生态环境，全力保护好京津冀的“大水缸”。从2003年起，淅川县在每年的3～6月份都要实行春季禁渔，让鱼类充分“休养生息”。禁渔期间，淅川县渔政执法部门会定期开展水上巡逻，重拳出击，打击各类非法捕捞行为，保护渔业资源。同时，近距离与渔民接触，了解他们的生活情况，解决他们的实际困难，让渔民从心底里能接受、愿配合禁渔，从而有效维护丹江水库渔业生态发展。此外，禁渔期淅川县还积极开展人工增殖放流活动，通过采取集中放流和分散放流相结合、政府投资和社会资金相结合的办法，累计向丹江口水库投放匙吻鲟、鲢鱼、鳙鱼、草鱼等滤食性鱼类苗种4 000多万尾，确保了丹江渔业资源永续不衰，修复了天然水域水生生物多样性，构建了水域生态文明，使丹江水库每年增殖鱼类、虾类、蛙类等水产资源大约100亿尾，产生生态效益大约5 000万元。

2016年在淅川县质监局的积极引导和帮扶下，淅川县丹水湖水产系列开发有限公司对淅川境内70万亩丹江库区水域进行了有机认证，丹江鲤鱼、鲟鱼、银鱼、鲌鱼、鳙鱼、鳡鱼、草鱼、青虾、绒螯蟹等9个品种一次性通过有机产品认证，南水北调中线工程顺利通水4年来，渠首水源地有机水产品受到越来越多消费者的青睐。

六、创建故事

一个老兵的绿色梦

“我来自农村，曾经穷得吃不饱饭。参军退伍后，筹借资本经营酒店、种植辣椒、开办食品厂。如今，又种起了软籽石榴，发展有机食品。我是增收了，我还要让乡亲们一块儿富起来。”在淅川县丹江湖农业开发有限公司，董事长梅发德朴实地说，富了不能忘乡亲邻里，因为他还是一名共产党员。

梅发德原是淅川县香花镇西岗村人。20多年来，他先后带领群众探索发展特色产业，忠诚服务南水北调中线工程水质保护，发展生态扶贫产业带领群众致富……他的事迹叫响渠首大地。

日本辣椒染红库区

20世纪90年代，为了找一条致富路子，梅发德多次到山东、湖南、四川等地考察产业发展，累计行程上万公里。回来后，他开始在香花镇水库边种植小辣椒。

这是一种从日本栃木县三樱市引进的原种小辣椒，色泽鲜、皮肉厚、辣味浓、油分大、营养价值高，刚上市就供不应求。梅发德最多时种植近百亩，年收入20万元。

周边群众“眼馋”了，“一起发展吧，我帮你们！”军人出身的梅发德握着老乡的手，把自己的胸脯拍得咚咚响。

针对户情细致分析，耐心引导帮助种植。父老乡亲们吃上了定心丸！第二年，带动周边发展辣椒种植上万亩。第三年，香花镇小辣椒产业发展起来了，群众每亩地收入2 000多元。最多的时候，带动周边邓州、内乡、镇平等7个县市发展鲜椒种植20多万亩。

红火的小辣椒染红了淅川库区，也让淅川椒农的日子过得红红火火。

为了让更多的客商来支撑这个市场，梅德发走南闯北，四处联系，了解到四川郫县有100多家鲜椒加工企业，便前往四川联系客户。仅半个月时间，就掌握了100多家企业的信息。当年仅郫县就有60多家企业到香花镇收购辣椒，从此解决了周边上百公里内群众的辣椒销售问题。与此同时，梅德发还办起了小辣椒深加工企业——淅川县六全园调味有限公司，搞起了辣椒深加工，解决了100多当地农民的就业问题。

随着辣椒产业的发展，四川、湖南、广东、贵州、天津等20多个省市、130多个县市近150家客户来香花开店经营，并带动了淅川县域内乃至周边邓州市、内乡县的小辣椒生产和加工，种植面积及质量大幅度增长和提高。

鲜椒上市季节，仅香花镇交易市场，云集客商上百家，商流量达2万余人，日交易量上千吨。“年吞吐辣椒10万吨，成交额达5亿元人民币，香花成为全国最大的辣椒交易市场。”梅发德有点骄傲地介绍，干椒还漂洋过海，远销日本、美国、菲律宾、东南亚等17个国家和地区，饮誉海内外。

1993年，淅川小辣椒被国家工商总局注册商标定名为“香花小辣椒”。香花小辣椒已发展成为国内同类产品中品质最好、品牌最响、最具区域优势、备受国内外客商青睐的南阳重点发展的主导产业产品之一，也是天津、广州等口岸的免检产品。

软籽石榴甜透果农

2010年9月，“国字号”工程南水北调中线干渠征地和移民迁安征地启动。

作为南水北调中线工程渠首所在地、国家一级水源保护区、国家重点生态功能区，淅川更是南水北调中线工程核心水源区，要确保一库清水永续北送。香花镇地处丹江口水库腹地，种植辣椒等传统农业，施农药化肥会让丹江水里氮磷超标，这让梅发德感到了肩上的重担：为了保护丹江口水库水质，必须转产绿色有机农业。

既要保护水质，又要绿色致富，出路何在？梅发德琢磨着。

梅发德先后到山东枣庄、江苏泗洪、安徽淮阳、河南荥阳等多地考察后，2012年底，开始发展软籽石榴。“植的树能保持水土，开的花能观赏，结的果能卖钱，关键是不用施化肥农药，既是环保产业，还是增收产业，种着放心。”

成立淅川县丹亚湖农业开发有限公司，流转村里1 000亩岗坡薄地。农户在获得地租基础上，还可以在基地内务工。

部分村民留在石榴林当工人，负责日常除草、施肥、浇水、剪枝等。“只要不下雨，见天都有活，一年能干10个月，加上地租，年收入近2万元。”贫困户说，收入比以前多，环境也变美了。“每到石榴花开季，放眼望去，整个村庄红红火火。每年9月份果实成熟了，一望无垠的‘红灯笼’挂满村子，引得游客络绎不绝。”

石榴扮靓香花镇，映红村民致富路。乡村采摘游悄然兴起，村里的农家乐如雨后春笋。“县里还成功举办了两届‘渠首石榴赏花旅游节’，2019年，还将举办‘中国淅川首届石榴节’

呢。今后的好日子,会像石榴一样火红甜美!”梅发德一脸幸福。村口矗立的大标语——“绿水青山就是金山银山”,在香花镇兑了现。

石榴编织幸福梦。去冬今春,九重、香花、厚坡三镇新发展软籽石榴 1.8 万亩。

栽下经济林,带富一方群众,种好生态林,筑起清水北送的绿色屏障,扮靓美丽乡村。

目前,香花镇在丹亚湖务工的人员达 100 余人,高峰时每天多达 200 余人,每人每天收入 70 元以上。近两年来,在梅发德的协调引导下,该村贫困户纷纷与丹亚湖公司签订了长期务工合同,他们主要负责剪枝、除草、帮忙采摘石榴,仅此一项,人均年收入 1 万余元,从源头上解决了扶贫怎么扶、谁来扶的问题,真正做到了让群众脱贫不返贫。

黑龙江省

塞北延安　生态田园

——北安市有机产品认证示范区创建纪实

北安寓意“北方平安”，素有“塞北延安”“北国枪城”“书画之乡”之称。市域面积约 7 149 平方公里。辖区内有 9 个乡镇、10 个农林牧场、11 个部队农场。拥有耕地 439 万亩，盛产大豆、玉米、小麦、水稻、马铃薯等农作物，粮豆薯面积占常年播种面积的 90%左右，良种覆盖率达 95%以上。是全国绿色食品大豆原料标准化生产基地和绿色特色作物基地，黑龙江省无公害农产品产地认定与产品认证一体化推进试点市。先后被命名为国家级生态示范区、中国最具发展潜力城市、黑龙江省城乡一体化发展整体推进市和现代农业整体推进市。2017 年，实现地区生产总值 118.1 亿元，增长 6.6%；固定资产投资完成 82.38 亿元，增长 5%；社会消费品零售总额 42.24 亿元，增长 11%。

一、生态和自然概况

1991 年国务院批准把北安市规划为二级发展极核的区域性中心城市。2005 年，省《城镇体系规划》将北安与哈尔滨、齐齐哈尔、牡丹江、佳木斯列为全省五个综合性城市。2012 年，省十一次党代会把北安市确定为现代化新兴城市。2014 年，被列为“龙江丝路带”哈绥北黑产业聚集带重要节点城市。2015 年，省“十三五”规划提出将北安打造成副中心城市。

北安市地理区位优越，位于黑龙江省正北方，黑河地区最南部，是小兴安岭向松嫩平原过渡的中间地带，属河谷及丘陵漫川岗地区。土壤结构由黑土、草垫土、水稻土、暗棕土、沼泽土五种类型构成，黑土占总面积的 75%。是世界珍贵的三大黑土带之一。境内有乌裕尔河、通肯河、南北河三大水系，26 条支流，总长 943 公里。北安属寒温带大陆季风性气候，地跨第三、四积温带，常年平均气温 0.8 ℃，无霜期 90～130 天，年平均日照 2 600 小时，年有效积温 1 830～2 350 ℃，年降水量 520 毫米左右，地势平坦开阔，土质肥沃，是黑龙江省传统的优质麦、豆主产区。滨北、齐北、北黑三条铁路干线，前嫩、吉黑、绥北、齐北四条高速公路和黑大、碾北、绥北、鹤嫩四条国省级公路在北安交汇，是我国最北部铁路公路四通八达的交通运输枢纽，是内地通往黑河市和俄罗斯及东欧国家旅贸大通道的必经中转站。

二、北安市有机产业发展及认证情况

北安市特色产业明晰，拥有耕地439万亩，盛产大豆、玉米、小麦、水稻、马铃薯等农作物，粮豆薯面积占常年播种面积的90%左右，良种覆盖率达95%以上。是全国绿色食品大豆原料标准化生产基地和绿色特色作物基地，黑龙江省无公害农产品产地认定与产品认证一体化推进试点市。先后被命名为国家级生态示范区、中国最具发展潜力城市、全国发展改革试点城市、黑龙江省城乡一体化发展整体推进市和黑龙江省现代农业整体推进市。目前，已形成以象屿生化为主的玉米加工；以忠民粮油、百益全大豆为主的大豆加工；以寒地清水米业、福润大米为主的稻米加工；以北丰合作社、国胜面粉为主的小麦加工；以完达山、宜品乳业为主的乳制品加工；以佳汇食品、温氏畜牧为主的肉制品加工；以华升食品为主的有机蔬菜加工；以北源蓝莓为主的林副产品加工等绿色食品产业链，为绿色有机产业集聚发展搭建了良好平台。同时，建成健康产业园区1个，建成县级农业标准化示范区1个，绿色食品原料标准化生产基地38万亩、无公害农产品117.7万亩，土地流转规模经营面积达到135万亩；5万亩水稻生产示范核心区基本建成，黑河东北亚(对俄罗斯)现代蔬菜产业园一期工程投入使用，成为全省10个无公害绿色农产品生产基地之一。

北安市按照“建基地、育龙头、创品牌、壮产业”的有机产业总体发展思路，制定了《北安市有机产业发展规划》，进一步转变农业增长方式，加快畜牧、豆类、粮油、蔬菜、高寒冬小麦、水稻等特色产业优化升级，重点保护非转基因大豆、高寒冬小麦等特色农产品，继续扩大旱改水稻、棚室蔬菜、北药等经济作物及优质饲草、青贮玉米、杂粮杂豆种植面积，推进畜牧业规模化、标准化、产业化、有机化发展，大幅提升全市农业综合生产能力。不断完善产业化经营、专业化生产、科技化服务、规范化监管，全面推进“种养加销”一条龙有机产业发展体系，增强农产品市场竞争力，努力打造特色鲜明的“国家级有机产品认证示范区”。

北安市力争用1～3年时间，努力建设六大有机食品产业开发带。即以推动通北林业局及周边林场的食用菌、山野菜、浆果等山产品有机化为重点，建设有机山特产品开发带；以推动标准化养殖的猪、牛、羊、鸡等畜禽产品有机化为重点，建设有机畜禽产品开发带；以推动主星朝鲜族乡及通北北丰高寒冬小麦合作社的水稻、高寒小麦及旱稻等农产品有机化为重点，建设有机稻米、小麦开发带；以推动赵光等周边乡镇种植的高脂大豆有机化为重点，建设有机大豆开发带；以推动通北对俄罗斯蔬菜出口基地、从事蔬菜种植的专业合作社等主体产品有机化为重点，建设有机蔬菜开发带；以推动土地流转种植马铃薯的农民专业合作社产品有机化为重点，建设有机马铃薯开发带。

北安市已发展各类有机农产品生产基地25个(含11个转换地块)；获得各类认证证书20张(含种植类转换认证6张、加工类转换认证1张)，其中有机种植认证9张，面积达16 939公顷，年产量142 030吨，实现产值193 88万元；有机加工认证4张(含转换认证1张)，年加工8 882吨，实现产值24 099万元；有机养殖基地认证1张，存栏2 947头奶牛，产鲜奶12 034吨，产值4 572万元，全市有机产品产值共为48 059万元。初步形成了以华升食品、宜品努卡乳业、北丰高寒冬小麦合作社等企业为龙头的集种植、养殖、加工、销售一条龙产业链，有机蔬菜、有机婴幼儿配方奶粉、有机高寒小麦等有机特色产品远销国内外。

北安市力争到2020年，初步实现规模农业区域化、特色农业有机化、生产全程标准化、龙头企业品牌化，申报的国家级无公害农产品、绿色食品、有机食品达到50个，农业标准化生产基地30个，面积达到74万亩，主要农产品实行标准化生产达到总产量的90%以上；有机、绿色食品产业产值达到10亿元，建成黑龙江省北部有机、绿色食品产业基地。推进畜牧业规模化、标准化、有机化、产业化发展，全市形成20万吨高品质生鲜乳、1万吨中高档牛肉、3万吨猪肉和1万吨禽蛋生产能力，畜牧业增加值5亿元，建设有机标准化奶牛牧场10个，标准化肉牛养殖场20个，标准化生猪养殖场20个，形成黑龙江省北部区域畜禽养殖加工和产品销售集散地。

三、保障措施

一是加强有机认证监管。按照国家GB 19630—2019有机产品标准，严格执行《有机产品生产、加工、标识与管理体系要求》，落实《有机食品认证技术准则》《北安市有机产品生产管理办法》《北安市有机生产管理措施》。加强有机认证过程监督管理，认真落实对认证人员、核审时限、问题整改等方面的审核责任，保障有机认证顺利开展。严格规范认证标志的使用和管理，建立健全有机产品认证追溯体系，确保有机产品和生产企业做到信息可追溯、标志可防伪、数量可控制。监督企业建立有机产品质量管理手册，建立严谨的有机生产操作规程，建立有效的有机产品风险监测制度，实施有机产品质量风险预警机制。设立种植、养殖、加工有机生产管理人员及内部审核员，定期组织人员参加有机产品知识培训，和企业内部检查人员在种植上，对种植地块，从种子的使用、农家肥使用、病、虫、草害、防治经常进行检查，在养殖方面对饲料收获时再进行二次检查，要做好农事记录。加大对畜生产、饲喂、兽药、防疫、饲养环境等监管。

二是强化产品质量监管。加强与科研院所合作，推动有机产品品种改良，先后培育引进荷斯坦奶牛、东农1号、龙麦33号等优良品种，从种养源头提升品质，实现有机产品良种覆盖率100%。加强过程把关，加大有机种养基地环境检测力度，建立质量安全监管长效机制，严格生产、加工、存贮和运输等全过程监管。加强有机产品市场监管，严厉打击有机产品生产销售中的违法行为，规范有机产品认证市场秩序。近3年未发生有机产品认证质量问题，无重大食品、农产品质量安全事故。

三是完善支持激励政策。制定有机产业发展规划，加强政策引导，鼓励支持有条件的各类农民专业合作社从事有机农产品认证。制定出台一系列的优惠政策从用地、用工、用电等多方面给予扶持，对拥有有机产品的农民种植专业合作社免收各项税、费等优惠政策。对创建区内有机产品生产企业加大资金投入、政策投入。建立有机、绿色产业项目发展专项基金，加大对有机产品研发的资金投入，保障绿色有机产品的研发，促进有机产业的壮大。制定出台了《北安市有机产业发展扶持政策》《北安市大力推进名牌带动战略实施方案》，对有机产品生产加工企业符合有机产品要求的，优先申请政府质量奖，并按照扶持政策按种植多少进行财政支持，达到《北安市人民政府质量奖管理办法》要求的，政府还将一次性奖励10万元，用以支持企业走绿色、有机、创品牌的发展之路。2017—2018年财政累计投入资金26 816.4万元（含2015年投入宜品乳业1 300万元），其中：基地建设2 369.7万元、产业扶持5 019万元、环保投入4 725.2万元、水质提升5 179万元、耕地质量提升6 601.7万元、奖励激励机制156.4万元、基础设施配套2 765.4万元。这些保障措施有效提升了北安市产品的质量和知名度，促进了区域经济的大发展、快发展。

四、实施成效

(一)优势特色产业

北安市常年种植农作物有大豆、玉米、水稻、小麦、马铃薯等五大类作物，粮豆薯面积占常年播种面积的90%左右，良种覆盖率达95%以上。近几年全市粮豆薯总产量在6.5亿千克左右。北丰高寒冬小麦合作社种植的高寒冬小麦，生产的面粉和挂面自上市以来一直供不应求。北安宜品努卡乳业生产的“宜品益臻”有机金装、铂金装婴幼儿配方奶粉，连续3年在“世界食品品质评鉴大会”上获得超金奖。2016年通过欧盟有机产品认证和BRCAA认证，2017年通过欧盟有机认证和美国有机产品认证、BRCAA认证，2018年1月获是中华人民共和国国家质量监督检验检疫总局颁发的“生态原产地产品保护证书”。还有多个有机品牌产品，以其安全、无污染、零添加等特点被消费者广泛认可，市场认知度逐步增长。2017年继续拓展有机产品种植面积800公顷，认证范围也在逐年扩大，包括有机孕产妇奶粉、有机高油乳清粉等，积极研究开发了有机羊奶粉等系列产品，在国内销售基础上，于2017年在韩国投资建设乳制品工厂，在国内兼并了黑龙江省富裕乳品厂，增加了产量，为社会创造了更大的经济效益和社会效益。下属宜品乳业现代化示范牧场有限公司，现有标准化养殖场1处，奶牛2 947头，计划投资建设二期标准养殖项目，建成后奶牛存栏达到5 000头。

种植基地自然环境良好，植物物种丰富，自我修复能力较强。种植有机青贮玉米均在5年以上，基地内不存在转基因苗木。自2011年4月1日按照有机方式管理以来未使用任何化学合成和禁用的化肥、农药等农业投入品。施用有机肥，采用农业综合防治法、物理防治法、生物防治法进行玉米病虫害的防治。

现代化示范牧场位于北安市自平村，地处北纬47°35′～48°33′、东经126°16′～127°53′之间。位于松嫩平原向兴安岭山地过渡的中间地带黑龙江省北安市市郊，土地肥沃，适合玉米、大豆等农作物的种植。基地位置属于寒温带，季风控制下的大陆性气候。冬季、春初、秋末受西伯利亚冷高压控制，偏北风多，降雨量少，空气干燥，气候寒冷。春末、夏季、秋初多受南来暖空气、蒙古低压影响，多偏南风、气温高，降水多而集中，空气湿润。常年平均气温0.2℃，最低气温−42.2℃，最高气温37.6℃。无霜期90～130天，全年平均日照2 624小时，年降水量500～700毫米。养殖场周围没有化工厂、钢铁厂、医院、垃圾场等有毒有害气体排放，空气中的各项污染物不超过指标要求。水质没有污染，生产、生活用水不含污染物，水质优良。没有金属和非金属矿山，远离大城市、铁路、公路，土壤未受到人为污染。公司基地适用于有机牛养殖，生态系统保持良好。完全按照黑龙江省标准化养殖小区设计，边缘周围设置围墙、排水沟。设有粪便处理设施。对周围环境没有任何影响，大气环境、土质自然环境良好，各项环境监测均达标。而且，养殖场附近多为绿色地块、有机地块，发展畜牧业优势明显，非常适宜有机养殖生产。

北丰高寒冬小麦合作社地处我国东北部黑龙江省小兴安岭西北坡布伦山脉，地理坐标为东经127°15′～东经123°0′，北纬47°38′。土壤为暗棕壤分布面积最大，占总面积65%，其次是草甸土，占总面积的35%。黑土层厚度在35厘米以上，有机质在7%～9%，土质肥沃，适合农作物生长。产地环境处于国家基本农田保护区内，周边未见工厂区、工业污染源、大型传染性医院等、不靠交通主干线，也没有生活垃圾场等，周边均为防护林带，长势茂盛，隔离效果好。基地土壤为黑土，有机质含量较高，肥力较高。灌溉水为地下水，水质清澈，通过核实提供的土壤、灌溉水检验报告和空气符合性证明，土壤环境质量符合 GB15618—2018 中的二级标准、农田灌溉用水水质符合 GB5084—2021 的规定、环境空气质量符合 GB3095—2012 中二级标准的规定。有机种植基地共 200 公顷，由合作社按有机方式进行有机生产和管理，实行自我种植、自我加工、自我销售全链条一条龙生产经营。

2008 年年底，东北农业大学正式启动实施“东小麦创新工程”，同时组建了冬小麦育种、栽培与复种、病虫草防治、营养调控、配套机械、越冬机理和技术推广技术团队。2010 年，北安市通北北丰高寒冬小麦合作社率先引进了这一科研成果。冬小麦是我国的新农业品系：一是从种植到收获长达 11 个月之久，能经受零下 40 多度的低温环境，吸收了四季的精华，故而麦香浓厚、口感好、营养丰富，是其他小麦所无法相比的。二是经农场实际种植，其亩产量高于黑龙江省其他小麦 50 千克以上。三是品系优良根系发达，其抗旱抗涝能力远远强于其他小麦。四是降低投入成本收效明显增加。高寒冬小麦因为有较强的分蘖能力，所以其下种量比其他小麦节约 60%，亩可节约投入 80 元。

华升食品有限公司成立于 2015 年，公司拥有国内先进生产线 2 条、玉米蒸线 1 条，引进台湾地区的速冻蔬菜生产加工工艺，年产速冻蔬菜 2 万吨。该企业拥有自己的原料生产基地，能够自给自足，生产全过程实行监控，严格执行有机产品管理规定，做到一地一块一品一个编码。严格品控化验检测，从田间到餐桌全过程进行追溯，并生成二维码，为每一产品提供安全保证。公司采取龙头带基地、基地带合作社、合作社联农户的经营模式，做大做强蔬菜深加工，实现贸工农一体化、产供销一条龙的产业化发展格局，初步建成中国正北方最大的绿色有机蔬菜出口加工基地。

（二）惠及民生

通过发展有机产业带动了一大批农民向有机种植方面发展，促进了土地流转规模化经营，同时也带动了南方发达省份的大公司来北安市开发种植有机农产品，例如，河南供销农业发展有限公司注资 3 001 万元，在北安市设立分公司主要种植有机农产品。推行“我在龙江有亩田”项目，该项目是黑龙江省政府发起，旨在向全国推荐黑龙江省稀缺黑土地资源，从种植源头保障农产品质量。认购客户签署委托种植合同，公司负责全部田间管理作业，保证每亩生态有机农产品产量及质量，并负责运输到认购客户指定地址，真正保护客户吃到的是原生态、纯有机、真健康的农产品。已经签订 656 份认购合同，认购土地 875 亩。通过有机种植，大量使用人工作业，提升了农民就业机会，增加了农民增收。宜品努卡乳业近十年来，安置下岗职工、应往届毕业生、待业青年再就业近 300 人次，带动周边 500 人就业。其中农业种植提供农业就业 300 人，提供养殖就业 200 人，带动了劳务收入 500 万元。北安宜品努卡乳业有限公司就是从源头开始严格地生产有机产品，从种植有机玉米、有机大豆、有机青贮，到养殖有机奶牛，最后加工生产有机配方奶粉一条龙的生产体系。体现了“公司＋农户＋品牌＋互联网”的生产模式，带动了一系列的有机农业的发展并促进周边产业发展，形成了一带一路的产业发展多元化格局，政府实现了劳动力转移，实现了农业产业化和种植业调整等多赢局面，大大惠及了民生。

（三）平衡发展与生态保护

有机种植是一种在生产中不使用化学合成的肥料、农药、生长调节剂，也不采用基因工程和离子辐射技术，而是遵循自然规律，采取轮作、物理和生物的方法来培肥土壤、防治病虫害，以获得安全的生物及其产物的农业生产体系。其核心是建立和恢复农业生态系统的生物多样性和良性循环，以维持农业的可持续发展。企业的有机蔬菜种植通过轮作、间作和各样种植，使农业生产系统的多样性得到改善；通过利用堆肥，促进了农田养分循环；将养殖业和种植业结合起来，改善了养分的管理水平。这些都大大地促进了生态的平衡发展和环境保护。

牧场管理方面，细化全产业链，变废为宝，形成经济循环，污粪采用固液分离后的液体和废渣制作有机肥，污水经处理后达标灌溉农田或二次回收利用，建立沼气池，使资源利用更合理、更有效。

(四)脱贫与精准扶贫

北安华升食品有限公司以“企乡(村)相联、精准扶贫”为主题，以“帮助产业发展、扶持特困户生活”等为方式，参与了“万企帮万村联万户”活动，助力了北安市的精准扶贫工作，已经落实并实际投入资金开展了帮扶活动的有 3 乡 9 村。同时，公司在参与非公企业精准扶贫活动中，摸索出一套以农产品加工龙头企业为主导、联合农民合作社、扩容贫困户入社分享利润的扶贫模式。龙头企业负责提高农产品附加值，通过合作社吸纳贫困户入社建立利益联结机制，使贫困户分享到加工、流通等环节的利润，促进农业提质增效、农民就业增收。2017 年末，企业进一步研究制定了新的帮扶项目，从促进贫困户内生动力出发，组织海星镇 4 村 157 户、杨家乡 2 村 56 户贫困户成立农民专业合作社，以土地入股，参与合作社年末分红，保证分红每户不低于 2 100 元，促使贫困户从内生动力上产生参与感，最终达到脱贫致富。

2014 年 4 月 20 日，四川雅安市芦川县发生 7.0 级地震后，灾区急缺婴儿食品的消息牵动着无数人的心。4 月 22 日，北安宜品努卡乳业有限公司通过中国妇女发展基金会向雅安灾区捐赠婴幼儿奶粉，合计人民币 80.09 万元。为深入推进黑龙江省定点驻村扶贫工作，切实解决贫困村和贫困家庭的儿童营养问题，2016 年 8 月 13 日，北安宜品努卡乳业有限公司向巴彦县贫困家庭捐赠了价值 30 万元的婴幼儿奶粉。2016 年又与北安市东升村结成帮扶对象，帮助农民早日脱贫。以实际行动支持全面二孩政策，对符合政策的公司员工，根据相关规定，生育的二孩宝宝，公司免费提供该宝宝一年食用的婴幼儿配方奶粉，价值人民币 1.25 万元左右。

五、特色产品

北安宜品努卡乳业有限公司 2018 年已经获得生态原产地产品保护证书，以“天然、营养、安全”为主要特点的爱尼可有机婴幼儿奶粉，来自黑龙江北纬 47°黄金奶源带的自有有机牧场，它不含农药杀虫剂、化肥残留物和转基因成分，营养自然安全。“有机、有爱、有健康”，更高品质的爱尼可有机奶粉必将成为众多妈妈们的奶粉选择。

爱尼可有机婴幼儿配方奶粉由北安宜品努卡乳业有限公司自主研发与生产，企业拥有自己的有机牧场，原料、生产、销售、服务的整个产业链完全由自己公司掌控，质量安全有保障！“无污染、无添加”、拥有中国、欧盟、美国三重有机认证，有机成分≥95%。

北安华升食品有限公司生产的有机速冻蔬菜是将新鲜蔬菜在 4～10 小时以内，经过一系列预处理后快速冻结成中心温度－18 ℃的蔬菜。速冻蔬菜对原料和加工工艺要求比较高，必须是品质优良、成熟度适宜、大小长短均匀、无病虫害、无污染，而且收获后要求不浸水、不捆扎、不重叠受压并及时运输，从采收到速冻，视品种的不同控制在4～10小时以内，从而保证了原料的新鲜度。因快速冻结，其内部的各种生化反应受到抑制，因此能较大程度地保持蔬菜原有的营养成分和色、香、味等品质。

公司主要从事速冻蔬菜的加工销售和农产品冷链物流体系。主要产品有：速冻马铃薯块、南瓜块、油豆角、西兰花、青刀豆、黏玉米、白花菜、黄金勾、秋葵、毛豆等20余个绿色速冻蔬菜品种和刺嫩芽、薇菜、老山芹等10余个山野菜品种和食用菌品种。

寒地黑土有颗"有机星"

——红星农场有限公司有机产品认证示范区创建纪实

祖国东北边陲有一颗闪耀的"星"，这颗"星"位于小兴安岭与松嫩平原过渡地带，是世界三大黑土带之一。这里无工业污染，有机基地土地肥沃，土壤有机质含量高，为有机作物的生长提供了良好的生态环境。她就是国家级有机产品认证示范区红星农场。

20世纪50年代，王振将军带领10万转业官兵挺近东北老林，开发建设北大荒。1951年，一师二团赴于西火犁开垦，以人民军队的"红星"命为场名。初期条件十分艰苦，住马架，喝雪水，人犁肩扛，夏天蚊虫叮咬，连牛马都咬的血肉模糊，靠着顽强"北大荒精神"，经过70多年的开发建设，现如今红星农场拥有土地面积58.8万亩，耕地面积41万亩，总人口1.3万人，机械总动力3.7万千瓦，是农、林、牧、副、渔综合经营，工、商、运、建、服全面发展的现代化大型二类国有企业。红星农场现代农业建设处于领先地位，有"精准农业示范场、数字农业第一场"的美誉。2006年，在黑龙江垦区率先成立"北大荒集团红星现代农业发展中心"，与国家信息化中心合作，建立现代农业信息网，应用"3S"技术，使农业生产连年大丰收。从荒无人烟野草丛生的原始老林华丽转身为"捏把黑土冒油花，插双筷子也发芽"的肥田沃野，为国家粮食生产做出了杰出贡献。

一、沃野美景藏深山，柳暗花明天外天

驾车驶进红星农场的场界，仿佛走进了陶渊明的"桃花源"。曲径通幽，绿荫两岸，恰似山水画家的神来之笔。这里保持着大自然原有的清新，远离工业喧嚣、环境污染，是为数不多的"净土"。大片连绵不断的沃野，在天空下伸展着，清风袭来夹着泥土散发出的芳香，把大片庄稼吹得绿浪翻滚，涟漪荡漾。若是冬季，你会看到完全不同的景象，一望无际的白雪，装点的银装素裹，这也正是它独有的特色。冬夏温差大，最高能达70℃，极大地温差给沃土创造了良好的休整期，皑皑积雪为大地撑起了保护伞，来年雪融后充分蓄存水分、保住了墒情，并且冻死了各种虫卵和杂草种子，降低了作物生长期病虫害的发生程度及杂草的生长率。俗话说：垡晒"三伏"贵如油，垡冻"三九"淳如酒。土地耕翻后晒"三伏"和冻"三九"是这里种地养地的特有

方式。而独特的天然“大氧吧”成了这里做有机产业“学不走”“盗不去”的秘诀。

二、精准高效建基地，构筑有机压舱石

依托资源准定位。2002年的春天，红星农场党委决定根据地域特色大力发展有机产业，先后选基地、定品种、制方案、建体系，4万亩有机生产基地通过了欧盟、美国、日本以及国内有机认证机构认证，实施统一选种、施肥等“八统一”保证生产基地严格按照有机标准操作，唤醒了这片沉睡万年近似于“原始”的黑土地，让肥得流油的黑土地实现它更高的价值，迈开了红星农场有机发展坚实的一步。

破除障碍绽活力。由北大荒亲民有机食品有限公司承担有机生产基地委托生产经营权，按照委托经营面积落实专门的具体责任人，严格遵守有机生产操作规程，继续按照“企业＋基地＋合作社＋种植户”的经营方式，有机基地不分区域、不分作物、不细分到户到人的管理方式。生产经营强化“八项管理”措施，坚持“专人分管、成本逆控、利润保底”原则，实行成本逆控和盈亏考核制度，提供安全优质的有机产品原料，保障委托经营户的稳定收益。

大力投入快发展。2006后先后投资500多万元建设了设备完善的有机蔬菜高效示范园区，实现旱能灌、涝能排，多季生产、高效利用，并与东北农业大学建立了技术合作，研发乳酸菌厌氧发酵有机酸菜技术。2007年投资5 000万元注册北大荒亲民有机食品有限公司，2010年投资近2 000万元用于公司扩建有机酸菜加工车间和员工宿舍。2011年投资50多万元建立33.5公顷的有机产品观光采摘园区。2014年投资1 000万元建起了面粉挂面车间，采用国内最先进的机器设备及生产工艺。10多年来，农场共投入有机地转换期的补贴资金达3 000万元。

注重品质铸“亲民”。农场严把产品品质关口，并把品牌建设作为发展有机食品产业的核心和关键。围绕有机生产基地，开拓有机产品的精深加工，隶属于红星农场的“北大荒亲民有机食品有限公司”是一家集有机食品产、加、销一体化的工业企业，公司下设有机酸菜分公司、黑龙江北大荒益康有机食品有限公司、黑龙江农垦亲裕食品有限公司3个分子公司和1个控股公司哈尔滨亲民贸易有限公司，注册资本1亿元，员工近300人，是国家级有机食品生产基地，黑龙江省农业产业化重点龙头企业。已通过ISO9001质量管理体系认证、ISO22000食品安全管理体系认证和HACCP体系认证，是出入境检验检疫局出口认证企业，同时也是同线同标同质“三同”企业。公司在打造红星特色有机产业体系的同时创造着一个个国内之最。

有机酸菜是第一个通过有机认证的腌渍产品——堪称最早。生产的有机酸菜产品在秉承传统制作工艺的同时，融合现代乳酸菌厌氧发酵技术，严格控制亚硝酸盐的产生（国家酸菜标准≥20毫克/千克，亲民有机酸菜仅含6～8毫克/千克），使酸菜产生出大量有益于人体的益生菌，最大限度地保留了原有白菜的营养成分，富含维生素C、氨基酸、膳食纤维等营养物质。

单罐腌渍60吨有机白菜的有机酸菜罐——堪称最大。拥有50个自主研发的有机酸菜发酵罐，单罐罐高6米、直径4.5米，有“天下第一大酸菜罐”的美誉。罐体采用316L食品级不锈钢材质制作，且罐体设有温控设备和循环系统，可以实时监控发酵的过程。

以99分完成有机酸菜质量可追溯——堪称最高。2010年接受农业部农产品质量可追溯项目验收小组的考核验收，以99分一举获得近3年来该项目所有成员单位最高分，并在2013年再一次以全国最高分顺利通过了验收工作，通过数字化、网络化管理，实现对有机产品种植、生产、加工、销售全过程的监督管理。

在酸菜行业独家研发水浴杀菌设备——堪称最强。为了保证有机酸菜的最佳品质，在酸菜行业率先研发和使用了“有机酸菜袋装水浴杀菌”技术，把装好袋的酸菜在科学的温度、时间内进行杀菌，通过此道工序保证产品质量的稳定性。

三、亲民食品良心造，铭记初心惠乡亲

这几年，红星农场把有机产业做得风生水起，在有机食品产业的圈子里面可以说是赫赫有名。可是在有机食品产业发展的这十几年里，历经了多少心酸，承受了多少磨砺，走过了多少坎坷？只有红星人，只有亲民人心里才最清楚。

那是2006年的夏天，十几年不遇的洪涝灾害肆虐红星农场。长期连续低温降雨，低洼地块几乎全部绝产，地势状况稍微好点的地方却是草苗一起长。眼看着草欺苗却有力使不上，种植户急得蹲在地头呜呜哭。迫于无奈，有的人就冒天下之大不韪，强行向有机基地喷施农药。农场得知这一情况后，不得不废除了有机地块，造成了很大的损失。农场规定种植户在种植有机基地的过程中，严格按照有机操作规程管理，对于未按照规程操作的种植户，除对其进行相应的处罚外，在5年内坚决不允许再次承包有机地块的种植，被破坏的有机地块也将被除名处理。正是因为有一颗坚持到底的恒心、敢于解决问题的耐心和一定会战胜困难的决心，农场的有机基地才得以健康有序地发展下来。

在发展中，红星农场也清醒地认识到，有机生产基地要想实现长久的发展，就要保持基地的环境不被企业自身的生产所污染，2013年投资2 800万元建设日处理污水能力1 000吨的污水处理厂竣工使用，保障了基地的环境。

农场一直秉承着“塑有机之本、创信誉之首、铸有机之魂”的初心，实现了“市场＋公司＋基地”的规模化发展。现在产品有6个系列50多个品种。“亲民食品”商标荣获“黑龙江省著名商标”“龙江特产”等荣誉。“红星酸菜”被国家质检总局实施地理标志产品保护并被收录国家级《中国地理标志产品保护大典》。产品已经进入了国内15个省、4个直辖市、稳定经销商400家，入驻全国KA类超市3 000多家，在京东、天猫、拼多多等网站均开设旗舰店，同时出口到美国、日本、澳大利亚等国家。

红星农场发展有机产业的同时，也在不断创造自身的社会价值。首先，带动农业增收，增加农产品的附加值。年可为职工种植收入增加2 740万元，并以有机地扶贫形式对130个贫困户精准扶贫。其次，拉动农场职工就业，为农场增加近300个固定工作岗位，按人均年收入3.2万元计算，年可为员工增收近1 000万元。第三，因公司业务发展，带动运输、餐饮、住宿、通讯、旅游等社会各项事业增收近800万元。

四、安乐优雅享人间，不是神仙胜似仙

“现代机械耕田中，都市生活在景中”是红星人生活的真实写照，场区内有安、乐、优、雅四个小区，各项附属设施配套齐全。

红星农场社会管理服务中心整合社会资源，设立“一站式”服务，以往要是办点事，东跑西跑一晃一天就过去了。而如今，也就是吃顿饭的功夫，就全能办理完成，让老百姓着实感觉到“幸福”。

每半个月一次的广场文化演出，都是居民自编自演，不定期组织的钓鱼、象棋、环城跑等比赛丰富了居民文化生活。百家宴、亲子活动等更是拉近了邻里之间的情谊。白天，大人们忙着工作，小孩子们去学习科学知识，老年人们充当了义务的环卫员和治安巡逻员，整个场区显得静悄悄的。傍晚时分，这个方圆不过 9 公里的小镇立马热闹起来，茶余饭后的人们大多聚到了休闲广场或是文化活动中心，小孩子嬉笑追逐玩耍、小伙子喜欢打打篮球、年轻人健健身跳跳舞、老人们练太极活筋骨，一派和谐的景象，让你领略“岁月静好”。

在红星你可以夜不闭户、你可以任孩子在户外尽情地玩耍、你可以与人坦诚相待、你可以生活得踏实安稳。

“路漫漫其修远兮！”红星农场将充分利用好北大荒的独特资源，一如既往地坚持走有机产业发展道路，守护“中国粮食、中国饭碗”，做强有机做大产业，还百姓健康！

五、亲民食品君品尝，开启健康新生活

有机酸菜，酸香味纯。与东北农业大学合作采用乳酸菌厌氧发酵技术腌渍有机酸菜，取新鲜酸菜切制，食用方便，色泽鲜润、脆嫩适宜、酸香可口，涮、炒、炖、炝均鲜香味美，是居家烹饪和馈赠亲友之佳品。

有机面粉，麦香浓郁。得天独厚的地域资源，造就了独特的有机生产基地。采用优质有机小麦为原料，采用现代化的设备和先进制粉工艺精制而成，结合科学的配粉方案。面粉质量优异、麦香浓郁、色泽微黄，让面食色、香、味完美地呈现。

有机挂面，劲道耐煮。工艺采用低速和面、静止熟化、复合波纹压面、面带熟化、低温烘干等。开发生产出原味挂面、蔬菜挂面、杂粮挂面等多口味挂面，挂面色泽柔和、光滑耐煮、口感细腻、劲道爽滑。

酱香悠扬，品质优良。酱质细腻，它以咸、香等特点成为蘸酱菜食客的“黄金搭档”，更是炖菜必不可少的佐料。喜欢吃东北黄豆酱的人们，品尝过“亲民食品”牌有机黄豆酱都会赞不绝口的竖起拇指，一个字“香”。

来到红星农场，好客的亲民人就会带您看看一望无际的有机大地，高高蓝蓝的天空，呼吸新鲜至极的空气，摸摸天下第一大有机酸菜腌渍罐，坐坐比奔驰宝马还要贵的农用大机车。累了，到水上森林公园凭栏而坐，给您做上一桌美味的有机盛宴大餐，享世间美景，吃人间美味。您，还在等什么？

六、创建故事

白菜变身记

酸菜，古谓之曰“菹”。盛生于燕，而兴于北。历两千余载不衰，其香播于万户，恩泽于宇内，实为肴中之上品也。昔以菘入盐，假以时日，腌制而成。其脆嫩鲜亮之感、去腻增食之功，概莫比焉；今以乳酸为酵，辅以良法，克害物滋生之隙地，生有机无害之菹，今人功莫大焉。

我是一棵白菜，战国时从地中海传入中国种植，已有 2 000 多年历史。目前，我生长在黑龙江省红星农场有限公司，这块黑土地用 10 年时间让我美丽转身，变成有机白菜，这是著名词

人为我写的歌赋。

北方的冬，天寒地冻，万物苍洁。从前，没有反季节的大棚作物，能过冬的蔬菜无外乎土豆、萝卜、白菜，吃的人们涩口乏味，不知是谁发明了酸菜，帮人们“猫冬”。

当年张作霖的大帅府配有七八口酸菜缸，可往往还是不够吃。张大帅的儿子亦即张学良的弟弟张学思少将，官拜解放军海军参谋长，弥留之际，最想吃的就是东北酸菜。

现在，市面上酸菜品种繁多，但口感最纯正的当属黑龙江省红星农场有限公司生产的有机酸菜。2018 年 9 月 25 日，习近平总书记来到北大荒考察，最先品尝也是这有机酸菜。

田中变身份

来到红星农场有限公司场界，一块块“国家有机产品认证示范区”“国家级有机食品生产基地”这样的“重量级大牌子”映入眼帘，这里就是“酸菜前身”——有机白菜的家。

2002 年，红星农场有限公司选择开发较晚、无污染的地块，开始进行白菜、大豆等有机基地的建设和转换工作，4 万亩有机基地通过欧盟、美国、日本以及国内认证机构认证。

基地建设中，公司注重管理体系的建立和种植流程的规范。从有机食品的计划、物资使用到生产、加工、贮藏、运输、销售等各环节都制定了严格、具体的操作规程，并在有机产品生产单位的仓库、晒场、作业机具上都“烙”上了四个大字“有机专用”。

为了使每一颗菜都出类拔萃，红星农场有限公司可下了不少“功夫”。通过秸秆还田、增施农肥，改良了有机基地土壤；通过 GPS 导航、耕深监测，提高了有机基地作业标准；通过推广良法，试验示范，完善了有机农业种植模式；通过标准化的农机管理，机械灭草，降低了有机作物种植成本；通过液粪追施，补肥提质，提高了有机作物产量品质；通过破土培垄、大垄栽培，提高了有机作物的抗逆性。

2015 年，公司开始采取集中种植、统一管理的方式，明确种植户和管理者的权责关系，保障了有机种植基地的良性发展。

王老伯是种地的好手，但是种有机地他可是门外汉，种有机基地的标准越来越高，让这位曾经的“土专家”可越来越糊涂了。百户百种，品质不一。面对这一系列的问题，2018 年公司董事长刘建生提请农场有限公司要求“改革”。开大会、交地款，交了种地钱，大家却都不知道地在哪，想动点“手脚”更是不可能。而这改革的办法就是“专人分管、成本逆控、收入保底，利润共享”，有机基地不分区域、不分作物、不细分到户到人，落实农机工程师白玉秋带领专业团队按照“八统一”集中管理有机基地。王老伯也有幸被 663 家种植户推选为监督员之一。这一年下来，一脚泥巴没踩过，坐在家里每亩就有 150 元的稳定收益，种植户们乐开花，纷纷点赞“既解决了我们的种地难，又保证了有机白菜的品质，这办法实在是高！”。

一颗普通的白菜，在这样的“精耕细作”下华丽转身。

罐内变酸菜

2007 年，红星农场有限公司建成全国首家有机酸菜加工厂——北大荒亲民有机食品有限公司。

最有名的要说誉为“天下第一大酸菜罐”的有机酸菜腌渍罐了，有不少客商和学者都是慕名而来，想亲眼看见大罐的风采。有机酸菜腌渍罐直径 4.5 米、高 6 米，每个罐一次可腌渍有机白菜 60 吨，相当于一节火车皮的容量，50 个罐体清一色的采用 316L 食品级的不锈钢，罐罐管道相连，时时精准温控。

公司总经理于孝滨视每一棵白菜都如“珍宝”。与东北农业大学共同研发加工工艺，他要求工人们要经过好几道的整理工序后，才能将白白胖胖的有机白菜送入发酵罐，并选择盐、水和乳酸菌成为有机白菜的合作伙伴，来陪伴40余天的漫长发酵期，其他的“调皮鬼”可是绝对隔离的。

普通酸菜很难控制亚硝酸盐的含量，国家标准是每千克不得超过20毫克，这也是关键技术掌控的难题之一。主管生产的副总经理李霞将样品送到了黑龙江省出入境检验检疫局。在焦急的等待中她听到了这辈子最爱听的话：“经检测你们公司的有机酸菜亚硝酸盐含量仅为每千克6毫克，符合国家标准”。这简简单单的几个字，换来的着实不简单，把亲民人脸上可都乐开了花，暗暗下决心：按照操作规程和工艺要求进行生产，一点都不能掺假。

有机白菜在科学的工艺下摇身一变，成了有机酸菜。

手上变精品

亲民工匠经过17道标准化生产工序，精挑细选，精心包装，提高了产品质量，抬高了酸菜身价。

这怎么“包装”可是有讲究的！原料要求株高30厘米以上的长棵实心菜，入罐前经过2次喷淋式清洗，入罐密闭发酵，出罐前的半成品要进行亚硝酸盐、酸度、食盐等多项指标的严格检验，出罐后的半成品要在生产线上挑选去根分级，再用气泡清洗机对挑选后的半成品清洗，然后切丝、整理、包装，包装后的袋装成品可是不能有气泡、烫袋、褶皱、夹菜叶等现象的。加工车间的最后一道工序是将成品袋进行水浴杀菌。0～15 ℃是有机酸菜最喜欢的温度，经过化验员按照国家标准及企业内控指标检验后，进入了成品库，遮光保管。

“质量追溯”为17道工序把关。2009年，建设农垦农产品质量可追溯系统，从种植管理、生产加工和产品销售3个方面采集追溯信息，规范、真实地填写每一项农事活动、生产加工和产品销售记录。现在，每一袋酸菜都有自己唯一的“户口”——追溯码，码上有种植地块、生产日期、产品种类等，有效地保证了生产原料的可控性和产品质量。

有机酸菜在亲民工匠人的手中，被塑造成了一袋袋精品。

远销变名牌

有机酸菜品质好，更要把名扬。

“亲民食品”2011年被认定为黑龙江名牌产品、著名商标，2012年被评为全国百佳农产品品牌，2013年“红星酸菜”被国家质检总局实施地理标志产品保护，2014年名列最受消费者喜爱的100种产品，2015年荣获“龙江特产食品”，2016年博览会获金奖，2017年国际农产品交易会获金奖，2018年荣获行业领跑者品牌。

“市场的认可和消费者的口碑取决于营销方式的创新。”谈起营销手段带给企业的发展活力，红星农场有限公司董事长姜耀辉侃侃而谈，并制定出了“三步走”计划。

第一步是做实线下提升市场品牌占有率。通过“扫街”式铺货，在全国各地设立代理商，借船出海，迅速占领市场。入驻全国KA类商超进店3 000多家，覆盖大润发、沃尔玛等大型知名连锁超市；麦德龙、山姆会员店等会员型超市；永辉、华润万家等国内主流超市。在各地纷纷开设“亲民食品”健康体验店，通过打造样板市场，起到示范引领作用，以点带面推动全局营销。美国、日本、加拿大等国家也有了“亲民食品”牌有机酸菜的身影。

第二步是做活线上扩大品牌知名度。在淘宝、京东、拼多多等网络平台开设了“亲民食品”旗舰店，进驻了天猫农垦溯源馆。开通了企业微信公众号、微信商城、公司官网，这张“网”铺得越来越大。

第三步是做优服务赢得品牌满意度。通过快手、映客等平台，开设“亲民美食大讲堂”，将亲民有机食品的制作方法及产品特性，直观地传递给消费者，提高消费者的认知度和购买欲。开展消费者工厂游活动，实地参观考察有机食品的生产加工全过程，增强产品的忠诚度。参加各类大型展销会，以各种新颖的促销方式，激发跨行业热情，扩大产品销售领域。

经过这样的大跨步、快发展，“亲民食品”有机酸菜迅速成了健康餐桌上的“宠儿”。

餐桌变主角

“东北待客不用酒，炖锅酸菜也醉人”。

将地域文化和健康食品完美地融合，就是这个新时代的“传统新美食”。如今，酸菜不仅仅是一种食品，更代表着地域特色和历史文化，它是吃腻了鸡鸭鱼肉，解油去脂、开胃消食的健康首选，它是妈妈的味道、它是童年的记忆、它是流淌在血液中的乡愁……

有多少他乡游子，徘徊在现代都市的街头，心中写满了对故乡的依恋，耳畔回响起那首家家传唱的《酸菜谣》

雪花飘，野茫茫，不见地里绿和黄
谷入囤，粮归仓，棵棵白菜码进缸
家家户户忙不停，一片和顺好年光
日落山，冬夜长，柴门屋暖酒气香
切酸菜，炖血肠，一家老小乐洋洋
上酸菜了，神仙你来尝一尝
上酸菜了，天下你是百菜王

全国第一生态县的有机产业发展之路

——逊克县有机产品认证示范区创建纪实

一、逊克县概况

逊克县位于黑龙江省北部边陲，小兴安岭西段北麓，黑龙江中游南岸，东与嘉荫县相邻，南与伊春市、绥棱县、北安市接壤，西与五大连池市、孙吴县相连，北与俄罗斯阿穆尔州米哈伊洛夫区隔江相望。逊克县行政辖区面积约 17 344 平方公里，辖有 3 镇 6 乡 78 个行政村、1 个街道办事处、6 个国营农林牧场。逊克县位于东经 127°24′～129°17′，北纬 47°58′～49°36′。逊克县属寒温带大陆性季风气候，四季分明，春季高温多风，夏季雨热同现，秋季降温急骤，冬季寒冷干燥，温差悬殊，少病虫害。全县年均降雨量 500～550 毫米，有效积温 1 950～2 300 ℃，无霜期 90～120 天，日照时数 2 560～2 700 小时。

逊克县具有创建国家有机产品认证示范区优厚的地理条件，具有独特的气候土壤条件。逊克县年有效积温 1 950～2 300 ℃，气温适宜，雨量丰足，光照充沛，雨热同季，为有机产品的高产稳产创建有利条件。辖区内水资源较丰富，逊克县有大小河流 123 条，以黑龙江、逊毕拉河、库尔滨河三大水系为主，黑龙江流经县境长 135 公里。逊克县水资源总量 38 亿立方米，优质水源可以充分满足有机产业发展的需要。逊克县土壤污染程度小，土壤环境好，没有盐碱地、沙化土地和裸地，借助高纬寒地优势，农药、化肥施用量及病虫害发生率相对较低，适宜开展有机产业。

逊克县风光秀丽、四季分明、气候宜人，夏季日气温平均最高温度为 31 ℃，平均最低为 16 ℃，是理想的避暑、养生、旅游胜地。全县分布着 8 处自然保护区。春季有杜鹃花火山石海原始森林，进入杜鹃花海你会发现一丛丛杜鹃花好似粉红色的波浪翻涌着，美丽的杜鹃花生长在火山岩的缝隙里，火山岩上的苔藓、新生的绿叶和枝干完美地衬托出杜鹃花的美；夏季库尔滨河漂流、沾河漂流、石景山庄、黑龙江畔等是休闲、娱乐的好去处，游客在这里漂流、游泳、吃饭、娱乐、观光、避暑；秋季可到半拉山看“五花山”，半砬山自然景观奇特，如同人工凿成的半壁山峦矗立在库尔滨河的岸边。登山俯瞰，远处起伏的山峦、蜿蜒清澈的河水腾起阵阵云雾、五花斑斓的森林尽收眼底；冬季逊克雾凇是黑龙江冰雪文化的四大品牌之一，被摄影界誉为“北国雾凇之都”，中国摄影家学会将逊克命名为“北国雾凇摄影基地”。景区内白雪皑皑真像是一个银装素裹的世界！小草穿上了雾凇织的白色棉衣分外好看，大树则是满树银条，有的树枝像白白的鹿角，有的像蛟龙的爪子，毛茸茸的，亮晶晶的，似雪非雪，似冰非冰。空气中弥漫着薄雾，像轻纱，一缕缕，一丝丝。那一簇簇、一团团、一串串晶莹剔透的银色花朵，构成了一个冰清玉洁，炫丽无比的世界。库尔滨河漂流和逊克雾凇被评为“黑龙江省 20 个最值得去的地方”。

逊克县 2017 年荣获第九批国家农业标准化示范项目“国家大豆种植综合标准化示范区”“黑龙江省有机产品认证示范区”称号，是第三批国家低碳城市试点县、第三批国家现代农业示范区、第五批国家农业科技园区、国家级卫生县城。逊克县农业产业链条不断延伸，已建成国家级中俄农业科技合作园，启动实施了新兴果蔬杂粮深加工项目。宝山食品加工基地和新兴稻米加工项目建成投入使用，种植无公害、绿色、有机农产品 178 万亩；开展了大豆高产栽培技术集成应用 1.59 万亩，推广应用极靓节肥菌、大豆根瘤菌剂、硅肥等 37.5 万亩；建成有机肥试验示范基地 2 个（车陆占华水稻合作社、明星合作社）200 亩；启动实施了耕地轮作试点建设工作，在全县 5 个乡镇 30 个村落实轮作试点面积 20 万亩，落实经营主体 36 个，建立耕地轮作试点监测点 25 处；开展了逊克大豆、山药等 10 个合作社绿色标识申报工作，现已取得 6 个；“逊克大豆”地理标识商标获得商标注册证；“逊克南瓜”地理标志已完成公告；另有“北纬 49”“龙江高滩”“黑嫂”“傻狍子”等注册商标 12 个。依托黑龙江省强联农机合作社辐射带动作用，完成了非转基因大豆种植 80 万亩；借助逊克县获批国家农业标准化示范区的有利契机，团结现代农机合作社与全国大豆科研生产领域院士专家团队合作，实施了团结万亩大豆高产攻关示范田建设项目，在成熟期经技术人员田间测产核心区平均亩产 173 千克，示范区平均亩产 145 千克，取得了高于前三年平均亩产 131 千克的可喜成绩。特色农业的蓬勃发展，为有机农业规模化发展奠定了坚实的基础。

二、逊克县有机产业和有机认证情况

经过近几年的努力，辖区内有机产业初具规模，全县通过有机认证的种植业单位共 4 家，涉及逊克县鑫荣农副产品科技开发有限责任公司种植玉米 210 公顷，年产有机玉米 715.5 吨；

大豆410公顷，年产有机大豆623吨；小麦30公顷，年产有机小麦450吨；产值2 100余万元。有机产品加工有小麦粉、米面制品、食用植物油、植物油副产品，产值1 500余万元。逊克县北纬49度生态农业有限责任公司种植大豆666.67公顷，年产有机大豆1 333吨；芸豆60公顷，年产有机芸豆135吨；燕麦6.67公顷，年产有机燕麦20吨；南瓜10公顷，年产有机南瓜245吨；谷子20公顷，年产有机谷子120吨；糜子6.67公顷，年产有机糜子80吨；小麦500公顷，年产有机小麦1 750吨；荞麦6.67公顷，年产有机荞麦15吨；玉米361.3公顷，年产有机玉米3 252吨；高粱6.67公顷，年产有机高粱60吨；红豆26.67公顷，年产有机红豆60吨；绿豆13.33公顷，年产有机绿豆30吨；年产值共2 200万元。逊克县丰禾现代农机合作社种植大豆41.2公顷，年产有机大豆93吨，产值93万元。高滩寒地农业科技开发有限公司种植有机转换小麦120公顷，年产小麦450吨；有机转换水稻40公顷，年产水稻360吨；年产值共183万元。还有一批优质玉米、黄豆、水稻、小米、杂粮杂豆生产、加工企业具备通过有机产品认证潜力，初步形成有机产、供、销产业链。

逊克县具备了成熟的有机产品销售模式。全县“互联网＋农业”示范基地及物联网项目建设成效显著，开通了北纬49度网上商城和国家林博会、北京名优特农展、上海西郊国际农展等外销平台，建成乡村电商综合服务社30家，绿色农业品牌知名度不断提升。有机作物生产基地按照“公司＋合作社＋农户”“合作社＋农户”的运作模式，以产业化龙头企业或合作社、专业协会为主题进行市场化运作。产业化龙头企业与基地生产户签订收购合同，产品卖出后，按合作社章程向全体社员分红，目标是向全国消费者推销逊克特色农产品。

三、保障措施

（一）出台支持有机农业发展措施文件

《逊克县关于培育新型农业经营主体加快现代农业发展的实施意见》（逊政发〔2015〕25号）：对当年获得绿色农产品认证的新型农业经营主体每家一次性扶持资金1万元；获得有机农产品认证的新型农业经营主体每家一次性扶持资金2万元；获得农产品产地认证或农产品地理标志的新型农业经营主体每家一次性扶持资金3万元；并对获得绿色、有机农产品认证的给予费用50％的补贴。按照《中国名牌产品管理办法》获国家级名牌产品称号，每个产品奖励5万元；获省级名牌产品称号，每个产品奖励2万元。《逊克县创建农产品品牌工作实施方案》（逊政发〔2015〕38号）：利用5年时间，整合北纬49度区域的绿色有机粮食、杂粮、蔬菜、畜牧、水产、食用菌、蜂蜜、北药、蓝莓等农产品品牌，培育“石氏兄妹”“北味思食久”“北源”“清义”“北国雾凇之都”等市级知名商标5个；“黑嫂”“傻狍子”省级著名商标2个；“龙江高滩”国家驰名商标1个；完成木耳、大豆、蜂蜜3个地理标志产品认证，建成一批地方优势品牌农产品生产基地，初步形成集培育、发展、保护为一体的农产品品牌创建体系和直达终端市场的农产品营销网络体系。《逊克县国民经济和社会发展第十三个五年规划纲要》：坚持做大做强优势产业，突出特色农业、绿色农业、效益农业，加快农业结构调整步伐，推进农业跨越发展。做好“菜篮子”工程，全力推进有机绿色蔬菜产业重点项目建设，重点实施生态健康养殖产业项目建设，健全市场营销网络，建立农业食品加工业和其他产业协调发展的绿色食品产业体系，建立比较完善的绿色食品申报认证、质量监测、培训推广、信息交流的管理工作体系。《逊克县国家现代农业示范区建设规划（2015—2020）》：农产品质量和食品安全水平全面提升，建立起大面积的粮食、蔬菜绿色有机农业生产基地和大范围的畜禽、水产健康生态养殖基地，农产品质量安全抽检合格率达到100%。质量安全执法监管体系进一步完善，实现县一级监管、执法、检测和应急处置机制全面覆盖，全面实施农产品产地准出制度和可追溯管理。《逊克县人民政府办公室关于印发〈逊克县有机产业发展规划〉的通知》(逊政办发〔2017〕6号)：对逊克县有机发展现状、有机产业发展定位、重点、模式选择、发展思路目标及实施措施等进行了详细规划。

(二)政府部门的严格监管

县农业局开展了有机种植基地的种子监督检查，确保所用种子符合相关规定；指导企业自制有机肥和购买符合规定的有机肥。市场监督管理局对有机产品认证活动是否符合《有机产品管理办法》和有机产品认证实施规则规定进行了监督检查；并对获证产品进行了监督抽查。环保局对有机种植基地的大气、土壤、水进行了监督检查，没有发现有污染情况的现象。

四、实施成效

(一)特色产业链

坚持用工业化思维组织有机农业生产，采取“公司＋合作社＋农户”的产业化运营模式，围绕大豆、南瓜、甜玉米等五大产业链条，启动实施新兴果蔬杂粮、金硕大豆深加工等产业项目，年可生产速冻蔬菜1.2万吨、冻干蔬菜1 400吨，加工有机大豆4 000吨。通过冷冻储藏，反季销售，持续增加农民经营性收益。成立逊克县绿色有机农业发展有限公司，与苏州绿叶集团、广东联合十五分等企业合作，建立涵盖生产指导、产品推广、仓储物流、线上线下营销等全方位的农产品统一销售体系。围绕“农业三减”，启动实施万吨级秸秆生物质综合循环利用项目，年回收利用秸秆1.5万吨，生产炭基肥1万吨，副产品木醋液0.57万吨，通过施用炭基肥，有效减少了化肥施用，进一步培肥了地力，实现了土壤改良。

逊克大豆为非转基因大豆，产品蛋白质、脂肪含量高，特别是极小粒专用大豆百粒重在9克以下，蛋白质含量高达43%以上，脂肪含量较低，含糖较高，是制作纳豆、酱豆，生产豆芽和生产企业加工绿色食品所需的优质原料，同时也是每个家庭饮食必备的佳品。有机大豆无农药残留、重金属含量远低于国家标准，食品安全性远高普通大豆，目前市场价格也比普通大豆高。

逊克县黑小麦，种植区处于“北大荒”腹地，这里自然环境极其特别，地下是天然的石板，土壤主要由火山灰组成，富含天然矿物质，昼夜温差大、冬夏温差大，原生态、无污染，独特的地理物候条件，使其成为种植黑小麦的较佳区域。检测证明黑小麦的蛋白质、脂肪、淀粉、干物质、18种氨基酸总量均高于普通小麦；人体必需而又不能合成的7种氨基酸均比普通小麦高35.56%～358.5%；对人体有利的矿物质如铁、锰、锌、硒、钾、钙等均高于普通小麦27.8%～128.6%，是提高婴幼儿智力、治疗脑损伤、维护神经，调节酸碱平衡及碳水化合物代谢与合成的最佳食品。

(二)惠及民生

由于无化肥和农药的投入，有机农业能够改善生态环境，如增加土壤有机质和土壤碳储藏，产生的环境效益主要体现在固碳减排、改善农田生物多样性和降低硝酸盐淋溶等。有机农业产量降低导致了直接经济损失，但有机农业的化学品投入节约方面和销售价格的提高，也可以带来可观的经济效益。近年来，越来越多的人意识到有机农业所带来的效益，投入到有机农业的生产中来。有机种植是健康食品的来源，在消费升级的大背景下，消费者购买安全放心的绿色产品的意愿不断增强。

（三）平衡发展与生态保护

现代化学农业依然是依赖投入化学肥料、化学农药、化学饲料添加剂、化学兽药、化学渔药、化学净水剂、化学消毒灭菌剂，以及大量抗生素、激素等对人体健康及土壤环境有害物质的农业。因此，化学农业给人们带来的环境污染危害，农产品残毒危害，受能源制约的危害，农业不可持续发展的危害，即“四大危机”依然存在，并且威胁到我们的健康和生活中的方方面面。

有机农业发展能够解除化学农业给人类带来的危害，同时，还能够修复被污染的生态环境，构建出与大自然和谐、与人类健康和谐、与人类发展需求和谐、与经济发展和谐的农业。

（四）脱贫与精准扶贫

有机农业需要大量农业务工人员，与精准扶贫对接，开展有机产业扶贫，顺应了脱贫攻坚的要求，有助于提升农产品价值，帮助农民群众增收致富，既促进农村经济发展，又能保护生态环境，建立健康环保可持续的农业生产体系，实现环境与经济可持续发展。

五、经典范例

逊克县北纬 49 度生态农业有限责任公司 2013 年成立，成立之初便认识到有机农业的发展前景，于 2014 年申请有机产品认证，2014 年 12 月 5 日获得有机产品转换认证。该公司有机生产基地 2 处，经营有机土地面积 1 766.01 公顷，产品包括：大豆、玉米、黑豆、小麦、绿豆、南瓜等 14 个品种，产量 5 574 吨。该公司在孙吴县设立分公司对农产品进行加工包装，注册了“北纬四十九”“黑嫂”“傻狍子”3 个商标，开通了北纬 49 度网上商城和国家林博会、北京名优特农展、上海西郊国际农展等外销平台，实现了农产品生产、加工、实体店和网上销售的模式。目前公司有机产品经营总额为 2 000 余万元。

2014 年 11 月 26 日，“逊克县生态农产品（上海）推介会”取得了圆满成功，公司的农产品成功走进上海的千家万户。

公司非常重视有机产品的开发，目前有机产品生产共有 14 个品种。为推广逊克县有机大豆，公司负责人参加了 2018 年 3 月在黑龙江广播电台公共农业频道《天天有机汇》节目。

六、特色产品

逊克县北纬 49 度生态农业有限责任公司开发有机产品共 25 个品种，主要是有机大豆系列、有机玉米面、有机杂粮等。

（一）有机大豆

该公司的有机大豆共 1 351.01 公顷，年产 3 119 吨，基地分别为黑龙江省黑河市逊克县奇克镇团结村、黑龙江省黑河市逊克县克林乡克林村。生产的有机大豆品质优良，磨出的豆浆和制成的豆腐都非常好吃，营养素比较全面，每百克大豆含蛋白质 33.3～36.3 克、脂肪 7.3～10.3 克、热量 412 千卡，钙 367 毫克、磷 571 毫克、铁 11 毫克、胡萝卜素 0.4 毫克、维生素 B_1 0.79 毫克、维生素 B_2 0.25 毫克、尼克酸 2.1 毫克，还含有人体所需的各种氨基酸，有益元素含量高于其他地区 20%以上。

(二)有机黑豆

基地位于黑龙江省黑河市逊克县克林乡克林村，种植面积 56 公顷，年产 200 吨。有机黑豆中富含的钙、钾、铁、碘，可有效预防高血压、贫血、甲状腺等疾病；微量元素如锌、铜、镁、钼、硒、氟等的含量都很高，而这些微量元素对延缓人体衰老、降低血液黏稠度等非常重要；钼可抑制强致癌物亚硝胺在人体内合成；异黄酮是一种植物性雌激素，能有效抑制乳腺癌、前列腺癌和结肠癌，对防治中老年骨质疏松也很有帮助；常食有机黑豆，可以提供食物中粗纤维，促进消化，防止便秘发生，是一种理想的保健品。

(三)其他产品

逊克县鑫荣农副产品科技开发有限责任公司投资人看中黑龙江省逊克县优越的生态环境，于 2013 年成立了该公司。公司基地共种植有机产品面积 9 750 亩，有机玉米产量 450 吨，有机大豆产量 908 吨，有机小麦 715.5 吨。该公司主要加工产品有：有机黄豆、有机豆油、有机面粉。以优质的无污染的原材料，采用安全的原生态加工方式，打造消费者放心食品。公司口号是：我们只提供最优质的食材！

逊克县的优良生态环境加上严格的有机标准化生产，产品在农药残留、重金属含量上的控制标准均高于国家相关要求。

七、创建故事

追逐绿色梦想

田洪磊，黑龙江省逊克县一名 80 后农村小伙，他的身上集聚了年轻人敢想敢干的冲劲儿，又有庄稼人踏实肯干的韧劲儿，说起田洪磊，当地人小到三岁的孩子大到 80 岁的老人都会赞不绝口，是他让全国人民在千里之外可以品尝到逊克县的山农产品，是他让逊克县的有机农产品走向全国，是他让全国人民知道了全国第一生态县——逊克县。

敢于有梦

田洪磊，2015 年初中毕业后到一家牧业公司帮忙，他总是早最去公司，最晚离开的那一个，他不怕脏不累，从一线的工作做起，放牧、育肥、屠宰、销售每一个环节都有他汗水的付出，大家对他信任有加，也得到了全单位员工和公司领导的认可，成为负责人后不久，由于国家出台了环境保护政策，可供放牧的草场受到限制，再加上饲料、人工、物流等成本的上升，以屠宰加工为主业的牧业公司的发展如履薄冰，公司的效益有所下降，这让田洪磊十分担忧，他从此萌生了公司想要发展下去必须转型升级的想法。

勇于追梦

作为公司的管理人员，田洪磊深知企业转型的重要性，他必须慎重考虑，这不仅是对公司负责，也是对企业的所有员工负责。在这期间他广泛观察，无意间接触了有机种子和有机化肥产品，认识到在如今国家推动绿色健康发展的大环境下，发展绿色生态有机农业可能会是企业转型升级的一个契机，再加上逊克县的地理位置、自然条件优势，为有机农产品的种植提供良好的生长条件，这让他想发展绿色生态农业的想法更加坚定。他奔波于村屯之间，不断向有种植经验的老一辈人请教，图书馆留下他翻阅资料的身影，电脑前他一坐就是一天，不停地查找最先进的有机农业技术，深入调研后，他将自己的想法与公司成员进行了商议，虽然大家都会觉得这是一个大胆的想法，但是大家相信踏实细心的田洪磊一定会带领企业走出困境。带着大家的信任田洪磊在心里暗暗发誓一定会不负众望，把绿色生态有机农业干得有声有色。

勤于圆梦

在他的努力下，2013 年 9 月逊克北纬 49 度责任有限公司正式成立了，田洪磊出任经理，但是成功从来的不是一帆风顺的，成立之初遇到了理想和现实不符、百姓不认可的情况，通过与百姓的耐心沟通，对实际的调研，田洪磊调整了工作思路，问题得到了圆满的解决，就这样公司如火如荼地发展起来，在黑龙江地区也成了小有名气的企业。但是，田洪磊的志向不仅于此，他还想要让北纬 49 度的产品销往全国，他又萌生了一个大胆的想法，进行网上销售，于是田洪磊提出了“互联网＋种植＋加工＋营销”的发展模式，想法得到了大家的认可，他多次到温州等电商产业发展快的地区学习请教，了解网点的经营模式等。在 2014 年逊克成立了首家网店——北纬 49 度商城，从网页设计到产品展示都是他夜以继日、一点一滴完成的，当网络上第一笔交易完成的时候，田洪磊开心得半宿都没睡着，他憧憬着北纬 49 度广阔的发展空间，他立志要在这里打造出具有逊克地域生态特色的绿色有机农产品网络基地。4 年来，网站不断完善，物流不断提速，还聘用了专业的微博、微信专业推广助手，在田洪磊一千多个日日夜夜的诚信与坚守下，北纬 49 度系列品牌“黑嫂”“俊狍子”“北纬 49”和“北纬思食久”成功入驻阿里巴巴、粮达网、中国大米网等十几个 B2B 交易平台，自建 B2B 平台金豆子网、黑河大豆网上交易平台。开设 B2C 平台网店十余家，自建 B2C 平台北纬 49 商城。产品远销全国 200 多个大中城市，亮相全国各大农产品展销博览会，尤其成为“北上广”等一线城市的热门生态农产品品牌。

梦想成真

为了支持北纬 49 度有机农业的发展，当地政府给予了很多支持，如今的北纬 49 度公司是集规范化农业种植、农产品精细加工、仓储物流、线上线下营销为一体的逊克本土龙头企业，现有员工 80 余人，其中大专以上专业技术人员 30 余人。固定资产 5 000 余万元，年销售额 1 亿元，借助互联网的力量，真正让逊克北纬 49 度公司的有机农产品走向全国。在上海和孙吴县分别注册成立了上海市北纬生态农业科技发展有限公司和孙吴县北纬 49 科技生态农业有限公司。2016 年，企业所属逊克县团结现代农机专业合作社被评为国家级种植示范社、国家级农机示范社。田洪磊一直坚信“三流公司做产品，二流公司做品牌，一流公司做标准”的企业发展定律，打造独特的“北纬 49 质量体系标准”，建立了规范的“北纬 49 安全食品标准技术服务体系（BWSFTSS）”，进行全程管理，所有产品经检测产品品质均优于欧盟及美国等发达国家对农药残留及重金属污染的规定。

今天北纬 49 度公司的蓬勃发展，正是公司员工辛勤的付出、田洪勇于实践的结果，正是公司秉承“诚实品牌，与民共赢”的观念的结果，正是跟随时代的步伐，在社会主义市场经济发展的大潮中不断壮大的结果。北纬 49 度公司不会停止前进的脚步，必将走向全国，迈向世界。

打造生态铁力　守卫蓝天白云

—铁力市国家有机产品认证示范区创建纪实

铁力市,隶属黑龙江省伊春市,因古代铁利府与铁骊部而得名。位于黑龙江省的最中心部位,东枕小兴安岭群山,西接松嫩平原,属小兴安岭向松嫩平原过渡地带。全市总面积约6 500平方公里,东西横跨140公里,南北纵越115公里,东部、东北部与伊春市辖区接壤,南部、东南部与依兰、通河县毗邻,西南、西北与庆安县接壤。

1988年9月,经国务院批准撤县建铁力市。2011年,获"中国最具投资价值旅游城市"称号;2012年,被评为中国"全国休闲农业与乡村旅游示范县"。著名景点有日月峡国家森林公园、透龙山风景区、日月峡滑雪场。

铁力市自然资源丰富,铁力市境内有森林面积50万公顷,森林覆盖率75%。森林类型是针阔叶混交林,主要树种有红松、兴安落叶松、冷杉等。食用山产资源同样丰富,有黑木耳、猴头、元蘑、榛蘑等野生菌类;有猴腿、蕨菜、黄瓜香等山野菜;有松子、榛子、山核桃等山野果。铁力境内有植物类药材近200种,动物类药材和菌类药材20多种,总蓄积量约50万吨,进入国家药典并被开发利用的药材80多种,如人参、平贝、刺五加、五味子等。铁力境内有野生动物共260多种,有黑熊、马鹿、野猪等珍贵野生动物,有飞龙、榛鸡、鹌鹑等稀有山禽,有猞猁、紫貂、水獭、狐狸等毛皮动物。铁力境内初步探明的矿产资源有15种,主要矿种及储量:铁131.83万吨、铜0.55万吨、铅0.69万吨、锌9.94万吨、钼7吨、镉765.1吨、镓46.2吨、铟109吨、锗27吨、砂金61.25千克、岩金1 000千克、石墨41.14万吨、白云岩和大理岩2 322万吨,花岗岩石材2.5亿吨。

铁力市先后荣获中国优秀旅游城市、中国最佳生态旅游城市、中国特色魅力城市、国家级生态示范区、全国粮食主产县(市)、全国村务公开民主管理示范市、全国优秀养老服务示范单位、全国优秀教学实验基地;黑龙江省首批平安县、社会治安综合治理先进县、食品安全示范县、新农村建设先进单位、和谐社区建设示范城区、双拥模范城、文明城、卫生城、生态园林城等荣誉称号。

铁力市委市政府认真贯彻落实习近平总书记"绿水青山是金山银山,黑龙江的冰天雪地也是金山银山"的指导要求,同时顺应国家和黑龙江省政策导向,发挥现有资源优势和发展基础,以文化创意产业为发展依托,建设打造以戏水滑雪、森林养生、科普修学为主的日月峡风情小镇;以森林穿越、狩猎探险、温泉疗养为主的狩猎温泉小镇;以登山漂流、石林观光、冰雪航母为主的童话小镇;以生态农业、影视基地、濒危动物驯养为主的运动飞行小镇及铁力市中心城区为旅游接待中心城区五位一体集"食、住、行、游、购、娱"为一体的综合性休闲养生度假集群,建成小兴安岭旅游前哨,伊春旅游南大门,哈尔滨后花园。打造富裕和谐幸福生态铁力,为区域经济发展贡献力量。

一、发展背景

铁力市位于呼兰河源头，上游为小兴安岭林区，无重工业污染、无大型农业种植区、无城市污染，土壤肥沃、山清水秀，为发展有机农业提供了资源优势；铁力市政府以前瞻性的战略思路，多年来高度重视发展绿色生态农业，培养了一批高水平的农业技术专家，打造了“九河泉”“翠花”“铁力大米”“铁力甜玉米”等多个知名品牌。

（一）有机示范创建建设实施的地理优势

地形优势：铁力市地形大体是“八山一水一分田”，主要由山地、平原、丘陵和水面构成。地势东高西低，海拔平均500米。境内千米以上的山峰13座，最高峰平顶山，海拔高度1 429米，为小兴安岭主峰；最低处呼兰河谷，海拔高度190米。境内有呼兰河、西南岔河、巴兰河三大水系，有大小河流35条，皆为外流河，全境流域面积大于650平方公里河流有6条，境内最长河流是呼兰河；自然泡泊203个，统属松花江水系。河流年径流量22.46亿立方米，水域面积4 683公顷，是省内丰水区，饮用水源、地表水质达到国家三类标准，达标率达100%。

气候优势：属温带大陆性季风气候，四季分明，昼夜温差大。年平均气温4 ℃左右，月均最高气温22.3 ℃，月均最低气温零下21.8 ℃。年均降水量630毫米，年平均有效积温2 642 ℃，年光照实数2 348小时，年均积雪深度25厘米。无霜期约131天，冰期6个月。

土地优势：铁力市境内山多林密，地肥水足，气候温和，自然资源丰富，生态环境良好，被誉为小兴安岭上的“绿色宝库”。铁力市广袤的原始森林和纵横交错的河流分隔出数量众多的与外部隔离的种植区域，经过多年无公害的耕种，已经为发展有机农业提供了优良的地理优势。

（二）有机示范创建建设实施的政策优势

近年来，铁力市在省委、省政府和伊春市委、市政府的正确领导下，坚定不移地推进“3＋X”经济发展战略（以“石头、水稻、风”三大主导产业和能够形成产业规模、构成财源支撑、带动劳动力就业的其他不确定产业），全面打造“1＋5”（铁力市和区域内4户国有森工企业1户农垦企业）区域经济社会发展模式，大力推进工业化、农业现代化、城镇化进程和社会主义新农村建设，促进了全市经济社会大发展和快发展。

二、创新实践

为确保有机农业健康快速发展，在建设国内外有影响力的有机产品示范区的过程中，铁力市制定了因地制宜，以能力建设为基础、市场开拓为先导，以销定产、产销结合，产业化经营，质量效益，资源整合和整体优化，动态性，全面规划、重点突出、持续推进“八大”原则。建立健全了组织保障、政策保障、技术人才保障、质量保障、资金保障、服务保障、有机产品文化保障“七大推进”，体系有力地推动了全区有机农业的发展。

（一）立足长远，统筹全区规划

铁力市对于有机示范区的规划突出强调了有机产品产业开发必须坚持以市场为导向，以能力建设为基础,坚持以质取胜,立足于产业整体开发、遵循自然规律和市场、经济规律等基本原则,全面推进铁力有机产品产业的发展,以有机农业、生态工程、循环经济、农业产业化经营和可持续发展的基本理论为指导,遵循自然和经济发展规律,充分发挥铁力市资源与产业优势,实现资源合理开发和生态环境保护的协调发展,从产业发展的角度全方位的制定铁力市有机产品的发展规划。

(二)"八大原则"主导铁力有机产业有序发展

1.因地制宜原则

根据铁力市自然、生态环境和社会经济条件,扬长避短,有步骤、有重点地开发有机产品,优先发展一批基础条件好、特色明显的农产品(如水稻、黏玉米、山特产品等),作为铁力市有机产品开发的先导与示范,以点带面推动全市各乡镇有机产品产业的纵深发展。

2.能力建设为基础、市场开拓为先导原则

有机产品作为一个产业,牵涉面非常广,从生产技术、生产组织到产品加工、市场开拓,整个产业链很长,具有一般农业产业的共性,但也有其独特性,体现于特定的标准、操作规程和技术难度等。因此,为了更好更快的发展有机产品产业,铁力市必须首先在人才培养、试验示范、机构设置、信息交流、产业政策等方面进行全面的能力建设,作为有机产品产业发展的基础和保障,并循序推进,避免起步阶段把生产基地和生产规模确定得过多、过大。有机产品开发是个市场行为非常强的产业,市场是牵动有机产品开发的龙头;有机产品的生产、加工要以市场需求为导向,全市围绕有机产品开发的基础建设也要以开拓、培育市场为核心。

3.以销定产、产销结合原则

有机产品开发在起步阶段,成本、技术上通常比常规产品要高与难,发展规模的大小要靠市场拉动、靠经济效益驱动。因此,整体上要遵循以销定产的原则;但是一个产业的形成如果最初没有一定的规模,难以形成一定的气势,不利于宣传促动,起步阶段需要规划建设一定规模的生产基地,政府要扶持当地有机产品开发的龙头企业,大力引进实力雄厚的食品企业,做到产销结合,然后再由市场调节发展速度。

4.产业化经营原则

有机产品开发要求实现生产、加工、流通一体化。铁力市大规模、大范围有机产品开发必须走产业化经营的道路,以市场为导向,以提高效益为中心,以有机大米、有机森林食品等主导产品为重点,优化组合各种生产要素,延长农业产业链,实行农工贸商一体化经营发展。

5.质量效益原则

有机产品之所以能够获得国内外消费者的欢迎,是因为其包含有安全、优质、品味好、健康、环保的特征,是内在品质优良、又具有环保意义的高质量产品。因此,进行有机产品生产不是一味地追求高产量,而是要在生产、加工、贮藏、运输等各个环节树立强烈的质量意识,以质量而非单纯的数量获取高的经济效益。铁力市必须引导有机产品生产企业切实树立质量品牌意识,坚决杜绝不遵循有机产品生产标准的行为,生产的有机产品必须经得起严格的检查、检测,否则会使铁力市生产的有机产品从整体上丧失信誉,从而失去消费者的信任,最终失去市场。另外,在开发的过程中,还要注意优质品种的选择,实现有机生产与优质品种的结合,以满足消费者既要安全、健康，又要口味与美观的消费需求，从而切实地提高其在市场上的优势地位。

6.资源整合与整体优化原则

进行区域有机产品开发，生产和加工基地要以循环经济的思想为指导，贯彻“减量化、再利用、资源化”的3R原则，尽量减少外部物质的投入，实现生产各要素的有效组合和资源的充分有效利用，尽量减少废物，实现经济效益的最大化和自然环境危害的最小化；在产业链上，种植、养殖、有机肥生产上要有机链接起来，有机产品生产、加工、贸易等作为一个整体，要通过招商引资等措施有效的整合铁力市内外的资金、技术、人才资源，服务于铁力市有机农业产业的发展；在生产基础上，要以现有的无公害、绿色食品开发的成果为基础，实现产品质量的进一步飞跃；在产品认证上要有选择地申请国内、国际机构的认证，对于较大规模的特色产品的生产，在其走向有机生产的过程中，可以从“良好农业操作规范（GAP）认证”入手，逐步向有机认证过渡；在有机产品产业服务上，要广泛整合环保、农牧业、粮食、科技、工商、税务等政府部门的力量，将发展有机产品产业作为其年度工作的重要内容之一，共同推进其稳步发展。

7.动态性原则

随着有机产品产业发展，国内外的形式都在不断地发生变化，中央和地方的政策也在陆续出台与调整中，因此规划的目标和措施不是完全一成不变的，在规划的实施过程中要根据具体情况，尤其是对市场开拓的状况进行阶段性的调节，保持充分弹性，以适应整个有机产业的发展变化，更有效地促进铁力市有机产品的健康发展。

8.全面规划、重点突出、持续推进原则

铁力市有机产品规划涉及有机产品开发的各个相关领域，但又要突出重点，使整个有机产品产业能够在主导产品的带动下从点到面、从易到难、循序渐进发展。有机产品作为一个产业，其发展壮大需要一个较长的建设过程，并可能遇到一些挫折，因此特别需要政府在政策上进行长期的支持，只要打好基础，持续推进才能最终获得预期的经济、生态和社会效益。

（三）“七大体系”保障铁力市有机产业顺利推进

1.组织保障

有机产品开发是一个涉及面广、综合性强的系统工程，生产上技术性强，管理上内容繁杂。因而，建立健全的组织保障是铁力市有机产品开发保障体系的龙头，也是全市范围内开发有机产品的起点，其常设机构和人员的配置对工作机乃至整个运行机制的建立是至关重要的，甚至是最为重要的基础性建设。

2.政策保障

开发有机产品保障政策包括扶持性政策、引导性政策和监管性政策三大体系，是一个完整配套、协调平衡的综合管理政策。

3.技术人才保障

技术、人才是发展有机农业、开发有机产品的支撑力量。铁力市将有机产品的开发作为农业产业的重点来抓，就必须建立一个匹配的有机农业开发技术队伍，为铁力市有机产品产业的发展提供有力的技术支撑；要通过培训（采用请进来、送出去的方式）全面提高铁力市农业、林业、畜牧、环保、水产等部门相关人员的有机产品标准、认证要求等相关知识水平，提升有机生产、养殖的原理与技术基础，培养一批有机产品开发的技术能人；要建立与有机产品发展领导小组相匹配的“有机产品发展专家顾问组”，定期对铁力市有机产品生产基地建设、采取的各种举措与开发进度进行评估，以提高有机产品开发的综合决策、监督管理及市场开拓能力，为政府的决策提出建设性意见与科学依据；要重视对基层农技干部和生产人员有机产品知识与技术的培训和专业农技推广人员对有机生产基地的指导。

4.质量保障

铁力市在抓有机产品生产的同时，要十分重视对有机产品质量的监督与控制，防止“有机产品”的泛滥，确保有机产品的质量，保证生产真正的有机产品是有机产品领导小组的重要职责之一；各有机生产基地要建立严格的内部质量保障体系；鼓励有机产品加工企业实施环境、质量体系认证；有机产品开发公司要树立品牌，作为质量保证与监督的手段。

5.资金保障

由市政府设立一项有机产品开发基金，扶持一批基础条件良好、生产管理与技术相对成熟、产品具有市场前景的基地进行有机农业转换和有机产品的认证，基金主要用于政府对有机产品的宣传推介活动和用于有机生产咨询、认证补贴、技术人员培训、龙头公司参加有机产品博览会等；要在农业和环保项目经费上适当向有机产品开发倾斜。

6.服务保障

在有机产品开发过程中要抓好信息服务工作，实现有机产品产业开发的信息化。突出抓好农业信息服务体系的建、管、用三方面的工作，特别是要管好、用好农业信息网络，发布传播全市有机产品开发的信息。在建立健全市、乡(镇)两级农业信息服务的基础上，逐步把农业信息服务网络向有机产品开发的专业市场、龙头企业、专业合作组、养殖大户延伸，实现部门之间、上下级之间、政府与市场、生产者和经营者之间的网络联系；积极拓宽信息采集渠道，加强自下而上的信息采集、分析、加工处理，实现信息资源的开发、利用和共享；铁力市有机产品开发的各级组织管理机构会高度重视生产、加工基地的认证，抓好有机产品的认证服务工作。

7.有机产品文化保障

以崇尚自然、保护环境、维护生态平衡、降低资源消耗、促进资源可持续利用，倡导高质量、适度及可持续的消费理念和实现社会公正是有机产品文化的主要内涵。将有机产品文化建设作为发展有机产品产业的精神支柱与内在动力。

三、创建成果

深入开展国家有机产品认证示范区创建工作，加强有机产品认证监管，树立认证运用典型，有利于引导地方政府建立有机产品认证监管联动机制和有机产业发展协调机制，深化区域“加快生态文明建设，走绿色发展、和谐发展道路”。有效地推动铁力市农业产业转型升级，促进生态文明建设，推进供给侧结构性改革，满足消费关切和社会认可。有效地促进黑龙江省及伊春市的生态建设、农业标准化建设、有机产品的发展以及农村小康环保建设起到非常重要的示范带动作用。

(一)形成特色产业链,区域核心竞争力增强

从全省和铁力的实际情况看,推进城市化与工业化是统筹城乡发展、缩小城乡差距的重要途径,必然要求市县加快推进经济转型和产业升级,能够主动承接都市的消费需求和功能需求。以有机产品认证示范区为纽带的综合开发,可以整体推进全域规划、产业提升、基础配套和农民转移,不仅推动有机产品"生产—加工—销售"一体化发展的特色产业链,还能大力发展休闲观光业。有机产品示范区打造出生态有机产业基地,构架出以龙头企业为支撑、示范为基础、农民为主体的都市现代有机产业发展格局。真正实现有机产业倍增目标。

(二)推进农业产业化进程,惠及民生

推进农业产业化是农业和农村经济发展中实现"两个根本性转变"的战略措施。有机产品正是以市场为导向逐步发展起来的,并已显示出强劲的增值势头。从事有机生产的农民普遍增收,企业的利润大幅度增加,省去购买农药、化肥的支出,农民可以从较高的产品价格和较低的现金投入方面获得收益。通过有机产品示范推广可以实现联动作用,做给农民看,引导农民干,帮助农民卖,有机产品认证示范区将成为科技与市场、与农民相连接的桥梁,从而致富一方农民,繁荣一方经济。

(三)平衡发展与生态环境保护

有机产品认证示范区在招商引资方面具有特殊的优势,有利于生态环境保护。过去依靠化肥、农药的大量投入,使得生态系统原有的平衡被打破,而有机产品认证示范区则可以从根本上解决这些问题,通过建立和恢复农业生态系统的良性循环,维持农业可持续发展。有机食品受到青睐的一个重要因素就是品质高、口味好,食品安全得到保障,有机产品认证示范区在招商引资方面刚好起到了筑巢引凤的效果。真正实现了经济的可持续发展与环境保护并重,共同守卫蓝天白云。

(四)脱贫与精准扶贫

铁力市特色食品产业发展迅速。绿色有机食品面积发展到 42.7 万亩,有机认证企业总数达到 10 个,有机证增加至 18 个,有机种植面积 1 680.78 亩,有机产量 20 591 吨。有机产品加工企业 8 个,年产量 1 782.5 吨。年产值 1.6 亿元。随着有机产品示范区的创建,有机产品的种植与加工,为企业的发展带来了勃勃生机,同时也为农村地区提供更多的就业机会,帮助更多的农民增收致富。顺应国家的扶贫政策,注重精准发力,在"精准"二字上下功夫,精准施策上出实招、在精准推进上下实功、在精准落地上见实效。恰恰在有机示范区的创建过程中显示出来,脱贫攻坚的道路虽不好走,但随着有机示范区的创建,农村农民们信心满满,他们通过自己的不懈努力,积极主动参与扶贫产业,为全面建成小康社会谱写了新的篇章!

四、典型案例

(一)融媒体直播形式,打通百姓餐桌最后"一公里"

由黑龙江经济报主办、黑龙江省质量技术监督局协办的《龙江绿厨房》栏目走进铁力市,栏

目组在九河泉米业有机种植基地和山泉农机农民专业合作社直播了有机水稻的育秧棚和插秧现场，企业演示了视频监控系统和虫情监控设备；在农垦人酒业的酿酒车间，该厂总经理侃侃而谈，介绍他是如何在十年前将企业生产定位从普通白酒到有机白酒的转型过程，生产有机白酒给企业带来的丰厚的经济回报和良好的口碑；在易稻食品公司“爱煎丙”牌煎饼的加工现场，网友从记者的镜头中看到企业严格的质量管理，干净卫生的生产环境，纷纷留言，问哪里能买到产品；在东方红水库养殖场，负责人徐二哥和记者一起捡拾鸭蛋、一起用在水库中的小鱼虾喂鸭子，一起聊怎么通过养殖生态“有机鸭”链出了“蛋经济”，淳朴的话语深深点燃了广大网友的购买热情。

栏目组在铁力采访的两天时间里，在线观看人数累计155.2万人次，网友点赞263万次，留言526条。此次直播还将在黑龙江经济报、黑龙江经济网、黑龙江经济报官方微博、黑龙江经济报微信公众号等多个平台进行同步视频、图文直播。同时，《黑龙江经济报》还将拿出一个版面宣传铁力市龙头有机食品企业，用直播打通有机农牧产品走上百姓餐桌的最后一公里。

省质监局携手《龙江绿厨房》栏目组用融媒体直播的形式，直击消费者最关注的有机产品生产和种植现场，通过直播和网友互动，向消费者直观真实地展示有机食品的生产过程和种植、养殖过程，让消费者真真切切看到有机食品是如何种出来的，如何加工出来的，提高消费者对有机食品安全的认知度、认可度和采信度，助力了龙江有机高端农产品实现优质优价。下一步，省质监局将继续深入推进“融转服”工作，借助省级媒体平台，广泛向社会推介宣传有机产品、名优产品和特色产品，助推地方品牌建设，为进一步增加龙江品牌产品线上线下销量，有效服务实体经济发展以及推动黑龙江省供给侧结构性改革发挥更加积极的促进作用。

(二)铁力有机走进电商，积极强化“互联网+”

“互联网+”为后发展地区创造了广阔的发展空间。铁力市积极抢抓这一难得机遇，牢固树立在全省县域经济中全面跨越赶超的进位意识，加快发展电商新业态，争创发展新优势。应势而动，全力打造电商平台。2015年8月，召开了全市经济发展动员大会，把“互联网+”作为全市10个招商方向之一。先后引进阿里巴巴农村淘宝铁力服务中心、中国网库集团大豆电子商务产业带、京东商城县级服务中心，苏宁易购铁力体验店等八大电商平台入驻落户铁力。同时，注重乡情招商，吸引在外地从事电商行业的铁力青年回乡创办了好味道电子商务、盘古电子科技、铁力林匠电子商务等一批小微电商企业。

顺势而为，大力发展农村电子商务。坚持把农村电子商务作为全市电商产业发展的重中之重，着力用现代信息技术武装农民、提升农业、繁荣农村。目前，阿里巴巴农村淘宝项目入驻全市60个行政村和4个林场所，覆盖率达到80%。在便利群众生产生活的同时，坚持上行和下行并举，充分发挥电商技术优势，推动优质特色农产品卖得好、卖得快。借势而行，积极推进本地企业电商化运营。通过发展电商产业，倒逼企业转变传统经营理念和方式。鼓励企业运用电商模式开辟新销售渠道，促进线上与线下结合、上行与下行结合、销售与生产结合、传统与现代结合，推动绿色有机产品走向域外、占领市场。目前，山泉农机合作社、鲜山水农机水稻专业合作社、佳宏食品厂、苗旺达科技有限公司等12家水稻专业合作社、农资农机商户社实现网络销售运营，提升了本地企业生产经营水平。

(三)建设有机食品生产基地，打造有机食品加工“航母”

绿色(有机)食品产业已成为全市经济发展的战略重点。20世纪90年代末期，面临日益严重的“林危”现实，铁力市委、市政府积极引导干部群众解放思想，发挥优势，不断调整和深化治危兴林，重振林区的新思路。他们认为，尽管森林工业面临挑战，但也充满难得的机遇。开发建设时间晚，生产区域远离城市和工矿，生态环境资源破坏程度轻，水、土和大气都维持较好的自然水平，全市地域处于良好的自然原始生态，是少有的全境无污染的净土，是最敢叫响绿色食品的地方。在摸清情况的基础上，以建成伊春地区最大的绿色食品基地为目标，确立了“打绿色牌 ，走高效农业之路”的发展战略。为了保证这项战略的有效实施，成立了市绿色食品开发领导小组，由市长任组长，吸收相关部门参加。领导小组定期听取绿色食品产业开发情况的汇报，切实解决绿色食品产业开发过程中出现的实际问题。根据铁力市的现实基础和潜在优势，把绿色（有机）食品发展作为重点统筹考虑，制定了绿色食品的发展规划，优先发展、重点发展。

大力整合产品品牌，围绕九河泉、集佳等强势品牌，积极整合同类产业产品，不断做大做强。成为在省内外市场有一定影响的“绿色航母”，品牌资产、商标资产不断得到利用和发挥。紧紧围绕国内、国际市场，不断优化产品结构，加快新产品开发，推进粗加工产品向精深加工产品转变，单一产品向系列化产品转变。

五、特色产品

（一）“一方水土养育一方人”——铁力大米“香天下”

铁力市水稻种植已有百年历史，据史料记载，1879 年（清光绪五年）就已开始种植水稻。1938 年，开始垦荒造田，兴修灌渠，改良土壤，实施了大规模农田开发建设。经过多年的经验积累，种植技术不断提高，先后引进推广大垄宽幅直播、水育苗、水稻旱育稀植、超稀植、水稻“三超”栽培、钵体育苗抛秧技术，水稻栽培技术在全国处于领先地位。近年来，铁力市在保证水稻产量和质量的同时，开始发展种植绿色优质的精品大米。为有效提高大米的品质，设立了绿色食品办公室，成立了米业协会，建设了有机肥生产基地，并从选种育苗、田间管理、投入品供应到生产加工等各个环节进行严格把控，实现全产业链透明操作。同时，积极鼓励发展水稻种植专业合作社，按照统一优良品种，统一操作规程，统一投入品供应，统一田间管理，统一收割销售的“五统一”管理模式，从根本上掌握大米的质量关。铁力市水稻种植面积 55 万亩，绿色、有机水稻监控面积达到 40 万亩。其中国家级绿色食品原料（水稻）标准化生产基地面积 30 万亩；农业部水稻万亩示范区 11 处；省级鸭稻共栖有机水稻生产示范基地 1 处。

几年来，铁力市先后获得了中国绿色生态水稻示范市、全国粮食生产先进县、国家级生态示范区等诸多荣誉称号。中国杂交水稻之父袁隆平为铁力市绿色水稻基地亲笔题字“绿色伊春、绿色水稻，寒地粳米、造福人类”。铁力大米多次参展中国绿色食品博览会和哈洽会，获得了“放心米”和绿博会金奖等荣誉称号。随着铁力市有机产品示范区的创建，真正地实现了铁力大米“香天下”。

科学发展、绿色生产、低碳生活已成为全社会未来发展的客观要求，有机产品的发展承载着生态涵养的功能定位，代表人们食品安全生活的方向。认证示范区正是有机产品发展提高到一定阶段的产物，这个阶段需要一个示范作用的载体，而认证示范区就是适应这一需要而产生。通过有机产品认证示范区的创建，可以走出一条经济发展与生态建设共赢的道路，这对于建设资源节约型和环境友好型社会，积极转变发展方式和建设生态文明有着极其重要的作用。

(二)铁力市伊南现代农机农民专业合作社

铁力市伊南现代农机农民专业合作社，位于小兴安岭入口伊春南大门的铁力市双丰镇曙光村境内，这里交通便利，四通八达，鹤哈高速公路犹如一道亮丽的风景在此绵延穿过，形成了伊南合作社独具特色的人文景观，奠定了它守护“伊春农业”南大门的特殊地位。

伊南现代农机农民专业合作社创建于2014年，企业资金1 000万，社员51户，2018年有机种植水稻2 001亩，伊南合作社生态优越自然资源得天独厚，可直接引用的小呼兰河源头活水灌溉其中，天然水源滋养万物，远离城市远离工业无任何污染，赋予了这片土地的明秀之气。属三大黑土带之一的寒地黑土，土质肥沃，并处于伊春地带的平原区上，让这片土地更加美丽富饶。北纬47°温带大陆性季风气候的特点，积温高无霜期长成为“有机水稻”生长的最好温床。好山好水出好稻，伊南合作社自组建之初就怀着对土地的虔诚和热爱，在追求“有机生态”发展农业道路上不忘初心默默耕耘。从播种到收获，种植过程均采用有机肥、农家肥、腹膜除草、人工除草的方式，保证了米质生产的天然纯正，保证了水稻各个生产环节的质量和安全，并开展了智慧农业建设，启动了水稻种植生长全程质量可追系统，实现了手机客户端远程监控，无论农业专家还是订单客户与企业都可以随时沟通交流。天赐好米成就未来！伊南现代农机农民专业合作社已经插上了腾飞的翅膀，精心谋划着企业发展的蓝图，到2020年计划利用合作社附近的千亩河套之地建设一所集居家养生保健于一体的花园式养老院，同时进一步扩大有机水稻种植规模朝着“有机生态”不断发展迈进。

有机的概念也就是人类的生存离不开大自然的呵护，人与自然需要和谐美好的生存关系。有机食品概念的提出，正是这种理念的实际应用。人类的食物从自然中获取，人类的活动应尊重自然的规律，这样才能创造一个良好的可持续的发展空间。伊南合作社经过多年的经验积累，种植技术不断提高。近年来，伊南合作社在保证水稻产量和质量的同时，开始发展“有机生态”种植有机标准的优质精品大米，有效提高大米的品质。经过近几年的有机种植，同比普通种植方式种出的稻米，味道更全、鲜、香、黏，为打造铁力的优质有机大米，伊南合作社在2017年11月注册了商标“伊南香”，当属于我们自己的品牌走入市场后，深受广大消费者认可与好评，大米远销到北京、上海、深圳等，伊南有机米，粒粒酿乡情！

伊南人始终相信通过有机产品认证示范区的创建，可以走出一条经济发展与生态建设共赢的路子，这对于建设资源节约型和环境友好型社会，积极转变发展方式和建设生态文明有着极其重要的作用。

(三)九河泉有机水稻示范区的创建与发展

黑龙江省铁力九河泉米业有限责任公司成立于2000年5月，通过10多年的探索与发展，现已形成水稻种植、机耕、收购、仓储、主副产品精深加工、销售及物流集散为一体的粮食产业园区。

近年来，为响应科学发展观的号召，实现农业生态可持续发展，促进农业产业优化升级，提高农民生活水平，铁力市政府先后下达多项文件扶持各农业企业建立有机示范区。黑龙江省铁力九河泉米业有限责任公司作为铁力市农业产业化的龙头企业，更是深受铁力市委市政府的重视，在市委市政府的帮助和指导下，2010年3月，九河泉企业成功建立起铁力市有机水稻综合标准化示范区，这对九河泉企业来说既是一种无限的荣耀，也是一种实力的象征。但在创建的过程之中，我们也遇到过许许多多的考验。黑龙江省铁力九河泉米业有限责任公司是改革开放的产物，其董事长兰兴早年间曾任职于铁力市双丰供销社，随着改革开放的步步推进，原有的体制适应不了时代的发展，兰兴临危受命，带领部分员工，自筹资金，建立起了如今的九河泉米业公司，开始了粮食加工的尝试。通过5年的艰苦创业，九河泉企业逐渐发展壮大，在成功的收购了原铁力市四宝米业公司之后，兰兴认为传统的水稻在市场上的竞争力在逐渐升高，于是大胆地提出了要开始种植有机水稻的想法，当时许多农户并不看好这个想法，他们认为有机水稻种植成本高、风险高，在市面上还缺乏认可度，但兰兴仍然锲而不舍，挨家挨户地去说服农民一起种植，向他们解说市场的走向和商机，在他的努力下，许多农户开始种植起有机稻米，而那一年，到了收割加工销售的时候也真正证明了兰兴种植有机水稻的选择是正确的，带领了众多农户一起走向了种植有机水稻的致富之路。

在有机水稻综合标准化示范区成功建立之后，九河泉秉承着健康发展初心，一直以培育优良有机稻米为己任，同时坚持回报社会，取得了愈加良好的经济效益和社会效益。有机生态的种植方式不但促进了铁力市无公害、绿色、有机和农业生产的发展，实现了粮食优良品质、农民增收的目标，而且杜绝了对水资源的浪费和农药、化肥对环境的污染，对生态农业建设实现农业可持续发展起到了积极的作用。除此之外，九河泉有机示范区的建立推动了当地农业标准化体系建设，促进了铁力市生态示范区的快速推进与建立，有利于形成综合性的科技示范园区。

截至2018年，九河泉企业已经形成了“制种、肥料、农业服务、种植、加工、销售、互联网＋、可追溯”的全产业链模式，并成立了铁力九河泉现代农机农民专业合作社，为种植农民提供机器耕作、技术指导和订单联合等业务，致力于为消费者提供安全、营养、绿色、有机、健康的稻米供应全过程。10多年来，九河泉企业秉承科学严谨、认真负责的态度，严格执行绿色有机水稻种植标准，采用“统一选种、统一技术、统一防治、统一操作、统一指导”五统一的种植模式和“企业＋基地＋工厂＋合作社＋农户”五合一的产业模式，取得了斐然的成绩，推动了整个企业的快速发展，2007年通过了ISO9001:2000质量管理体系认证；2008年获黑龙江省质量管理提名奖；2009年被黑龙江省确定为全省20个稻米加工园区之一；2011年，被省政府命名为农业产业化省级重点龙头企业、伊春市农业产业化市级重点龙头企业。现如今，九河泉已发展成为中国驰名商标，九河泉牌系列大米也荣获黑龙江省著名商标、名牌产品、放心米荣誉称号，并获得了绿色食品、有机食品认证。

在10多年的实践过程中，九河泉企业探索出了有机水稻鸭稻共栖种植的方式，发展特色养殖，这不仅扩大了公司的产业链，为铁力市农业经济增加了新的创收，同时也促进了有机大米种植的良性发展，为其提供了更加生态的生长环境。所谓的有机水稻鸭稻共栖种植方式，就是指在培育有机水稻的稻田中养育鸭子。将鸭子放入稻田中，可以利用其杂食性来消灭杂草和减轻病虫的危害，又可起到鸭粪肥田、活化土壤和促进水稻生长的作用，稻田养鸭是生产绿色水稻，增加效益的有效途径，是实现水稻“高产、优质、高效、生态、安全”的一项值得推广的生态技术，同时鸭子在近乎自然的环境中觅食、生长，将会比圈养的鸭子节约一半的饲料，而生产出来的鸭产品却口味更加鲜美。

目前，黑龙江省铁力九河泉米业有限责任公司主要经营的有机稻米品种是九河泉稻花香米和九河泉原生稻米，这两种有机稻米都达到了欧盟有机认证和中绿华夏有机认证。九河泉有机大米是公司自主研发的专利产品，在生产过程中不使用任何的化学合成的肥料、农药，添加剂等对身体有害的物质，同时坚持生态的育秧方式，采用物理和生物的驱虫方式，具有超高的营养价值和安全性。其销售范围广阔，不止覆盖中国各省市，而且远销国外，拿到了“欧盟认证”“日本认证”“加拿大认证”等多国的产品发行资格，在国际上也颇负盛名。除有机产品之外，九河泉企业生产的绿色产品，诸如雪花米、精洁米、稻花香米、长粒香米等，也凭借优良的品质、不同的规格、精美的包装、上乘的口感而深受消费者的喜爱。

黑龙江省铁力九河泉米业有限责任公司有机稻米标准化示范区的成功建立，提高了水稻质量，维护了自然生态，解决了谷贱伤农和卖粮难问题，提供了几百个就业岗位，推动了相关产业的发展，促进了区域经济，表明了现代农业与自然环境是可以共生发展的。在未来，九河泉企业还将坚定有机种植的道路，以推动示范区的深化发展为立足点，促进铁力市有机农业的发展，为农民致富、农村改观、农业发展，做出应有贡献。

(四)佳新现代农机合作社

天乃大、农为本
春种、夏耘、秋收、冬藏
四季轮回、初心不改
乡村振兴、沃土绽放
佳新现代农机合作社
圆一代农民的农耕梦
沃土兴机、稻米生香

铁力市位于黑龙江省中部，小兴安岭南麓，这里山多林密，水系发达，地处世界仅有的三大寒地黑土带上，地貌特征素有“八山一水一分田”之称，是发展农业的沃野良田。近年来，随着农业现代化水平的不断提高，这里的农民早已不再是“面朝黄土背朝天”地生产生活，他们坚定地扛起了科技兴农、机械当家、绿色有机可持续发展的大旗，在这片广袤的黑土地上，用胆识、智慧和勤劳编织着一代农民的农耕梦想。项春贵带领他的佳新现代农机合作社就是其中的典型代表。

2016 年初，在伊春市、铁力市各级领导的亲切关怀指导下，在农业、农机、金融等相关部门惠农政策的大力支持下，项春贵等 4 位农民敢为人先，自筹资金 120 万元，争取各级政策性补贴支持 500 万元，组建了佳新现代农机合作社。该合作社坐落在临近铁力市区的王杨乡红光村内，占地面积 8 000 平方米，拥有厂房和办公室等综合性场所 2 500 平方米，共有 167 户农民、包括 29 户贫困户带地入社，拥有农业机械 64 台套，育秧大棚 110 栋，蔬菜大棚 30 栋，经营土地面积共计 6 760 亩，其中水稻 5 560 亩，大豆玉米等经济作物 1 200 亩。2017 年，水稻产量 250 万千克，大豆产量 12.5 万千克，销售收入 770 万元，实现利润 60 万元。

从组建之初，佳新现代农机合作社始终坚持现代绿色农业发展理念，以种植绿色水稻为基础，全力实施“规模化生产、社会化服务、生态化经营、产业化发展”的农业发展格局。2017 年初，顺时应势，积极推进农业供给侧结构性改革，努力构建绿色有机水稻的产加销经营一条龙体系，努力实现水稻从种得好向卖得好经营方式的转变。经过 1 年多的建设，合作社有机水稻面积发展到 1 000 亩，并注册了“稻馥香”绿色有机大米品牌。“稻馥香”牌有机稻地处北纬 47°的优势地理位置上，均采用呼兰河源头水系天然灌溉，生长过程不施用任何农药和化学肥料，实施人工除草，采取农业可追溯系统适时监测，完全保证了米质的天然纯正，特别是其成品大米后续加工不抛光、不色选，煮熟后口感香甜、醇厚绵长，色泽透明，成为朋友馈赠的佳品和品质生活的象征。

在打好绿色水稻基础的同时，佳新现代农机合作社着力构建农业产业化、多元化发展新格局，充分利用上百栋育秧大棚，错时发展绿色无公害蔬菜种植，引进种植的秋葵、豆角、黄瓜、西红柿等蔬菜品种一经上市，便供不应求，尤其是种植的秋葵，实现了每栋大棚 3 000 元的纯收入。

每到春秋两季，佳新现代农机合作社还充分发挥大型农业机械的效能作用，科学管理和调配机械资源，在保证自营土地季节性生产外，努力实现农机作业的有效利用。2016 年秋收，实现代耕代收作业 37 万元。2017 年，完成铁力区域内深松整地面积 74 400 亩，在全市的秋收工作中发挥了生力军作用。

2018 年秋，佳新现代农机合作社主动作为，积极响应全省禁止农作物秸秆露天焚烧的号召，以合作社为主体，采用股份制的形式参与组建了铁力市飞越新能源燃料制造有限公司，承建了秸秆综合利用压块站，在推动全市秸秆综合利用，推进农业可持续发展中迈出了关键性的步伐。

同年 10 月份，佳新现代农机合作社理事长项春贵参加了经农业部批准召开的"2018 年全国新型职业农民发展论坛"，在"走进新时代、践行新使命、展现新作为"思潮的引领下，进一步明确了合作社未来将"增加绿色有机水稻、大豆面积，打造市民无公害蔬菜菜篮，多渠道销售农业产品，开展秸秆综合利用项目"的发展方向。

豪情满怀的佳新人必将与新时代携手并进，以担当作为的精神缔造出具有铁力地方特色的农业产业和农业品牌，在乡村振兴、农业可持续发展的伟大实践中书写出无愧于时代的灿烂诗篇。

六、创建故事

打造有机产业链　带动企业腾飞

——铁力市爱国米业有限责任公司创建故事

铁力市爱国米业有限责任公司采用自然农法，并结合现代农业技术，生产全程遵照有机标准，做到无农药、无化肥、无激素、无除草剂、无转基因，全力打造人与自然和谐相处的生态农业景象，秉承着为更多人生产更放心、更生态、更绿色的农产品的发展理念。

铁力市爱国米业有限责任公司秉承信誉第一、质量至上的宗旨，全面推进水稻绿色种植、安全加工、环保包装贮运及终端销售的全程质量控制，严把"四关"。一是认真遴选，严把投入关。召开米质品鉴会，确定 5 个米质优、抗逆性强的品种作为合作社的主栽品种，通过考察，确定达丰孝素有机肥和高科技有机肥无机肥复混两个绿色水稻肥料为农业生产基地的指定应用肥料。二是规范标准，严把种植关。制定了绿色水稻生产技术规程。要求严格执行规范要求。采用激光平地、智能化浸种催芽、钵育摆栽自动化育苗插秧。从大棚的苗床管理、耙地整地、到插秧以及后期的大田管理，均严格按照技术规程操作。三是实时监测，严把防控关。加强监测预报，保证在防治最佳期用最少的药量达到预期防效。坚持物理防治、生物防治为主、药剂防治为辅的绿色植保防治方针。如采用人工除草、个别发生负泥虫的地块采用人工扫落的方法。通过施放杀虫灯和性诱剂来防治水稻二化螟。爱国米业采用直升机喷药，雾化效果好，防治及时，减少用量，提高药肥效果，确保生产过程安全绿色。四是加强检测，严把收贮关。对合作社水稻生产的产地环境、生产投入品及产品进行全程质量监测，已完成土壤样品、灌溉水样、投入的肥料样品、各农药样品的检测，通过质检部门的全程跟踪检测，剔除不合格田块和不合格产品，确保合作社产品质量。通过烘干塔和仓储库的加工收储，保证收贮的水稻品质优良。智能管理，施行可追溯全程监控。严格执行绿色食品生产基地建设规程要求，制定了绿色水稻生产操作规程，投入品使用制度，田间生产管理记录、产地环境及产品抽样规程等一系列的规程制度，并设有农产品质量安全协管员，对水稻的各个生产环节进行检查、抽查和监督，并进行每一生产环节的记录工作，确保水稻生产加工过程的标准化实施。

铁力市爱国米业有限责任公司同时加入黑龙江农产品质量安全追溯公共服务平台，将二维码技术运用到产品可追溯管理中，实现农产品来源可追溯、流向可追溯的农产品实时监管的可追溯管理模式与目标，投资15万元在标准化基地安装物联网设备，将物联网技术各现代化管理理念应用到农业产前、产中、产后的全产业链，对生产过程进行全程监控，保障了农产品质量安全，促进农民增收，农业发展，保障了农产品质量安全。为了保障农业生产，在农业示范区投资30万元修建了田间水泥路。

有机示范区以爱国米业有限责任公司为工业加工基地，匠禾牌大米原料来自铁力市30万亩国家级绿色生态水稻生产基地的北纬47°之寒地黑土、森林氧吧、绿色农庄。用无污染的呼兰河水、自然河水灌溉，施农家有机肥，手工薅草，稻田养鸭，无工业污染。采用先进的生产工艺，精挑细选，悉心研制，推出以生态有机大米为代表的高档食品；以生态绿色的稻花香米、笨磨坊为代表的中档食品；以精洁免淘米为代表的大众食品。米质晶莹剔透、光洁如玉、米色洁白、口感香甜绵软、有劲道、不回生，是餐桌上必备佳品。

10多年来，铁力市爱国米业有限责任公司以科学发展观为统领，树立生态文明观念，扩大有效投入，培育新的经济增长点，提高自主创新能力，坚持以发展现代企业为方向，以做大做强米业为目标，以支持农业、反哺农业为己任，大力推进企业的快速发展，引导农民种植，促进农民增收，取得了一定的经济效益和社会效益。

稻香山色叠　有机话食安

——胜利农场有机产品认证示范区创建纪实

一、农场概况

胜利农场始建于1956年，隶属于黑龙江省农垦总局建三江管理局。农场境内风光秀丽，景色宜人，国家3A级喀尔喀旅游景区和挠力河国家湿地自然保护区坐落其中，素有“好山河”之美称。农场占地总面积136万亩，其中耕地69.3万亩，林地33.6万亩，草原7万亩，水面2万亩，其他面积24.1万亩。下辖53个行政单位，10个农业管理区，是以种植水稻、玉米为主，工、商、林、牧、副、渔各业并举的大型现代化农垦企业。农场曾被国家评为全国农业标准化示范场、全国粮食生产先进农场(场)，被农垦总局评为农业标准化提升活动标兵单位、高产创建先进单位，被黑龙江省委命名为“平安农场”省级精神文明单位，且享有“国家优美乡镇”称号。自2000年以来，农场倡导农田使用有机肥料、生物农药，维护了良好的生态环境，进一步保障了一方青山绿水。近年来，农场以循环经济理念为指导，以有机生产体系建设要求为标准，以市场为导向，以科技为动力，打造高标准有机生产示范区并在2016年获得“黑龙江省有机产品认证示范区”称号。

二、发展背景

为进一步提高农产品质量安全水平，抢占高端农产品和食品市场，实现职工增收、企业增效、生态友好的目标，胜利农场深入贯彻落实总局、管局党委（扩大）会议精神，加快转方式、调结构步伐，以农业供给侧结构性改革为主线，以当地龙头企业为依托，加大资金投入力度，采取以销促收方式，建立有机产品示范基地、打造有机生态品牌、延伸有机产业链条。

（一）胜利农场有机产业发展现状

农场是以种植水稻、玉米、大豆为主，工、商、林、牧、副、渔各业并举的大型现代化农垦企业，是垦区重要的商品粮生产基地；农场本着“种好地、产好粮、吃放心米”的原则，提高生产标准，加强作业质量，生产中划定农场4万亩基地全程不使用化肥农药、严格按照国家有机标准GB/T19630—2019生产健康环保农产品，分别在2007年和2009年顺利通南京国环有机认证中心和北京爱科赛尔欧盟标准834/2007和889/2008有机认证中心的认证和审核，几年来通过认证的作物品种有：有机水稻、有机大豆、有机玉米、有机小麦、有机杂粮等10余种作物，认证加工产品有：有机大米、有机糯米、有机面粉、有机豆油和多品种的有机挂面等。农场粮油企业生产的“长乐”牌有机挂面系列获得“国家部优产品”称号，并在第十届国际农产品交易会获得金奖，长乐挂面已远销英国，并且为农场提高农产品附加值奠定了坚实基础。

截至目前，农场现有有机种植基地4万亩，农场以基地带动农户的方式，带动了农场100余户农户发展有机水稻、有机小麦和有机大豆等种植，发展种植面积1 000余亩，达到每户年均增收1 200元以上，推进了农场经济建设的发展。另外，农场拥有国家绿色食品发展中心认证认可的59.3万亩绿色食品原料（水稻）标准化基地；且全面积纳入农垦农产品质量追随系统，实现了农产品从种到收全生育期安全可追溯。2016年起农场加大有机作物种植面积，积极探索优良有机作物生产技术，并搭载生态种养模式，开启了有机稻鸭共育、有机稻鳅共育及有机稻覆膜除草技术等，为研究有机农业、有机稻病虫害综合防治技术、生物农药施用技术、重金属残留控制技术等奠定了坚实基础。

（二）发展有机产业的意义

通过有机产业的发展能够探索一套在胜利农场进行有机食品开发的模式和技术，在为广大消费者提供安全、优质、健康产品的同时还能够提升胜利农场在全国有机食品领域的知名度和树立良好的社会形象。

通过实施有机产业发展规划，使大部分种植户接触有机农业生产技术，不仅增强人们尊重自然、保护环境的意识，同时也提高了科技普及程度，培养了一批环保、农业、加工、植保等方面的技术人员、管理人员，提高当地种植户的技术和管理素质。

有机农业生产，劳动力投入加大，解决部分剩余劳动力问题，解决当地100多人口的就业问题，让不少外出打工的人员能够重新返回务农，参与到农场有机农业的发展中来。

通过有机产业发展规划的实施，有机食品文化逐步形成，人们的消费观念、价值取向、行为方式等都发生变化，生态文明、生态道德将成为人们对自然的道德标准。

三、保障措施

如何解决发展与保护的矛盾，胜利农场在不断地探索与实践中提出了“良田万顷，风光秀美”的发展理念，紧紧围绕“建设省级有机产品认证示范区，打造全省知名品牌示范区”的工作主线，以认证认可为手段，秉持“科技创新引领、产业效益发展”的原则，实施“农场主导、政策扶持；市场导向、科技支撑；龙头带动，规范运作；打造品牌、扩大宣传”的32字发展方针，强调了生态环境和经济社会的同步发展的重要性。

农场主导、政策扶持。农场主导是产业发展的根本动力。实行部门联动，农场、管理区齐抓共管，积极营造合力发展的机制。农场明确了示范区创建工作领导小组、设立了专门的办公室，把有机产业发展和全省知名品牌示范区创建工作纳入部门和管理区的年度综合目标考评内容，签订了《创建目标责任书》。各部门和管理区相应成立了工作机构，各管理区实行了主任负责制，落实了分管领导和工作人员，在管理区设立了有机生产监管员，在全场形成了“场有办、区有员”的二级有机产业监管网络。农场相继出台了《有机产品认证及肥料采购补贴管理办法》《获得名牌产品奖励办法》和《获得驰(著)名商标奖励办法》等扶持政策，明确基地环境检测费、产品认证及年度评审费，由农场财政全额出资；对投资有机产业的企业、经济合作组织，在用地、技术、信贷、税收、价格、能源供应等方面提供支持和优惠；对获得名牌产品，驰、著名商标的企业给予资金奖励，聚集各种生产要素向有机产业发展、生态品牌建设倾斜，形成了强大的推动合力。

市场导向，科技支撑。市场需求决定产业发展的成败。农场在发展有机产业中始终坚持“市场导向、农场主导、企业主体、全民参与”的原则，以准确的市场供需信息优化资源配置，积极开拓国内、外市场。重点在长乐稻米、长乐挂面、长乐面粉、蜂产品的深加工上求突破、创品牌、扩市场。为搭建科技研发平台，农场扩建第六管理区有机种植食品监控区，确保有机原料生产过程全程可查看、可监管；为推行好有机标准，积极实施技术跟踪服务，实行了专业技术推广单位、技术人员“技术推广责任制”，开展技术组织、技术人员对口包抓、包干服务。为强化科研力量，加强了与中国农业大学、东北农业大学、八一农业大学、黑龙江省农科院、黑龙江省农垦科学院研等大专院校和科研机构的合作，在胜利农场建立了科教单位的“产、学、研”基地，为产业发展、品牌打造保障了人才和技术支撑。

龙头带动，规范运作。有机产业发展的关键在于龙头带动。为搭建有机产品深加工和对外展销平台，推进市场化运作、集约化发展，农场与当地龙头企业签订有机原料回收订单，并制作了胜利农场有机产品招商引资宣传片，筑巢引凤，引凤筑巢。围绕“省级有机产品认证示范农场”创建，考察、筛选了周边市场创建企业，确定了有机生产标杆示范基地和有机产品加工标杆示范企业，严格标准，重点培育，为产业发展树立典范。以“标准、认证、品牌”为手段，形成了较为完备的生产、加工、管理、营销、监管等产业运行体系。在基地建设中，大力推行“公司化”和“家庭农场”为主的经营模式，倡导“企业＋基地＋农户”的运作模式，建立了“不合规产品退出认证机制”，大力推行农业标准化、规范化、集约化、规模化生产。充分发挥农场有机办对绿色有机无公害食品监管的职能，按照“环境有监测、操作有规程、生产有记录”的要求，对生产基地、加工企业、经营网点进行有效监管，规范市场运营和产品标志、标识使用。初步建立了较为完备的胜利农场有机产业技术服务、物资供应、营销网络、质量追溯、监督管理、诚信保障体系，维护了胜利农场有机产品良好的质量信誉和市场形象。

打造品牌，扩大宣传。品牌是质量的保证书，是市场的通行证，是产品的核心竞争力，品牌文化是产业发展的精神支柱与内在动力。胜利农场坚持走自主品牌之路。引导有机企业组建产、销联合体，突出“有机”“地理标志保护”，积极打造有机知名品牌。制定了《名牌培育计划》和《胜利农场商标使用管理规定》，分类指导，重点扶持。在发展有机产业进程中，不断提升产品质量和有机示范区形象。通过面向社会征集、确定了示范区宣传口号“稻菽飘香，最美胜利”，确立了示范区建设理念“生态种养 循环持续”。充分利用各种平台，广泛宣传推介了胜利农场有机产品。先后组织企业参加了“上海国际有机食品博览会”“哈尔滨有机产品营销推介会”等活动。连续四届在“哈洽会”上举办了胜利农场有机产品展示推介专场。在哈尔滨、北京等地举办了有机产品专场推介会。通过开展“质量月”"安全月"等群众性质量活动，以及各类有机产品展示展销会、“稻米”文化节等活动，增强了企业的质量、品牌、商标意识。通过一系列宣传推介活动，胜利长乐有机食品已成为胜利农场农产品的代名词，“有机”品牌已经成为胜利对外宣传的靓丽名片和形象代言。

四、实施成效

（一）发展有机产业，实现了胜利农场经济社会发展与生态环境保护的“双赢”

1. 经济发展稳步增长

通过发展有机产业，胜利农场经济呈现出较快发展的势头，2017 年有机种植区农户通过种植有机水稻和有机小麦等作物，较常规种植作物亩增纯效益 1 000～1 200 元，其中有机示范区农户人均纯收入较常规人均收入增加 300～500 元以上。有机产业已经成为胜利农场增效、技术推广的重点示范。

2. 生态环境持续趋好

习近平总书记说“绿水青山就是金山银山，黑龙江的冰天雪地也是金山银山”，而胜利农场有机产业发展的目标就是更好地保护环境。农场在发展中，通过发展生态林、加大天然林保护力度、严格企业绿地达标制度等措施，农场森林覆盖率由 2010 年的 65.5％发展到现在的 69％，保持了良好的大气环境。通过倡导使用有机肥料、生物农药，推行病、虫、草防控新技术，保护了生态环境，大大提升了土壤有机质；在各级各部门的长期关怀、大力支持和全农场各行业的不断升级中，胜利农场区域内无重金属指标和污染物质排放超标；通过推行有机生产，维护了胜利农场多样化的生态平衡系统。

3. 有机生产“示范”作用初步显现

通过积极实践，胜利农场有机产业取得了显著成绩，走在了建三江管理局的前列。胜利农场有机产品“品种多、地域特色鲜明”，已成为农垦地区有机产品佼佼者。胜利农场有机产业赢得了各级各部门的肯定和认可。黑龙江省质检局批准胜利农场为“有机产业创建示范区”，以

“有机、生态”为主题，以胜利农场模式为典范，正在管理局范围内全面推广胜利农场的先进经验和做法，积极打造垦区生态循环产业示范区。胜利农场有机产业为解决发展与保护的矛盾解除了困惑，发挥了示范作用。

(二)发展有机产业，促进了胜利农场农业旅游业的快速发展

喀尔喀山玄武岩、挠力河湿地和胜利农场小城镇建设已成为享誉三江地区的知名景区。胜利农场充分发挥生态旅游资源优势，使生态旅游和有机产业充分融合，创新发展。建成了胜利农场有机产品为特色的生态旅游产品，建成了喀尔喀景区观光走廊；喀尔喀景区获批3A级旅游景区，农场生态旅游产业链初步形成。有机产业与生态旅游实现了充分融合。

有机产业的发展，促进了经济结构调整与发展方式的转变。通过发展有机产业，胜利农场经济结构和发展方式发生了深刻的变化。农场在有机基地建设中，推行有机产品国家标准和“合作制”“家庭农场”经营模式，把农业生产引向了标准化、集约化、专业化、规模化发展之路，促进了传统农业向现代农业的转变。

(三)发展有机产业，促进了循环经济产业链的完善

发展有机产业的精髓是实现生态环境的可持续循环。推进种、养业平衡，形成种、养、加与销售流通相互促进、循环发展的良好格局，是生态文明建设的重要抓手。有机种养结合、鸭稻共育模式、鳅稻共育模式、蟹稻共生模式等正在胜利农场生根发芽。

(四)发展有机产业，从根本上保障了食品安全

传统农业生产随意性强、标准化生产推行难，农产品质量安全难以有效保障。通过发展有机生产，推行有机产品国家标准，增强了全场种植户对食品安全的意识，提高了农产品质量安全水平。胜利农场有机产品备受客商青睐，尤其是有机面粉、有机挂面等知名产品逐渐呈现出市场供不应求的局面。有机种植产业不仅为农场奉献了“宜居、优美、舒适”的生存环境，而且为市场奉献了安全放心的有机产品，为消费者的健康送去福音。

五、典型范例

(一)多彩胜利，健康长乐——长乐有机食品

黑龙江省农垦胜利粮油食品有限责任公司是一家由农垦建三江管局胜利农场控股的股份制企业。它的前身是胜利农场所属的粮油加工厂，1959年建厂，1999年实行股份制改造成立公司，2005年收购七星面粉厂进入现在铁南经济开发区。在总局、分局、农场等各级领导的大力支持下，公司由一个专为农场职工服务的小作坊，成长为以“长乐”牌挂面为拳头产品、集粮油加工与贸易于一体的省级农业产业化重点龙头企业。

公司地处中国绿色米都——建三江，现有正式员工160人，注册资本金2 800万元，具有年产挂面8 000吨、面粉4万吨、大米10万吨的生产能力。拥有59万亩绿色种植基地和4万亩有机种植基地，其中小麦基地主要分布在胜利农场和内蒙古牙克石市免渡河镇，根据公司订单制定品种种植。主要产品有“长乐”牌挂面、“胜利长乐”牌面粉、挂面、大米，同时经营着豆油、杂粮等产品。销售网络已覆盖全省并远销北京、上海、西安、大连、沈阳、深圳等十余个省

市。产品先后通过中国绿色食品中心的“绿色食品”认证，国家有机产品认证及欧盟有机认证，多次被省粮食协会评为“放心面”“放心米”和“放心挂面”。

2005年10月，“长乐”商标被黑龙江省工商局认定为“黑龙江省著名商标”，企业多次获得黑龙江省、农垦总局诚信单位，2010年被评为东北四省区百家诚信示范单位，2010年，“胜利长乐”牌面粉生产实施农业部农产品质量追溯项目并高分通过验收，成为全国同行业首家进行质量追溯的面粉生产企业。2011年“胜利长乐”获省著名商标。2012年10月，公司被评为“农业产业化省重点龙头企业”，“长乐”牌挂面获第10届中国国际农产品交易会金奖，同年，长乐有机挂面产品出口英国。2013年、2014年连续两年长乐挂面入围“黑龙江省消费者最喜爱的100种有机绿色食品”；2015年6月公司“长乐”注册商标被国家工商总局认定为驰名商标。

长乐食品始终坚持创绿色、有机、安全财富，坚持60年小麦粉、挂面产品的生产过程所有落地物料、半成品、成品从不回收，无论掉到什么地方、无论数量多少、无论是否受到污染，全部当下脚料处理。确保生产过程自动化，无任何污染环节。而长乐食品生存的意义就在于生产更多干净、卫生、有营养的产品，让消费者“吃得放心、吃得安心、健康常伴”。

公司是伴随着北大荒的发展而成长起来的，艰苦奋斗、追求卓越是公司的企业精神。“立足寒地黑土原生环境、奉献绿色有机粮油精品”是公司的经营理念。公司正在通过建设基地、强化经营、开拓市场、完善服务追求更大的发展。

（二）生态种养基地，孵化高质量有机产品——鸭稻米、鳅稻米

2017年重点依托“互联网＋农业”，加大可视化溯源系统的投资力度，加强有机示范区全区视频化无死角管理模式，全区共安装26个视频监控设备，通过网络监控设备与订单消费者、农场管理者手机移动客户端相链接，实现消费者、管理者实时监控田间管理情况、投入品使用情况及作物生长情况等。打造产品原产地可追溯，实现产品从生产到餐桌的可视化，打造农场特色优质米、生态鸭的品牌。

该基地采取“基地＋农户＋企业＋市场”的生产经营模式，实现基地对农户履行技术指导和服务职能，农户对企业履行按照订单要求进行标准化生产职能，企业对市场履行保证产品优质和经济增效的职能。2017年基地5 000亩有机鸭稻全部按照订单标准实施加工，按单销售；3 000只生态鸭也如单销售完毕；另外通过线上交易又达成了5万余元的订单。

2018年采取以销促收方式，再次建立高标准有机示范区500亩打造有机生态品牌、延伸绿色产业链条，完成稻鳅共育技术试验示范，500亩有机稻收获后全部按照6元/千克的价格销售至农垦胜利粮油食品公司，并加工成有机鳅稻米作为线上产品销售。

（三）入驻电商平台，助推产品网销落地开花——电商长乐产品

产品销售面向全国，线上主要是在天猫、京东、苏宁易购等自营电商平台上线运营，网络覆盖全国。自2016年加入各大电商平台以来，这种有机大米在市场上可以卖到32元/千克，销售额连年攀升。2016年，胜利粮油食品公司销售有机大米150吨，富硒大米60吨，线上销售额已突破100万，有机产品销售占25%以上，同时加大广告投入力度，将农场资源优势、生产优势和产品优势转化为质量优势、品牌优势和效益优势，促进有机产业布局、标准化管理、产业化经营、市场化发展，用现代工业理念谋求有机产业的发展，让更多的消费者知道

“长乐”有机品牌。下一步将探索性开发线上私人定制模式，发展中高端客户群体，提高农产品附加值。

六、创建故事

浓浓麦香情　粒粒臻米意

在祖国的版图上有一个地方，太阳最早在那里升起，那里被誉为祖国的绿色大厨房，在那里你可以领略一望无际的万亩良田，它可以让你感受巍巍喀尔喀山的鬼斧神工，又可以让你体会享有“亚洲之肾”之称的挠力河湿地，这就是具有“好山河”之美誉的胜利农场，而我的“浓浓麦香情 粒粒臻米意”也将从此说起。

棒打狍子瓢舀鱼，野鸡飞到饭锅里

记得小学时候学过一篇课文叫作《可爱的草塘》其中有一句话是：“棒打狍子瓢舀鱼，野鸡飞到饭锅里”，那是我第一次在书本上接触到北大荒这几个字，同样也是第一次感觉北大荒离我就这么近，这种亲切感让我对这个神奇的地方产生了更多的好奇和敬意！听着老一辈人讲垦荒的故事虽然很艰苦但是却觉得乐在其中，于是在上大学那一年我不顾家人的反对毫不犹豫地选择了植物保护专业，并如愿考上了我心仪的大学，东北农业大学！相对一个女孩子来说学习农学并不是有趣的事，需要足够的勇气和吃苦耐劳的韧劲，专业实习时我们要同男生一样去田间取样，而且需要在田间实地调查作物的病虫草害，过程十分乏味，但是每当想到有那么一个“棒打狍子瓢舀鱼，野鸡飞到饭锅里”的地方在等着我，我就充满了干劲！我的父母就是地地道道的农民，所以我深深地知道，通过专业的学习能够解决作物病虫害的防治问题，从而提高作物的品质和产量，让农民的作物得到更多的效益才是更大的目标！

耕作在广袤的田野上，生活在现代化的城市里

带着当初那份懵懂和想改变农民种地经济效益的远大目标，我踏上了去往北大荒的征程！2010 年我从学校毕业，学校开了无数场招聘会和就业指导会，我的目标却只有一个——北大荒！于是简历印了几十份，只要看到是北大荒的农场我都会投一份，并虔诚的和每个招聘单位讲我的决心，我不怕吃苦不怕累，一心扎根北大荒，听得招聘人员笑开了花，功夫不负有心人，我陆续接到了几个农场的回复，但是我最终还是选择了建三江胜利农场！因为我听说这里有山有水，和我印象中“棒打狍子瓢舀鱼，野鸡飞到饭锅里”的情况很接近！就在接到面试通知的第二天我直接坐客车赶往胜利农场！路上经过了很多村庄和田野，我的心情也很复杂，但是当我看到“建三江欢迎您”的标语时，心情突然觉得豁然开朗，终于到了我梦寐以求的北大荒了，可是眼前的一切和我想象的真是天壤之别，没有“芦蒿满地芦芽短”的“大荒”景象，显示给我的却是“一畦春韭绿，十里稻花香”；没有“耕牛遍地走”的忙乱情景，而是井井有条的机械化秩序管理！我被眼前的一切震撼了！更被一条宣传条幅深深地吸引——“耕作在广袤的田野上，生活在现代化的城市里”。

初闻不识曲中意

带着这样的震撼与无以言表的激动，客车带我走进了胜利农场——我的目的地，下车时农场给我的第一印象是很干净，生活节奏很慢，但是却充满了一切可能性，没有大城市的喧嚣，可我却想在这里一展身手！面试成功后，农场领导用北大荒人特有的热情款待我们，印象中最深刻的一句话就是当时一位老领导和我说："你们是新一代的垦荒人，在这里可以说广阔天地大有作为，所以垦区的将来肯定是属于你们这些有知识、有文化、敢创新、能吃苦的新人的"。说得我热血沸腾！而一桌子佳肴我最感兴趣的无疑是领导递给我的一碗米饭和一碗面条，领导对我说"到了咱胜利农场，不尝尝咱这长乐挂面和大米就等于北京人不吃烤鸭一样，快尝尝！"我连忙吃了起来，那种味道至今难以忘怀，面条很细腻，而且放了很久不会粘在一起，韧劲很足；米饭则是粒粒晶莹，软糯适中，有着一种特殊的香气。经过询问才知这种米面是胜利农场特有的，是当地特殊的生态环境和季节特征才会孕育特有的小麦和这样的水稻。领导接着说："我们胜利农场粮食产量和品质越来越好，但是现在市场占有率并不高，如何能把我们这样好的产品推向市场，让更多的人吃到这样优质又放心的农产品这个担子就放在你们这些年轻人身上了"……听了领导的话我若有所思……

再闻已是曲中人

带着领导的重托，我满是疑问地开始了工作，最初我被分配到胜利农场科技园区，我所承担的试验是品种选育试验，在试验中我学会了如何筛选品种，如何鉴定品种抗逆性等，同时还跟着一位老大姐学习了绿色标准化基地建设标准，质量、环境体系认证标准，以及有机基地认证审核标准等等。通过几年的学习，实践，分析和总结，我已经能够独立完成很多重要的工作，而更多的是与无公害、绿色、有机认证审核工作结缘，并且有幸成为一名内部检查员，同时，也让我更加清楚地明白要想做好农业，高产量并不是我们追求的目标，而保安全、优品质才是我们最终追求的目标！

稻香秫熟暮秋天，阡陌纵横万亩连

秋风吹过，眼前再不见"百里无人断午烟，荒原一望杳无边"的画面，广袤的胜利大地翻滚着稻浪，一片丰收的景象，看着这"阡陌纵横万亩连"的大地，想着习近平总书记在视察建三江垦区讲到的"中国粮食 中国饭碗"，我就倍感肩上的责任很重。作为农业基层科技人员，我们可以通过自己的努力为农业插上科技的翅膀，但是进一步提高产品附加值，打造高标准绿色、有机安全农产品为广大的消费提供更加优质的服务已成为摆在我们面前的一道难题。近年来，农场加快转方式调结构步伐，示范推广绿色、有机种植，总结编制了《胜利农场有机水稻种植操作规程》《胜利农场有机小麦种植操作规程》《胜利农场有机玉米种植操作规程》及《胜利农场有机大豆种植操作规程》。利用农场得天独厚的地理优势和环境优势，开发了一个又一个长乐有机大米、有机挂面、有机面粉品牌，同时也为农场发展有机农业，提高产品附加值奠定了坚实的基础。

农业迎来"东风"，"梧桐树"引来"金凤凰"

2016年农场建场60周年，甲子回眸农场也迎来农业的"东风"。在黑龙江省质量监督局与建三江质量监督部门的关心和指导下胜利农场成为黑龙江省垦区第一家省级有机产品认证示范区！而作为参与有机产品认证示范区申请与审批成立的一员，我同样感到骄傲和自豪。与此同时农场借着这好政策下迎来的"东风"，建设了5 000亩高标准有机示范区，遵循"有机，生态，循环"发展理念，打造"稻鸭共育区""有机覆膜区""可视化溯源区"，有了这样高大上的梧桐树，农场也陆续引来了一只只"金凤凰"——上海松岭公司、武汉盐水鸭有限公司，天猫电商平台线上订单，苏宁易购电商平台线上订单……一时间农场热血沸腾起来，原本市场价5.4元/千克的有机水稻现在竟然可以卖到8元/千克的价格！农户的脸上露出了久违的笑脸，商家为这安全放心优质的大米竖起大拇指，同样农场党委也不负重托将这份成果作为贺礼献给胜利农场60华诞。

浓浓麦香情,粒粒臻米意

从2010年7月至今,我已来农场8年有余,这里吸引我的早已不仅仅局限于“巍巍喀尔喀山”的神秘和“静静挠力河”的深远,而更吸引我的是胜利长乐有机挂面已远销至北京、上海、香港等地甚至英国、澳大利亚等欧盟国家;长乐有机鸭稻米在线上突破百万订单……在这里我从一个刚出校门的大学生成长为一个孩子的妈妈,我见证着胜利农场的每一个精彩瞬间,8年里没有很高的成就,但是我试验并通过了数十个品种的审定与推广;参与了胜利农场59.3万亩绿色标准化基地的落地;4万亩有机基地的内审;协调各部门做好质量、环境双体系认证改版;完成水稻全面积质量可追溯;见证了黑龙江垦区第一个有机产品认证示范区创建单位的审批!我想说因为付出所以更爱,同时也因为更爱所以我更愿意为她付出,她的美就像那浓浓的麦香,和胜利特有的臻米一样让你回味悠长……同样,我为我是新一代北大荒人而骄傲,为我是胜利人而自豪!

粮人——黑土地上的筑梦者

——绥滨县兴达米业创建纪实

沃野千里,这块辽阔的黑土地上生长着大片大片的水稻,站在高高的干草垛上,还能看见远处零星冒着的袅袅炊烟。

这里,是绥滨县,松花江下游与黑龙江交汇的三角地带,三面环水,中间绿洲,地势平坦,土壤肥沃,有机质含量高,水碧天蓝,地清气洁,是国家级生态示范县。曾荣获“全省百万亩水稻基地县”“国家商品粮基地县”等称号,素有“中国北方鱼米之乡”的称谓。

一、粮人寻根,筑梦者的筑梦巢

绥滨县主产水稻。这里的人们:吃水稻长大、种水稻生活、卖水稻养家。孩子们从小就跟着大人在粮食堆里摸爬滚打,亲眼见证着这片黑土地——秋收时的兴旺喜悦、秋收后的萧瑟荒凉。如此,一年复一年,一辈又一辈。

当年的孩子们都长大了,很多都因为厌倦农民生活的辛苦与劳碌,离开了这片黑土地。而有一部分人,他们走了,但他们又回来了!带着对这片土地的热爱,带着对粮食浓厚的兴趣,带着对农民辛苦生活的体量,带着完成儿时梦想的心愿,他们回来了!

他们是兴达米业的厂长和他的团队,或许你听说过他们的另一个称呼——粮人。

粮人,他们是这片黑土地上的原住民,儿时曾对着当时正在劳作的乡亲们说过这样一段话:“我们的粮食这么好,叔伯阿姨们那么辛苦的工作,为什么仅仅能维持温饱?等我长大了,我要把咱们的粮食都卖到大城市去,要让所有人都知道咱们的粮食!”

谁也想不到,当时稚气未脱的誓言,在几十年后,竟然成真了。

粮人或求学归来或当兵转业以后回到了家乡,在兴达米业开启了他们的梦想。

兴达米业是以稻谷精深加工及副产品综合利用为主的大型粮食企业，企业资产规划、生产能力、产品市场占有率均位居全省同行业前列。有两条大米生产线，年加工水稻能力 15 万吨，生产大米 10 万吨，副产品 3 万吨，是经工商部门批准的国有中型加工企业。

兴达米业实力雄厚，为粮人完成梦想提供了广阔的平台。求学和当兵的经历，让他们视野开阔，做事果断干练；不停地思考，加上他们勤学好问、博学强记。很快，他们便在企业内脱颖而出。几年后，即成为兴达米业管理层的骨干力量。

面对广阔的黑土地，南北松黑两江清澈的江水，清新的空气，粮人下定决心，定要大刀阔斧地带领绥滨农民发展有机产业脱贫致富。人们知道粮人的心声，也给予了农民脱贫致富的希望，从那时起，人们便开始叫他们粮人。

二、八方援助，种植问题终解决

兴达米业想做有机米，那就必须要有基地。并且施行统一供种、统一标准、统一收购、统一加工、统一销售，这样才能更好地管理，带领大家脱贫致富。

可是，如果挨家挨户地说服、管理，难度过大，质量也难以保证，这可难坏了粮人。在多向推演、试验后，粮人仍未找到最好的方式来推行有机米。

一个偶然的机会，粮人的想法与困境被县政府得知了。县政府在多方了解、求证后，决定给予粮人支持，鼓励各乡镇成立合作社，外出务工的农民以地入社，这样耕地得到了统一管理，农民也多了一份稳定的收入，很多农民看到希望后纷纷入社，有些还主动和兴达米业签订种植收购订单。

终于，耕地的问题完美解决了。

然而，种子和技术的问题又来了。有机米必须选用优质品种，使用专业的种植技术和管理方式。

这一次，一筹莫展的粮人找到了县农委，了解到粮人的困难后，县农委同样毫不保留地给予了支持与援助。专门派专家讲解、介绍水稻的优质品种和习性，并提供技术支持与现场指导。同时，县质量监督管理局等单位也纷纷伸出援手。

在县政府的大力支持、县粮食局的正确领导下，粮人通过不懈的努力，终于将有机米从种植到加工、管理的各个流程，都摸清、摸透，同时不断探索、加以改良，使得兴达米业的有机米成品的各项指标均达到标准，并于 2009 年顺利地通过了有机认证。

从此兴达米业正式带领绥滨县农民走上了有机种植、脱贫致富的道路。

三、触类旁通，野鸭奇缘助发展

有机米的生产线已经日趋成熟。然而，想让绥滨县的大米流入更大的市场，仅仅靠有机米种植一个方向，尚显不够。

兴达米业的发展，似乎进入了瓶颈期。粮人想知道，什么样的米才能在这个物资丰富的时代中，冲出一条路。

粮人没想到的是，长久的瓶颈，竟被一场偶遇的人鸭大战打破了。

兴达米业有一处水稻种植基地，这处基地在长乐村，位置就在江边，环境优美，空气清新，蛙声片片，充满了大自然的气息，这里出产的水稻质量是最好的，粮人经常会到这里监督指导。

有一次，他们来到基地的时候正赶上一场人鸭大战，原来是不知道从哪里飞来了一群野鸭子，农户正在驱赶，害怕它们吃稻苗。

混乱的场面，却让粮人灵光一闪，想起了曾听说过的“鸭稻共作”种植技术。

他们立即上前阻止农户驱赶野鸭，并讲解了“鸭稻共作”种植技术的要点。粮人相信，只要管理得当，野鸭是不会破坏稻田的。

经过几天的观察，野鸭真的没有破坏稻田，它们到江里捉小鱼吃，在田里栖息、追逐，看样子是在这里安家了。很快，一个月过去了，粮人和农户发现，这块实验田比其他的稻田长势都好，田里的杂草明显少了，虫子也不见了。而其他地块，仅靠人工锄草却跟不上草长，由于通风不好，也时常生虫子，这群野鸭可真是解决了大问题！

粮人和农户开始试着把家鸭也赶进其他地块，在其他基地也放进家鸭，在绥滨县掀起了“鸭稻共作”的技术热潮。

从此，兴达米业就多了一块野鸭稻特色种植基地。

野鸭稻取得了空前的成功，粮人召开会议决定开始试验调研已久的“鱼稻共生”技术，同样取得了不同凡响的成效。

粮人高效的利用绥滨县的自然资源，水稻种植选用优质品种，江水灌溉，有效提高了水稻天然有机质和矿物质等微量元素的含量，从而大大提高了食味值，“鸭稻共作”和“鱼稻共生”技术又进一步提高了大米的食味值和营养价值。

黑龙江大米以透、香、润著称，而绥滨大米更是以软、香、糯闻名，米粒晶莹饱满、入手凉滑；蒸煮后洁白油亮、绵软微甜、清香隽永、粒粒分明，冷后不回生。鸭稻、鱼稻给农民们带来了可观的额外收入，尤其是野鸭稻，从此一炮走红，名声响彻大江南北。

兴达米业也成了“黑龙江省农业产业化重点龙头企业”。

四、质量为上，龙头企业严把关

兴达米业重视产品质量管理，实行从原料采购、运输、储存、加工、销售全过程质量监控。采用日本左竹先进制米工艺，经五十道工序精心调制，严格按照有机米生产加工工艺流程技术生产，堪称米中精品。

几年来，兴达米业在粮人的领导下、在全体员工的努力下、在当地政府的扶持下、在百姓的支持下，取得了喜人的成绩。

公司先后被评定为“国家级重点龙头扶持企业”“黑龙江省龙头企业”“黑龙江省放心粮油示范企业”“黑龙江省名牌产品”“黑龙江省著名商标”“守合同重信誉示范企业”，并获得国家权威部门有机产品认证、ISO9001 质量管理体系认证、ISO22000 食品安全管理体系认证，产品销往全国各大城市，成为区域内促进农民增收龙头企业。

五、勇往直前，开启电商大时代

随着商品的不断发展，线下销售已经不能满足商品的生产，粮人召开会议果断决定发展电商，进入线上销售阶段，组织人员参加培训，在县商务局和电商中心的指导下，兴达米业建立了完善的企业网站，微信公众平台，网上商城，正式开启了“互联网＋”的新时代。

销售渠道的拓宽意味着产品供应量的上涨。兴达米业并没有因为供应量增长而放松对质量的把控，线上线下产品品质统一。始终秉承“打造一流品牌，振兴传统产业”这一理念，诚信务实，高效创新，以质量拓展市场，以信誉保障经营，以顾客健康为根本，以带动农民增收为己任，为消费者提供绿色、安全的品质大米。

六、紧跟“黑龙江好粮油中国行”的步伐

在县委、县政府的支持下，县粮食局和省粮食厅的带领下，兴达米业紧跟省粮食协会“黑龙江好粮油中国行”活动的脚步。

粮人带领兴达米业的销售团队，带着有机米产品，出现在了各地的农产品展销售会上，“野鸭稻富硒米”荣获了2018年9月的“第十六届中国国际粮交会金奖产品”，9年的有机历程终于有了结晶。

七、众志成城，米业集团终组建

2018年绥滨县国有资产经营管理中心、中粮贸易黑龙江公司、松原粮食集团有限公司、海伦市农村合作社共同注资组建中粮贸易（绥滨）农业发展有限公司，绥滨县国有资产经营管理中心出资方式为实物（包括绥滨县绥东粮库和兴达米业公司的2.6万平方米土地、新建的10万吨大米加工车间等资产），新公司以公益的心做企业，以生态资源做产业。

2018年9月中粮集团领导，在省委、市委、县委领导的陪同下来到兴达米业调研产业扶贫项目，对兴达米业给予了很高的评价，同时也提出了更高的要求。未来，兴达米业一定会发挥好龙头企业的带头作用，更好地为绥滨人民做贡献，更好地推广绥滨米。

冬天到了，万里良田也不复热闹的景象，可大伙的心却真正的暖着。粮人站在田野上，望着远处新落成的车间，畅想着集团组建后的日子，粮人深知这到底意味着什么！

这将是兴达米业的一次腾飞，属于有机米的新时代即将启航！

奏响现代农业的华美乐章

——孙吴县有机产品认证示范区创建纪实

孙吴县地处黑龙江省北部、小兴安岭北麓、黑河市中部，是黑河市重要的交通枢纽中心。黑龙江中游，逊别拉河畔，江河融汇滋养赐予了它古朴的农耕文明和发达的商业文明。今天的孙吴县已经成为省内外新一轮绿色有机农业投资的热点。

2016年成功创建省级生态县，2017年荣获“全国大豆绿色高产高效创建示范县”，2017

年，地区生产总值实现16.3亿元，增长7.5%；农村常住居民人均可支配收入达到1.2万元，增长10%。

孙吴县在有机产品认证方面已经具备了进一步做大做强的基础条件。一是土壤及环境条件优良。孙吴县俗称“六山一水一草二分田”，地势西南较高，东北较低。全县有耕地176万亩，草原82万亩，林地379万亩，森林覆盖率53.2%。土质以草甸黑土、暗棕壤为主，没有盐碱地、沙化土地和裸地。地处高纬寒地，农药、化肥施用量及病虫害发生率相对较低，土壤污染程度小，适宜开展有机作业。主要盛产大豆、小麦、马铃薯、沙棘果、北药等多种农副产品，是省级重要的商品粮生产基地和国家级重点公益林示范区。地处小兴安岭生态屏障建设范围，天蓝水净，空气清新，2014年，在全国享受重点生态功能区转移支付的492个县中，生态环境质量考核位列第一。2016年，成功创建省级生态县。二是组织化程度较高。现有农民专业合作社515家，其中国家和省、市级规范社14家、合作社联合社3家，已经具备组织农民发展标准化种植和品牌种植的条件。2015年荣获全国推进农业现代化优秀城市称号，为有机农业规模化发展奠定了坚实基础。三是有机产业初具规模。经过近几年的发展，辖区内有机产业初具规模，全县通过有机认证企业共3家，其中：孙吴县北纬四十九科技生态农业有限公司认证玉米2 101.6吨、豆制品1 394.6吨、蔬菜干制品24.5吨、小麦1 400吨、玉米粉500吨、大米204吨；孙吴县新兴现代农机专业合作社认证有机种植基地407公顷，大豆800吨。孙吴县桦林粮食生产专业合作社认证谷稻66.66公顷400吨。还有一批优质玉米、大豆、水稻、小米、杂粮杂豆生产、加工企业具备通过有机产品认证潜力，初步形成了有机产、供、销产业链。四是销售模式日益完善。“互联网＋农业”示范基地及物联网项目建设成效显著，落实13个市级物联网和“互联网＋”标准化示范基地，打造5个省级高标准示范基地，实现了绿色有机产品可追溯。

近年来，食品安全问题越来越受到社会各界的高度关注。孙吴县委、县政府因地制宜、审时度势，果敢地提出要大力发展绿色有机农业、生态农业、高效农业，叫响孙吴农业品质品牌。在全力推进汉麻、食品大豆、安格斯牛“三大特色产业”发展的同时，借助黑河全域创建农业绿色发展示范区的有利机遇，依托现有水稻、玉米、杂粮杂豆等有机农产品和“黑嫂子”“长乐山”“昊北”“江之稻”等地方知名品牌，县委、县政府重点在培育生产基地、建设产业园区、引进加工企业等方面下功夫、做文章，做到集中建设项目、集中政策支持、集中资金投入，大力开展有机大米、大豆、杂粮杂豆等生产及加工，全面提升孙吴特色农产品质量安全水平和市场竞争力。

为推进和扩大有机产品生产及加工规模，县委、县政府先后出台了《农业绿色有机发展示范区建设扶持意见》《2018年农业绿色有机发展示范区试点单位扶持实施意见》等政策措施，成立了有机产品认证示范区建设领导小组，以县长为组长、副县长为副组长、各成员单位为组员的领导小组，各单位各司其职，制定了任务分解表。县财政整合扶持绿色有机农业发展基金1 500余万元，重点扶持绿色有机农产品生产、加工、品牌创建、市场营销等关键环节推进工作。2017年，孙吴县北纬49科技生态农业有限公司生产有机玉米糙、燕麦、高粱、大黄米等杂粮杂豆实现销售收入1 400余万元；桦林粮食生产专业合作社生产有机大米实现销售收入500余万元。目前，全县“三品一标”认证面积达到105万亩，其中：已获得绿色认证面积18.4万亩、有机认证面积7 000余亩，现有有机产品生产加工企业3家，新申请农产品有机认证达到4家。

绿色食品消费观念，已逐渐走进人们的生活。孙吴已建立起“财政引导、民办公助、滚动开发、社会参与”的良性投入机制，实现了有机农业企业化运作、园区化管理、专业化开发、规模化经营的发展模式。孙吴“黑嫂”“长乐山”“昊北”“江之稻”等生产企业不仅填补了孙吴没有有机农业基地的空白，也开启了孙吴有机农业发展的新篇章！

近年来，孙吴在加快经济发展的同时，更加注重对环境和生态的保护，孙吴的环境完全具备有机农业的发展条件。编制《绿色有机食品生产准则　栽培模式及操作规程》，实施测土配方施肥，推广使用微生物肥，聘请郑州大学陈中华教授作为常年技术顾问等一系列有力举措，实现了现代生态技术和传统农业的完美嫁接，提升了有机农业的发展水平。

春华秋实，经过多年的推进发展，北纬49、桦林粮食生产专业合作社、新兴现代农机专业合作社生产及加工的豆制品、蔬菜干制品、玉米粉、小米、大米、杂粮杂豆等20多个品种，经权威机构检测，各项指标均达到了有机标准要求。

在各级领导和专家的亲切关怀、大力支持下，孙吴的有机农业已顺利起航！我们坚信，在国家、省市监局的大力支持下，在上级党委政府和县委、县政府的正确领导下，在全县人民的共同努力下，孙吴的有机农业必将奏响现代农业最华美的乐章！

昊北香米简介：昊北香米是孙吴县桦林粮食生产专业合作社（以下称：桦林合作社）绿色食品基地生产出来的纯绿色天然特色稻米。桦林合作社绿色食品基地属我国农作物高纬寒地栽培区。高纬寒地是我国晚期农作物种植开发地带，其耕地土壤肥沃，矿物质含量丰富，有利于人体健康的钙、镁、铁等元素极适宜水稻生长、吸收和积累。由于高纬寒地气候特征，所生产出来的农产品具有含抗性淀粉高、直链淀粉低的特点。特别是我们生产的昊北香米由于抗性淀粉高，在体内释放葡萄糖缓慢，具有较低的胰岛素反应，降低血清中胆固醇和甘油三酯，降低和控制体重，促进矿物质吸收。因此，昊北香米可称为“功能性稻米”。绿色食品基地水稻生长期全过程均用纯净无污染的黑龙江水提水灌溉。品种选择的是唯一一个适合寒地栽培的优质香型水稻品种。自水稻育苗、田间管理、收获、加工到大米销售的各个环节均严格执行水稻绿色食品操作规程。使得昊北牌香米颗粒饱满、米质晶莹、口感纯香、营养丰富。是黑龙江省北部高纬寒地水稻栽培区一个具有特色的寒地“功能性”大米，深受广大消费者欢迎 。

参王故里　生态通河

——通河县有机产品认证示范区创建纪实

一、概况

通河县位于龙江腹地，小兴安岭南麓，松花江中游北岸，辖区面积5 678平方公里，辖8镇、82个行政村、209个自然屯。通河是黑龙江省中部重要的交通枢纽，贯通三条国省干道，松花江流经县域123公里，通过江海可连运至俄罗斯边境城市，哈佳高铁连通哈尔滨与佳木斯，通河机场建成后到哈仅需10分钟。

通河县生态环境得天独厚，气候温润宜居，自然概貌为“七山一水分半田，半分湿地和草原”，大河流、大湿地、大森林遍布全境，是国家重点生态功能区。通河森林面积42万公顷，覆盖率达 74.6%，林中负氧离子含量最高值近每立方厘米 3.8 万个，空气质量好于国家二级标准以上天数达 328 天；野生药材资源多达 123 种，蕴藏量达 7 000 万千克；1987 年锛子山采集一株 505 克野生人参，被誉为“世界人参之王”。享有“参王故里”“中国原生态稻米之乡”“榛子强县”“蓝莓之乡”“北五味原产地”等美誉。

通河土壤条件优势独特，气温适宜，雨量丰足，光热资源丰富。通河总耕地面积 220 万亩，其中水稻田 180 万亩，占耕地面积的 72.73%。人均占有水田面积 11 亩，绿色大米种植区域超过 100 万亩，为全国县级人均占有面积最大的县份，居全国之首。通河地处北纬 45 度全球优质农产品黄金带上，地肥水美，土壤、大气、水质从未受到工业污染，是名副其实的一方净土，是全国重要的绿色农产品原料标准化生产基地。通河曾荣获国务院颁发、周恩来总理署名的“农业生产先进县”奖状。

通河水资源优质丰富，人均水占有量为全国平均标准的 2 倍多，水质极佳，灌溉设施完善。松花江穿境而过，境内有 27 条河流，有浓河、岔林河、大通河、西北河四大水系，275 个自然泡泽星罗棋布，水面 43 万亩。河网密度 0.4 公里/平方公里，地表水年均径流量 15.2 亿立方米。

通河旅游文化做强品牌，做足“山、水、文化、乡村、休闲”的大旅游文章。构建“一城一带一圈”“二河三山四湖”建设规划格局，做精“城区游江赏景、山林有氧健身、湿地观光品鱼、山溪漂流戏水、寒地温泉疗养、农家度假采摘”旅游主打产品，配套做优旅游延伸服务，精心构建国家知名的全城全域全景的生态养生、健康养老、度假休闲为核心的旅游目的地。

通河产业基础扎实深厚，通过绿色农业和生态林业两大特色支柱产业构建有机认证示范创建区。绿色、有机水稻认证面积均超过 110 万亩。林下种养业向规模化、产业化发展，林业经济工作进入国家先进行列。

二、通河有机产业和有机认证情况

绿色有机农业和生态有机林业可促进绿色产业转方式调结构，增加优质绿色农产品供给，全面创建绿色经济先导县。科学整合有机示范区资源，发展多种形式适度规模经营，可实现全域绿色有机、全程“六统一”。

生态资源优势突出，为有机示范区建设提供优厚的地理条件。通河县具备独特的气候土壤条件，气温适宜，雨量丰足，为有机产品的高产稳产创造有利条件。

品牌产业竞争力强，为有机示范区发展提供牢固基础。“通河大米”连续两年参与品牌价值评价活动，为原产地理标志产品，全国百强地理标志产品。“通河大榛子”“通河县全域旅游区域”区域品牌均为 2017 品牌价值评价十强品牌。

绿色农业亮点突出，为有机示范区创建提供支撑保障。通河一直将绿色农业和生态林业确定为两大特色支柱产业。

机制方案制定完整，为有机示范区发展提供政策保证。通河高度重视有机产品认证示范创建工作，成立了有机产品认证示范区创建工作领导小组。

三、保障措施

为了促进通河有机农业健康快速发展，通过实施政府推动、市场牵动、企业带动、项目拉动、科技驱动的发展战略，采取强有力的保障措施，通过政策扶持机制、奖励扶持制度、有机生产管理、品牌宣传模式建立了完善的运行机制，有力推动了有机产业的发展。

（一）规划产业发展区域和产品重点

通河水稻栽培历史久远，农户种植经验丰富，具有一定的规模优势。通河大果榛子适应东北气候条件，适应于坡度15°以下的旱田地种植，经济效益良好。因此将绿色农业及生态林业作为重点发展项目。结合全域旅游发展模式，通河已将有机产业发展与县域生态环境、经济发展有机结合。

（二）扶持机制完善、主导有机产业有序发展

1. 加强组织领导，建立政策扶持机制

通河将有机产业发展纳入全县“十三・五”规划，成立了县长任组长、分管副县长任副组长的有机产品认证示范区创建工作领导小组，安排专项资金用于示范区创建工作。加大财政投入力度和涉农资金、项目整合力度，重点倾斜有机示范区的创建和发展，吸引社会资金积极参与建设。逐步建立起以政府为引导、企业为主体、农户和社会共同投入的发展机制。

2. 增加奖励扶持，促进有机产业发展

对获得有机食品证书的企业，给予优先自营出口权和优先申报审批省市级农业产业化龙头企业。对从事有机食品生产的营销企业，按照环境保护产业和高科技产业给予优惠政策。对有机食品企业，比照龙头企业的优惠政策给予支持，商业银行优先安排项目贷款。围绕有机产业，鼓励和引导农产品加工企业、行业协会、专业合作组织和农民合作组织，促进有机生产技术的交流和市场开发。

3. 强化有机生产管理，坚固有机产业基础

通过加强有机生产管理，促进有机示范区走上自我运行的持久道路。有机生产管理包括生产产地的管理、加工组织的管理、种植管理以及称号和标牌的管理。通过管理将不科学的化肥农药使用方法排除，防治农业次生灾害的发生。提供多种确定病、虫、草害的防治措施，确保在发生病、虫、草害时，能有有效的控制方法。

4. 提高品牌效应，增强有机产业竞争力

通河大米连续两年参与品牌价值评价活动，为原产地理标志产品，全国百强地理标志产品。“通河大榛子”“通河县全域旅游区域”区域品牌均为2017品牌价值评价十强品牌。通河一直致力打造品牌强县，坚持向品牌要效益，让好产品卖出好价钱。实施“区域品牌＋企业自主品牌”发展战略，不断扩大品牌知名度。

四、创建成果

有机产业的发展有效地推进了通河生态、经济、社会效益，通河借助优厚的自然资源和良好的生态环境，深入实施“生态立县”战略，先后被评为全国循环经济示范县、全国森林旅游示范县、全国文明县城、国家卫生县城、全国粮食生产先进县、全国科技进步先进县、全国电子商务进农村综合示范县、黑龙江省有机产品认证示范区等称号。以国家级循环经济示范县建设

为统领,10 余个循环项目已落地生效。

(一)生态有机产业蓬勃发展

"2018 中国·首届国际大米节"上,中国粮食行业协会为通河县"中国原生态稻米之乡"冠名并授牌,在中国国际水稻论坛上,世界"杂交水稻之父"袁隆平老先生亲笔为通河大米题词。通河相继获得全国绿色农产品原料标准化生产基地、全国农业功能拓展增收标兵县、秸秆综合利用示范县等诸多荣誉。

整合林业资源,建立公司(合作社),全县大果榛子种植达 20 万亩,约占全国人工种植面积的 1/5,是名副其实的全国大果榛子第一县,被黑龙江省确定为林业三个重点产业之一。现已通过国际 SGS 有机产品质量认证。同时,套种套养林下猪牛羊养殖达到百万头,鸡鸭鹅、鹌鹑、大雁等特色养殖达 500 万只。人参、灵芝、平贝,五味子、蓝莓等特色种植面积达 15 万亩,林业产业综合产值预计可达百亿元。

(二)有机认证企业逐年增多

辖区有机认证企业已达到 11 家,有机证书 34 本,有机作物种植(养殖)基地达到 13 个,通河大米获得国家地理标志产品保护,有机认证种植作物面积达到 2 155.34 公顷,5 万亩以上水稻联合社在上年 15 个基础上增加到 20 个,面积由上年的 110 万亩达到 140 万亩,全面推广高钙稻、富锌稻、富硒稻和"鸭稻""鱼稻""蟹稻""可降解覆膜稻"等生态有机种植模式,建立农产品溯源追溯体系,实现全程机械化、标准化、智能化生产,从生产到销售全程"六统一"。

(三)生态有机品牌声誉鹊起

加快构建现代农业经营体系,壮大职业农民队伍,加大品牌营销力度,线上线下共同发力,通河大米量价齐升,有机大米卖到 30 元/千克左右。稻米效益明显提升。

(四)生态有机产业推动新农村建设

投资 2.2 亿元完成城区及浓河、祥顺、清河 4 个污水处理厂建设工程,实施了距县城 20 公里内的乌鸦泡、三站 2 个乡镇排水管网建设工程,并入城区污水处理厂集中处理,日处理能力达到 2 万吨。投资 600 余万元,实施了 7 个村屯 1 129 农户,室内卫生间建设工程,以点带面推进农村改厕。

(五)生态有机产业加快资源循环利用

不断加大农业资源污染防治力度,加大资金投入,出台农业废弃物相关回收政策。2018 年县域内和辐射周边农场、林场、农垦,实现可回收 85%农药废弃包装物,总量约为 30 吨。以积极推进粪便、秸秆等废弃物综合处理为重点,组建了通河县众鑫秸秆综合利用农民专业联合社。在全县 8 个乡镇建设 8 处秸秆收储运中心和 29 处秸秆打包压块站;积极谋划引进 7 大类 43 个 70 亿元循环环保产业项目。壳氏稻壳精深加工、辰阳生物质发电、秸乐地膜纸机制秧盘、秸秆腐蚀剂生产加工等项目实现农林废弃物"减量化、再利用、资源化"。

(六)生态有机产业促进脱贫致富

有机产业发展推动通河县相关产业发展,不但增加了农民收入,也促进了通河县脱贫攻坚工作，实现了每户贫困户至少有1个稳定产业项目带动，部分贫困户有2个以上产业带动，切实提高脱贫质量，2017年实现脱贫207户、392人，省级贫困村全部脱贫出列。2018年脱贫退出269户441人，2020年全县群众可同步小康。

五、经典案例

（一）通河大米香，越吃越健康——通河有机米

通河有着秀美的山水，肥沃的耕地以及得天独厚的生态环境，人均水田面积全国第一，是全国优质水稻生产大县。通河对有机大米示范区实行一体化管理，充分利用有机米的高产质优，不断提升经济效益，惠及广大人民群众。

为进一步扩大通河有机大米的知名度，2017年5月15日，通河县举办"挑战吉尼斯世界纪录称号'最多人一起插秧'"活动。2017年6月29日在通河举行通河大米国际高峰论坛暨绿色农林产品招商推介会。论坛邀请来自国内外的农业经济、金融、品牌专家及企业代表，国务院参事、中国品牌促进会名誉副理事长、国家质检总局原副局长葛志荣，阿根廷驻华大使馆总领事安德利亚·丽塔，中国优质农产品协会执行副会长黄竞仪等国内外专家、企业家及人民网、新华网、央视网等30余家主流媒体等参加论坛。

（二）通河榛子，果真不错——通河有机榛子

通河享有"参王故里""长寿之乡""中国大果榛子第一县"等美誉。有机大果榛子被确定为生态林业特色支柱产业之一。

通河林地面积近45万公顷，森林覆盖率达74.6%。林地土壤肥沃，地表水系发达，气温在±30 ℃左右，这种气候环境下的榛果口感香脆、营养丰富、品质上乘。2016年通河县栽植大果榛子2万亩，2017年全县种植平欧大榛子8万亩，目前大果榛子种植达20万亩，占全国人工种植面积的1/5，形成了大榛子精深加工及线上线下销售的全产业链，产品受到消费者青睐，产值达到近百亿元，得到国家林业局和省、市的高度认可，是中国大果榛子第一县。

近年来，有机生态林业经济产业发展迅猛，大步向规模化、产业化、品牌化纵深发展。未来五年，通河县大果榛子种植面积将达到50万亩，产值超过150亿元，通河将成为中国乃至世界大榛子重要产地之一。

（三）健康养生休闲旅游名县——通河旅游

全域生态旅游是通河县"四大发展战略"之一，通河创立"时尚哈尔滨、嗨在大通河"品牌形象，全国山地自行车大赛、登山节、美丽乡村与国际民宿设计大赛、国际雕塑大赛、中国·哈尔滨第六届五花山赏秋节、中国第一届北方钓鱼城·哈尔滨通河县冰钓大奖赛、海外大V通河行、2018中国·通河滚雷骑行节等系列旅游文化活动。打造"参王故里、长寿之乡"旅游知名品牌，配套做优旅游延伸服务，精心构建国家知名的全城全域全景的生态养生、健康养老、度假休闲为核心的旅游目的地。

六、特色产品

(一)通河大米

通河县地处全球公认的北纬45°优质农产品黄金带，有80厘米厚的优质寒地黑钙土，营养丰富，有机质含量高，遍布山林的自涌泉水和川流不息的松花江，为发展绿色有机水稻提供了优越条件。“通河大米”具有出米率高，米质好、口感香、不回生等优点。“通河大米”营养含量位居全国高端米前列，2011年获批国家地理标志保护产品，并通过国家A级绿色食品认证。

(二)通河大果榛子

平欧大果榛子是最受人们欢迎的坚果类食品之一，有“坚果之王”的称呼。通河引进大果榛子深加工企业，采用低温冷榨和二氧化碳超临界萃取技术提取的榛子油、榛子果汁、榛子蛋白粉、榛子酱和化妆品等系列产品，颇受市场青睐，大果榛子适应东北气候条件，适应于坡度15°以下的旱田地种植，可间种黄豆，每亩可产黄豆75千克，亩收入270元，第二年零星挂果，5年以后进入盛果期，亩产可达200千克。

古城新生　绿水长流

——五常市营城子满族乡倾力打造中国有机稻米之乡

营城子满族乡位于五常市北部，距五常城区33公里处，北距哈市70公里。北靠拉林，西接红旗，东搭背荫河，南望安家民乐，西南隔河为吉林榆树，是两省(黑、吉)、两河(牤牛河、拉林河)、两路(哈五路、黑大路)交汇之地，交通便利，水系丰沛，区位优势明显，为哈尔滨一小时经济圈和五常半小时生活圈。域内方圆112平方公里，辖7个村民委员会。耕地总面积12万多亩，其中水田9万亩。

五常大米发源于拉林河、牤牛河两岸。在两河交汇处有一个黑土深达两米的冲积平原，在这里被公认为五常稻都之源，按现行行政区划这里有3个乡镇，左岸有安家镇民乐朝鲜族乡，右岸就是营城子满族乡。

2017年9月营城子满族乡被黑龙江省质量技术监督局和黑龙江出入境检验检疫局联合授予有机产品认证示范区，为省内首家以乡域为单位授予的示范区。

在创建示范区的过程中本着创新求实的原则，着实在“广、深、实、远”四个字下了功夫。

一、健全机制，让有机之绿遍布营城子满族乡的每一寸土地

营城子满族乡12万多亩土地中除村集体用地外，还有水利用地、农场用地和大型米企专

用地。首先以乡党委为主导成立了以乡党委书记、乡长为组长，村党支部书记、农场场长、米企法人为成员的“创建有机产品认证示范区工作领导小组”。其次以乡农业技术服务中心为依托，组建乡农业合作社总社——涞流河农民合作社联社。为发挥青年农民的才智，又以青、妇、武等群团组织为载体，成立了“营城子青年创业者协会”，通过上述组织的集约管理，使有机产品认证示范区创建工作切实做到一张桌子议事、一个蓝图摆事、一把尺子评事。

二、统一意志，让有机之利扎根于每一名村民的心里

拓建有机产品认证示范区，关键在于农民要心中有绿。为强化农民的绿色意识，几年来做了诸多的努力。

一是走出去，10 多次组织乡村干部、专业大户进省赴京，南下广州，西走四川，7 次赴江苏实地学习有机农业成功的经验，引进了“虾稻共作”盱眙小龙虾养殖示范区落户营城子满族乡红旗村。

二是请进来，聘请东北历史研究所所长王禹浪研究稻作历史、东北大学农业专家娇教授推广叶面肥、农垦总局技术总监邵忠武引入以色列精准滴灌技术的旱作水稻、实地邀请二河新庄能人刘清泉多次到该乡现身说法，用好用足身边的故事，改思路、换思想。通过各级协会组织建立以绿色为主题的微信联盟，由乡农技站统一组稿、选稿、编稿，定时定期向全乡发布。

三是定长效，全乡订立了绿水青山行动方案，全面推行河长制，利用学校开展了深入的科普工作，首次在五常辟建阿里巴巴淘宝大学，进一步提升全乡农民电商思维，进一步提速全乡电商融通效率，进一步提振全乡以产业促发展的情怀。在不影响教学的前提下，通过团队活动、主题推介、电商实践等活动把绿色教育引入学校。通过不懈的努力，力求使农民懂得绿色农业是健康中国的生命线，是振兴农业的奠基石，是发家致富的摇钱树。在党的政策的引导下，成功典范的诱导下，各级骨干的指导下，想有机、创有机、争有机的热潮在营城子满族乡空前高涨。

三、群策群力，让绿色之苗生长在和谐的乡情里

推广有机产品最大的难点是用工量较大，为缓解这个矛盾，主要采取了三个措施。一是在屯型较大、收益较好的水田区试行公示制，以农业合作社的机制为框构，恢复当年人民公社的一些良性机制，引入公司化的现代理念，组织农民同工同酬，良性帮扶，理性互补。微信派活、视频记工、工分合股等新型的人民公社的新景象在该乡初显。二是在自然资源较好、有旅游潜质的村屯，创办开心农场，将农田微型化，全面推行“稻田认购”吸引哈市及五常市民认领种植，分全程种植、单程种植、忙季种植三种，除增加收入外，在一定程度上也缓解了用工荒。三是由乡农技服务中心牵头组建乡助耕队，本着统一组织、自愿参加、价格自议，乡农技服务中心做好第三方，负责监督用工质量和劳务报酬结算，此举很好地解决了水旱田的用工时差及地多和地少户的用工互补。四是引入社会资本，探索实施农田标准化、种植标准化、溯源标准化、有机标准化，加快推进三品提升，向品质、特质、优质要方向，要效益。加快一二三产业融合，带动和带领群众真正把有机种植想在心中、做在手中、落在实际行动中。目前，中铁四局、中化作物等国字头企业相继落户该乡。

四、科学管理，让绿色产品在法规的范畴里繁育

在全乡域内推广有机产品，重在管理机制的科学含量。一是针对该乡地类繁杂的特点，以网格式管理为基础，实行地长制，通过专业公司测绘，以河、川、路、屯为地标，将全乡10余万亩土地，划分成两大区、十大片、118宗地。乡主要领导包区，班子成员包片，聘请村屯干部和退休教师任地长。二是以"四季农时"为节点，实行农田耕作申报制，春报种、肥、药、水质量，夏报除草方式，秋报销售渠道，冬报储粮地点。三是建立农户有机耕作档案，实行积分制。依据乡里既定的工作方案，根据平常考核纪实，奖优罚劣，对屡教不改严重违规者，开除合作社或建议工商部门吊销营业执照。四是结对帮扶广泛延伸，结合脱贫攻坚工作的开展，全面实施"10＋1＋1"模式，即10个种植大户或客商＋1个党支部＋1个精准扶贫户，结成包扶对子，完善机制使有机种植变成扶贫产业。

五、立足长远，让绿色之果结在农民的钱袋里

推广有机产品的终极目标是增加农民收入。营城子满族乡获得省级有机产品认证示范区的认证以后，为该乡带来了一系列的蝴蝶效应。一是2017年秋收季节，该乡水稻价格上涨了20%，2018年订单水稻生产增加80%，带动农户土地承包费亩增2 000元。二是成立了由108家合作社组成的五常市营城子满族乡有机产品种植协会，并从2018年开始实现"统一购种、统一购肥、统一田间管理、统一溯源、统一认证、统一品牌、统一销售"七统一，真正做到自我组织、自我管理、自我服务，打造"泖流河"这一区域的小众品牌，打造出五常大米中的"飞天茅台"大米。三是中铁四局主动来该乡镇谋求合作，确定开发"五常大米康养小镇"项目，前期投资5亿元，总投资57亿元。目前已与五常市政府完成了框架协议的签订，并完成初级设计，在2018年内立项报批。四是该乡2019年已决定利用新光朝鲜族村申报省级田园综合体建设。并将全力争取申报全国有机产品认证示范区的创建工作。

塞北江南盛开绿色有机之花

——肇源县有机产品示范区创建纪实

一、肇源县概况

肇源县地处嫩江、松花江和第二松花江"三江"交汇处，交通区位优势明显，位于"哈大长"三角中心地带，素有"滨江港城、塞北江南、文化之邦"美誉。全县辖区面积4 120平方公里，是黑龙江省西南重镇。

肇源历史悠久，文化底蕴深厚，早在6 500前肇源就有人类的印迹，与中原地区文明同步，这里曾为肃慎部及扶余先民聚居之地，元清王公世袭之所，既是辽国齐天皇后萧绰的故乡，也是金太祖完颜阿骨打肇基王业之地。境内有国家级“白金宝”“出河店”“小拉哈”遗址和古迹，这里人杰地灵，文化底蕴深厚，近年来肇源先后被评为省级生态县、中国特色魅力百强县、全国绿色食品基地县、全国绿色食品原料水稻标准化生产基地县、中国全面小康生态文明县、全国农产品质量安全示范县、国家级电子商务进农村示范县等称号。

肇源自然条件得天独厚。地处北纬45°，东经123°，松嫩平原腹地，世界三大黑土带核心地带，是黑龙江省第一积温带上限，四季分明，光热资源居黑龙江省之首。年有效积温2 900～3 100 ℃，无霜期可达165天，光照充足，作物生长季日照总数达1 296小时。四季分明，昼夜温差大，农作物少病虫害。雨量丰沛，年均降水量在600 mm左右。水资源丰富，松嫩两江流经县境长242.86公里，境内地下水资源总量达51.4亿吨，地下水环境质量状况良好，符合国家标准，可以充分满足有机产业发展的优质水源保证。辖区耕地土壤为黑钙土和草甸土，农作物生长元素含量充足，适合有机种植养殖面积达到90%以上。丰富的自然资源和良好的生态环境为发展有机产业奠定了良好基础。

二、有机产业和有机认证情况

长期以来，肇源县委、县政府借助优厚的自然资源优势，深入实施“生态立县”发展战略，积极作为，把有机产品认证示范区创建作为农业跨越发展的重要途径，几年来有机产业不断发展壮大。2016年黑龙江省质检两局授予肇源县“黑龙江省有机产品认证示范区”称号。2017年国家认监委批准肇源县为第七批全国有机产品认证示范创建区。截至2018年12月，肇源县的有机产业发展迅猛，示范区有机企业由创建初期的10家增加到14家，有机种养殖基地单元数由21个增加到28个，种植养殖面积由初期的10 455公顷增加到11 752公顷。

三、有机产业发展的保障措施

发展有机产业离不开政府的引导支持，肇源县委、县政府多年来高度重视，把有机产业发展和有机示范区创建作为县域农业跨越发展的唯一途径，全力规划打造。

（一）加强领导规划，为有机产业发展“开路”

一方面是将有机产业纳入全县“十三五”规划，明确提出了到2020年实现有机种植面积10万亩的发展目标，以及“有机产业＋互联网”的发展方向；配套出台了有机产业5年和10年发展规划，围绕“一乡一业、一村一品”的发展思路，重点打造“杂粮、蔬菜、两瓜、花生”四大特色农业“产业带”。另一方面是出台了《创建国家有机产品认证示范区工作方案》，成立了县长任组长、分管副县长任副组长的有机产品认证示范区创建工作领导小组，安排专项资金用于示范区创建工作。建立了示范区创建联系工作机制，并多次召开联席会推进各项创建措施，形成了政府牵头、部门分工协作、全民共创的工作格局。

(二)加强教育宣传,为有机产业发展"引路"

一是建立了培训制度,与省农科院签订联合协议,定期或不定期邀请专家和技术人员,到肇源县开办各类有机种植农场培训及研讨会,得到了广大农户的一致好评。二是加强舆论宣传,在县电视台和《今日肇源》周报开辟了专栏,在重点路段设置了大幅广告牌,制作发放了图册画报和消费指南,多次邀请央视、人民网、凤凰网、黑龙江电视台等新闻媒体对肇源县有机产业和示范区创建工作进行了采访报道。三是组织有机企业参加农博会、有机食品博览会、有机食品品鉴等重大推介活动,提升了肇源有机产业知名度和影响力。

(三)加强技术保障,为有机产业发展"铺路"

一是启动了县级农产品质量检验检测中心认证工作,获得了双认证资格证书。二是建立了 12 处物联网监测点和 200 余处田间监测点,并与县三农综合服务中心联网,实现了全县农作物种植的实时监测指挥和重大安全事件预警预报。三是建立了质量追溯体系,全县有机企业农产品质量安全工作全部纳入县级三农服务热线重点。四是组建了技术专家库,自线上运营以来,聘请专家 54 人,受理农户咨询 8 711 件。五是制定完善县级以上地方农业标准 3 个,绿色无公害生产技术规程 33 个,有机产品生产技术规程 16 个,企业标准 31 个,建设农业标准化示范园区 15 个。

(四)加强服务扶持,为有机产业发展"养路"

一是制定出台了《有机产品奖励和扶持办法》和《促进民营经济发展的扶持政策》,建立了一对一的有机企业和农户补贴机制,重点在土地、项目和资金等方面予以倾斜。二是不断完善基础建设,先后投入 5 000 余万元,建设了水稻催芽车间 14 处、育秧大棚 12 000 栋,以及 1 处县级"三农"综合服务中心和 31 处区域现代农业综合服务体。三是借助阿里金融为企业和农户申请无质押贷款 1 060 万,为有机产业的可持续发展提供优质资金保障。

(五)加强"互联网+"建设,为有机产业发展"通路"

一是把电商企业作为发展有机产业的重要载体,编制了《电子商务产业发展规划》,成立电子信息商务服务中心,规划建设了电商产业园,累计拨付项目资金 756.3 万元。二是引进了阿里巴巴农村淘宝、苏宁易购等 10 家电商企业,在淘宝、京东、苏宁三个电商平台开设了有机产品的特色馆,注册运营有机产品天猫旗舰店 3 个,开通村淘服务站 84 个。三是打造了集属地、有机、品质为一体的肇源公共品牌——"源自源味",首创了订单式 C2F 销售新模式,通过"私人订制、全程溯源、代储月供、实地体验"等服务项目,增强线上线下互动,鲶鱼沟、乾绪康、娄家寨等优质有机产品走向全国,远销港、澳和南亚地区,2016 年有机产品线上交易额突破 1 亿元。

(六)加强综合监管,为有机产业发展"护路"

一是加强生产源头监管。定期和不定期深入有机企业,对生物农药和有机肥等有机生产投入品使用情况进行监督。二是强化生产环境监管。联合县环境监测站常年对全县有机生产基地大气、水样、土样进行抽检。三是加强生产过程监管。对全县有机生产基地进行不定期的巡查，对基地环境、产业分布、生产状况、物资库房、投入品来源存放、生产记录、档案管理等逐项进行检查，发现违规行为，立即给予限期整改、责令退出有机认证等严肃处理，保障县域有机产业健康发展。四是加强对认证活动的监管。全程跟踪监督认证机构的认证活动，要求认证机构严格执行《有机产品认证管理办法》和《有机认证实施规则》，保证认证质量。示范区创建工作开展后，加强了对认证活动的监管，全程跟踪监督认证机构的认证活动，有机企业和认证现场监管做到双百：覆盖率百分百，认证现场监管百分百。

四、实施成效

（一）示范区有机产业规模逐步壮大

经过 2 年多的示范区创建，肇源的有机产业从认证企业数量、种植养殖面积、有机产值、有机产品种类等各方面都实现了突破。

一是获证企业数量不断增加。在申报省级示范区时（2015 年）肇源县辖区有 6 家种植企业 17 本证书，截至 2017 年底，有机认证企业已经达到 14 家，有机证书 28 本，加工企业由 4 家增加到 12 家，有机作物种植（养殖）基地由最初的 10 个达到 2017 年底的 28 个。二是有机认证领域有新突破。通过认证的农畜作物品种也呈几何级数增加，由 2015 年末仅有的 1 个有机种植类别，发展到 2017 年底的有机种植、有机畜禽养殖、有机水产养殖、有机加工全涵盖，有机认证产品种类涉及玉米、水稻、小麦、谷子、杂粮、大雁、水果、淡水鱼、河蟹等数 10 类 40 多个品种。三是有机产品年产量和年产值创造了新飞跃。有机产品年产量由 2015 年的不足 2 万吨增加到 2017 年底的 4.4 万吨，有机产业年产值由示范区创建之初的 2.36 亿元，增加到 2017 年底的 5.4 亿元，在全县农业总产值中占比达到 18%。四是有机产业在传统农业中占比有所增加。全县获得有机认证种植作物面积由 2015 年的 2 588.89 公顷增加到 2017 年底的 5 738.44 公顷，有机畜禽养殖面积达到 2 000 公顷，有机水产养殖面积达到 4 014.33 公顷，在全县农畜产品种养殖面积中占比达到 6.07%。无论是有机种养殖面积、有机作物产值还是有机产品种类在辖区农畜产品总量中都达到了一定份额。

（二）示范区品牌知名度不断增强

随着黑龙江省级示范区的获批和国家级示范创建区的公布，肇源有机业和肇源的农副产品知名度一路飙升。

一是示范区建设引领了区域农副产品整体知名度的迅速提升。示范区的开展有效提高了肇源大米的溢价空间，促进农民增收致富，为消费者带来不一样的生活体验。肇源大米地理标志品牌成功上榜央视财经频道、中国品牌价值评价初级农产类地理标志产品品牌价值评价榜单，以品牌价值 83.53 亿元排名榜单第 20 名，肇源特色食品在国家质检总局开展的 2017 年度区域品牌价值评价中评估为 15.85 亿人民币。辖区乾绪康、鲶鱼沟、娄家寨等几个有机企业已经成为肇源县在小米、大米、杂粮等领域的品牌领军企业，辖区有机企业产品也多次被评为“黑龙江名牌产品”“全省消费者满意产品”、黑龙江省著名商标等荣誉，在各种博览会上被评为绿色有机生态农业十大领先品牌，荣获国际农交产品交易会金奖等荣誉。特别是鲶鱼沟实业有限公司通过阿里大平台＋央视官方的强势推荐，鲶鱼沟碱地大米、鲶鱼沟古龙贡米、鲶鱼沟河蟹品牌迅速被消费者熟知，肇源鲶鱼沟农业品牌已经成为黑龙江新崛起的优质农产品品牌，该公司 2017 年代表大庆市参加黑龙江“龙担杯”优质农产品营销大赛，在五轮竞争中脱颖而出，获得优品农产品销售擂台赛冠军。同时娄家寨有机杂粮获得杂粮销售组冠军。现在肇源的鲶鱼沟、乾绪康、娄家寨已然成为全省乃至全国农产品消费者耳熟能详的品牌了，一个品牌兴了一个企业，一个企业带动了一方百姓，一条完整产业链生成提升了肇源区域农产品整体知名度。

二是有机生产组织品牌的社会影响力和市场占有率有新的突破。发展有机产业使肇源县一些名不见经传的农产品走上了全国，还与国内国际知名大企业联姻，登上了大雅之堂。阿里巴巴将肇源县鲶鱼沟实业有限责任公司农业基地生产的大米作为“肇源生态米”的代表，鲶鱼沟的碱地香有机大米成为阿里巴巴农村淘宝聚划算项目上的明星产品；“娄家寨”杂粮与国内知名健康企业——三生（中国）健康产业有限公司合作，作为三生（中国）健康产业有限公司的有机杂粮生产基地，产品销往国内各个城市及海外市场；乾绪康小米凭借优质的产品和良好的信誉，连续四届获得农业部举办的国际有机产品博览会金奖，今年还成功打入了中南海，走上了国宴的餐桌；洪益昌公司的大米米粉凭借过硬的品质成功与雀巢公司签约，成为雀巢公司固定的米粉供应商。

(三)示范区经济效益明显提升

一是促使辖区农业总体经济效益明显提升。到 2017 年底，对肇源县有机企业总体调查统计，全县有机种养收益是传统方式收益的 10 倍左右，就当前有机产业规模估算，年有机产业的产值比传统产业产值同比增加 4.7 亿元左右，搞有机产业，用全县农畜产品种养面积6.07%的占比，创造了 5.4 亿元有机年产值，在全县农业总产值中占比达到 18%。有机组织经济效益也逐年增加，拿乾绪康为例：2015 年以前年产值不足 2 000 万元，小米每千克卖到 40 元就感觉很高了，但随着示范区创建成功，企业知名度提升，产品不但进入了大超市和国宴餐桌，价格也飙升到每千克 130 元，企业年产值达到了 5 000 万元。再拿鲶鱼沟为例：传统水稻种植每亩产值达 1 800 元，有机水稻种植每亩产值达 4 500 元，有机种植比传统种植每亩增收 2 700 元，该公司发展有机农业，认证有机农产品 4 年，经济效益逐年增长，较上年同比增长 30%。带动 400 个劳动力创造 4 000 万元收益，给县财政增加了 500 万元税收。

二是拉动了所在地农民增收。发展有机产业需要的大量劳动力，劳力投入通常要高于常规生产的 30%～50%甚至更高，这为农村剩余劳动力，特别是农村妇女提供了就业机会，极大拉动了县域农民就业和农民增收，据统计肇源县 10 家有机企业大约每年带动劳动力就业 22 000 人次，保守估算每年促进农民增收 5 000 万～6 000 万元。仅拿乾绪康有机种植组织为例，全年需要用工工时大约为 2 个多月，最多时节每天需要人工达 350 人，公司仅此项支出每年达 200 万～300 万元，有效地拉动了当地农民增收。

三是促进了辖区农村土地集中流转步伐。拿鲶鱼沟实业有限公司来说，该公司 1999 年承包盐碱地 20 万亩，流转农民水田 15 万亩，旱田 5 万亩。2000 年创建鲶鱼沟实业公司，现有员工 500 人，水田与旱田家庭经营 650 户，解决地方就业 2 000 人，同时种植、加工、销售“三产”实现有机融合。2016 年全年销售额 2.2 亿元 ，2017 年全面实行订单农业，综合价格每吨比国储收购价格高出 300～400 元。以水稻为例，鲶鱼沟企业带动基地能力由 2 年前的 5 万亩发展到 2017 年的 15 万亩，2018 年订单基地面积将达到 20 万亩。

（四）示范区社会效益进步显著

一是打破了传统生产习惯创新了种植养殖方式。通过有机产业的发展，探索出一套在盐碱地上种植有机水稻新技术。鲶鱼沟人凭借得天独厚的自然优势，经过了5年的反复实验，终于在碱地中的沙性土壤里培育出营养丰富的碱性大米，填补了我国重度碱地上大面积种植水稻的科研空白。使大部分农民接触有机农业生产技术，不仅增强了人们尊重自然、保护环境的意识，同时也提高了科技普及程度。鲶鱼沟实业公司的碱地种植有机大米，获得了国家专利，盐碱地无污染土质，经过改良后，寸草不生的盐碱地，变成万亩良田的大粮仓。示范区建设全力促进了盐碱地种植技术对肇源县农业生产的发展和影响。

二是有效促进了辖区农产品的品质提升和有机食品文化的形成。有机示范区的创建使人们的消费观念、价值取向、行为方式等悄悄发生着变化，生态文明、生态道德成了人们面对自然的道德标准。在有效提高区域农产品质量的同时，大力提升了肇源县知名度和社会影响力。首先，因为鲶鱼沟的原生态湿地从未被开发，耕种时间短，营养充足，是真正的处女地！相对于营养被吸取殆尽的普通耕地，它饱含的微量元素和天然营养更加丰富。各种微量元素均超出了普通大米的几倍到十几倍。鲶鱼沟碱地香系列大米不但获得国家有机和绿色产品证书，还获得了欧盟有机产品认证，pH 范围在 6.7～6.9 之间，接近弱碱程度，食味品质分达 89。另外，鲶鱼沟翔宇大雁养殖场是由自然湿地、湖水和芦苇荡构成的6万亩天然牧场，野生种雁驯化，饿了吃天然生长的苜蓿草和水中的杂鱼、小虾，渴了喝清澈无污染的鲶鱼沟湖水，散养的环境让大雁自由生长，不失野性，保障了纯天然、有机的品质，体大肉多，味道鲜美，是低脂肪、低胆固醇，高蛋白的健康食品，成为野味佳肴中的臻品。第三，"乾绪康"有机小米拥有自主的生产基地，借助独有的自然环境，从土地整理、选种、种植、田间管理、收割、加工、包装等环节严格按照国家有机标准进行操作，是真正的无污染、无公害、纯天然、原生态的有机食品。该小米米质优良，色泽金黄，味道甘甜，曾为御中贡米。具有脂肪丰富、维生素E多、膳食纤维含量大、钾铁磷含量高、含钠低的特点，尤其是维生素 B_1 的含量居五谷之冠，有很高的食疗效果。

三是把普通的农产品变成了身价倍增的高端产品。肇源县小米种植历史悠久，早在辽清时代就是贡米，但小米属于"小杂粮"，效益低，农民向来零散种植。现在县内几个合作社取得了有机产品认证而使小米身价大涨，实现了亩收入4千元的好效益。获得有机认证的肇源小米和杂粮，通过互联网已远销到了港澳和南亚地区，打响了县域品牌，实现了老树发出新枝的梦想。

四是有机产业开辟了扶贫工作的新路径。通过探索，有效利用国家扶贫政策，引导贫困户与有机龙头企业联姻，完善企业与农户的利益联盟机制，积极推进"公司＋基地＋协会＋农户"的发展模式，帮助贫困户通过有机产业脱贫。这方面典型代表是鲶鱼沟实业有限公司。该公司多年来始终坚持发展特色产业，引导和扶持有劳动能力的贫困人口实现就地脱贫。2017年，该公司与县政府、县农商银行多次沟通，经过协商，达成了贷款带动贫困户意向。公司在自愿的基础上，吸纳有劳动能力的建档立卡贫困户就业，救助没有劳动能力的建档立卡贫困户。根据吸纳贫困户就业的人数，确保每名贫困人口都能获得保底工资800元/年。已吸纳152个贫困户入社，企业录用贫困人员126人就业。同时，对贫困户生产的产品，按收购范围及标准，高于市场价格5%～10%优先收购，户均增收3 552元，有效带动贫困人口增收致富。

(五)示范区生态环境得到有效改善

有机生产遵循自然规律和生态学原理，维持农田生态系统的持续稳定，实现农药、化肥的零投入，使用的生产资料基本都得到回收或妥善处理，减少了农业污染，一方面有效改善了辖区农业生产条件，使遭到破坏的农业生产条件得以改善和恢复，仅 2016 年一年，全县化学合成类生产资料的使用量就较 2015 年减少 70%左右，经县土肥站定点监测，土壤有机质含量已达 1.47%，比前三年平均值增加了 0.03 个百分点；另一方面也促进了生态条件的恢复，植物多样性显著提高，进而为野生动物提供了良好的生存、栖息环境，从而提高了动物物种的多样性。许多原有的废弃荒地、盐碱地，现已改变成美丽的生态庄园，成群的灰鹤、白鹭、水獭、野鸭、鸳鸯等 10 多种野生禽类在有机种植养殖基地聚集生息，景色如画，让人陶醉。截至 2017 年底，肇源县共建设生态庄园农场 9 处，数个有机企业被授予省级健康养殖示范基地、无公害食品生产基地、国家级种植示范场等荣誉称号。

五、经典范例

(一)盐碱地里“刨金”——鲶鱼沟弱碱有机大米

鲶鱼沟碱地水稻生长在北纬 45°的黄金农作物产区生长地带，光照长达 1 295.6 小时、3 030 ℃的高积温，无霜期可达165 天，全年空气质量指数 AQI 低于 32，强烈的温差、充足的光照、洁净的空气，未被污染的嫩江水灌溉，是这里得天独厚的自然优势，使得鲶鱼沟碱地水稻茁壮成长。经过了 5 年的反复实验，鲶鱼沟人终于在碱地中的沙性土壤里培育出营养丰富的碱性大米，填补了我国重度碱地上大面积种植水稻的科研空白。因为鲶鱼沟的原生态湿地从未被开发，耕种时间短，营养充足，是真正的处女地！相对于营养被吸取殆尽的普通耕地，它饱含的微量元素和天然营养更加丰富。国家大米检测标准为：钙元素国标 0.5 毫克/千克，铁元素国标 0.5 毫克/千克，硒元素国标 0.003 毫克/千克；经农业部权威部门检测，鲶鱼沟碱地大米钙元素 70.9 毫克/千克，铁元素 14.3 毫克/千克，硒元素 0.012 毫克/千克；钙、铁、锌、硒等各种微量元素均超出了普通大米的几倍到十几倍。鲶鱼沟碱地香系列大米已获得国家有机和欧盟有机产品双重认证，并已通过 ISO9001 质量管理体系认证和 ISO22000 食品安全管理体系认证，是安全放心的产品。经农业部检测，普通大米的 pH 在 5.5 左右，本产品 pH 范围在 6.7～6.9 之间，接近弱碱程度，而常吃碱性食物能够平衡人体酸碱度，对偏酸性体质及胃病的人群真正能起到久食养胃的作用，利于身体健康。鲶鱼沟碱地大米晶莹剔透、手感润滑，煮熟后洁白光润、口感香软、醇香浓郁、凉不回生，食味品质分达 89，是全国大米行业中最高的，可以与日本越光大米相媲美(日本越光大米食味品质分可达 90)。因鲶鱼沟碱地大米有口感香软、含钙高这一特点，非常适合老人及儿童食用，食后口齿生香，回味无穷，深受消费者的喜爱，是百姓餐桌上必不可少的“健康之粮”。

鲶鱼沟公司碱地有机米上市后，迅速受到各大城市消费者的认可和青睐。2015 年 7 月再次与阿里巴巴合作，在全国以土地推新粮的形式进行第一次试点，8 月 1 日上线，一周时间在全国引起很大轰动，此项合作为该公司碱地大米在全国粮食市场上确立了领先地位，同时又把该公司品牌提升一个新的高度。2016 年 6 月 20 日央视七套《致富经》栏目，对鲶鱼沟实业公司全面宣传报道；2016 年 8 月 7 日央视二套《经济半小时》、2017 年 10 月央视十套《味道》栏目组进行专访与报道。2017 年 11 月 22 日在黑龙江省卫视获得首届农担杯擂主。省、市、县等多方面给予报道，对鲶鱼沟盐碱地水稻种植和水产养殖取得的成功给予了高度的评价与肯定，标志着鲶鱼沟市场品牌走向成熟，已被广大消费者认可。2017 年开始全面实行订单农业，综合价格每吨比国储收购价格高出 300～400 元，同时种植、加工、销售“三产”实现有机融合。该产品实现线上线下双向突破，线下与中石油、中石化、农夫山泉等知名企业合作开辟了全国销售窗口 4 万个，销售团队覆盖全国 27 省市，线上有自己的电商平台、独创的 C2F 的新型土地订单模式的销售方式，实现了销售全网全覆盖。2016 年全年销售额 2.2 亿元，2017 年实现销售额 3.5 亿元，2018 年有望突破销售额 5 亿元。

（二）芦苇荡中飞出的“金凤凰”——鲶鱼沟有机大雁

鲶鱼沟翔宇大雁养殖场是由自然湿地、湖水和芦苇荡构成的 6 万亩天然牧场，总投资 2 000 余万元，现已成为集大雁孵化、育雏、养殖、销售为一体的专业养殖基地。2010 年被认定为省级健康养殖示范场。2011 年被农业部审批为“无公害食品”生产基地并颁发证书。2012 年被农业部认定为国家级健康养殖、种植示范场。“鲶鱼沟大雁”种雁来自齐齐哈尔自然野生湿地保护区，野生驯化，饿了吃天然生长的苜蓿草和水中的杂鱼、小虾，渴了喝清澈无污染的鲶鱼沟湖水，散养的环境让大雁自由生长，不失野性，保障了纯天然、有机的品质。“鲶鱼沟大雁”具有体大肉多，味道鲜美的特点。是低脂肪、低胆固醇、高蛋白的健康食品，营养价值非常丰富，素有“宁吃飞雁一两，不吃走兽一斤”的说法。“久食雁肉能补气壮筋骨”，大雁肉被誉为世界“绿色食品之王”和“桌上皇帝”。“鲶鱼沟大雁”获得国家有机产品认证后，销售紧俏，“鲶鱼沟大雁”远近闻名，成为野味佳肴中的臻品。特别是养殖基地开展有机化养殖后，有效促进了生态条件的恢复，生态条件的改善促进了基地植物多样性，也为其他野生动物提供良好的生存、栖息环境，提高动物物种的多样性。随着生态环境不断改善，原有的废弃荒地、盐碱地，现已改变成美丽的生态庄园，大雁养殖基地聚集了成群的灰鹤、白鹭、水獭、野鸭、鸳鸯等野生禽类 10 多种，景色如画让人陶醉。

（三）皇家贵胄青睐的美食——乾绪康有机小米

“乾绪康”牌有机小米，质型优美、馨香养人，乃米中珍品，曾为御中贡米，是皇家贵胄青睐的美食。小米生产基地坐落在世界驰名的三大寒地黑土带之一的松嫩平原、北纬 45°、黑龙江省第一积温带上线（年有效积温 2 900～3 100 ℃）的肇源县大兴乡，属松嫩平原腹地，在国内具有较高的知名度和美誉度。境内没有一家工业企业，无污染源。灌溉使用无污染的嫩江水，完全符合有机作物种植标准。特有的黑油沙土，四季分明，昼夜温差大，雨热同季，光照充足，是有机谷子的优质生产区，被誉为东北“小米之乡”。基地种植的谷物米质优良，色泽金黄，味道甘甜。小米含有丰富脂肪，为大米的 7.8 倍，且主要为不饱和脂肪酸；含有大量的维生素 E，为大米 4.8 倍；膳食纤维含量大，为大米的 4 倍；含钾高，含钠低，钾钠比例为 66 ∶ 1；含铁量高，为大米的 4.8 倍；含磷丰富，为大米的 2.3 倍；尤其是维生素 B_1 的含量居五谷之冠。其丰富的氨基酸可以增强人体的免疫力。有美容养颜抗衰老之功效。不仅适合孕妇、产妇、婴幼儿和中老年人食用，更是高血压、糖尿病患者的最佳食品。“乾绪康”小米在 2012 年被农业部中绿华夏有机食品认证中心认证为有机农产品；企业产品通过 ISO9001:2008 国际质量管理体系认证，通过 ISO22000:2005 国际食品安全管理体系认证。产品拥有自主的生产基地，从土地整理、选种、种植、田间管理、收割、加工、包装等环节严格按照国家有机标准进行操作。以优质农家肥做底肥,人工薅草、间苗,不用任何化肥和农药,是真正的无污染、无公害、纯天然、原生态的有机食品,有很高的食疗效果。在食用上,蒸、煮、焖、捞均可,熬粥更佳。

乾绪康有机小米2012年被黑龙江省评为"全省消费者满意产品""大庆市名牌产品";2013年企业被评为"黑龙江省诚信企业""大庆市产业化龙头企业""黑龙江名牌产品";被黑龙江食品工业协会评为"东北特产食品"。2014年被黑龙江省战略促进会评为百姓信赖品牌暨"3.15"推荐品牌;黑龙江省著名商标;第八届、第九届、第十届、第十一届中国国际有机食品博览会连续荣获2014、2015、2016、2017产品四届金奖;2015年5月30日入围《中国好食材品牌名录》;被评为2015年绿色有机生态农业十大领先品牌;2016年10月荣获了第十四届中国国际农交产品交易会金奖;连续四届获得农业部举办的国际有机产品博览会金奖,2017年还成功打入了中南海,走上了国宴的餐桌。

(四)老百姓的营养厨房——"娄家寨"有机杂粮

肇源县二站镇曙光村娄家寨粮食种植专业合作社位于黑龙江省肇源县东16公里处的松花江流域的古驿站——二站镇,这里是全国远近闻名的贡米之乡。清朝康熙年间,小米由此传至朝廷成为餐桌上的极佳贡品。娄家寨合作社成立于2011年,是一家集科研、种植、加工、销售于一体的专门从事有机食品生产的农民专业合作社,合作社从成立之初就倡导安全健康的有机种植方式,积极打造循环农业之路。经过3年时间的艰难历程,合作社从2014年开始,走上正常的发展轨道,这时有机大田作物面积已由开始的500亩发展到1.65万亩,并且增加了6 000亩水田,现在有机面积达到3.1万亩,有机品种由开始的5个品种,到2014年扩展到12种作物、38个有机产品。2015年,合作社开始种植有机葡萄、沙棘、桑葚。现在有机作物已有20余种,产品达50多个。2015年环保部授予娄家寨粮食种植专业合作社有机种植基地为"国家有机食品生产基地"。2015年7月,娄云鹤理事长接受了CCTV《影响力对话》栏目组专访;2015年10月16日中央电视台新闻频道(CCTV13)新闻直播间大秋收节目现场直播了合作社收有机谷子的场景。2016年1月20日,黑龙江卫视《黑土地创业记》专题节目首期报道了娄家寨合作社的发展历程。2016年5月合作社被大庆市农业产业化领导小组评定为大庆市农业产业化市级重点龙头企业。

目前,整个合作社场区及种植基地已安装智能农情检测设备和视频监控,实现了实时监控,链接手机随时随地查看农情。"娄家寨"所有产品都已通过国家有机认证,产品已进入省农委"农产品质量安全追溯公共服务平台",用手机二维码扫码即可随时追根溯源。

通过参加各种展会,市场不断扩大,合作伙伴不断增多。继2013年与三生公司合作后,2014年在县里建立了"娄家寨有机产品直营店",2015年与迈盛农产品有限公司合作,在山东潍坊和上海建立实体店,2016年与上海海勋实业有限公司合作,建立了销售与体验于一体的地面体验店——"自然优势有机产品店";2017年,与江西南昌"优优乐"公司合作建立有机超市,还与江苏昆山荟鲜生公司合作,建立有机一体店,既有线上、又有线下,有机超市及体验店加上有机餐馆,又与北京微月亮电子商务有限公司合作,成立"有机超市+有机农庄(餐馆)",他们都在销售娄家寨有机粮食。

随着"互联网+"的快速发展,线上销售已经成为传统企业转型升级的必经之路,合作社从成立就建立了自有网站,建立了自己的淘宝网店、阿里巴巴诚信通、2016年开通天猫旗舰店,进驻了黑龙江大米网、邮乐网、“真东北”网等第三方电商平台，实现了“娄家寨”产品的线上线下多渠道融合的销售。

从合作社的几年发展来看，有机生产之路虽然艰辛，但符合社会发展的趋势，也正在满足人们对健康安全食品的需要。在经济效益方面：有机种植的投入比常规种植投入高，产出少，但售价高，例如对农民来说，一亩有机谷子比常规谷子收入要多出480元，提高了农民的收入。另外，还在社会效益、生态效益等几个方面取得了不俗的表现。

未来合作社将根据市场发展情况，继续扩大有机种植基地面积，增加新品种。向精深加工业发展，生产即食性有机杂粮粉及杂粮面等产品；建设现代化的有机养殖场，集中养殖有机鸡(在荒山上散养)猪、驴等；引进吉工大的先进的科研成果，利用玉米秸秆发酵技术生产秸秆饲料和肥料，实现良性的生态农业循环产业。娄家寨合作社为发展有机生态农业起到示范和引领作用：打造生态农业，三年完成有机循环产业链；向一、二、三产业融合目标发展，再用3～5年逐步建成生态、休闲、旅游、度假、有机、养生体验于一体的候鸟式农庄。

六、特色产品

(一)古龙贡米(有机小米)

《辽史·兴宗记》中记载，康熙十三年正月甲子朔，兴宗皇帝先去后宫朝拜了皇太后。戊辰，带领朝中的文武百官到混同江行宫实行一年一度的“春捺钵”(春季狩猎活动)。行宫地址在今新站镇古城村西乌拉尔基古城。辛未，兴宗皇帝在众臣的陪同下，骑马北行20余里，来到了兀鲁馆(今址在古龙镇政府所在地)。在兀鲁馆的后岗，兴宗皇帝骑在马上，兴致勃勃，瞄准猎物箭无虚发。下午，兴宗皇帝带着打下的猎物，率随从返回兀鲁馆。驻守兀鲁馆的地方官员早已为皇帝备好了晚宴，餐桌上摆好了嫩江产的鳇鱼，号称“头鱼宴”。酒过三巡，菜过五味之后，又端上了当地产的小米饭。小米饭金灿灿、香喷喷，兴宗皇帝吃后连声称香，随行的史官将此事记入史书。到了清代，康乾盛世，朝廷命史官编修史书。有位史官将辽代史书中有关兴宗皇帝在兀鲁馆吃地产小米饭称香的记载，呈给乾隆皇帝。没想到的是，三下江南，尝遍了南方山珍海味的乾隆皇帝，却对辽代兴宗皇帝吃塞北小米饭称香的一段记载饶有兴趣。于是，朝中传旨到古鲁站(辽代的兀鲁馆)，让官员将地产小米进贡皇宫，乾隆皇帝品尝后觉得果然如同史书上所记载的那样好吃。以后，古鲁站的官员年年在新谷打下后向皇宫进贡小米。从此古鲁贡米名扬天下。民国以后，古鲁站地名演变为“古龙站”，古龙贡米的品牌就由此演化而来。

(二)鲶鱼沟碱地香(有机大米)

盐碱地无污染土质，经过改良后，由寸草不生的盐碱地，如今变成万亩良田。“鲶鱼沟”水稻灌溉用水源来自拉哈泡水库，源于嫩江水支流。水源充足，水质纯净未受污染。“鲶鱼沟”具备特有的水稻生长的土壤和气候条件，其独特的光热条件被誉为塞北的小江南，适宜水稻生长。在这样的条件下，水稻干物质积累多，可速溶解的双链糖含量高，口感香甜。2015年“鲶鱼沟”碱地大米被中国绿色食品发展中心认定为绿色食品A级产品，许可使用绿色食品标志。鲶鱼沟碱地香系列大米已获得国家有机和绿色产品及欧盟有机产品双重认证，并已通过ISO9001质量管理体系认证和ISO22000食品安全管理体系认证，是安全放心的产品。“鲶鱼沟大米”晶莹剔透、手感滑润，颗粒饱满、质地坚硬。具有淀粉颗粒小，蛋白质含量高，蒸煮后出饭率高，绵软略粘，横断面呈扁圆形等不同于其他水稻产区大米的独特品质特征。

（三）鲶鱼沟有机大雁

鲶鱼沟翔宇大雁养殖场是由自然湿地、湖水和芦苇荡构成的6万亩天然牧场，总投资2 000余万元。现已成为集大雁孵化、育雏、养殖、销售为一体的专业养殖基地。2010年被认定为省级健康养殖示范场。2011年被农业部审批为“无公害食品”生产基地并颁发证书。2012年被农业部认定为国家级健康养殖、种植示范场。“鲶鱼沟大雁”种雁来自齐齐哈尔，野生驯化，饿了吃天然生长的苜蓿草和水中的杂鱼、小虾，渴了喝清澈无污染的鲶鱼沟湖水，散养的环境让大雁自由生长，不失野性，保障了纯天然、有机的品质。是低脂肪、低胆固醇、高蛋白的健康食品，营养价值非常丰富。大雁肉被誉为世界“绿色食品之王”和“桌上皇帝”。2014年“鲶鱼沟大雁”获得国家有机产品认证以来，销售紧俏，“鲶鱼沟大雁”远近闻名，成为野味佳肴中的臻品。

（四）“新肇”有机大米

“新肇”有机大米产自肇源县洪益昌米业，由该公司下属农场新站镇洪益粮食种植专业合作社负责具体种植生产，生产基地位于肇源县新站镇大泡底。该基地种植水稻用水资源丰富的无污染的嫩江水灌溉。特别是周边无大型废气排放企业，空气清洁，大气中微粒悬浮量、二氧化硫含量、氮氧化合物含量都很低，是少有的无环境污染的一片净土，是生产优质有机大米的理想佳境。独特的土质、水源和自然生态环境孕育了新肇牌大米独特的风味。加工精度达到GB/T 1354—2018规定的等级标准，卫生指标达到GB 2715—2016规定的指标。该大米采用先进的生产工艺、智能化的机械设备、严格按照国家有机食品加工标准精心加工制作，是不可多得的东北好大米代表之一。

（五）“乾绪康”有机小米

“乾绪康”有机小米产自世界驰名的三大寒地黑土带之一的松嫩平原肇源县大兴乡。这里特有的黑油沙土，生长周期长、昼夜温差大、适宜的积温、优越的环境，使所种植的谷物米质优良，色泽金黄，味道甘甜。

“乾绪康”小米在2012年被农业部中绿华夏有机食品认证中心认证为有机农产品；企业产品通过ISO9001:2008国际质量管理体系认证，通过ISO22000:2005国际食品安全管理体系认证。2012年被黑龙江省评为“全省消费者满意产品”“大庆市名牌产品”；2013年企业被评为“黑龙江省诚信企业”“大庆市产业化龙头企业”“黑龙江名牌产品”；被黑龙江食品工业协会评为“东北特产食品”。2014年被黑龙江省战略促进会评为百姓信赖品牌暨“3·15”推荐品牌；黑龙江省著名商标；第八届、第九届、第十届、第十一届中国国际有机食品博览会连续荣获2014、2015、2016、2017年产品四届金奖；2015年5月30日入围《中国好食材品牌名录》；被评为2015年绿色有机生态农业十大领先品牌；2016年10月荣获第十四届中国国际农交产品交易会金奖。产品拥有自主的生产基地，从土地整理、选种、种植、田间管理、收割、加工、包装等环节严格按照国家有机标准进行操作。在国内具有较高的知名度和美誉度。境内没有一家工业企业，无污染源。灌溉使用无污染的嫩江水。灌溉用水完全符合有机作物标准。

(六)娄家寨有机杂粮

产自古老驿站黑龙江省肇源县二站镇，杂粮基地位于肇源境内的长白山余脉龙脉山。用嫩江水浇灌，嫩江是全国仅有两条国家二级水质河流，水温水质适合，没受到工矿企业污染影响，是理想的农作物灌溉用水，特别适合有机杂粮、杂豆种植。土壤为碱性，生产出的粮食为弱碱性粮食。延续百年耕作传统，精选现代种植技术和品质最佳的良种，不用转基因种子，种植施用农家肥、饼肥、有机肥、杜绝使用化肥，采用人工除草、杜绝使用除草剂，管理采用先进生物杀虫技术、用“赤眼蜂”除虫，以虫治虫，传统晾晒、采用传统风干笼自然晾晒、不采用高温烘干低温储藏，保证营养成分不丢失。目前，娄家寨合作社先后开发了16类38种有机产品，有机小米和各类优质加工的杂粮打开了哈尔滨、北京、山东、上海、深圳、厦门等高端消费市场，深受消费者的青睐和喜爱，成为百姓餐桌上的美食佳品。

(七)鲶鱼沟有机河蟹

鲶鱼沟有机大闸蟹，拥有肉质鲜嫩，风味独特，营养丰富的特点。因其自繁自育早成熟，嫩江之水无污染，天然采食无激素，生态湿地无药残，因而获得“南有阳澄湖，北有鲶鱼沟”的美称。

通过农业部3年严格检测，鲶鱼沟大闸蟹达到国家有机标准，并且是全国唯一一家获得有机大闸蟹认证证书的企业。是百姓的安全食品和健康食品。

鲶鱼沟九月鲜有机大闸蟹含有丰富的蛋白质及微量元素，对身体有很好的滋补作用。河蟹还有抗结核作用，吃蟹对结核病的康复大有补益。河蟹性寒、味咸，归肝、胃经；有清热解毒、补骨添髓、养筋接骨、活血祛痰、利湿退黄、利肢节、滋肝阴、充胃液之功效；对于淤血、黄疸、腰腿酸痛和风湿性关节炎等有一定的食疗效果。

七、创建故事

砥砺十年，铸就“有机梦”

康志勇，出生于黑龙江省大庆市肇源县，自幼家贫。“有机梦”对他来讲就是让家人吃上放心的鱼。“有机梦”是他不变的信念，也是他在养殖创业的路上艰难跋涉，直面风雨，砥砺前行的动力。

20年前，父亲早逝，母亲含辛茹苦的供他读完初中。他以全乡状元的成绩初中毕业，迫于经济条件他只能选择学费最少的师范学校。录取通知书到来的那一刻，一家人更多的是焦虑与无奈，看着母亲无助的眼神，他决定出去打工。转眼就要开学，他只赚到了600元钱，就在临近开学的前两天，妈妈捎信来让他回去上学。听到消息的那一刻，他就像久旱逢甘露般，激动的心情溢于言表。回家后才知道，那是妈妈从乡亲们手里借来的钱。这学费拿在手里沉甸甸的，他深深懂得，这钱里饱含了母亲的挚爱，更寄托了乡亲们对一个农村孩子的希望。妈妈嘱咐他，等你有了钱，别忘了家乡人！

10年前，他作为超市采购员去内蒙古采购鲶鱼时，发现鲶鱼的养殖环境条件差，养殖饲料都是死亡的家畜。这不仅会降低鲶鱼的品质和风味，更严重的会影响人们身体健康，饲养员手上布满的鳞痫也恰好证明了他心中所想。思及此，一个大胆的想法在他心中生根发芽，养殖绿色无污染的有机鱼，让家人吃到放心的鱼。母亲那句“回报家乡”的话在他耳边回响多时，母亲的叮嘱与自己的有机梦产生共鸣，于是他果断选择回家创建有机水产养殖产业。

2008 年，他在出生地肇源大兴乡前土村后土屯开发创办了青花湖渔业养殖。创业艰难，看似风光的背后是无人能领悟和感受的坎坷与艰辛。但他始终坚信这世间只有想不到，没有做不到，困难与压力并行，挑战与机遇同在。

青花湖创建之初，整个基地水面未经人工分割，以散养为主，存在单产低、产品质量参差不齐等许多缺点，不能满足有机产品标准。为建设有机渔业养殖产业，提高养殖效益、精细化程度和满足消费者的需求，他四处寻找人才。然而不出名的小地方和远离城镇等原因导致没有专业人士愿意来，于是他不惜高薪聘请专业人员。面临资金瓶颈，他跑断了腿，磨破了嘴，最终通过大庆农业担保公司、大庆农商行等多渠道筹集资金 2 000 万元，开发标准精养塘 300 余个，对养殖方式进行了调整，以嫩江地表径流水为水源，采用“少投苗，野生饵，护水天养，野生捕捞”的养殖方式，创造了更高的效益。“有机梦”又向前迈进了一大步。

转眼 10 年过去，今天的青花湖已经发展成为渔业产业园，青花湖基地从当初创业的 300 亩发展到今天的 62 万亩，园区总投资也超过了 3.2 亿元，建设有名贵鱼生态养殖、现代农业观光、湿地观光、青花湖健康养生度假、新农村建设和原生态放养六大区域。2017 年，鳜鱼总产量达到 220 吨，实现产值 1 500 万元，平均亩效益 4 960 元，是大水面养殖亩效益的 10 倍。2018 年可创产值 4 000 万元。青花湖先后被评为省级农业产业化重点龙头企业、国家健康养殖示范厂、省农业示范产业园、省重点项目和省级唯一一家“抓典型、推模式、可复制”的企业。

十年磨砺，终成就“有机梦”。如今，已经成立大庆市鑫泰吉瑞淡水鱼养殖有限公司，建成有机水产养殖基地 500 亩，鳜鱼和鳙鱼也拿到了有机认证。今后几年，他将以打造中国最大的淡水有机鱼养殖企业为目标，逐步把基地建设成中国最大的冷水有机鱼基地。他表示：“我会怀揣着母亲的希望，肩挑着乡亲们的未来，担负起企业发展的重任，无论面对什么样的困难与挑战，仍会坚守信念、不忘初心、砥砺前行。”

在盐碱地里创造奇迹的人

——记新型农民蔡云楼的创业史

蔡云楼，中共党员，在大庆市肇源县农业领域是一个很有影响力的人，在盐碱地上是创造奇迹的人，同时是引领着县农业经济发展的带头人。他不但把不毛之地变为绿洲，搞起了生态农业，还带领上千户百姓致富。

人生第一桶金

1998 年 8 月，嫩江发生百年一遇洪水，江围堤坝溃口，一泻千里，肇源县内两江流经而过，松花江与嫩江。肇源县西部 8 乡镇都已变成泽国。鲶鱼沟种畜场因海拔 126 米，全县最低，水深达 4 米深，牧场全部被淹。

1999 年 4 月，春暖冰化，鲶鱼沟的居民大都去外地谋生居住。这时，洪水退去，剩下泡泽，在无人问津的情况下，农民蔡云楼没有走，而是承包下这些泡泽。这也是老天眷顾，水中满是鱼虾，一年的捕捞，挣下了百万家财，当年净挣 120 万元，这在当时可算是天文数字，对于一个农民来说此生足矣，可对于他来说，人生梦想正式扬帆起航。

引水治碱，敢为天下先

2000年，他做出了自己的人生规划，承包盐碱地，向不毛之地淘金取财，这是一个超出常人的理念想法，“寸草不生的盐碱地能有财富可取，能有发展成功的可能吗?”大家都在观望并质疑之时，他已经开始行动。盐碱地没有经济价值，大家都弃之不顾，而他大量流转购进，到2002年，盐碱地总面积达到20万亩，横跨西部8个乡镇，手中仅有的资金用完了，他向亲属借贷，银行借贷，筹集了1 000万元资金引水修渠，育苇、养鱼，通过8年的不懈努力，不毛之地变成了一望无垠的大湿地。到2007年，年产芦苇2万吨，淡水鱼100万千克，年获得经济效益超千万。8年时间，共修水渠及围坝达150多公里，这种愚公移山的恒心、这种敢为天下先的精神是创业者抢占先机和成功的基础。

第一个敢吃螃蟹的人

第一桶金开启了他的人生旅程，他是一个旅行者，更是一个创造奇迹的人。

2007年，他提出在盐碱地种植有机水稻、盐碱地泡泽培育蟹苗，遭到公司所有跟他一起创业的人的反对，但他不为所动。他说过“大家都认同的事，都懂、都会、都知道结果的事，这不叫创业，更没有机会。作为一个企业，想要发展必须创新，所以不能用众人的眼光看问题”。这两件事的结果，验证了他是赢家。毛泽东说：“真理是掌握在少数人手里。”

2007年，盐碱地种植水稻开始试验，聘请了6位水稻技师与专家，一干就是5年，在1 000亩的试验田赔了上千万元，没有取得成功。2011年，团队解散。他自己亲自上阵，研究试验，第6年终于喜获丰收。在pH 9.0左右的盐碱地上种植出亩产500千克的稻谷，这是一个奇迹。现在的盐碱地水田面积达到15万亩，有机种植水稻达到了1.7万亩，有机河蟹和淡水鱼达到了6万亩，有机大雁基地达到了3万亩，种出的弱碱有机大米食味品质达89分，位居全国之首，大米畅销全国。2016年中央七套“致富经”专栏全版、中央二套“经济半小时”全版都对蔡云楼盐碱地种植水稻的成功、黑龙江省首创培植蟹苗技术的事迹进行了全面报道。在全国引起了很大的震动。潜在的社会价值、经济价值不可估量。在采访篇尾的结束语中蔡云楼总结了艰辛创业的历程：“搞科研，发现比解决难；搞创新，一定要用逆向思维去判断与思考。”他总结的很简单，哲理很深奥。一个知识型农民，一个创新型农民，这正是今天我们新时代，最需要的人和精神。

与时代同轨的人，才是弄潮儿

2015年，鲶鱼沟实业公司正式成立，同时兴建了基地、加工、仓储、物流、销售为一体的全产业链、闭合式的农业上规模企业。现有土地资源面积40万亩。就业人员1 760名。2016年销售额突破3个亿，在大庆地区，鲶鱼沟农业规模最大，发展最好。

2015年鲶鱼沟的水产品及大米杂粮推向市场，2016年走向全国获得成功。这一成果的取得与他的创新思维是分不开的。

2016年，阿里巴巴互联网平台在全国选一个农业全产业链的企业，全国仅招标一个企业作为合作商，要想在全国同行中胜出绝非易事。但蔡云楼决定参与竞争，为了取得成功，他潜心研究阿里巴巴平台的资源优势和目的，出于对农业行业的熟知，自己创新了一套新的土地订单模式(英文名字C2F)：客户在线上预购土地，以三分田为基数，多则不限，所产农产品都归认购人，变向卖出水产品湖蟹及大米杂粮。鲶鱼沟公司负责种植、管理、加工、物流配送，同时全程信息视频时时传输，让土地认购者有身临其境之感。这种模式的推出，立即得到阿里巴巴的认可，取得成功。2016年在阿里巴巴平台获取独立的线上平台运营，当月销售突破3 000万元。同时引爆线下实体店销售。当年大米、杂粮销售 1.57 亿元。这种新的模式,得到农业部的首肯,在全国进行宣传和推广。鲶鱼沟的一夜成名不是偶然,是他持之以恒经过 18 年的沉淀才取得的累累硕果。

富不忘本的农民企业家

蔡云楼在自 1999 年创业至今的 18 年来,为地方经济发展做出很大贡献,在为民解忧同时又付出了很多。

在公司有机种植基地鲶鱼沟种畜场提起蔡云楼,大家都非常敬仰他。1999 年以来,不管谁家孩子考上大学本科奖 5 000 元,专科奖 3 000 元,18 年来没有改变。别人问他为什么这么做,他说:“我是农民,他们的父辈也是农民,我希望他们考出去,改变自己的人生。”这句话很质朴,但更让人感动。

在鲶鱼沟的五保户每年烧柴他供,大米他供,有特殊困难的单独解决。有一名职工叫孙井和,双目失明,妻子卧病在床,家中还有老人,孩子上学,住着一间破土房,知道这情况后,他在 2003 年花 5 万元给建了一所全新的砖房。

2010 年,全场职工社保资金交不上,他一次拿出 70 万元,解决了 200 多名困难职工交不起社保问题。

为落实好国家精准扶贫政策,县委、县政府提出企业率先带头,蔡云楼一次拿出 300 万元给予贫困经济资助,并且让有劳动能力的到企业上班。

2015 年,他率先与农民签订粮食回收合同,实行订单农业。2016 年签订了 5 万亩,在 2017 年签订了 20 万亩。水稻收购价每吨高出国库 600 元,杂粮每吨高出 800 元。通过政府调研,他签订的每户农民增收 5 万~7 万元,仅此一项,农民增收总额 4 000 万元。同时他还提供种子、农药、肥料,回收时扣除相应费用。这样做即解决了农民种地资金难、卖粮难,同时又做到了粮食源头质量的可控性。

现在,蔡云楼这个合格的共产党员,新时代的新型农民企业家,正迈着矫健的步伐带领着他的团队向生态农业的制高点全力挺进!

张玉军:有机作物的引航人

张玉军,男,汉族,1970 年 6 月 21 日出生,中专学历,中共党员。肇源县大兴乡联结村农民。

在大庆市,一提起张玉军,人们都知道他深情眷恋着黑土地,靠白手起家,在充满荆棘的创业路上,敢打敢拼,以不服输的劲头,在有机作物发展领域打拼一片天地,目前,已拥有从播种到加工等各种农业机械设备 70 台(套),办公楼、生产车间等建筑面积 5 000 平方米,固定资产 3 400 万元,2016 年种植有机作物面积突破 7 000 亩,其中,有机谷子 2 000 亩,预计产有机小米 15 万千克。产值 2 000 万元。他是大庆市有机作物发展的一面旗帜。这面旗帜牢牢地插在寒地黑土上,引领农民走上致富道路。

他是农民的后代

张玉军是一个地地道道靠土地生存的农民,与土地打交道的生活磨炼了他坚强的性格。从小就跟随父辈下地干农活。张玉军出生的联结村地处偏僻,盐碱地多。这里“多雨成灾、少雨成旱”。而且是“十年九旱”。不仅旱灾、时不时也有风灾、雹灾、虫灾、涝灾、霜灾光顾。就是这么一片土地，让张玉军从小就记住，做农民就一定改变现状，把地种好，多打粮食，多卖钱。上学期间，小小的张玉军每天都跟着大人从事农业生产。春天选种子、备肥料、趟地、种地；夏天铲地、锄草、浇水、施肥；秋天收割、打场、拿茬、翻地。这些农活张玉军都干过，还熟记于心。就是因为从小对黑土地的眷恋，对乡亲们的情愫，使张玉军对庄稼情有独钟，没事就跑到地里观察，看到绿油油拔节的禾苗就兴奋。他深知，他是农民的后代，脉管里流淌着农民的血液。

他选准了产业链

面对创业的失败，张玉军冷静思考，认真梳理一个农民依靠什么才能走上富裕路。最终得出结论，做好一个农民就要向土地要效益，种好地一样致富。于是，2011 年，在老亲少友的帮助下，张玉军高价承包村里的耕地，市场价是 450 元一亩，他花 550 元一亩承包，实际上，农民自己种地，一年下来，除去种子化肥也就能剩 550 元，这样农民不用种地就能得到全年的收入。由于张玉军平时在村里有威信，加上细心工作，当年就把 1 000 亩地集中在了一起，他通过贷款购买种子、化肥和大型农机具，按着《有机作物操作规程》种上了地。秋天到了，金黄的谷穗随风摇曳，当年喜获丰收。

生产加工效益最大化

看到自己迈出了可喜的第一步，张玉军发展有机作物产业链的信心更足了。他申请通过了有机食品审定，又投资 300 万元，基地打机电井 30 眼，安装喷灌 10 台套。种地时，张玉军采用传统耕作模式，用机械开垄、四轮水车坐水、人工点籽，保证种子下地均匀。2013 年，虫情严重，一次抓虫就花去 20 万～30 万元。有机作物品种有红小豆、红芸豆、绿豆、黄豆等九大类 20 多个系列产品。

又到一年丰收季，张玉军在全国知名省份和大都市建立了销售网络，多次参加省内外绿色食品博览会、展销会，还 3 次去香港参加国际食品博览会。成功打进上海 5 家地面店；北京 100 家连锁超市；2014 年 2 月 25 日，产品出口到香港北奇角店龙岗农夫大卖场。深受消费者的青睐。

“岁月不居，天道酬勤。”现如今，在张玉军的精心打理下，带动 100 多户农民一起走上致富路，和他一起种植有机作物的农民年收入 3 万多元。张玉军继续延深有机米产业链条，决心让“乾绪康”系列品牌跻身全国名牌行列，打造中国“第一米”。

娄云鹤的“有机”情缘

娄云鹤一个从贫困农村走出来的大学生，记忆中最深刻的是小时候吃的家乡小米。随着大苞米种植的扩大，小米渐行渐远，能吃上它等于奢求。生活在城里 30 余年，当过老师，后来又到教师进修学校，当老师的老师。一个当了 30 多年老师的人心中却始终不忘生养他的那块土地和家乡的父老乡亲。

2008 年中国迎来奥运盛会，也迎来了城建发展大潮。人民生活显著地改善，也出现了不和谐音：“吃的有农药化肥，喝的是乙醇和糖化酶，收到的不是脑血栓，就是半身不遂……”

面对日益严重的食品安全问题，守着“塞北江南”“鱼米之乡”的肇源大地，娄云鹤思考很久……起初是想让自己及亲朋好友吃点健康有机的粮食，2008 年他动员大哥用承包的土地种有机粮，因为不上化肥，不打农药，产出的小米特别理想，供自己家人食用。后来，他觉得光自己不吃没农药、化肥的产品不行，应该让更多的人吃到这种稀缺的产品才行，把家乡的优质的粮食形成品牌，为子孙后代留下一片干净的土地，为世人提供健康安全营养的食品。

娄云鹤说，我出生在肇源县二站镇农村，之前是一名教师。教书过程中，让我了解到，农村有很多学习很优秀的孩子由于家庭贫困放弃进入学校学习的机会，作为一名教育工作者，爱孩子是老师的本分，一直想为家乡的父老乡亲做点什么，让那些因家庭贫困读不起书的孩子们实现他们的人生梦想。然而深知自己是工薪阶层，以自己的能力及收入实在难以帮助更多的孩子们，思考良久，有了一种想法，要带领家乡人一起致富。

方向并不等于目的，需要努力的决心去到达。娄云鹤开始调研了，查土质，家乡有一条几十里长的土岗，人们叫它龙脉山。种在岗上和岗下同一品种的谷子，打出的小米，吃起来很不一样，岗上的米好吃，“龙脉山土质是宝贵资源。”2010 年，他拿出自己几十年的微薄积蓄，动员几家亲属组建了娄家寨粮食种植专业合作社。第一年便认证了 500 亩土地，为产品注册了“娄家寨”商标，购置了一套小型小米加工设备和真空包装机，建了厂房，用人工一粒一粒挑小米，给产品定标准，一切按有机种植方案进行；建立了质量监管跟踪体系，每一款产品都能追溯到是哪块地，谁种的。如果违章操作，不但追其责，而且 5 年内不许进社合作。

规模上来了，债务也拉下了。为了发展，他借钱买了色选机。欠社员的粮款和人员工资不算，外欠 60 万元。有机之路走得很艰难。不用化肥产量自然就很低；不用农药，用工量自然就多。投入成本高，产品价格自然也会高。再加上市场上有机产品鱼龙混杂，叫消费者真假难辨，那不是难上加难吗！难就退却吗？这不是教书匠娄云鹤的性格，他咬紧牙关坚持着。爱人说他：“你投入那几十万怕是打水漂喽！那可是几十年的家底啊！”任何事都是这样：当你认准的路，又信心百倍地走下去，百折不挠，必成正果。2012 年 4 月，娄云鹤背着产品，提着电饭锅进了北京国际有机食品博览会。客商说他的小米比沁洲黄小米还好吃，让他心里有了数。这一年他 6 次跑展会，被拥有 1 568 亿港币的“三生(中国)”健康产业有限公司认可。2013 年 3 月正式签署合作协议，娄家寨合作社成为“三生”公司有机杂粮基地。“三生”公司先行预付给娄家寨合作社 30%订货款(如今已提高到 50%)，政府又将闲置的粮库租给合作社用。

“春种一粒粟，秋收万颗子。”肇源县二站镇曙光村旁一块田地上，一路吼叫的播种机终于停在了地垄头儿。娄云鹤也一屁股坐在了地上。眼前是刚刚种完的 3 000 亩玉米，身后 1 000 亩谷子已经照垅了，田垄上已隐约看到了绿色。娄云鹤眼睛盯着种完了的 6 000 多亩地，实在把他累坏了。有人问他为啥要盯着种呢？因为他怕出一丝纰漏！所谓有机农产品，一是土地没有农药和化肥残留，并都经过国家权威机构认证。二是种子是非转基因种子。他的谷子、玉米、薏米、水稻等种子都是农业研究院所提供的，十分优良。三是环境、农机设备、农业设施都没有污染。环境要有隔离带，农机设备要专用，农业设施要严格防范，不允许存在一丝一毫的污染。“这可关系到老百姓舌尖上的安全！不紧盯着行吗！”

有机的情缘，交织着辛勤与汗水，娄云鹤经过 3 年准备，3 年起步，进入了 3 年发展阶段。在这个阶段中，实现两个循环。一个是娄家寨合作社内的小循环。他引进玉米秸秆发酵饲料技术，生产出养猪的“全价”饲料。建了有机猪、鸡养殖示范场。用猪鸡粪便种有机杂粮，实现了作物—秸秆—畜禽—粪便—有机产品的良性循环。不仅拉长了农业产业链，也推动了产品的有机化。另一个是产品进入了市场销售的大循环。自 2014 年起，先后在北京、上海、江西、江苏等地，建起了兼具销售与品尝双重功能，集有机超市、体验店和有机餐馆一体化的实体店。同淘宝网店、阿里巴巴诚信通、邮乐网、“真东北”网等电商对接，实现了“娄家寨”产品的线上线下销售。因为种植有机产品，合作社农户每亩地可增收 400 余元，土地最多的一户可增收 8 万元左右，真正实现了带动农民致富。2015 年“娄家寨”被环保部确定为“国家有机食品生产基地”；2016 年进入“大庆市农业产业化市级重点龙头企业”行列；2017 年，在首届黑龙江省“农担杯”营销大赛中，夺得杂粮组第一名。国家环境保护部开展“国家有机食品生产基地建设示范（试点）县”评定，在全国第一批 14 个县的评选中，有 8 个县达标。肇源县是黑龙江省唯一被认定的县。

获此殊荣并不令人意外，因为娄云鹤早把工作做到那儿了。2016 年，娄家寨合作社有一批产品发到宁波市，三生公司质检人员发现有的产品封口贴贴得不规范，有明显二次重粘封口贴的痕迹，要求重新换封口贴，三生公司其他产品出现这个现象后，生产厂家都是把封口贴邮寄到公司，让公司工人帮助贴好就可以了，当时娄云鹤也可以把封口贴寄过去，由他们安排工人贴好就行了。但他并没有这么做，在他心中始终认为是我们的责任就应当由我们来承担，对公司负责就是对消费者负责，更是对自己负责，产品的任何一点瑕疵都可能给娄家寨合作社带来灾难性的影响。经过严格内部排查，他知道了封口贴重贴的原因是新来的工人，把黄豆袋和黑豆袋弄混了，装好箱发现有剩下黄豆袋多了 2 个，黑豆袋子少了 2 个，于是把所有箱打开，查找装错的两袋，才出现了上面问题。于是他立刻派人坐飞机前往宁波，上门为每一箱产品贴上封口贴，尽管花去了近万元的费用，可他认为花多少钱都是值得的，作为一个企业，重责任、守信用，这是起码要做到的。

如今娄家寨合作社有社员 234 人，有机种植基地面积 3.1 万亩。作物品种有有机大米、有机小米、有机玉米系列产品、有机薏仁米、有机高粱米等 26 种，获得有机标识的产品就达到 46 个。产品进入省农委质量安全追溯平台，全程可追溯。仅是娄家寨的产品追溯体系，就实现了一品一码，扫一下码便可知产品出自哪家哪块地、何时播种、加工、包装、出厂……一切都明明白白告诉消费者。

娄云鹤的“有机”情缘，缘来了，情未结，娄家寨合作社未来的发展，将在种、养、加工多个领域逐步形成有机生态循环农业产业链，进军精深加工业，带动农民向土地要效益，依靠科技出成果，把娄家寨合作社做强做大，带领农民奔向致富路。铸就一面有机的旗帜，在龙江大地飘起。将迎来的是天更蓝，山更绿，水更清，民族更健康，农村更美好的盛世。

建设生态家园　开发绿色产业

——肇源农场有机产品认证示范区创建纪实

近几年来，肇源农场大力发展现代有机生态农业，积极推广有机水稻种植，加大扶持力度，创新种植营销模式，全场有机农产品产业发展取得了显著成效，区域经济、社会和生态效益得到增强。

一、肇源农场概况

肇源农场始建于1948年，位于黑龙江省西南部的肇源县境内，东南北三面与肇源县新肇镇接壤，西靠嫩江，与吉林省大安市隔江相望，嫩江流经场境9.3公里，水资源丰富，盛产鱼虾，素有“塞北江南，鱼米之乡”的美誉。农场总控制面积约11.7万亩，其中耕地6万亩，全部种植水稻，均采用嫩江水灌溉。全部土地分布在一个盆地上，东南北三面为土丘漫岗包围，地势低平，年有效积温达3 150 ℃，无霜期在145天以上，属黑龙江省气温较高，雨量较少地区，光照充足，具有生产优质有机水稻得天独厚的条件。

二、有机产业和有机认证情况

2009年农场提出了“建设生态家园、开发绿色产业”的发展战略，申报有机产品认证基地3 000亩，有机产品加工900吨，经过3年转换获批环保部第五批国家级有机食品基地。2013年又申报有机认证基地12 000亩，有机产品加工3 000吨。经过3年转换，通过黑龙江省农产品有机中心认证。2016年申报省级有机产品认证示范区并获得批准。2017年申报国家级有机产品认证示范区并获得批准。2018年农场还被“中国有机农业发展联盟”选定为东北三省唯一一家“有机水稻生产标准化基地”，同时被授予“全国孕婴产品绿色通道生产基地”。目前肇源农场有机产品认证面积15 000亩。

三、保障措施

农场党委高度重视发展有机农业，立足生态特色资源优势，积极创建国家有机产品认证示范区。

(一)健全组织机构，明确职责分工

成立了以农场长任组长的有机农业发展创建工作领导小组。责成各作业区、各相关部门、企业成立了专门的工作机构，明确了专职人员。将有机农业发展纳入部门和作业区年度目标考核，确保各项工作高效推进。印发了《肇源农场有机产品认证示范区项目建设实施方案》。

(二)优化政策环境，凝聚创建合力

结合农场实际编制了《有机农业发展规划》和《有机农业产业发展实施方案》，细化了实施步骤，明确了创建措施。制定了《加快推进生态强场的指导意见》《创建生态文明示范场的决定》等一系列配套文件，为有机产业发展提供了良好的政策环境。建立了由市场监督、农业、科技、环保、商务、水务、财务等部门参与的工作联动机制，解决有机农业发展、有机产品认证示范区创建工作中存在问题，确保有机产业持续、规范、健康发展。

(三)加大奖励力度，激发参与热情

印发了《肇源农场大力发展有机农业的奖励扶持办法(暂行)》的通知。设立了有机产业发

展专项资金，对有机农业规划好、发展快且有一定规模的示范基地、示范家庭农场、示范企业，给予0.5万～1万元的奖励；对首次通过国家级有机产品认证的企业给予10万元奖励；对首次获得中国驰名商标的企业和成功申报省级龙头企业的单位，一次性奖励20万元。

（四）加大宣传力度，营造创建氛围

充分利用电视、报刊、微信、微博等媒体对农场有机产业政策、有机产业状况、有机农业企业进行大力宣传。通过现场检查、印发宣传手册、召开推进会等方式多渠道、多层次、全方位宣传，增强了广大职工群众对有机产业的认识，使有机产品认证示范区创建工作深入人心，营造了良好的社会氛围。积极组织企业参加各类展会，提升影响力。

（五）强化后续监管，注重贯彻落实

将创建工作真正落到实处，坚决杜绝“走过场”。一是充分发挥领导小组作用，定期召开联席会议，统筹安排相关事宜，切实解决创建工作中遇到的难题，确保创建工作有力有序有效推进。二是充分发挥部门联动作用，形成合力强化监管。示范区创建是一项复杂的系统工程，涉及农业、林业、水利、环保等多个职能部门，加强部门沟通协调，密切配合，加大对获证企业的监督检查频次，严格按照《有机产品认证管理办法》《有机产品认证实施规则》《有机产品国家标准》等规范企业种植、生产、加工、运输、销售及有机认证标志使用等行为。三是切实强化对认证机构监管和沟通联系。四是强化社会监督。公布举报电话，认真受理举报电话，发现问题，一查到底，绝不姑息。

四、实施成效

（一）特色产业链

农场发展有机水稻种植的同时，积极发展“优品种、提品质、创品牌”的三品战略，鼓励种植户开展立体生态种养模式，发展鸭稻共育、蟹稻共育、鱼稻共育等模式实现一水两用，一地双收；同时，对种植的水稻进行回收，单收、单储、单加工，打造“鸭稻米”“蟹稻米”“鱼稻米”等高端大米；全力推介保护品牌，抓好品牌推广，自2012年以来，农场逐步完善了“六个一”工程（出版一本诗集、一本画册、一本书，创作一首歌，录制一部专题片和一台大型节目），增强了品牌文化底蕴。线上线下相结合做好大米产品销售，目前农场大米系列产品已进驻京东、淘宝、苏宁、亚马逊、大农网、央视商城网和健生园商城等电商平台，实现产、供、销一条龙，同时对生产过程中稻草进行打包做饲料、有机肥料、固体燃料，产生的碎米进行酿酒，延伸产业链，争取做到全产业链吃干榨净。

（二）惠及民生

农场通过实践摸索出“农场＋公司＋合作社＋基地＋种植户”共建模式。以企业为龙头，反补带动种植户，企业与种植户签订订单，稻谷每千克高于市场价2元进行回收，并免费提供生物有机肥；农场积极为合作社和种植户争取政策，做好科技培训和田间指导，解决种植环节各种困难和问题。普通有机水稻种植户每亩效益达到1 225元，增收225元；鸭稻共育有机水稻种植户每亩效益达到1 500元，增收500元；蟹稻共育有机种植户每亩效益2 000元，增收

1 000 元，全场种植户每年增收达到 404 万元。

(三)平衡发展与生态保护

随着有机水稻生产的实施，特别是鸭稻、蟹稻、鱼稻共育立体有机种养模式推行，经济效益日益彰显，种植户从中得到实惠，广大种植户改变了传统的重产量、轻品质的观念，转向种得好、种得安全，大大推动了农场生态有机农业的发展，农场有机认证面积由 3 000 亩扩大到 15 000 亩，目前仍有扩大的趋势。种植户爱护家园、美化环境的意识进一步加强，农场每年投资 10 万元，回收废旧电池和农业投入品废弃包装物，进行统一处理和销毁，避免环境二次污染。另外，积极开展农产品质量追溯工作，真正做到“生产有记录、安全有监管、产品有标识、质量有检测、全程可追溯”，保障了农场农产品安全和农业可持续发展。

(四)脱贫与精准扶贫

开展“领导干部包农户、龙头企业包回收”帮扶活动，及时解决生产中的技术难题和销售难题。农场领导干部与贫困家庭结成“一帮一”对子，在资金、技术和后勤服务上时时对接，鼓励发展有机农业，帮助解决有机生产中资金和技术难题；鼓励贫困户发展“订单农业”，有机订单优质水稻回收价格每千克高于市场价 4 元；同时，鼓励贫困户发展电商、微商，销售有机大米，增加收入，积极脱贫。

五、经典范例

黑龙江农垦嫩源米业有限责任公司，占地面积 3 万平方米，拥有固定资产 1 000 万元，引进先进的瑞士布勒成套加工生产设备，该生产线设计先进，工艺一流，配备色选机、精米机、抛光机等先进机械。日加工能力为成品大米 100 吨，年可加工稻谷 3 万吨，注册了“嫩源”“大荒源谷”“龙稻香”3 个商标，打造了高、中、低端 30 多款产品，开展直销、实体店、电子商务等多种销售途径。目前在北京、哈尔滨、深圳、上海、成都、呼和浩特、杭州等 40 多个地区建立了销售网点，并在当地市场占有一定的份额，年有机加工产量 4 700 吨，年加工产值 9 400 万元。

六、特色产品

肇源农场有机产品以大米为主，种植优质水稻品种五优稻 4 号、龙稻 16、松粳 16 等优质水稻品种，生产大米晶莹透明、口感香醇，富含钙、镁、铁、锌、硒等中微量元素，有“龙江极品米”的美誉。农场境内有北大荒(集团)公司肇源制米厂、黑龙江农垦嫩源米业有限责任公司两家大型国有米业，注册有“秋田小町”“嫩源”“龙稻香”“大荒源谷”等知名商标和著名商标，生产高中低大米产品 40 多款，销售全国各地 40 多个大中型城市。

内蒙古自治区

质量兴农　唱响乡村振兴旋律

——磴口县国家有机产品认证示范区创建纪实

在中国的西北大地有这样一片洁净的土地，它有内蒙古最湛蓝的天、最多情的水、最浩瀚的沙漠、最璀璨的星空、最淳朴的人民。这方纯洁的土地就是秦汉古郡、河套源头、百湖之乡、蜜瓜之县——巴彦淖尔市磴口县。

千百年来，随着黄河在县境内几易其道，人类生存遗迹和大自然的鬼斧神工，为这里留下了高耸入云的阴山、浩渺如烟的沙漠、奔腾不息的黄河、碧波万顷的绿洲、星罗棋布的湖泊、惟妙惟肖的佛岭和狮子山、气贯长虹的公路铁路大桥、神秘悠远的古长城、汉古墓等众多人文自然景观和名胜古迹。境内的旅游资源涵盖了全国旅游资源八大类的全部，优良级旅游资源单体占全部单体总数的26%。目前，有国家级文物保护单位3处，国家级自然保护区1处，国家湿地公园2处，国家地质公园景区6处，国家水利风景区1处，国家4A级旅游景区2处，国家3A级旅游景区2处，自治区文物保护单位三盛公天主教堂、阿贵庙、乌兰布和兵团文化基地、冯玉祥西北军粮仓博物馆等8处，红色旅游、乡村旅游等旅游新业态蓬勃兴起，逐渐成为内蒙古自治区西部旅游和文化大县。沙水合一的特色资源使这里呈现出自然景观奇特、人文景观壮美、历史文化悠久、宗教文化丰富的特点，极具开发潜力，是观光旅游、休闲度假的绝好去处。

近年来，县委、县政府为充分发挥磴口县的环境资源优势与特色，不断加快推进有机产业发展，积极申报创建“国家有机产品认证示范县”，形成了以开拓市场为导向，政府引导和支持为后盾，龙头企业为主体，特色基地为依托，技术体系为支撑，农户参与为基础的有机农业产业化格局。坚决守护好绿水青山，一方净土。坚持生态保护与开发治理相结合，真正实现绿色有机产业发展与生态建设的良性互动。

一、磴口县概况

磴口县地处内蒙古西部河套平原腹地，东依黄河，北靠阴山，西环乌兰布和沙漠，位于呼包银兰经济带中心，傍水而生、因水而兴，是巴彦淖尔市的南大门，总面积约4 166.6平方公里，地貌以沙地、山地、平原为主。全县辖4镇1苏木、5个国有农场、46个自然村。黄河流经县境52公里，110国道、京藏和京新高速、包兰铁路、临策铁路横贯全境。目前，已成功创建全国国土资源节约集约模范县、全国渔业健康养殖示范县、全国奶牛大县、全国产粮大县、全国林下经济示范基地，是“中国华莱士蜜瓜之乡”“中国油葵之乡”、内蒙古自治区全域旅游示范县。

文化底蕴丰厚。历史古迹众多，宗教文化资源也相当丰富，流传着众多的历史故事同样神秘感人。沙漠戈壁之中还流传着昭君出塞、孟良盗骨、焦赞焚山等历史传说。

土地资源富集。乌兰布和沙漠在县境内面积425万亩，沙地洁净，无任何污染。这些土地通过合理流转整合治理，可以完全满足农畜产品种养、加工企业的发展需要，是发展有机产业的绝佳地区。同时，磴口工业园区是自治区级工业园区，规划控制面积95.7平方公里，98%都是未利用荒地，园区农畜产品加工业板块布局合理，已形成一定规模，为加快发展有机食品产业提供了重要支撑。

水资源丰富。位于河套源头，“九曲黄河十八弯”，三盛公水利枢纽坐落于黄河最大的“几”字弯头，是亚洲最大的、黄河上唯一的以灌溉为主的一首制自流灌溉节制闸，年引黄水量6亿立方米，延绵了万顷河套良田，成就了河套平原“塞上粮仓”之美名。地下水资源储量为7.1亿立方米。全县水域面积20万亩，湿地面积60万亩，有大小湖泊160多个，是名副其实的“百湖之乡”。

光照充足。属中温带大陆性气候，全年日照时数3 300小时，昼夜温差大，年降雨量142.7毫米，无霜期144天左右，既利于农作物干物质和糖分积累，又可有效预防控制动植物疫病的发生和传播。

产业优势明显。是巴彦淖尔市重要的商品粮生产基地，全县总播面积116万亩，设施农业2万亩。盛产优质小麦、葵花、玉米、番茄、脱水蔬菜、瓜果和牧草。已建成标准化养殖场210户，牲畜饲养总量达到156万头（只）。特色水产养殖规模达到4.5万亩，以肉苁蓉、酿酒葡萄为主的沙草产业面积突破21万亩。

二、磴口县有机产业和有机认证情况

磴口县依托得天独厚的农牧业资源优势，因地制宜，不断夯实农牧业基础，将绿色有机发展作为推动农牧业经济的最根本动力，深入贯彻落实国家和自治区“乡村振兴”战略，推进质量兴农、绿色兴农、品牌强农的重要举措。以绿色有机发展理念为引领，紧紧围绕加快发展、赶超升位目标，做好“水、绿、沙、文化”四篇文章，擦亮“文化旅游、绿色有机、清洁能源”三张名片，把握党的十九大提出实施“乡村振兴”战略的大好时机，做强旅游、农畜产品加工、中草药材生产加工、电力新能源“四大产业”，坚决不引进污染企业，牢固树立和践行“绿水青山就是金山银山”的发展理念，在乌兰布和沙区坚持生态保护和产业发展相结合，引用和推广适宜在沙区生长的经济林果和道地中药材，建成圣牧牧场23座，有机奶牛存栏9万头，特色水产养殖基地5.5万亩，种植优质牧草20万亩、梭梭45万亩，中草药材种植面积完成9.7万亩，种植酿酒葡萄1.5万亩，规划建设3万亩、500兆瓦的西部光伏生态治理示范基地，现已建成生态光伏农业项目5 000亩，年发电量205兆瓦。通过不懈努力，乌兰布和沙漠治理取得了显著成效，近200万亩沙漠披上了“绿装”，林草覆盖率由2012年的27%提高到2018年的37%以上。全县经济社会实现了又好又快发展。

截至2018年12月，辖区内共有12家从事生产加工有机产品的企业获得有机证书31张，其中有机认证证书24张，转换证书7张。涉及有机产品包括植物性饲料、葵花籽、玉米、青贮玉米、苜蓿、小麦、燕麦、羊草、棉、大豆、苁蓉、锁阳、甘草、山药、沙漠水稻和奶牛、淡水鱼、泥鳅、黄鳝、蛋鸡的养殖以及牛乳及灭菌乳、发酵乳加工，创建各项工作取得了阶段性成果。

三、保障措施

（一）规划先行，完善制度

制定《磴口县有机农业产业发展规划（2017—2021）》，明确有机产业的发展方向和目标，确定磴口县有机产业发展的总体布局及主要任务。同时，将发展有机产业列入《磴口县国民经济和社会发展第十三个五年规划纲要》中，发挥“西部净土”优势，大力建设有机种植和养殖基地，提升有机品牌效应。出台《磴口县有机产业发展管理办法》《磴口县有机产品营销平台搭建措施》《磴口县有机产业生产技术指导措施》和《磴口县有机产业示范基地环境保护措施》。相关部门分工协作，种、产、销全流程覆盖，为有机产业发展保驾护航。制定《磴口县有机产品质量监督管理办法》《磴口县有机产业风险评估管理办法》《磴口县有机产品应急工作制度》《磴口县有机产品认证过程监管工作规范》。严格监视有机种、养、加工和流通环节的行为与质量，谨防假冒伪劣产品出现。

（二）激励扶持，突出特色

出台《磴口县有机产业发展扶持办法（暂行）》。对土地流转租金、基础设施建设、种苗、有机肥、绿色防控、新技术、新模式、新品种、产品认证、产品销售、质量追溯、标识标牌等提供适当补贴；对于有突出贡献的部门、苏木镇、农场、有机生产组织给予一定奖励。2015—2018 年期间，磴口县累计争取项目资金 20 550.6 万元，其中：为圣牧高科争取项目资金 3 363 万元、为荣威养殖争取项目资金 3 000 万元、为科河种业争取项目资金 995 万元。2018 年正在申请补贴资金 4 071 万元，用于支持圣牧高科有机乳业发展，包括工厂、牧场的技改扩建，企业的人才储备，基地的农机、饲草料、良种牲畜补贴等方面。

（三）质量为先，严格管理

深入推进质量强县、质量强企活动，积极鼓励扶持企业参加市长质量奖、内蒙古计量诚信单位等评选活动。制定质量安全标准化体系，并委托第三方对有机产品进行检验，为农产品质量安全提供有效保证。共送检食用农产品 240 个批次，已检出 180 个批次，合格率 100%；加工产品抽检 120 个批次，还有 20 个批次正在抽检；快检 500 个批次，合格率 100%。建立农产品质量安全预警评估机制，加强对基地、超市、农贸市场的监督检测，并对检测数据进行认真分析和评估。建立信息共享机制，全县的专业合作社、农产品生产加工主体均已建立诚信档案。对失信单位，及时提示、警示，对违规企业实施“黑名单”制度，加大对失信企业的联合惩戒力度。加强有机认证活动的监督检查，依法严厉打击非法、违规认证活动。积极组织实施综合检查和日常巡查，重点检查有机产品认证证书的有效性、有机产品认证标志、有机码使用、生产基地状况等内容。

按照《巴彦淖尔市“四控”行动一个意见和四个办法》要求，结合磴口县农牧业生产实际，以“四控”为总目标，全面推进和延伸行动内容，深入开展“控肥、控药、控水、控膜、控种”五大行动，制定并印发《磴口县“五控”行动实施方案》。通过推广精准施肥、调整化肥使用结构等技术，提高肥料利用率，减少氮、磷化肥的使用数量，减轻氮、磷对土壤水源的污染。预计 2018 年化肥使用量较 2017 年减少 700 吨(折纯量)。2016 年全县农药总用量 178.47 吨，2017 年全县农药总用量 177 吨，较 2016 年减少了 1.47 吨(商品量)，预计 2018 年减少用量 3 吨。大力推广膜下滴灌水肥一体化技术，实现水、肥资源同步高效利用，达到既节水又增产的双重目标，实现单位面积节水 30%以上，亩均节约水量 300 立方米。重点推广小麦套葵花、小麦套玉米和瓜类、葫芦等经济作物间种葵花等立体栽培模式，计划推广面积 6 万亩，预计可实现节水降耗 30%左右，亩均节约水量约 84 立方米。大力推广地膜二次利用技术，实现控膜提效。计划推广地膜玉米后茬免耕种植向日葵技术 2 万亩，预计节膜 60 吨。在沙金套海苏木巴音温都尔嘎查、乌兰布和农场二分场开展全生物可降解地膜的试验、示范 400 亩。推广应用精量播种、控种技术。其中：小麦亩用种量控制在 25 千克以内；玉米亩用种控制在 4 500～5 500 粒、2 千克以内，严禁使用和繁育转基因种子。

(四)企业为主，龙头带动

有机农牧业的产业类型主要为肉苁蓉、山药等种植业、酿酒葡萄种植业、畜牧业和饲草料基地建设、水产养殖业等。通过招商引资，先后引进云海秋林和圣牧高科有机乳业公司，在乌兰布和沙漠进行大规模的生态建设，种植 20 多万亩有机牧草，启用现代化技术，且不用化肥，不用农药，不用转基因，牛粪还田，并建起了全国第一个专业的有机肥加工厂。目前两家公司在磴口境内有机奶牛存栏 80 000 多头，建成现代化有机牧场 18 座，已全部投入运营，日产原奶 1 100 多吨。为了进一步完善有机链条，圣牧高科投资建成有机奶加工厂一座，一期生产厂建成 5 条生产线，每天消化有机奶 520 吨左右；二期建成 6 条生产线，日消化有机奶 210 吨。先后引进了帝泰、兴套川、诺民、尧舜等 19 家企业发展葡萄产业，现已建成 5 个沙区酿酒葡萄产业园区，种植酿酒葡萄 9 600 亩。苁蓉酒系列、饮料、制药、山药、红枣、种养殖等产业正在悄然兴起，以板蓝根、黄芩、黄芪、防风、桔梗等为主的中药材正在进行试验和推广。用于渔业生产水域面积 16.1 万亩其中：池塘 5 500 亩，水源主要为黄河水。养殖品种以鲤、草、鲫、鲢、河蟹、鲢鱼、鳙鱼等为主。现已建成有机渔业生产基地 1.3 万亩，有 6 个水产品获得国家有机产品认证。2016 年，水产品总产量达到 4 150 吨，渔业总产值达到 5 980 万元，全县渔业从业人员 105 户。磴口县经过多年的有机农牧业开发和利用，现已形成王爷地苁蓉、圣牧高科、北京太阳、沙井古泉等一批有机农牧业龙头企业，取得了较好的生态效益、社会效益和经济效益。

四、实施成效

(一)特色产业链

有机奶也被称为生态奶，按规定，有机奶应符合 4 个条件：源于有机农业生产体系；种植、养殖全过程遵循自然规律、生态规律，严禁使用化肥、农药、无机生长调节剂、催奶剂、食品添加剂等人工合成的化学物质；严格按照国家颁布的有机食品加工规程进行生产加工；必须取得国家有机食品认证机构的认证。

为了造出这样一杯好牛奶，圣牧高科在乌兰布和沙漠建成了世界领先的沙漠全程有机产业基地。产业发展、农民致富和社会和谐发展，是圣牧高科秉承的三大生态观。圣牧高科沙漠生态有机草产业，是圣牧高科有机产业体系最上游的一环，草业的发展直接决定着其他产业环节的运营和发展。圣牧高科草业公司结合沙漠治理改造，规划整合开发有机牧草饲料种植基地41万亩，其中已开发建成基地21万亩，待开发建设基地20万亩，主要种植有机青贮玉米、有机苜蓿、有机玉米、有机燕麦草、有机向日葵、有机小麦等牧草饲料作物。未来，圣牧高科草业公司拟在乌兰布和沙漠地区及周边农牧结合带进一步以治理沙漠及改良现有低产田为主，建设节水高效的有机牧草饲料种植基地，并充分利用圣牧有机牧场的牛粪提高土壤有机质，牛粪还田，种养结合，有效遏制土壤沙化，以实现土地开发与沙漠治理并重的双重效果。目前，圣牧高科草业公司已成为国内最大的有机饲草生产基地之一，为圣牧高科有机产业链可持续发展奠定了坚实基础。

打造安全的奶源基地，有机牧场是核心环节。为了保证沙漠全程有机产业链全程可控，牧场的每一头奶牛都有自己的“身份证号”。工作人员将号码输入系统，牧场可以随时查询奶牛的身体状况、饲喂情况、产奶情况，确保加工成产品之后，做到全程可追溯。

（二）惠及民生

加强基地建设，夯实绿色有机农畜产品加工业基础。全县将按照绿色有机农畜产品加工业对生产原料的严格要求，重点建好“六大基地”。一是有机奶生产基地。依托乌兰布和沙区无污染、大空间，适宜公司化、农场型经营的优势，促进圣牧高科大力发展有机牧场、有机草场，力争到2020年，建成有机草场20万亩，有机奶牛存栏突破10万头，日处理鲜奶达到3 000吨。二是设施农业生产基地。按照“规模调大、结构调优、品种调特、效益调高”的总体思路，坚持环城沿路、靠近村庄、集中连片、规模发展的原则，因地制宜，合理布局，围绕建成区，先大棚再温室，实现企业建温室、农民建大棚，温室、大中棚、小弓棚全面发展的良好局面。到2020年，全县设施农业面积要达到4万亩，其中华莱士瓜保护地面积达到1万亩。三是肉苁蓉生产基地。加快推进以王爷地公司为带动的肉苁蓉基地建设，建成王爷地5万亩有机肉苁蓉种植基地，规划建设以肉苁蓉为主，甘草、黄芪、锁阳、山药、黑枸杞等为辅的30万亩沙产业示范基地。四是酿酒葡萄生产基地。制定出台葡萄产业扶持政策，加大诺民等企业原料基地建设，到2020年，力争建成酿酒葡萄基地5万亩，建成2座葡萄酒庄，年加工能力达到2万吨。同时，磴口县还将加大林下经济建设力度，提高枸杞、红枣、梨、苹果等经济林种植面积，力争在林果业发展上取得新突破。五是番茄生产基地。建设以中粮、泰顺为重点的番茄生产基地，完成泰顺技改搬迁，番茄面积稳定在3万亩以上，力争达到5万亩。六是水产养殖基地。依托黄河沿线两侧湿地和乌兰布和沙区湖泊，加快发展草鱼、鲫鱼、河蟹、河虾等水产品养殖业，力争建成水产养殖基地15万亩，水产品产量达到10万吨，总产值达到18亿元以上。

圣牧高科有机牛奶、有机酸奶已成为首批“天赋河套”农产品区域公用品牌的授权产品。要集中力量对其予以重点培育打造，从企业的品牌定位、市场定位与品牌核心营销力建设方面发力，让圣牧高科品牌为“天赋河套”农产品区域公用品牌增色，把“天赋河套”金字招牌擦得更亮、叫得更响。力争到2020年建成更加完善的农畜产品品牌培育、发展和保护体系，培育自治区级以上名牌农畜产品10个以上，90%以上的农畜产品加工企业完成绿色有机食品标志申报，实现有标识上市、有品牌流通。

沙漠生态治理需投入大批的劳动力，魏均的王爷地肉苁蓉产业基地每年雇用当地农牧民3 000多人次，进行梭梭栽植、管理及肉苁蓉人工接种、采收等。公司技术人员对农牧民进行现场指导和培训，使他们掌握了梭梭栽植、肉苁蓉接种、采种、管理技术。同时，提供梭梭苗、肉苁蓉良种，指导农牧民人工接种肉苁蓉，并回收肉苁蓉，有效地激发了当地农牧民治理沙漠、栽植梭梭的积极性，农牧民自发地承包沙漠人工栽植梭梭、接种肉苁蓉向沙漠要效益，带动了 1 000 多户农牧民，农牧民每年就栽植梭梭、接种肉苁蓉、管护等人均增收近 10 000 元。同时，基地建设 50 户、常住人口 200 人的生态新农村，将生态脆弱地区农牧民进行生态移民，为农牧民摆脱贫困，走向富裕提供了良好的空间和机遇。

(三)平衡发展与生态保护

发展有机产业是响应国家发展生态农业号召的有力手段，是推动有机农业产业向正规化、规模化方向发展，是保障食品安全、保护和改善农村与农业生态环境的关键举措和途径，是实施可持续发展战略的重要载体，是实现生态效益与经济效益同步增长的重要举措。力争通过有计划的扩大发展磴口县有机产业，加快实现磴口县农牧业的经济结构转型和优化农业产业布局，减少环境污染和生态破坏，增强区域经济竞争力；增强磴口县人民热爱自然、保护环境、关爱健康的意识，构建和谐社会。

(四)脱贫与精准扶贫

积极争取农牧业项目的实施，抓好特色扶贫产业的发展。通过推进实施设施农业贷款贴息、肉羊规模化养殖、奶牛大县、粮改饲、草牧业发展试点等惠农政策项目，加大项目实施力度，重点扶持高效设施农业、肉羊规模养殖业、草牧业、中药材等特色产业的发展，加快培育优势特色产业、创造更多的产业扶持项目，积极引导有条件的贫困村、贫困户通过选择适宜自己的特色产业，形成产业优势，进行产业脱贫。

大力加强农牧业科技示范基地建设，抓好示范引导工作。为引导广大贫困户大力发展设施农业、肉羊、肉牛(驴)、生猪、家禽、林果业(包括中药材)六大扶贫产业，通过积极兴建各类种养示范基地，让贫困户看有现场、学有样点。农牧业局积极争取项目和资金，加大了农牧业科技示范基地建设。将产业扶贫政策宣传单全部发放到户，由帮扶责任人入户进行详细解读，并与贫困户共同商议产业扶贫帮扶计划，全面提高贫困户对产业扶贫政策的知晓度、满意度。

五、特色产品

华莱士甜瓜颇受北京、天津、石家庄等地人民的青睐，漂洋过海打入国际市场。在一些大中饭店，高级宾馆餐桌上，成为美味佳肴，被美誉为“仙品”。钓鱼台国宾馆食品负责人曾感慨地说“过去一直认为哈密瓜是瓜中王，现在才知‘华莱士’才是名副其实的天下第一瓜”。1998 年磴口县被国务院中特办命名为“中国华莱士蜜瓜之乡”。1997 年被自治区确定为庆祝自治区 50 周年大庆指定产品。磴口县 1993 年以来连续举办了 12 届华莱士节。

黄河鲤鱼是我国四大名鱼之一(早在明代，太湖银鱼、松江鲈鱼、黄河鲤鱼、长江鲥鱼并称中国四大名鱼)，特别是出产于黄河的鲤鱼更为名贵，比起其他鲤鱼品种，它体形长、背窄，类似纺锤形，色金黄，尾鳍和偶鳍呈鲜明的橘红色，俗称“红拐子”，素有“诸鱼之长、鱼中之王”之美称，实为鲤鱼之上品。鲤鱼在中国文化中是吉祥的化身，有鲤鱼跳龙门之说，代表着人们实现美好的愿望。黄河鲶鱼十分稀贵，肉质细嫩，味鲜爽口，营养丰富，滋阴补肾，当地有“五月的鲶鱼赛人参”的说法，驰名区内外。

让呼伦贝尔天更蓝水更清

——海拉尔农垦（集团）那吉屯农牧公司国家有机产品示范区发展经验

一、引言

“绿水青山就是金山银山”是习近平主席关于保护生态环境的重要理念，也是全国各地尊重自然、顺应自然、保护自然、回归自然重要举措的依据。想当初祖国山河满眼郁郁葱葱，生机盎然，但是由于人口多，耕地少，农作物种植模式原始，产量低，百姓温饱问题一直困扰着我们，因此为了提高农作物的产量，解决百姓温饱的重大难题，引进了大量的化肥、农药等生产物资，农作物产量提高了，百姓的温饱解决了，但是，大量施用化肥农药的恶果也凸显出来了，土壤板结、空气污染、土壤及水源污染，生态严重破坏，同时还严重地影响百姓的身体健康。随着人们对食品安全问题关注度的持续提升，对有机食品偏好的增强，有机食品市场将迅速发展，毫无疑问，开发有机食品是社会资金的重点投入领域。现如今，国家重视生态，百姓需要健康，因此有机原生态产业展现勃勃生机。

有机农业是指在生产中完全或基本不用人工合成的肥料、农药、生长调节剂和畜禽饲料添加剂，而采用有机肥满足作物营养需求的种植业，或采用有机饲料满足畜禽营养需求的养殖业。有机农业的发展可以帮助解决现代农业带来的一系列问题，如严重的土壤侵蚀和土地质量下降，农药和化肥大量使用对环境造成污染和能源的消耗，物种多样性的减少等；还有助于提高农民收入，发展农村经济，有极大的发展潜力。有机农业与目前农业相比较，有以下特点：①可向社会提供无污染、好口味、食用安全的环保食品，有力保障人民身体健康，减少疾病发生。②可以减轻环境污染，有利于恢复生态平衡。③有利于提高我国农产品在国际上的竞争力，增加外汇收入。④有利于增加农村就业、农民收入，提高农业生产水平。

二、企业概况

海拉尔农垦（集团）那吉屯农牧有限责任公司系呼伦贝尔农垦集团下属子公司，为国有农垦企业，是由国有那吉屯农场改制过来的。那吉屯农场始建于 1949 年 10 月（时称纳文幕仁农场），1954 年更名为国营那吉屯农场，是呼伦贝尔农垦集团中建场最早的农场。农场所在地阿荣旗是东北抗联战斗过的地区之一，伟大的共产主义战士、英雄王杰就是在那吉屯农场光荣入伍的，那吉屯农场是英雄王杰的家乡。

海拉尔农垦（集团）那吉屯农牧有限责任公司位于内蒙古自治区呼伦贝尔市大兴安岭东麓阿荣旗境内，辖区总面积 341.4 平方公里，其中耕地 30.6 万亩，林地面积 21 万亩，大小水库 7 座，大小河流13条，辖区内生态环境保持良好。辖区地理坐标为东经123°26′23″～123°47′00″，北纬48°05′48″～48°18′02″，全年无霜期一般在120天左右，年品均降水在380～460毫米之间，年积温一般在2 300～2 500 ℃之间，属于温寒带大陆性季风气候。全场土壤均为黑土、黑钙土等，腐殖质及有机质含量高，营养丰富，适合玉米，大豆、小麦、马铃薯、杂粮、向日葵等作物种植。

地处于世界四大无公害草原之一的“呼伦贝尔”腹地的海拉尔农垦(集团)那吉屯农牧有限责任公司，被呼伦贝尔农垦集团发展定位为有机农场，也是国内首个有机农场。同时公司地理位置优越，交通便利，绥满高速、111国道、河北省际大通道、阿扎铁路均由公司穿境而过，距离扎兰屯机场50公里，齐齐哈尔机场120公里，交通十分便利，物流运输十分快捷。

三、有机产业和有机认证概况

2007年，那吉屯农牧公司在产业结构调整的规划中就确定了公司发展方向，即做精做优农业、做大做强牧业、做活做顺流通加工业，同时产业发展主要方向就是有机产业，2009年获得中绿华夏有机食品认证中心认证的有机杂粮认证证书，认证面积7 239亩，截至2018年，有机杂粮土地面积达到5.123 9万亩；2014年通过南京国环有机食品认证中心有机蔬菜认证，有机蔬菜基地面积1 000亩，建设日光温室大棚230栋；2015年通过南京国环有机食品认证中心认证的有机土猪养殖场一处，占地面积60亩，养殖猪舍27栋，年可出栏有机育肥猪1万口；2015年通过南京国环有机食品认证中心有机草原土鸡养殖基地一处，年可出栏草原土鸡2万羽，有机草原白鹅养殖基地12处，年可出栏有机白鹅20万羽；有机杂粮加工厂有机面粉加工于2010年通过中绿华夏有机食品认证中心认证；有机鸡、鹅屠宰加工、有机生猪屠宰加工于2016年分别通过南京国环有机食品认证中心认证；有机鲜食黏玉米种植于2017年通过南京国环有机食品认证中心认证；有机大豆油加工、有机黏玉米加工于2018年通过南京国环有机食品认证中心认证。截至目前，海拉尔农垦(集团)那吉屯农牧公司已经获得有机认证证书11张，涵盖公司种植、养殖、加工的所有产业，每年为广大消费者提供苍茫谣、北一季等品牌的有机杂粮、有机蔬菜、有机鲜食玉米、有机大豆油、有机分割鸡、鹅、猪等5大类、40余个有机产品，产品畅销全国，远销国外，深受消费者的青睐。

四、保障措施

(一)各级领导高度重视

海拉尔农垦(集团)那吉屯农牧有限责任公司有机产业发展得到各级领导以及部门的大力支持。首先，呼伦贝尔集团在整个集团发展规划中明确定位海拉尔农垦(集团)那吉屯农牧有限责任公司发展主题为“有机农场”，并且打造农垦企业首个有机农场，同时在政策上、资金上给予大力的支持，扶持资金达到7 000余万元；各级政府及部门也对公司有机产业大力地支持，在政策、资金方面大力扶持，特别是自治区质监局不但给予资金的支持，还积极帮助公司推进有机产品示范区建设，使公司由自治区级有机产品认证示范区升级为国家级有机产品认证示范区，为公司有机产业更好更快地发展奠定了坚实的基础。

（二）实行目标管理责任制

为了更好地打造有机农场，大力发展有机产业，公司充分发挥国有农垦企业组织化、集约化、现代化的资源优势，成立由公司董事长亲自挂帅的领导小组，明确分工，各负其责，制定严密的工作流程，按照各自分工制定相应的责任制，层层签订公司责任状，明确了负责的目标任务，并把具体任务落实到个人，并通过目标责任人交纳风险抵押金、年底评优奖励的管理模式，激励各责任人认真实施项目，确保各项工作顺利完成。真正做到事事有人管，环环有人抓的严谨工作氛围，从而使得公司有机产业发展井然有序，如火如荼。

（三）加强技术培训积极引进新技术

为了更好地发展有机产业，公司每年划拨 200 万元，用于参与有机产业人员培训费用，同时印制有机相关技术手册，分发到参加培训人员手中，并聘请国内相关专家到现场进行培训指导，每年培训达到 2 000 人次，同时还安排专人按时参加有机认证机构及相关部门培训，通过不断地培训，参训人员的技术水平有了极大的提高。

原始的水稻种植，必须是平地，并且有充足的水源，而公司有机规划区域全部是坡耕地，导致有机水稻种植无法实现，为此公司组织相关技术人员远赴新疆学习水稻旱做技术，经过第一年 500 亩地试种，亩产有机水稻 400 千克，彻底打破水稻种植条件限制，连续在有机种植区域内海拔最高处建设 100 米×100 米×6 米的蓄水池 5 处，年耕种旱作有机水稻 5 000 亩，为全国面积最大的旱做水稻基地。

五、发展模式

海拉尔农垦（集团）那吉屯农牧有限公司为国有农垦企业，所有耕地权属国有，所以有机种植基地规划便于调整，不需要流转，便于统一管理，其有机产业发展模式如下：整个生产管理过程中，在专业技术员的统一指导下统一科学规划、统一生产资料、统一技术服务、统一生产管理，统一产品包装、统一上市销售。严格按照有机标准规程组织生产，并且严格按照有机标准规程进行加工包装，统一品牌，按照有机认证要求加贴有机防伪标识，同时加贴质量追溯标识，做到一品双码，最终实现产品可追溯，质量有保证。极致地发挥国有农垦集约化、组织化、规模化的优势，由场内职工家属及周边百姓成为中长期的产业工人，参与有机产业的生产管理，长期有机产业工人 2 000 余人，特别是在有机种植基地人工除草及收获阶段，每天参与人数就达到 2 000 多人次，不但增加了场内职工及周边百姓的收入，同时也为他们提供了大量的就业机会。

六、实施成效

（一）产品销售

好的产品，要有好的销售渠道，积极拓展广泛的销售渠道，线下、线上同步进行。线下积极开拓国内市场，通过本地会员模式，积极占领当地市场，目前当地会员达 3 200 户，覆盖呼伦贝尔及齐齐哈尔地区，同时大力发展外围市场，目前已在哈尔滨、沈阳、北京、青岛、上海、南京、长沙、广州、武汉、天津等地区设立销售网点，效果明显，2018 年累计销售 1 100 万元。线上在天猫、京东、源食俱乐部、融合食品等网站铺设店面，所有产品在以上店面进行销售，2018 年共销售有机产品 560 万元。

积极响应国家军民融合发展战略，为部队官兵提供健康优质的有机产品，通过青岛军民融合食品保障公司平台，部分有机产品已经进入部队官兵食堂，上了部队官兵的餐桌。

(二)品牌建设

产品统一使用呼伦贝尔农垦基团“苍茫谣”“北一季”商标，积极参加国家组织相关的展会，开拓市场，打造品牌，并取得如下荣誉：2011 年上海第五届有机食品博览会金奖、中国绿色食品 2012 年上海博览会奖；中国绿色食品 2013 年青岛博览会畅销产品奖、内蒙古(扎兰屯)绿色食品交易会优秀产品奖、内蒙古自治区名牌产品。

公司成为国标委第八批有机谷物标准化种植项目建设单位(通过项目建设，共制定有机谷物种植标准 34 个，并且以高分 95 分通过项目验收)、农业部有机蔬菜标准园项目建设单位、农业部农垦优质农产品质量追溯项目建设单位、自治区有机产品认证示范单位、国家级有机产品认证示范单位。

为了更好地宣传有机生产，打造品牌，公司于 2014 年 6 月 12 日举办一场“有机生活走进那吉屯农场”活动，活动期间邀请到呼伦贝尔、阿荣旗等政府领导、中绿华夏有机食品认证中心、南京国环有机食品认证中心主任、农业部有机专家杜相革教授、国内有机倡导第一人胡珊老师共 200 余人到场参加此次活动，同时邀请到中央七套、呼伦贝尔电视台、阿荣旗电视台等多家媒体进行宣传报道，此次活动取得圆满成功，对公司品牌建设起到了极大的推动作用。

2014 年、2015 年连续两年，中央七套《每日农经》栏目专题对公司水稻旱做种植、有机鲜食黏玉米及有机杂粮种植进行了专题采访和报道，在国内有机界产生极大的反响，前来参观、学习、洽谈的人员络绎不绝。

(三)惠及民生

有机生产，特别是有机种植是劳动密集型产业，整个生产过程中需要大量的劳力，公司自发展有机产业以来，解决了近 2 000 人的就业问题，特别是贫困家庭，无力耕种土地，公司就把这种家庭吸收进来，把他们的责任田收回来，给付他们租金，同时让他们作为产业工人，参与有机产业生产，按照不同工作，给付工资，进行扶持，截至 2018 年共扶持类似贫困户 378 户，基本全部脱贫。

有机产业生机勃勃发展的同时，也为当地带来了巨大的生态效益、经济效益和社会效益。

生态环境显著改善，通过发展有机产业，污染状况得到有效的控制和改善，项目区及周边水质持续好转，森林覆盖率逐年提高，草地植被进一步恢复，呈现一片郁郁葱葱、生机盎然的美景，天空更加湛蓝，水草更加肥美。

通过有机产业发展建设，所生产的有机产品附加值逐步提高，有机杂粮亩效益 1 170 元左右，同比普通种植亩效益 550 元高出 212%；养殖效益同比普通养殖效益高 180%。经济效益显著。

增加了职工及周边百姓就业机会，每年有机产业生产需要劳动力 2 000 人左右，高峰期每天需要劳动力 3 000 人左右，不用外出打工，在家门口即可就业，取得收入，同时通过公司有机产业带动，周边百姓也在阿荣旗政府的组织引领下，大力发展有机产业，覆盖了公司周边5个乡镇，有机种植、有机养殖也逐渐形成规模。

七、特色产品

（一）有机杂粮系列

有机大米、小米、玉米糙、高粱米、玉米面、大黄米、大豆、绿豆、红小豆、黑芸豆等10余个品种。

（二）有机蔬菜瓜果系列

有机葡萄、西瓜、哈密瓜、香瓜、草莓、西红柿、茄子、辣椒、黄瓜、角瓜、芹菜、西蓝花、菜花、叶菜等20余个品种。

（三）其他系列

有机面粉、有机大豆油、有机鲜食黏玉米、有机本地黑猪、有机草原土鸡、有机草原白鹅等产品。

所有有机产品达40余种，可以满足整个餐桌全部有机食材的需求。

八、创建故事

有机产业的开拓者——王永清

他，1.85米大个，举止行为不失于一个蒙古大汉的形象，接触起来，给人的感觉就是蒙古民族那种豪爽大气，他就是海拉尔农垦（集团）那吉屯农牧有限公司董事长王永清，是由土生土长的农垦人成长起来的企业领导人。作为一名国有农垦企业当家领导，如何调整产业结构，发展壮大企业，是他面临的工作，也是如何改变传统经营模式，突破发展瓶颈的难题。2006年，王永清就任董事长后就深入调研探讨，同时他敏锐地得出结论：大力发展有机生态产业是海拉尔农垦（集团）那吉屯农牧有限公司的唯一出路，原因是：①海拉尔农垦（集团）那吉屯农牧有限公司是典型的人多地少企业，公司职工及家属2.2万人，耕地面积30.6万亩，资源短缺。②传统种植业附加值低，没有竞争力，产出低，利润小，严重影响企业及职工的经济效益。而有机产业则是新兴的朝阳产业，方兴未艾。方向确定后，说干就干，召开全场大会研究发展方案，制定发展规划，最终制定发展模式：做精做优农业，做大做强牧业，做活做顺流通加工业，并以此为基础，全面发展有机产业。

2007年，公司在王永清同志的带领下，按照规划进行落实，划拨耕地，筹建加工厂房，经过2年的建设，于2019年获得首张由中绿华夏有机食品认证中心7 239亩有机杂粮认证证书，至此，一发不可收拾，截至2018年，共获得有机种植、养殖、加工有机认证证书11张，成功地打造了全有机产业覆盖的有机农场。

公司生产的有机产品被上海第五届有机食品博览会评为金奖、中国绿色食品2012年上海博览会奖；中国绿色食品2013年青岛博览会畅销产品奖、内蒙古（扎兰屯）绿色食品交易会优秀产品奖、内蒙古自治区名牌产品。同时成为国标委第八批有机谷物标准化种植项目建设单位、农业部有机蔬菜标准园项目建设单位、农业部农垦优质农产品质量追溯项目建设单位、自治区有机产品认证示范单位、国家级有机产品认证示范单位。

这些成绩是王永清同志顶着政治、经济压力，伴随着汗水、委屈甚至生命的危险取得的。在这期间不理解、不支持的大有人在，像"你一个国有农垦企业老总，好好地完成集团公司下达的经济指标就行了，何必这么瞎折腾"这样的风言风语不绝于耳，有机产业发展也是困难重重，举步维艰，但是他坚持下来了，他的行动获得了集团公司以及各级领导的理解和支持，说起为何发展有机产业的路子，他直言不讳地说："发展有机产业是造福百姓、积德的工程，通过生产有机食品让祖国河山更美，让百姓更健康，就要发挥国有农垦企业组织化、规模化、集约化优势，义无反顾地发展有机产业，使公司生产的真真正正的有机产品走进千家万户。"

他是这么说的，也是这么做的，在有机生产过程中严格把关，一丝不苟，无论是谁，出现问题，就不姑息。2011 年由于雨水太大，导致新认证有机基地中近 2 000 亩地草荒严重，阴雨连绵，无法进行人工除草，主管农业的副总经理张克看在眼里，急在心上，2 000 亩地就这么荒芜了太可惜了，放任下去损失太大了，最好的办法就是喷施化学除草剂，结果这 2 000 亩地喷施了化学除草剂，草荒控制住了，但是也违背了有机认证规范，王永清知道这事后大发雷霆，连夜召开专题会议，问责喷施化学除草剂事件，会上，王永清同志强调说：即便这 2 000 亩地因为草荒而绝收了也绝不应该喷施化学除草剂，我们要做有机就做真正的有机，来不得半点虚假，偷施化肥及农药视为投毒，要严厉惩处，最后给予主管农业副总经理在全场大会做深刻检查，并处罚 10 000 元，同时给予农牧部部长、统种站站长记过并处罚 5 000 元的处理。正因为王永清同志一丝不苟地发展有机产业，使公司生产的有机产品得到广大消费者的认可和青睐。

为了尽快地打开国内市场，王永清不辞辛苦，一边组织生产，另一边不断地外出，到全国各地洽谈推销有机产品，希望有机产品尽快地打开销路，让国内消费者认可。2012 年 3 月 12 日，王永清又带领销售人员于早上 5 时启程，驱车赶往北京、长沙、武汉等方向，然而就在当天上午 8∶30 左右，当车行驶到内蒙古突泉境内时，不慎与一辆横穿公路的小轿车相撞，他所乘坐的车辆翻滚出 100 多米，虽然没有生命危险，但是因为这次车祸，导致一侧肾摘除，这时，又有人出来说，你那么拼干嘛，何苦呢，维持现状不是也很好嘛？当时王永清就回复他们说：我既然定下了发展规划，那么我必须做好，马马虎虎，放松懈怠我做不到。在他的带领下，现在公司的有机产品在国内已经打开市场，产品远销哈尔滨、沈阳、北京、天津、青岛、上海、长沙、武汉、广州等地，并且销售区域逐步扩大。

在发展有机产业过程中，一路走来、一路奔波、一路辛苦，但是他从未后悔过，现如今，他即将面临退休，离开领导岗位，但是他有决心，有信心，离岗不离人，与大家一道，坚定不移地在发展有机产业的道路上走下去。他无愧于有机产业开拓者。

山东省

时代在呼唤

——峡山区国家有机产品示范区发展经验

生态文明建设是中国特色社会主义事业的重要内容，关系人民福祉，关乎民族未来，事关"两个一百年"奋斗目标和中华民族伟大复兴中国梦的实现。生态文明建设强调"尊重自然、顺应自然、保护自然的理念，坚持绿水青山就是金山银山"，这为中国生态农业的发展指明了方向。中共中央国务院在《关于加快推进生态文明建设的意见》中明确要求发展有机农业，由此发出了有机产业引领生态农业，推动中国农业绿色发展的呼唤。

有机产业是指根据国家有机生产要求和相应标准来进行研究、生产、加工、销售有机产品的相关产业，它来自有机农业生产体系，遵循有机生产标准，并通过第三方有机认证机构认证的一切农副产品，包括粮食、蔬菜、水果、奶制品、禽兽产品、蜂蜜、水产品、调料、化妆品、甚至纺织品、林产品、生物农药、有机肥料等。有机农业是遵照一定的有机农业生产标准，在生产中不采用转基因工程获得的生物及其产物，不使用化学合成的农药、化肥、生长调节剂、饲料添加剂等物质，遵循自然规律和生态学原理，协调种植业和养殖业循环发展的平衡，采用一系列可持续发展的农业技术以维持持续稳定的农业生产体系的一种农业生产方式，它包括所有能促进环境、社会和经济良性发展的农业生产系统，目的是达到环境、社会和经济三大效益的协调发展。

加快发展有机产业，是促进产业转型发展、保障农产品质量安全、提高农民群众经济收入的治本之策，更是保护水源地、发展生态经济、改善库区民生，实现富民强区的战略举措。

近年来，峡山区在国家认监委和各级检验检疫部门的大力支持指导下，立足库区实际和生态资源优势，以打造国家有机产品认证示范区为目标，定位于"有机引领，绿色发展，生态高端，全民共治"，采取"政府主导，国检指导，企业经营，群众参入"的办法，按照"生态产业化、产业生态化、发展绿色化、农民市民化"的发展思路，逐步探索完善了有机产业发展"四化"运营模式、"七大"保障体系，倾力打造有机品牌，扎实推进生态文明建设，取得了显著成效。先后获批山东省首个"生态经济开发区"和山东省首个"国家有机产品认证示范区"，逐步实现有机产业引领绿色发展，有效推进了生态环境改善、生态经济发展、社会和谐稳定和国家生态文明先行示范区创建。为认真总结峡山有机产业发展阶段成果和经验，由国家认监委、山东检验检疫局、潍坊检验检疫局和峡山区等共同编写《时代在呼唤——峡山有机产业发展》，旨在全方位、多角度、深层次介绍峡山有机产业发展的实践经验，既充分展示峡山生态经济开发区发展成为“美富久”富庶文明新区的发展之路，也为新常态下有机产业发展提供可资借鉴的成功模式和鲜活经验，打造乡村振兴新样板。

一、峡山概况

峡山区于2008年1月1日正式组建运行，面积491平方公里，辖4个街道，277个行政村，总耕地面积30.6万亩。近年来，先后荣获国家可持续发展实验区、国家级水利风景区、国家湿地公园试点、国家有机产品认证示范区、国家级潍水文化生态保护实验区的核心区5块“国”字号牌子。2015年4月22日，山东省人民政府批复峡山区为全省首个省级生态经济开发区。

峡山文化底蕴深厚，是汉代经学大师郑玄出生地，潍水之战古战场、前凉台东汉晚期墓葬等古迹众多，朱熹讲学地、刘伯温隐居地等传说流传甚广。近代，涌现出了卢志英等一批革命志士。

峡山区位优势明显，是潍坊市中心城区“五大发展板块”之一的生态经济板块，胶济铁路和青银高速公路横贯东西，省道下小路纵穿南北，潍胶路环区而过，到潍坊中心城区半小时车程，距青岛国际机场100公里。

峡山淡水资源充沛，拥有山东省最大的水库——峡山水库，面积144平方公里，总库容14.05亿立方米，兴利库容5.03亿立方米，是潍坊市的主要水源地和“蓝黄”两区的战略水源地，被列入国家《水质较好湖泊生态环境保护总体规划》。库内盛产几十种野生淡水鱼，其中鲤鱼、鲫鱼、鲢鱼、鳙鱼、鳊鱼、黄颡鱼、草鱼等7种鱼获有机认证，面积达22.5万亩，为江北最大。

峡山旅游资源丰富，峡山湖碧波万顷，水天一色；峡山、如意山抱水而立，山水相依。荣获“好客山东最美风景县”称号，被评为“省级生态旅游示范区”，峡山潍河省级湿地公园获批；潍河水上乐园和水中央公园分别获批3A级和2A级旅游景点，2个景区获批“山东省自驾游示范点”。峡山国际乡野马拉松邀请赛晋升为国家级体育赛事。

峡山生态保护良好，气候温润宜居，有5万亩生态湿地，森林覆盖率达到43%，享有“半岛绿肺”的美誉。全年空气质量优良天数达300天以上，负氧离子含量每立方厘米达3 000多个，高于世界卫生组织“空气清新”标准的2倍。生态质量全市领先。良好的生态吸引众多鸟类聚集栖息，其中，国家Ⅰ级保护鸟类3种，国家Ⅱ级保护鸟类22种，山东省重点保护鸟类35种，是山东省鸟类资源最丰富的地区之一。

峡山产业基础较好，跨越传统的发展模式，构建起了以有机农业、优质教育、健康休闲养生和文化旅游业、绿色工业为主的现代产业体系。有机农业实现突破发展，建成有机农庄32个、面积24.8万亩，创建为全省第一个“国家有机产品认证示范创建区”，承办了国家有机产品认证示范创建工作会议。新型工业实现绿色发展，创建为“山东省生态工业和循环经济示范区”。

二、战略定位

(一)有机产业是新常态下创新发展的必然选择

一是水源地保护的迫切需要。峡山区境内拥有山东省最大的水库——峡山水库，是潍坊市的主要水源地和“蓝黄”两区的战略水源地，担负着潍坊市区及周边县市区400万人口饮水和工业用水的重任，也是青岛市的备用水源地。彻底解决农业面源污染，改善生态环境，保护好水源地水质安全，发展有机产业有着不可替代的作用。

二是建设生态文明的战略选择。在生态文明建设上升为国家发展战略并加快推进的新常态下，生态峡山建设亟须持续发力、深入推进。大力发展有机产业，积极创建国家有机产品认证示范区，是推动生态文明建设的必然选择和创新举措。为此，建区伊始峡山区就确定了"生态安全、发展富民、科学务实、艰苦创业"的发展理念，坚持"绿色发展、循环发展、低碳发展"，推动有机产业健康快速发展，为创建"美、富、久"国家生态文明先行示范区打下坚实基础。

三是实现富民强区的根本要求。峡山区是库区，98%的人口是农民，建区前人均纯收入仅为潍坊市人均纯收入的一半。农业经济大多为传统的粗放型耕作，农民增收缓慢。要全面加快库区农业发展、农民增收的步伐，搞好水源地保护，减少农业面源污染，必须充分发挥峡山生态环境良好的优势，立足"生态产业化、产业生态化"的思路，站在更高的层次去确定自己的发展模式，实现科学发展，可持续发展。为此，峡山从一开始就高端定位，确立了大力发展有机产业的基本思路，坚持把有机农业作为发展生态经济的引擎。特别是在有机产业内部，不断拉长增粗"种养加销研"产业链条，做好 3 次产业深度融合文章，经济效益非常明显。农民年人均纯收入村从建区时 3 000 元猛增到 1.6 万余元，翻了两番还多。

四是引导传统农业向高端高质高效农业发展的重要举措。近几年来，由于一家一户传统农业的分散经营，农业投入品的过度使用，导致一些食品农产品品质下降，药残超标，食品农产品安全事件频发，广大人民群众热切盼望餐桌上的安全，舌尖上的健康，呼唤优质农产品走上市场。发展有机农业从根本上引导广大农民依法进行标准化农业生产，逐步解决食品农产品不安全问题，具有十分重大的意义。

(二)峡山区具有发展有机产业的独特优势

从资源环境看，峡山区境内拥有总库容 14.05 亿立方米的山东省第一大水库——峡山水库，总面积 1.1 万公顷的峡山湖国家湿地公园，是国家级水利风景区；区内水源充足，水质良好，土壤肥沃空气清新，生态环境优美，森林覆盖率达 43%，负氧离子含量平均每立方厘米 3 000 个以上，是名副其实的"天然氧吧"，具有发展有机产业得天独厚的自然优势。

从基础设施看，峡山区路、水、电、气、通信等基础设施配套完善；境内生态农产品物流配送中心已经投入使用，有机产品电商平台投入运营，生态农产品现货交易平台正在建设当中；距潍坊市半小时车程，距青岛国际机场 1 小时车程，胶济铁路和青银高速公路横贯东西，省道下小路纵穿南北，潍胶路环区而过，支撑发展的条件基本完备。

从战略支撑看，峡山区地处山东半岛咽喉地带，是潍坊市"五大发展板块"之一的"生态板块"，是山东半岛蓝色经济区、胶东半岛高端产业集聚区和黄河三角洲高效生态经济区三区叠加区域，又是山东省第一个生态经济开发区，地理位置优越、发展潜力巨大。国家、省、市领导多次到峡山区调研，对发展有机产业给予充分肯定。2012 年潍坊市《政府工作报告》明确指出：全力支持峡山区加快建设国家可持续发展实验区，努力打造全省乃至全国有影响的有机农业示范基地。国家认监委、山东和潍坊出入境检验检疫局领导全力支持峡山有机产业发展，多次到峡山调研、指导，并在峡山举办全国性有机产品认证示范区创建会议。

从产业基础看，峡山区淡水鱼资源丰富，种植业结构调整良好，葱、姜、蒜等大宗农产品出口基地 6 万亩，省、市级农业龙头企业 25 家，昂歌、仙峡湖、华以农业等品牌农产品在国内外打响。立足于水源地保护和产业升级转型，全区已发展有机种植面积 1.99 万亩、淡水有机鱼面积 22.5 万亩；被确定为“中国食品谷”有机农产品生产加工基地，创建成为全省第一个“国家有机产品认证示范创建区”，产业优势明显。

三、发展模式

(一)“四化”运营模式主导峡山有机产业有序发展

园区化管理：改革开放 30 多年来，特别是土地承包到户以来，我国农业呈现分散经营的态势，化肥和农药大量使用，违禁投入品使用难以监管，食品质量安全事件层出不穷。发展有机农业标准要求高，一家一户和农民专业合作社、家庭农场等分散经营进行有机种植风险大，市场信任度低。为了确保有机农业质量安全，峡山区创新机制，用园区化把传统农业和有机农业区分开来，凡是认证有机产品的基地必须是园区化管理。通过土地流转，将农民的土地以合理的价格流转进行规模化管理，基地四周进行全部圈围，并设置隔离带，进行独立种植和养殖，形成园区。凡是一家一户分散经营不按园区化要求管理的，一律不给予有机认证。

公司化运营：公司化运营是现代农业发展的必然选择。就是以工业化理念经营农业，统筹资源分配，实现经营利润最大化。有机产业园区全部在工商部门注册公司，各自都有自己的有机商标，统一包装出售，实行实体化运营。生产过程中，在技术人员的统一指导下，按照统一选种、种植、养殖、用药用肥、管理、销售的一体化管理模式，严格按照有机标准组织生产。产品按照有机标准要求进行加工包装，并在小包装上加贴有机标，做到一品一码，实现产品可追溯、质量有保证。

市场化运作：充分发挥市场的主体作用，政府不包揽、不干预，全程搞好服务。近几年来，先后建设了艺德龙生态农产品物流交易中心，成立了峡山有机产业协会和有机农产品市场服务公司，建设了优渥“有机汇”有机农产品电子商务平台和生态农产品现货交易平台，联合全国 37 个有机产品认证示范创建区有机产品，共同开拓有机产业销售市场。

品牌化营销：按品牌农业的要求，培育一批具有地方特色、市场竞争力强的有机农产品品牌，占领市场高地。目前峡山已注册有机产品商标 20 个，其中“山东省著名商标”1 个，“仙峡湖”“峡寿湖”牌有机蔬菜先后摆上了中南海餐桌，“仙峡湖”牌有机蔬菜获中国第十一届全民运动会指定蔬菜，“峡寿湖”牌有机蔬菜获得中国山东(青岛)国际食品博览会金牌产品奖。借助中国农交会、农博会、菜博会、潍坊国际风筝会、鲁台经贸洽谈会、山东香港周等节会广泛宣传，连续举办了三届“仙峡湖杯”国际马拉松邀请赛，开展了环湖徒步走、峡山水库捕鱼节、郑公仙桃采摘节等节会赛事，将名牌有机农产品推向了国内外高端市场。

(二)“七大体系”保障峡山有机产业顺利发展

1.组织领导体系

落实“书记抓、抓书记”工作机制，区党工委书记、街道党委书记、村支部书记一级抓一级、层层直抓，充分发挥“一把手”负责的效力，有力地推进了有机产业的发展。成立了区、街两级有机农业推进工作领导小组和区有机农业推进办公室，申请市编办批复设立了峡山区有机产业推进服务中心，形成上下联动、合力推进有机农业发展的组织体系。把有机农业推进工作纳入全区科学发展综合考核，实行周调度、月通报、季观摩、半年考评、年终总评，进一步调动了各级各有关部门工作积极性。

2. 诚信保障体系

督促企业建立质量诚信教育和奖励制度，引导企业牢固树立“质量第一、诚信为本”的理念，建立以企业签署质量承诺声明为主要形式的质量信用机制，开展质量承诺，健全打击假冒伪劣违法行为的监督、投诉和处置机制，督促各类企业严格守法经营，做到诚信自律；鼓励诚信、扶优限劣，建立企业质量信用评价制度和违法企业“黑名单”“曝光台”，借助报纸、电视、网络等新闻媒体，以失信曝光、分类监管及市场退出机制为手段，进一步提高企业的质量管理水平和诚信自律意识，引导企业增强法制观念和社会责任感，调动企业守法经营、诚信经营积极性，以高端高质求发展，凭良心抓质量。

3. 执法监管体系

为确保全区农产品特别是有机产品质量安全，峡山采取有机农业和常规农业产品质量安全一起抓的办法，进一步完善了农业执法监管体系，建立健全了区农业综合执法大队、街道农业执法中队、村级监管员“三纵”联动执法机制，以及区农业、市场监管、安监、公安“四横”联合执法体系，实现常规农业和有机农业共同监管。严格市场准入把关，全面实施农业投入品登记备案，农资门店全部实行实名制销售；投资120万元在各有机农业园区安装了监控。建立完善区农产品检测中心制，并与中国检验认证集团山东有限公司签订长期检测协议，定期进行检测。每年集中开展农产品质量安全“百日”专项整治行动，无缝隙进行农业投入品检查和农产品质量抽检，形成了农产品质量安全监管高压态势。连续两年，潍坊市农产品质量监管现场会在峡山召开，峡山农产品质量安全监管经验做法在全市推广。在省、市历次农产品质量安全抽检中，峡山连续两年名列第一，有效提高了峡山农产品质量安全知名度。

4. 技术支撑体系

为强化科技引领，峡山聘请中国农业科学院蔬菜花卉研究所所长杜永臣为全区有机农业首席顾问；与潍坊出入境检验检疫局签订长期战略合作协议，并由一名科长挂职担任峡山有机产业推进办公室主任，长期驻峡指导；聘请潍坊市农科院、农业局、林业局、畜牧局10名专家为“有机农业十大顾问”；聘请市农科院蔬菜研究所所长常年驻基地指导有机农业发展。同时，通过印制有机农业学习资料，举办由基层干部、园区负责人和农民技术员参加的有机农业培训班，普及有机农业知识。示范区创建过程中，各级检验检疫部门给予了大力的支持与帮助。国家认监委领导多次到峡山现场检查指导，在峡组织召开全国性有机产品认证示范区创建工作会议；并牵线搭桥与陕西洋县签订友好合作协议，在有机产业信息、技术、贸易等方面搭建合作平台，共享信息资源，拓展发展空间，共建国家有机产品认证示范区。山东出入境检验检疫局对峡山的示范区创建工作非常支持，给予了大力帮助，多次派专人到峡山进行现场指导；潍坊检验检疫局主动提供有机农业管理、生产、加工、检测、出口等方面的技术并印制成册，委派检测专家对峡山检测人员进行专业培训，承担了峡山检测中心无法完成的检测任务。

5. 市场流通体系

由政府主导，引进了投资21.76亿元、占地面积1 350亩的“潍坊·峡山生态农产品综合交易中心”，建立现货交易平台，采取有机和绿色农业基地直接对接物流市场的模式，突出冷链物流、种养基地监控、网上交易和产品可追溯四大特色，形成从田间到餐桌的整个服务业链条。由艺德龙生态农业发展有限公司和山东宽谷信息有限公司投资2亿元，建设优渥“有机汇”电子商务平台。平台依托互联网和电子商务技术，整合全国有机认证示范区产品资源，建设一个由国家权威机构监督的全国性有机电商总部，通过建设线上电子商务平台和线下物流集散中心，实现“双认证”有机产品的“全国整合、全国销售”，打造全国知名电商品牌和龙头企业。区有机农产品销售有限公司与香港、重庆、北京等地长期供货销售有机产品，新北海有机农庄在北京和潍坊进行长期营销市场开拓，对有机农业的发展促进巨大。

6.品牌推介体系

近年来，我们加大了在中国农交会、农博会、菜博会、“潍坊国际风筝会”“鲁台经贸洽谈会”“山东香港周”等节会上的宣传力度，在潍坊检验检疫局的帮助下连续成功举办了三届旨在加快品牌推广的“仙峡湖杯”国际马拉松邀请赛，开展了环湖健步行、峡山水库捕鱼节、郑公仙桃采摘节等节会赛事，将名牌有机农产品推向国内外高端消费市场。仙峡湖食品公司与中央警卫局、解放军二炮招待所等单位签订了长期供货协议。

7.政策保障体系

制定有机产业扶持政策，协调各金融机构扶持有机农业发展，累计发放贷款近亿元。出台《峡山区关于支持农业产业化发展的实施意见》，对有机产品认证、展示费用全额补贴，创建为国家驰名商标的奖励100万元，新建高标准温室给予总额3%的补贴，并优先安排涉农扶持项目，优先推荐为省、市级产业化重点农业龙头企业，优先享受贴息贷款等相关政策。

四、实施成效

有机农业的发展有效推进了全区生态文明建设，为峡山带来了巨大的生态效益、经济效益和社会效益。

（一）生态环境显著改善

通过发展有机产业，面源污染得到有效控制，全区生态质量日趋改善，峡山水库水质持续好转，稳定保持在地表水Ⅲ类以上标准且向Ⅱ类水提升，森林覆盖率逐年提高，空气质量高于世界卫生组织“空气清新”标准的2倍以上，优良天气达300天。全年空气质量综合排名居全市第1名。同时，与东北亚开发研究院产经所、北京东亚汇智经济咨询中心成立了峡山生态文明建设研究院，并发布生态文明建设指标体系，聘请北京大学城市与环境学院编制了《峡山生态文明示范区建设规划(2013—2030)》，走在了全国的前列。

（二）生态经济快速发展

近几年来，峡山区有机农业项目建设呈现国际化、高端化趋势。华以农业科技孵化器、优渥“有机汇”电商平台、生态农产品物流交易中心等重点项目的建设发展，加快了有机菜、鱼、粮、肉、果等系列名优产品商标注册、品牌营销。前端抓种苗研发，后端抓农产品加工流通，带动了中间生产环节的“微笑曲线”式产业链条，极大推进了全区有机产业发展。“西蔬、东粮、中市、北循环”的有机产业发展布局基本形成，有机产业“种养加销研”链条不断拉长增优，有效促进了三产高度融合，带动了生态旅游、教育、生命健康等产业提升。据统计，仅有机产业1项，年可实现总收入6亿元，8 000名群众成为职业农民，年增加工资性收入2亿多元。2014年全区农民人均纯收入达12 028元，是刚建区时的近4倍。群众从发展有机产业中尝到了甜头，“老少爷们奔小康，发展有机是希望”成为广大干部群众的口头禅。

(三)生态社会和谐稳定

通过发展有机产业，从源头上把住了农产品质量关，保障了群众“舌尖上的安全”。峡山区还把发展有机产业作为生态文明教育内容，列入党员干部学习教育；积极倡导绿色生产生活，成立了17支生态文明志愿者服务队；编印中小学生《生态文明读本》，做到了生态文明建设“从娃娃抓起”。库区群众从良好的生态环境和健康文明的生产生活方式中受益，长寿率达16.77%，平均预期寿命高出全国平均水平3.67岁。

峡山区立足保水护水，发展经济改善民生的目标定位，坚持生态立区、绿色发展理念，积极推进以有机产业为引领的现代农业，打造“潍河有机产业带”核心区域，先后创建为“国家有机产品认证示范区”“国家级出口食品农产品质量安全示范区”“国家生态原产地产品保护示范区”，成为全国“三区”共创唯一单位。申请国家认监委批准成立国家级认证机构，连续举办两届有机产业发展国际论坛暨农业供给侧结构性改革研讨会议；2017年6月主办了国家“千人计划”“农业现代化与全面小康”前沿论坛；积极争取北京大学现代农业研究院、国家“千人计划”创新创业服务中心等项目先后落户峡山。一批终端型、智慧型现代农业新产业新业态脱颖而出。优渥“有机汇”电商平台在北京、青岛、潍坊等大中城市发展线上会员7万多人，线下会员6 000多人，有机小镇完成建设，成为国内一流的新六产综合体；华以“双创园”建设完成；兴旺种业实验室投入使用，新流转试验田360亩，开始了科学试验。康净园公司响应国家“一带一路”倡议部署，在马来西亚投资建厂，开始运营；与阿联酋富吉拉国达成合作协议，拟建设阿联酋中国现代农业科技示范园；注册成立神州姜窖农业集团公司，30万吨恒温库基本建设完成并逐步投入使用，现货交易平台上线启动。连续多年受邀参加国家认监委组织召开国家有机产品认证示范创建会议，并做典型发言，峡山模式在全国叫响。

五、创建故事

渔郎新传

刘然，潍坊市峡山区刘官庄村民，自称刘伯温后裔，自幼家贫，聪慧好学，尤善于琢磨事。刘然年少时，曾与人比赛钓鱼，能钓上25千克鱼的人已是凤毛麟角，他却钓上一条58.5千克的鱼。于是，四乡皆惊，称其渔郎。

渔郎不光善钓鱼，种圆葱、卖农产品也是他的“绝活”。渔郎所种圆葱，皮薄、糖分高、球形好、硬度大，不仅价格高，而且供不应求。他卖农产品，抓住峡山举办国际马拉松比赛的契机，广交国内外宾朋；巧借峡山为山东首个国家级有机认证示范创建区声名；利用全国首个有机农产品交易网络平台“有机汇”落户峡山区的便利，帮助四邻八乡销售产农产品，为远近村民赞赏。

说起渔郎，人们的印象大概是“有本事，能‘闹事’”。当地人笑称他有“三神”。

闹神

渔郎做事有自己的一套思路，别人一窝风干的事他向来连看不看。之所以被称为“闹神”，是源于峡山水库库区移民的上访。尽管刘然本身也是库区移民，但他从来不屑于上访这种事。在他看来，上访无非是“碗里应该有地瓜却空着，碗里应该有米却装着地瓜，碗外找米”三种情况。对于第三种，他打心眼儿里看不起；而第一、第二种情况，需要付出更多时间和精力，但实情往往与移民所认为的“受到不公正待遇”有偏差。

其实，渔郎也参与过一次上访。因为当时有人传言“个人的地要全部收上去，湖里不准打鱼”。

一向处事波澜不惊的渔郎着急了：“不能欺人太甚。”他一着急，稍加动员则发动了全村人，他们精心挑了3个问题作为上访谋求目标：库区移民是不是公民，村里修条路是不是公民应有的权力，如何保障库区移民的权利和促进发展。

渔郎制定了严格的“上访规定”：一是20～45岁之间的男人一律不许参加，该干嘛干嘛；二是参加人员必须遵守原则，不打、不骂、不砸、只静坐；三是所有上访的村民，在当日午饭前必须到位。

当一群村民悄然有序地将区管委会办公楼围得水泄不通时，楼内人员全部惊呆了。整栋楼，不允许进也不允许出，诉求明确——“不让库区移民吃饭，大家都别吃”。

横幅猎猎、声讨阵阵：“我要土地、我要打鱼、我要吃饭！”

十几个小时后，有人趁着夜色试图用吊篮给被困人员送饭时被发现。霎时人声鼎沸，愤怒的呼喊声，夹杂着哔哔作响的火把燃烧声，响彻夜空。闪烁的火光中，老人们皱纹堆垒的脸上，写满了愤怒……

午夜12时，刘官庄村外的护林房内，昏黄的油灯下，刘家族长狠狠地抽了两口烟，拿烟袋在鞋底上可劲地敲了敲。“然儿，我看差不多了吧！”

还在沉思的刘然没有说话，只是拿出手机，摁下了开机键……虽然他号称“天不怕地不怕”，但他也有所顾忌。他向来不害怕别人，但是对外号“老镇”的农渔局长老郎确实有些打怵。“老镇”非常熟悉农村工作，干工作风风火火。因此，当围坐办公大楼的计划实施后，渔郎立即关闭了手机。

果然，手机信号接通的一刹那，一串粗暴的声音了传了出来，几乎要震破他的耳膜。“你躲到哪儿去了？弄些老头老太太来算什么本事？给我滚过来！”

渔郎万万没想到，他聪明了大半辈子，却盲目地策划了这次上访。凌晨2时，完全明白事情原委的刘然，恨不得把告诉他这事的村会计叫过来，狠狠地踢两脚。“这是政府为咱办的好事啊！打鱼是为了避免污染，统一由政府负责，渔民分成；土地集中是政府统一规划搞有机园区，每亩每年给咱1 200元，有机园区再给每人每天雇佣费至少80元，出门就挣钱，风险还不用咱担，天底下那儿有这样的好事？”

虽然，后来看当时的“上访”以一场“闹剧”而收尾，却留下了两个广为流传的歇后语：一是刘然上访——真能闹，说刘然不是省油的灯，要么不闹，闹就闹得惊天动地，活脱脱一个“闹神”；二是刘然上访——引来“真仙人”，指渔郎让地方领导彻底下了决心，请来山东潍坊检验检疫局帮扶组入住刘官庄，给峡山区带来一次次惊天波澜。

葱神

2010年7月28日，太阳把柏油路烤化了，知了拼命地叫着“热啊”。

帮扶组的入住，并未让渔郎看到多少希望。多年来，若干个帮扶组的到来，早已让渔郎心灰意冷了。不过，潍坊局帮扶组成员——刘官庄村挂职“第一书记”的到访却让他为之一振。

峡山区包括集安丘、诸城、高密、昌邑4县，属于“老、少、边、穷”地区，工业、交通、城建、经济百业待兴。“我们的特点是后发优势，即一方净土、一壶清水。”双方逐渐达成共识。当前市场缺什么？缺高品质的安全食品，无公害、绿色、有机产品，在国际市场上最火的就是高端有机产品。

经过一番推心置腹的交谈，渔郎如同看到了指路的灯塔。接下来的几次交流，让渔郎燃起了干事创业的希望，也让“第一书记”坚定了整体推进峡山区有机农业的信心。

完成一项事业，最难的是解放思想。圆葱，是刘官庄村的特产之一。为了产品畅销，帮扶组带领部分农民远赴连云港、青岛等地考察学习，并与一些深加工企业建立联系，“消化”农副产品。在此基础上，安排蔬菜专家给种植户举办培训。就在村民们还未意识到机遇来临时，渔郎有如神助般抢在了前面。

2012年6月，在一片“当初真应该听帮扶组的话”的后悔声中，渔郎爬满皱纹的脸笑开花。有人给渔郎算了一笔账：圆葱销售每千克最高价格达1.6元，按亩产8 000千克计算，亩收入1.28万元。除去各项费用，亩纯收入过万元。不经意间，渔郎成了村民们津津乐道的“葱神”。

如今，通过改良品种，峡山区生产的中日照圆葱成了远近闻名的“有机圆葱”品牌。针对峡山区人均耕地少、农业发展受资源限制比较突出的现状，潍坊局帮扶组建议：必须走品牌农业之路，大力发展有机农业。于是，山东省第一个“国家级有机产品认证示范创建区”在峡山应运而生了。随后，“仙峡湖”“绿德源”等一批知名有机农业园区品牌相继诞生。2012年，峡山建成陆地有机园区32个1.99万亩，水上有机鱼生产面积22.6万亩，确立了“南千岛、北峡山”有机鱼生产格局。

网神

首战大捷，激发了渔郎干事创业的豪情。

当时，潍坊局已花费几十万元，为刘官庄村完成了道路硬化工程。同时，检验检疫部门还积极为当地创造“商机”。旁人觉得“费事费力不讨好”的马拉松国际邀请赛，在渔郎看来却是千载难逢的好时机。

2010峡山首届国际马拉松邀请赛，以“食品安全、回归自然、健康时尚”为主题，使马拉松长跑运动和优质农产品展销活动有机结合，来自英国、韩国、日本、爱尔兰等17个国家和地区的1 000多名马拉松爱好者和食品进出口商参会。其中，584名马拉松爱好者参加了比赛，60多家国内外企业参加了食品展销。

日本国际大公司——池田糖化的董事长来了，全球最大的脱水菜加工企业——德国福克斯采购部经理来了……一边比赛，一边洽谈，“场内同竞技、场外谈生意”。家门口的盛会，让渔郎忙得不亦乐乎。他索性把德国福克斯采购部经理拽到了自家的圆葱地里，查看种植情况。

截至2014年，峡山国际马拉松邀请赛已连续举办5届。在采购商来看，实地考察，直接合作，既能保证原料质量又可节省成本。更重要的是，还能聘请到像渔郎一样的“小能人”作为“信息员”，不定期地通过网络沟通信息，掌握行情。

可喜的是，越来越多的渔郎们与企业建立了畅通的销售渠道。现在，昔日的渔郎又“迷”上了网络。圆葱、芋头、山药、长葱、生姜……在快速传播的信息中，渔郎逐渐打开了更广阔的销售市场，顺理成章地建立了“虚渠道”。

虚实结合，让渔郎尽享销售之乐。越来越多的特色农产品，通过他的指尖发往日本、韩国、美国市场。四乡八邻风趣地称之为“网神”。

2014 年，注定不是一个平凡之年。全国有机产品认证示范现场会在峡山召开，来自全国 37 个“国家级有机产品认证示范创建区”的 200 多人参会。会议决定，成立全国有机联盟。

心细的渔郎，又从联盟的成立看出了门道。随后，他打出一系列“组合拳”：一是硬生生地把在广州开 IT 公司的儿子拉回家，正式“非转农”；二是给自己的名片印上“山东省首个有机产品认证示范创建区”“山东省首个生态经济开发区”。

“亮亮你那鱼篓子吧，这是卖的哪壶药？”一向稳重的刘家长老问。

渔郎笑着说：“啥事也逃不过您的眼。”

爱琢磨、好钻研的渔郎说出了实情。检验检疫部门提议，通过成立有机联盟，发挥“聚集效应”，利用“互联网＋”效应促进网上销售业务。这是一个谁动手早谁最得利的好事情。同时，上年纪的人与年轻人有很大差距。尤其是在思考方式、经营策划等方面，年轻人的视野比较开阔，想法更加灵活。现在，峡山的有机农业“互联网＋”刚起步，特别需要年轻人的参与和支持。

2015 年 5 月 5 日，潍坊局局长张艺兵和峡山生态经济开发区党工委书记马清民，一同出现在电视荧屏上。他们学习完《关于加快推进生态文明建设的意见》后，两双手紧紧握在了一起。

4 年了，有机产业发展终于迎来了春天。看着这一动人的画面，渔郎拨通了前“第一书记”的电话：“啥时再来看看，怎么用好有机产品认证示范创建区、生态经济开发区和有机联盟平台三块金招牌，还得靠你们支持啊！”

陕西省

发展有机产业　打造生态品牌

——洋县国家有机产品认证示范区创建纪实

一、美丽洋县，汉上明珠

大秦岭，横亘在中国地理版图的中央，是中国唯一一座自西向东走向的山脉，“一山有四季，十里不同天”，是它气候多样的写照。它以“高、寒、奇、险、秀”为特点，是“中国生态资源宝库”“中国中央公园”，被誉为“世界生物基因库”和“地球的氧吧”。在地理学家眼里，它是中国南方和北方的分界线、是长江、黄河水系的分水岭；在动物学家眼里，它将动物区系划分为古北界和东洋界，两类截然不同的动物在这里交汇、融合；在气候学家眼里，它是北亚热带和暖温带的过渡地带；在文学家眼里，它被誉为“中华龙脉”，和黄河并称为中华民族的“父亲山”“母亲河”。

陕西洋县就坐落在大秦岭主峰太白山南麓，纳秦巴秀气，沐汉水灵波……世界“四大国宝”——朱鹮、大熊猫、金丝猴、羚牛齐聚境内，见证着这里优越的自然生态环境。

洋县又称“朱鹮之乡”，古为“洋州”，今称“汉上明珠”。建有朱鹮和长青两个国家级自然保护区，是国家南水北调中线和陕西引汉济渭工程的重要水源涵养地。碧波荡漾的汉江自西向东流经 87 公里，植被丰茂，生态多样。现已探明，有种子植物 2 039 种，脊椎动物 248 种，大熊猫有 80 余只，约占秦岭大熊猫总数的 1/3，是世界上最有保护价值的大熊猫分布区，也是世界上同纬度地区生态环境最佳的区域之一。每一位到洋县的游客都会为大自然的奇妙和鬼斧神工而由衷地赞叹！

洋县历史悠久，文化底蕴丰厚，在这块沃土上，演绎出了许多名垂千古的历史佳话：苏东坡在这里与其表兄文同切磋画竹体会，诞生出“胸有成竹”的成语；明万历年间智果寺和尚为皇太后治愈眼疾，获赠“大藏经”6 780 卷，成就了后来的智果寺藏经楼。始建于唐开元年间的开明寺塔被列为国家级文物保护单位，汉调桄桄、悬台社火、架花焰火进入国家级非物质文化遗产名录。1935 年程子华、徐海东率领中国工农红军第 25 军在这里浴血奋战，创建了华阳红色革命政权，为洋县历史书写了光辉的一页。2007 年，时任国务院总理温家宝兴致勃勃地观看了洋县汉调桄桄杖头木偶表演，高度赞扬！

纸圣蔡伦和国宝朱鹮，一直是洋县人引以为荣的两张世界名片……

洋县城东10公里的龙亭镇是中国古代四大发明家之一蔡伦的封地和葬地，1 900多年前蔡伦曾在这里发明了世界上第一张植物纤维纸，改变了人类书写工具的历史。美国著名学者麦克·哈特在《影响人类历史进程的100个名人排行榜》中，将蔡伦排在第七位。芝加哥论坛报载文说："中国为发明造纸所做的探索可以同美国把人送向月球的目标相提并论"，高度评价蔡伦对世界科学文化的传播和交流做出的伟大贡献。现在的蔡伦墓祠和蔡伦纸文化博物馆已成为海内外人们瞻仰先贤、了解中国纸文化的重要学堂。

享有"东方红宝石"美誉的朱鹮是世界珍稀鸟类动物，20世纪60年代后已濒临灭绝。1981年5月中科院考察队走遍了世界各地，意外的在洋县姚家沟一个偏僻的小山村发现了世界上仅存的7只野生朱鹮，从而宣告在中国重新发现朱鹮野生种群。1983年3月成立了洋县朱鹮保护观察站。1986年成立了陕西朱鹮保护观察站，2001年9月成立了汉中朱鹮自然保护区（省级），2005年8月9日，汉中朱鹮生存区域又经国务院批准列为国家级自然保护区。经过近40年坚持不懈的保护与努力，目前洋县野生朱鹮数量已达到2 000多只，洋县人民在保护朱鹮中做出了举世瞩目的贡献！

"在秦岭南坡有个地方，一群美丽的鸟儿沐浴着朝阳。宛若仙鹤，弯嘴长长，凤冠朱颜，白里透红的羽毛格外漂亮。那是天上的国宝，展露着中华神鸟迷人的翅膀，山青青，水荡漾，树参天，鸟儿唱，这就是美丽的洋县，朱鹮的故乡。"这首歌谣一直在陕西洋县传唱。

朱鹮对生存环境的要求极为苛刻。为了保护朱鹮，洋县相继出台了多项保护生态环境的政策，尤其是不允许在保护区农田施用化肥、农药。近40年来，洋县人民因不施化肥造成的作物减产和地方财政减收资金每年约2亿元，每年仅水稻减产造成的损失就达到5 000万元以上。如何引领传统农业大县转型升级，走向农业强县，这既对洋县这个国家级扶贫开发重点县提出了严苛要求，也是对洋县县委、县政府的执政能力的严峻考验。

保护国宝朱鹮，保护国家水源涵养地，保护生态环境的历史使命刻不容缓！洋县人民盼望发展、渴求富裕、渴望美好生活的愿望又迫在眉睫！如何解决保护与发展的矛盾，是摆在洋县人民面前的一道难题……

二、有机产业，腾飞翅膀

生态资源是洋县的核心资源，生态优势是洋县的后发优势，生态潜力是洋县可持续发展的不竭动力！洋县为保护生态环境留足了空间，为有机产业发展创造了无与伦比的先决条件。

实现生态环境保护与经济社会同步和谐发展，成为新时期洋县人民的历史使命和洋县政府的神圣职责！经过县委、县政府反复分析，科学论证，认为良好的生态环境是人民幸福的重要基础条件，建设生态文明，发展有机产业是洋县经济腾飞、民生改善，实现美丽洋县梦的最佳途径。

县委、县政府把有机产业发展作为县域经济社会发展的重要战略在全县人民代表大会上通过，列入县域经济社会发展规划依法实施。有机产业在保护与发展的矛盾夹缝中突围而出，顺势而生。发展有机产业成为洋县经济社会发展的历史必然！

(一)优越的生态环境造就了有机产业不可比拟的地源条件

洋县气候条件优越。洋县北依秦岭，南屏巴山，境内三面环山，一面迎川。因秦岭巴山于洋县交会，被形象地称为“秦巴臂弯”。境内大气环境常年一级，属北亚热带内陆性季风气候，位于我国南北气候天然分界线，南北气候兼容，是中国南方的最北端，北方的最南端。境内森林覆盖率达 68.9%，年平均气温 14.5 ℃，年平均日照 1 752.2 小时，日照率 39%，年平均降水 839.7 毫米。四季分明，光照充足，雨量充沛，气候温和湿润，冬无严寒，夏无酷暑。优越的气候环境造就了多种作物生长的天然条件。

洋县水资源十分丰富。江河面积 42 675 亩，塘库面积 10 653 亩，位居陕西第一。长江第一大支流汉江在县内流经 87 公里，占汉中过境总里程(277 公里)的 1/3，南北山区 22 条主要支流密布汇入，江河水质稳定，达到地表水二类标准以上。境内沟壑纵横，山青林茂，物种丰富，自然降水充沛，是有机产品生产、开发的温床。

洋县土地类型以山地、丘陵为主，川、丘、山比例为 6.7∶21.1∶72.2。土质优良，土壤通透性、保水、保肥性能良好，无地源性污染。占 93.3%的山区、丘陵生物多样，植被丰富，土壤有机质含量高；占 6.7%的平川段，又是全国优质稻米的最佳生产区。洋县黑米、洋县红米为国家地理标志保护产品，品质优良，享誉全国，被誉为“食补国宝”。

为保护国宝朱鹮，从 1981 年起，洋县就着力调整农业产业结构，大力发展绿色生态产业，积极推进米、菜、果、药、畜、薯六大产业循环发展。独特的生态条件和卓有成效的工作措施为发展有机产业基地奠定了坚实的基础。

(二)国家两院院士的考察建议为发展有机产业提供了科学的决策依据

2005 年 9 月，在我国刚刚颁布《有机产品国家标准》之际，陕西省特邀咨询委员、中国社科院院士朱显谟、安芷生，中国工程院院士山仑、李佩成在考察洋县后，认为洋县是全国发展有机产业的最佳地方。四位院士联名向陕西省政府提出了《在洋县朱鹮保护区建立陕西省有机食品产业基地》的建议。10 月 4 日时任陕西省省长陈德铭做出重要批示：“四位院士的建议很有操作性，关键是要创出有机食品的著名品牌。请指定部门牵头，商汉中、洋县拿出一个具体起步的方案并付诸实施”。10 月 13 日时任陕西省副省长王寿森批示：“这是一份很有见地的建议，应予以重视并着手研究，此件请转汉中市、洋县政府主要负责同志阅研，省发改委牵头，组织环保、农业、林业等部门和市县政府共同研究，拿出一个规划，同时考虑若干朱鹮牌产品的区域生产、特色产业等具体内容”。2007 年 8 月，陕西省发改委、农业厅、林业厅、环保局联合以陕发改农经〔2007〕1125 号文件，印发了《陕西省洋县朱鹮保护区有机食品产业基地发展规划》，为洋县有机食品产业基地及工业园区的建立提供了科学决策依据和规划方向。

(三)《合作备忘录》为发展有机产业奠定了坚实的组织保障

2010 年 4 月，国家质检总局与陕西省政府签署了《关于开展质量兴省、建设西部经济强省的合作备忘录》，明确支持洋县发展有机产业。2010 年 9 月，县政府成立了由县长任组长的有机产业发展领导小组；2011 年专设了有 9 名正式编制的正科级事业单位“洋县有机产业发展办公室”，组建了洋县有机产业监控大队。

2010 年，在国家认监委指导、中国农业大学帮助下，编制了《洋县有机产业发展规划》。汉中市在经济社会发展规划纲要及政府工作报告中把支持洋县有机产业确定为市级发展战略，陕西省委、省政府在 2013 年的 1 号文件中，明确指出“支持洋县建设陕西省有机产业示范基地”。洋县有机产业赢得了各级领导、各界专家、学者的大力支持和指导。

2011 年，洋县编制了《有机食品加工园区建设规划》，组织专业人员编印了《洋县有机产品生产技术操作规范》，先后印发了《加快有机产业发展的意见》和《加强有机产业基地环境保护工作的通知》《加强有机产品监测管理工作的通知》等一系列发展的规范性文件，出台了《洋县有机产业园区管理办法》《有机产业园区招商引资优惠政策》，编印了《洋县有机产业项目招商指南》，筑巢引凤，引凤筑巢，完善产业链，为有机产业发展搭建平台。

国家质检总局、认监委领导孙大伟、程方、王大宁、车文毅、刘卫军、董乐群等先后多次带领部委领导、省市相关部门深入洋县实地考察、帮扶洋县发展有机产业。指导洋县从机构、人员、规划、方案、措施等方面强力推进，凭借朱鹮代表的良好生态影响力，充分发挥洋县在全国有机认证示范区建设中的示范作用。

近 40 年的艰辛结出了丰硕的果子。洋县人民欣喜地发现，朱鹮保护造就的优良环境已成为县域经济社会发展的优势资源，有机产业让洋县人民得到了丰硕的回报，也吻合了社会发展的客观规律。洋县要实现环境保护和经济社会同步发展，就是以有机产业成就洋县经济腾飞！

县长杜家才说：“我们要把丰富的自然资源、良好的生态环境和朱鹮品牌优势，转化为商品优势、品牌优势和经济优势，为洋县经济社会发展做出新的贡献！发展有机产业要实现新的大跨越”。

发展有机产业，打造朱鹮生态品牌，符合生态学原理和社会发展规律，符合国家绿色生态文明建设的总要求，符合国家生态产业布局，是新时代以科学发展观为指导，转变发展方式，推进农业供给侧结构性改革，在环境保护和经济发展的双重挑战中实现经济社会稳步增长的必由之路和科学抉择，是我国为促进食品安全，提高群众健康水平而出台的一项战略决策。在洋县发展有机产业，正是强化生态文明建设的产业支撑，走产品安全、生态安全、资源安全和效益整体提升的有机产业新路，完全符合洋县的客观实际。

2011 年，国家认监委批准洋县创建“国家有机产品认证示范区”，2012 年又与洋县人民政府签订了《合作备忘录》，将洋县确定为全国唯一的“认证认可工作联系点”，给洋县发展有机产业吃了“定心丸”。洋县县委、县政府更加坚定了“生态立县、循环发展”的理念，将发展有机产业、打造生态品牌作为富民强县、促进三产协调发展的重要载体全力推进。

为打造西部特色产业品牌，更好地建设美丽洋县，2013 年，国家质检总局再次批准洋县创建“全国朱鹮生态保护产业知名品牌示范区”。国家质检总局、认监委和省市各级的关心和支持，有力地促进了洋县经济发展方式的转变，使洋县有机产业逐步摆脱了“产业零星分散、企业单打独创、产品标准化程度低、市场知名品牌匮乏”的瓶颈，迈上了“区域化布局、规模化发展、专业化生产、集约化经营、规范化管理”的快车道，由“昔日小帆板”成为“今日大舰船”。

在发展有机产业中，洋县始终坚持以“建设国家有机产品认证示范县，打造全国知名品牌示范区”为主线，认真实施“政府主导、政策扶持，市场导向、科技支撑，龙头带动、规范运作，打造品牌、扩大宣传”的 32 字发展方针。

1.政府主导、政策扶持

政府主导是产业发展的力量源泉。洋县积极推行部门联动，县、镇、村齐抓共管机制，采取多项政策措施，调动各种积极因素，营造了合力发展的氛围。县政府把国家有机产品认证示范县和全国知名品牌示范区创建工作列为重点工作，实行例会制度。把两项创建工作纳入了部门和镇政府的年度综合目标考评内容予以重点督查考核，与各部门、各镇签订了《创建目标责任书》。下发文件明确了示范区创建工作领导小组、设立了专门的领导小组办公室，与有机办合署办公。各部门和镇相应成立了工作机构，实行了镇长（部局长）负责制，落实了分管领导和工作人员。在村级设立了有机产业、生态品牌监管员，在全县形成了“县有办、镇有站、村有员”的三级监管网络。县政府在设立每年600万元有机产业发展专项资金的基础上，每年再增加400万元，使有机产业、知名品牌专项资金达到了1 000万元。

政策扶持是撬动产业发展的杠杆。县政府相继出台了《有机产品认证及肥料采购补贴管理办法》《有机产业园区企业入驻管理办法》《获得名牌产品企业奖励办法》和《获得驰（著）名商标企业奖励办法》等扶持政策。对投资有机产业的企业、经济合作组织，在用地、技术、信贷、税收、价格、能源供应等方面按相关政策提供支持和优惠；对获得名牌产品，驰、著名商标的企业给予资金奖励。捆绑各类项目和资金，聚集各种生产要素向有机产业发展、生态品牌倾斜，形成了强大的推动合力。

2. 市场导向，科技支撑

市场需求决定产业成败，科技投入决定产业效益。洋县坚持以市场供需优化资源配置，重点在有机香米、五彩米、中药材、果品等骨干产品上扩面积，强基地；在有机稻米食品、酒类食品、休闲小食品、薯类深加工产品上创品牌、拓市场。与大专院校、科研机构合作，建立了洋县“产、学、研”基地，组建了生态有机品牌发展专家顾问组，强化了科技转化融合，加强了产业技术指导。在陕西黑色有机食品研发工程中心和陕西洋县志建药业有限公司分别组建了技术研发、科技咨询专家团队，为产业发展、品牌打造保障了技术支撑。为加速科技转化和应用水平，发挥专业技术人员助推产业脱贫作用，县上抽调了1 000名科技工作者、农村科技乡土人才和职业农民，组建了100个科技服务队，积极开展“百队千人帮万户，精准扶贫当先锋”活动；农业局组建了10支农业技术专家服务队，设立了农业技术服务“110”指挥中心，在全县推行专业技术单位包联镇办，农业技术人员包抓贫困村的技术包干、包抓服务长效机制，深入村、组、户，主动组织开展技术培训和指导，精准助力有机基地、品牌建设和贫困村、贫困户及低收入群众，为打赢脱贫攻坚战保障了科技支撑。

3. 龙头带动，规范运作

龙头示范带动是产业发展的引擎。为推进市场化运作、集群化发展，发挥有机产业园区聚集功能，洋县正在全力建设总投资21.8亿元、占地3 750亩的有机产品加工、物流、科研、信息一体化的有机产业园区。目前已完成基础设施和企业投资8.15亿元，有12户有机生产企业入园发展，其中有机黄酒、粮油、薯类食品、魔芋食品等生产线已相继投产运营，有机产业服务中心、超群药业等重点项目和工程正在紧张建设。为发挥龙头企业示范引领作用，洋县初步建设了10个有机认证标杆示范基地和10条有机加工标杆示范生产线，为推进产业标准化、规范化、品牌化发展塑造了样板。为强化监管，规范运作，出台了《园区管理办法》《招商引资优惠政策》，建立了“不合规产品退出认证机制”等措施，果断淘汰低效企业和高风险品种实施有机认证，形成了较为完备的生产、加工、营销、监管、追溯等产业运行体系，坚决落实“最严谨的标准、最严格的监管、最严厉的处罚、最严肃的问责”要求，用规范的管理，积极锻造一流的企业。

4. 打造品牌，扩大宣传

品牌是质量的保证书，是市场的通行证，是企业的核心竞争力。认证认可是提升产品质量的重要手段，是国际通行的提升产品质量的规则，它可传递信任，通行世界。洋县按照“本地知名、全省著名、国家驰名、世界闻名”的梯次发展思路，积极开展了产品质量认证和生产体系认证，制定了《名牌培育计划》和《商标品牌产品管理办法》，分类指导，积极铸造国家有机认证、生态品牌示范区形象。充分利用各种新闻媒体、报纸杂志以及全国性的展会展销和博览交流平台，广泛宣传推介，积极把洋县生态有机产品推向全国，推出国门。在广泛的宣传推介中擦亮了洋县生态有机产业品牌形象，增强了企业品牌意识，提高了全民自觉参与、维护产品形象、品牌声誉的意识。

一度，朱鹮的存在，让洋县经济发展变得“缩手缩脚”，对于一个国家级贫困县来说，这无疑是“雪上加霜”。“祸兮福之所倚，福兮祸之所伏”，洋县县委书记胡瑞安说，“我们多年的付出不吃亏，生态好就是资源”，“留住青山绿水，就留住了金山银山”。洋县的生产实践充分证明了“绿水青山就是金山银山”。

“让耕者获利，让食者安心！今天的朱鹮之乡，不单为人们守护优质的水和空气，还在为社会贡献安全、健康的有机食物，这个‘有机’一定是‘放心牌’的”，陕西省有突出贡献专家、深耕洋县有机产业的李天刚自豪地说。

三、绿水青山，金山银山

洋县多年积累的“绿色存量”，逐步变成了“经济增量”。政策利好已延伸到洋县全境，居住在这片沃土上的洋县人，越来越感受到了发展带来的福祉。

“十三五”以来，洋县围绕“生态立县，循环发展”的思路，坚持转变经济发展方式，提高发展质量，县域经济社会发展呈现出美丽的上行线。全县社会生产总值、财政收入、农民人均收入和城镇居民可支配收入连年高速度增长。洋县先后多次荣获陕西省“县域经济社会发展争先进位奖”、汉中市“综合考核优秀奖”，迈上了高速发展的快车道！

洋县以发展有机产业和打造生态品牌为抓手，全面推进产业转型升级，实现了生态建设与经济社会的协调发展。

（一）生态环境持续优化

有机产业的最终目标是更好地保护环境，造福人类。现如今在洋县，处处都能看到人与自然和谐共处的生动画面，这与全球性的环境污染形成了鲜明对比。

洋县先后开展了以“天蓝、水清、山绿、宁静”为主题的环保专项行动。通过发展生态经济林，加大天然林保护力度，严格企业绿地达标制度等措施，全县森林覆盖率由2010年的65.5%发展到现在的68.9%，保持了良好的大气环境。通过加强汉江及22条主要支流水系和中小型贮水塘库为重点的天然水系保护，保证了国家南水北调和陕西引汉济渭工程水源涵养地优质的水源；通过倡导使用有机肥料、生物农药，推行病、虫、草害防控新技术，保护了土质无污染；通过建立企业环境、污染源、基础设施“三废”监控及节能监控等环境监控体系，保证了洋县无重金属和污染物质排放达标；通过推行有机生产，维护了洋县多样化的生态系统平衡，世界珍禽朱鹮已由1981年的7只发展到现在的2 000多只，野生朱鹮随处可见，与人类和睦共处，朱鹮游荡区已扩展到周边县区。

走进美丽的洋州大地，满目葱茏，生机勃勃，绿色尽染，空气清新，令人心旷神怡！

从西安来洋县旅游的王先生在洋县转了一周时间，临走时感慨万千："虽然我已经跑遍了大半个中国，来洋县多次了，但还是想来洋县，这里生态条件好，简直就是天然氧吧，在这里度假休闲心情舒畅，身心放松。"

（二）有机产业方兴未艾

紧邻城区的草坝村是朱鹮活动核心区。草坝村成立了朱鹮湖有机果业专业合作社。以"合作社＋有机基地＋农户"的经营模式，对社员生产的有机产品和入社股份捆绑整合，重点发展有机稻米、菜籽油和有机梨果产业，认证有机水稻 2 300 亩、有机梨 1 300 亩、有机油菜籽 2 500 亩、大樱桃 300 亩。社员借助有机产品的社会公信力，收购价比市场价高出 30%以上，走出了"增产不增收、丰产必滞销"的怪圈，实现了产品优质优价。持股社员除每年固定领到 600 元的保底入股红利外，还有 90 千克有机大米、6 千克菜籽油、每亩 3 袋有机肥和水稻、油菜种子等实物分红。合作社的经营也从一、二产快速向三产转型发展，有机产品仓储、观光农业、乡村旅游、民俗剧目、筼筜竹烟灰缸等休闲旅游产业和产品相继开发，合作社实现了有机产品与生态旅游充分融合，全村群众走上了共同致富的振兴之路。

"我们种的有机葡萄，不用洗就能吃！"高级农艺师李成德"炫"起了有机食品。在朱鹮生态农业观光园里，放眼望去，有机葡萄、樱桃、梨、紫薯等长势喜人。一串串葡萄、一颗颗黄金梨挂满枝头，一张张粘虫板取代了农药和杀虫剂。

推进种、养业平衡，形成种、养、加与商贸流通相互促进、循环发展的良好格局，是生态文明建设的重要抓手。有机种植、养殖及加工过程剩余的辅料和废料，是生产有机饲料和有机肥料的优质原料。

为完善产业链，洋县在国家有机产品认证示范区创建中，已经建成年产 5 万吨的有机肥厂 2 个，发展万头养猪场 3 个，万只养鸡场 20 余个，建设户用沼气池 1.4 万口，年产 5 万吨的有机饲料厂正在加紧建设。洋县有机产业链基本完备，基本达到了有机产物"无剩余"，污染物质"零排放"。

"普通肥料一袋 80 元，一亩需要 2 袋，一亩 160 元；有机肥一袋 60 元，一亩需要 3 袋，一亩 180 元。施用有机肥，作物亩产略有下降，但质量大大提升了，卖价要比普通作物高出一半，更重要的是，通过有机肥使得土壤环境得到大大改善，这本身就对生态环境做了一个大贡献！"，有机肥厂董事长姚晓茹算了一笔账。

多家蔬菜生产公司在西安尝试了"进社区"销售活动，洋县蔬菜供不应求。西安人说，买洋县菜蔬吃着放心，因为有朱鹮"把关"。

有机产业在洋县逐年扩大。截至 2018 年年底，全县共发展有机生产企业 30 个，认证有机基地达 14.3 万亩，认证品种达到 79 个，有机产业产值达到 10.32 亿元，约占农业总产值的 1/5、全县生产总值的 1/10，有机生产示范区的农民年人均纯收入高出全县平均水平 1 500 元以上。洋县有机产品"品种多、门类全、地域特色鲜明"，已成为西北地区最大的有机产品聚集区，走在了全国前列。

2015 年、2017 年，洋县分别被国家认监委、国家质检总局授予"国家有机产品认证示范区"和"全国朱鹮生态保护产业知名品牌示范创建区"，目前，正在创建"全国生态原产地产品保护示范区"，洋县生态、有机、品牌"三区共建"的生态文明业态基本形成。

2017 年 11 月 13 日，国际地理联合会农业地理与土地工程委员会、中国科学院地理科学与资源研究所、陕西理工大学等五个科研机构在洋县深入考察后，对洋县有机产业高度赞扬，社科院教授刘彦随亲笔题写了“创建现代有机农业特区”的题词。

2018年5月12日，中国科学院地理科学与资源研究所在洋县召开了“中国现代农业与乡村振兴研究示范基地学术研讨会”，并建立了“中国现代农业与乡村振兴研究示范基地”，开启了洋县有机产业特区建设新篇章。

2018年5月22—24日，中国人民对外友好协会、日中协会、韩中文化友好协会在洋县成功举办了以“朱鹮之缘　共创未来”为主题的“首届朱鹮国际论坛”。邀请国内知名专家开展了以有机产业、生态品牌为主题的“有机产业发展分论坛”。

有机产业已成为洋县推进供给侧结构性改革，促进脱贫攻坚工程，实现县域经济社会发展的重要产业；“朱鹮”“有机”已经成为洋县对外宣传的靓丽名片和形象代言；生态文明、生态道德已经变成洋县人民的行为准则；在洋县赏生态美景、消费朱鹮牌有机产品已经成为人们追求健康生活的时尚。

(三)开启业态融合发展新模式

推进有机产业与生态旅游、新型工业充分融合，积极开启业态融合发展新模式。

洋县是油菜花的故乡，油菜花的天堂。每年春天，10万亩油菜花同时怒放，天地之间，浮光跃金，把洋州大地装缀成一只巨大的山水盆景，是中国最秀美的山水风光之一。洋县已经成为西安关中地区及外省人们旅游的“后花园”。建成了华阳古镇以有机产品为为特色的生态旅游产品一条街，建成了朱鹮梨园景区10公里有机农业观光走廊。

洋县不断加快“一村一品、一镇一业”建设，积极创办休闲农业产业园、休闲农庄和休闲农家。已建成各类休闲农家160多户。生态观光旅游已成为洋县的新亮点，呈现出健康、快速发展的良好势头。

长青华阳、朱鹮梨园两个景区分别获批4A级旅游景区，金沙湖景区、金水银滩景区正在建设之中。在洋县初步形成了“游华阳景区”“逛朱鹮梨园”“赏秦岭四宝”“观蔡伦造纸”“购有机产品”的特色生态旅游产业链。

四、朱鹮之乡，黑色传奇

洋县受秦巴环抱，沐浴了地球上最佳的生态环境优势，是“我国优质籼米的适生区”，是人类活动较早的地区之一，早在7 000多年前，勤劳质朴的远古先人就在这里开始了稻作农耕生活，积淀了丰富灿烂的历史文化，自古以来，洋县人民具有种植特异稻米(五彩米)的习惯和耕作经验。

洋县黑米表皮黝黑，质地细密，又称“黑珍珠”。煮稀饭时放入天麻、银耳、百合、冰糖之类，胜似琼浆玉液，成为待客佳餐。头晕、目眩、贫血病人常食，症状明显减退。尤其适合腰酸膝软、四肢乏力的老人进行食疗。所以，黑米又被称为“药米”“长寿米”。

有文字记载，在3 700多年前的周朝，洋县就有黑稻种植，是我国种植黑稻最早的地区。由于珍稀名贵，洋县黑米历来是封建王朝的皇室贡品。

1992年水稻专家高如嵩分析测定：“洋县黑米含精氨酸0.958%，比对白米南京11号(0.531%)和国内标一大米(0.545%)高出近1倍多。这一含量也比一般粮食作物高出1～3

倍”。赖来展测定5个黑稻，洋县黑米含赖氨酸和苏氨酸最高，分别为0.907%和0.469%，高于广东黑优粘0.49%的85.1%、云南黑糯0.39%的132.6%（引自《中国特种稻》第76～77页）。根据农业部食品质量监督检验测试中心（杨凌）检验报告显示，洋县五彩米的微量元素含量远远高于国内同类稻米。

著名气象学家竺可桢在《论我国气候的几个特点及其与粮食作物生产的关系》一文中，在论述太阳能与粮食生产关系的基础上，认为汉中是中国水稻生产最适宜、产量最高的地方。《中国稻米品质区划及优质栽培》一书中在对全国优质稻米生产区域生态气候研究的结论也表明了“汉中盆地是我国优质籼米的适宜生态区”。

不过，现在的洋县黑米早已从皇室贡米走入寻常百姓家了。而我们现在食用的洋县黑米经历数千年的风雨后，也已经与古时大不相同了。

据《洋县志》载，明代初期，原始黑稻谷的全株有170厘米左右，米粒细长、种皮墨黑，产量一直上不去，平均亩产只有100～150千克。这种高秆稻谷对种植地域的选择性很强，只有洋县部分地域才能孕育出这样珍稀的农作物品种。

20世纪70年代，著名黑米专家吕鸿宾带领着一批农业技术人员，风里来雨里去，整天在田地里查看哪些稻株能作为培育的对象。

经过多年研究，1977年，他们终于在洋县的稻田里发现了矮秆变异植株，终于在1982年选育成了矮秆黑稻新品种，也就是“秦稻一号”。自此，洋县的黑稻实现了由高到矮、产量由低到高的品种更换。

洋县人对黑米充满了深厚的感情，为了让这个特色的农作物传承下去，洋县于1993年专门成立了“洋县黑米名特作物研究所”，这也是全国唯一一个县级农作物研究所。黑稻谷品种选育、种植技术研究走上了专业化道路，研究成果也处于全国领先位置。

秦稻二号、洋黑三号、洋黑四号等品种商品性好、品质优、高产抗病的黑米优良品种相继研发出来，并推广应用于生产，现在黑米的口感得到极大的改善，亩产已经提高到450千克。

2006年和2012年，洋县黑米、洋县红米分别被国家质检总局批准为地理标志保护产品。

五、特色产品

（一）稻米产品异彩纷呈

如今，一些企业争先恐后地做起了洋县五彩米文章。纷纷投入到以黑米、红米为代表的洋县五彩米（黑红黄绿紫）深加工产业上来。洋县以黑米、红米为主的五彩特异稻米常年种植面积已达到了5万多亩，而有机五彩米种植面积也在逐年增长。

洋县“黑珍珠”插上了“红宝石”的翅膀，飞出了秦岭巴山，漂洋过海，走向了世界。“朱鹮”“黑米”已成为洋县最耀眼的两张靓丽名片。

现在，走进洋县的各大超市，走进各大有机产品展销专柜、专卖店，洋县朱鹮牌有机黑米酒、黑米醋、五彩米醋，黑谷巧克力、黑米糊、五彩米糊、黑米茶、五彩米食品、五彩米粉条等产品琳琅满目，特别吸引眼球……

（二）“三酒”产业独具特色

洋县是中国少有的“一县产三酒”的县区。食品工业以酒类食品加工为主，主产“黑、黄、白”3种酒——朱鹮牌有机黑谷酒、古秦洋牌白酒、谢村黄酒。朱鹮牌黑谷酒以国际地理标志保护产品“洋县黑米”为原料,品质优良,被誉为“中国人餐桌上的第五瓶酒”;以有机糯米生产的谢村黄酒是中国北派黄酒的代表,蜚声国内,被誉为“南有绍兴加饭,北有谢村黄酒”;古秦洋牌系列白酒享誉三秦,畅销全国,深受消费者喜爱。

(三)蔬果产业蓬勃发展

洋县蔬菜常年种植面积18万亩,总产达60万吨,总产值达13亿元。基本形成了平川区的龙亭、洋州、磨子桥、黄安、马畅、谢村等六个蔬菜生产基地镇。按照“优梨、扩桔、兴杂”的发展思路,全力推进现代果业发展,全县栽植柑橘9万亩,梨6万亩,桃、葡萄、李、樱桃等杂果4.5万亩,其中有机认证面积达到8 000多亩。蔬菜果品产业已经成为洋县农民增收的重要产业。

(四)药材资源独具潜力

洋县为秦巴药谷腹地,有动、植物、矿物类中药材1 522种,其中常用中药材469种。全县中药材人工种植面积近30万亩,菌类药材120多万窝,主要品种为厚朴、山茱萸、杜仲、元胡、乌药、天麻等。全县有中药材购销企业40余家,深加工企业3家。其中认证有机中药材4个品种6.4万亩(厚朴3.6万亩、山茱萸1.2万亩、银杏1万亩、野生葛根0.6万亩)。全县中药材年总产量达1.4万吨,产值达3.5亿元。

(五)畜牧产业基础坚实

洋县是陕西省瘦肉型猪及百万头生猪养殖大县。近年来,大力推行无公害、绿色、有机生产标准,积极开展“以养促种、生态养殖、循环发展”、促进了畜牧大县健康发展。形成了以大秦汉饲料、和兴养猪、大龙养鸡等为代表的畜牧龙头企业集群,全县生猪饲养量达130万头、牛存栏达8万头、羊5万只、家禽150万只,实现肉类总产6万吨,禽蛋总产6 600吨,鲜奶850吨。

一路走来,洋县以稻米及其深加工产品为主导,洋县有机产业书写了一串串醒目的数字,一个个熟悉的姓名,一桩桩动人的故事,一次次闪耀的成绩,洋县有机产品、洋县朱鹮生态品牌成了洋县人最深刻的记忆,催人奋进……

百舸争流,千帆竞发。在市场竞争、区域竞争日益激烈的今天,有机产业、生态品牌俨然就是洋县人民的“亮剑”,是洋县实现县域经济突破发展、循环发展、跨越发展的法宝。在未来的漫漫征程中,洋县将更加坚定信心,开拓创新,激情书写发展新篇章,努力绘就美丽洋县新蓝图!

四川省

康养圣地　生态洪雅
——洪雅县国家有机产品认证示范区创建纪实

一、洪雅县概况

洪雅县地处四川盆地西南边缘，位于青藏高原第一阶梯和四川盆地第二阶梯过渡的地区。西南为高山峻岭，山峦绵延；东北为河谷平原，宽阔广袤；中部为丘陵台地，沟谷纵横。全县幅员 1 896 平方公里，辖 11 镇 4 乡，有 138 个行政村、21 个社区。

洪雅是生态大县，森林覆盖率 71%，负氧离子平均浓度达国家Ⅰ级标准，是国家生态县、全国生态文明示范工程试点县、中国最佳投资旅游典范县，荣获四川唯一、全国仅 19 个的“中国生态文明奖”，生态环境质量居四川 183 个县（市、区）第三，享有“绿海明珠”“天府花园”的美誉。

洪雅是旅游大县，以洪雅为重要组成部分的“大峨眉”旅游区上升为省级发展战略，拥有全国首个“抗衰老健康产业试验区”七里坪、国家森林公园瓦屋山、4A 级景区柳江古镇、“全国首批森林康养体验基地”玉屏山、“千塔佛国”槽渔滩等旅游名胜，成功获批成为 2016 年全省 6 个旅游强县之一。

洪雅是农业大县，茶叶、牛奶、林竹三大特色农产品领跑全省第一方阵。“洪雅藤椒”“高庙白酒”获地理标志证明商标，“雅连”“洪雅藤椒油”获地理标志产品保护，“洪雅绿茶”获农产品地理标志登记，创建无公害、绿色、有机食品标志产品 46 个，成功获批全市首个国家级有机产品认证示范创建区，是国家农业循环经济发展示范县、全省现代农业建设重点县。

二、有机产业发展情况

自洪雅县争创有机产品认证示范区以来，始终践行“绿水青山就是金山银山”的理念，充分发挥资源优势，以产业富民为统领，依托独具特色的有机产业推动生态、农业、旅游深度融合，形成了“产业壮大发展、体系配套健全、措施保障完善、示范成效显著”的有机产业新格局。截至目前，全县有机产品认证企业达 12 家，有机产品认证证书达 22 张，共 31 个产品通过有机产品认证，涉及茶叶、肉制品、乳制品、蔬菜、油菜籽、稻谷、饲料、中药材八大类。其中，屏羌农产品有限责任公司的绿茶、红茶已通过欧盟有机认证，雅雨露茶业有限责任公司的绿茶已通过欧盟、日本、美国有机认证。有机认证基地面积共 1 347 公顷，有机产值高达 9 403 万元，比创建初期增加 329%。

洪雅县发展有机产业已有数年，政府因地制宜，将有机产业发展与包括雅女、雅鱼、雅连、雅笋、雅茶、雅杉、雅石、雅纸、雅牛、雅猪在内的“洪雅十雅”相结合，有机品牌建设初显成效。“峨眉雪芽”“新希望”“雅妹子”等品牌得到市场初步认可，雅文化和雅品牌已成为洪雅县广为人知的名片，让外界听到洪雅的声音，留下独特的洪雅印象。

三、保障措施

（一）组织保障方面

成立了以县长任组长，分管领导任副组长，县政府办、财政、农业、工商质监、环保、水务、卫计、食品药品等部门为成员单位的洪雅县有机产品认证示范县创建工作领导小组，统筹负责全县有机农业产业发展，明确相关部门职责，确保有机农业产业工作顺利推进。构建了“县、乡、村、企”四级联动的质量安全监管网络。实行企业自检、部门抽检、上市必检制度，农业、工商质监、食药监等部门负责农产品生产、流通和销售环节抽样检查和质量监管，实现有机农产品“产、销”全程跟踪监管和反向责任追溯。县工商质监局、农牧局每年对县域范围内有机产品认证企业开展联合专项检查工作，检查覆盖率达 100%。

（二）制度建设方面

有机产品认证示范县创建工作领导小组制定出台了《洪雅县有机产品质量安全监管办法》《洪雅县有机产业风险评估及防控工作措施》《洪雅县有机产品突发事件应急机制》和《洪雅县重大农产品质量安全事故应急预案》等一系列配套文件，同时还建立了协调服务机制和联席会议制度，统筹协调解决创建工作、有机农业发展中存在困难和问题，确保创建工作顺利推进。

（三）产业扶持方面

洪雅县制定了《有机产业基地建设奖补办法》《关于开展有机产品品牌推广工作的实施意见》《关于进一步明确有机产品认证企业奖励政策的通知》等一系列鼓励政策，并由县财政每年安排预算用于有机产业发展。采取“整合资金、打捆使用、以奖代补、绩效管理、带动投入”的办法，放大单项资金的投入效益，重点向生态有机农业示范区集中，用于示范区的基础建设和配套服务设施建设。2016—2018 年，全县安排有机产品示范县认证相关财政经费达 764 万元，对首次获得有机产品认证企业奖励 8 万元；对已获得有机认证企业，每个企业每年复查换证补贴 1 万元。同时建立有机基地建设奖补制度，获得有机认证种植面积 300 亩以上的一次性奖励 30 万元。

四、实施成效

（一）发展循环经济

洪雅县立足于“种养平衡、循环发展”理念，始终坚持发展农业循环经济，2011 年洪雅县成为全省第一批农业循环经济项目试点县。经过多年持续不断努力，累计完成投资 4 000 余万元，基本建成功能设施完善的种养循环经济示范片，覆盖面积达 3 万亩。片区内建有自动化沼液前置处理中心 1 个，沼液存贮池 12 口，沼液输送管道 300 公里，沼气池集中供气站 2 座，沼液输送加压设备 26 台等。目前，示范片实现沼液管道灌溉种草 8 000 亩、种茶 12 000 亩、种粮 10 000 亩、种蔬菜 8 000 亩、种水果 2 000 亩，年利用沼液 20 万吨以上。通过大力发展农业循环经济，养殖业面源污染得到有效控制，农业产业化水平不断提升，农民致富增收渠道进一步拓宽，为全国农业循环经济发展找到了一个好方法、好路子。

（二）优化生态环境

近年来，为促进区域生态环境持续优化，给有机农业提供最优质的发展环境，洪雅县采取多种措施调整产业结构、减少工业污染、维护生态林业。同时，做到严格审批，杜绝新污染源的产生，对新、改、扩建项目分批次集中审查，从源头上控制新污染源。创建期间，营造林 3 万亩，抚育中幼龄林 2.1 万亩，改造低效林 1.1 万亩，植树 80 万株，其中义务植树 40 万株。全县森林覆盖率达 71%，县城绿化覆盖率达 43%，城乡绿化覆盖率达 75.5%。加大全县集中式饮用水水源保护和监测，全县集中式饮用水水源达标率为 100%。2017 年青衣江流域洪雅出境断面水质均达到国家Ⅱ类标准。大气污染防治行动取得突破，获得四川省“十二五”减排工作先进单位，加大 20 蒸吨以上工业锅炉除尘脱硫脱硝工程建设，督促燃煤小锅炉淘汰工作进度，升级改造完成槽渔滩碳素厂除尘脱硫工程，加强现有企业废气污染治理设施的运行管理，减少大气污染物排放。瓦屋山、柳江、七里坪和城区空气自动监测站的建设和搬迁工作有序实施。2017 年，县城环境空气质量优良天数达 295 天，达标率 81.7%。

（三）助力脱贫攻坚

洪雅县将有机创建与产业扶贫相结合，组建畜禽、饲草、茶叶、蔬菜、藤椒、水产等专业技术团队，开展对口服务，组织技术培训 82 期。选派 100 名技术人员进村入户，开展种植、养殖指导 1 520 余次。向 33 个贫困村提供产业发展基金 330 万元（10 万元/村），倾斜相关项目资金 2 500 万元，投入农业产业、农村能源专项扶贫资金 2 000 万元。在每个贫困村选择科技示范户 10 户，重点给予技术、资金帮扶，示范带动全村脱贫致富。

四川省雅雨露茶业有限责任公司，地处洪雅县中山乡前锋村，“中国（前锋）有机茶第一村”项目列为全国“双创”示范项目。公司流转前锋村荒废土地发展有机茶园，新增固定岗位 20 多个，年工资及福利费用 60 多万元，人均新增工资性收入 27 000 元。公司通过专业合作社向茶农特别是残疾人农户、贫困户免费发放农资物品，向广大茶农免费印发《绿色食品茶园建设》《有机茶园管理技术要点》《无性系良种茶种植》《生物防治茶园病虫害》《国家、省、县禁用农药》等技术资料 86 000 多份（册），培养种植、采摘、加工、营销能人 150 多名，培训茶农 16 000 余人次，并邀请专家实地培训，带动茶农种茶制茶特别是贫困户脱贫致富。公司进行有机茶基地建设，扩宽村道，硬化道路，新修蓄水池，引进福建茶叶新品种，带动茶农品种改良发展有机茶，提高茶叶附加值。农民日均工资可达 80 元，极大地提高了前锋村农民的收入。同时，有机茶基地的建设带动中山乡金花、杨庙、邹岗、和平村群众积极发展有机茶，公司吸纳建档立卡贫困户 5 户 15 人到基地就业。例如，前锋村五组贫困户詹模祥，未参加合作社就业前，年收入人均只有 5 000 余元，是典型的贫困户。在合作社就业后，通过自己的努力，人均年收入 15 000 元，摘掉了贫困户的帽子。

四川雅妹子生态食品股份有限公司通过“公司＋基地＋专合组织＋协会＋农户”的经营模式带动一方百姓致富，贫困户通过参与雅妹子公司旗下的养殖业、种植业和有劳动能力的到公司务工的形式，多渠道增加收入，走上了脱贫致富之路。公司目前带动槽渔滩镇、中保镇 20 多户近 100 人建档立卡贫困户，从家庭人均年收入 3 000 元以下，逐步达到人均年收入 1 万元左右。

五、经典范例

(一)传承历史的“雅妹子”食品

清嘉庆年间，瓦屋山鸳鸯池畔“三清宫”掌门徐道士，在瓦屋山区青羌人制作风干肉的基础上，创制出了味道鲜美可长期存放的风酱肉。清末民初，风酱肉沿茶马古道，流向康藏地区，成为当时百姓馈赠亲友的礼物。

1906 年徐家从徐道士处获得制作风酱肉的技艺及秘方，传承至今已历 5 代。在传承过程中，雅妹子风酱肉这一独特的制作技艺得到了进一步提高，现在制作的雅妹子风酱肉保鲜期更长，色泽更光鲜，肉质更细嫩，口感更宜人。在《眉州志》中记载：“眉州以南青衣水畔，有县洪雅。山川明秀，水泽沃衍，鱼肉山珍优于他县；尤以猪肉，其味甚鲜。羌民辅以谷物山雅泉饲之，至翌年节时举县共庆，每至此时香飘百里，其肉肥而不腻，细滑爽口，因产于南安，故名‘雅南猪’”。

2007 年，五代传承人徐艳红独占商机，把风酱肉引进市场，成立四川雅妹子生态食品股份有限公司。公司以发展绿色、有机产品为特色，以传承青羌美食文化为已任，坚持走“公司＋基地＋专合组织＋协会＋农户”的发展道路，坚持“集中饲养、定期检疫、定点屠宰、宰后检验”的标准化全过程食品安全管理制度，坚持“合作共赢”的农业产业化发展模式。经过 10 多年的发展，如今的雅妹子食品已经成为四川乃至全国风酱腌腊系列肉制品的知名生产商。

2007 年 11 月“雅妹子”风酱肉被评为首届四川省特色旅游商品，并荣获四川特色旅游纪念品称号。2008 年 7 月雅妹子风酱肉通过了中国绿色食品标志认证，填补了国内该项产品绿色食品标志认证的空白，让濒临灭绝的技艺获得新生并发扬光大。2017 年雅妹子产品被四川省质量技术监督局列入《四川省省级名优产品推广应用目录》。2017 年雅妹子公司被眉山市政府授予“优秀民营企业”光荣称号。

目前，雅妹子风酱肉系列有 10 个产品通过《绿色食品标志认证》，5 个产品通过《有机食品标志认证》。雅妹子风酱肉传统手工制作技艺已作为“非物质文化遗产保护项目”受到国家保护，进一步巩固了雅妹子食品在同行业中的领军地位。

(二)休闲康养的“雅女湖”农庄

雅女湖有机农庄，坐落在洪雅县瓦屋山镇龙圣村秀丽的雅女湖畔，总占地面积 500 余亩，总投资 5 000 万元。农庄海拔 1 100 米左右，PM2.5 几近为零，负氧离子浓度每立方厘米达 3 万个以上，空气清新，环境优美。农庄现有有机种植示范区、生态养殖示范区和农耕文化休闲度假区三大功能区。已建成包括游客接待中心、民宿体验别墅、箱式体验房、露营地、农产品分拣中心、停车场、景观长廊、养殖房等项目。

农庄建设主要以“绿色有机、循环生态、示范带动”为主线，以“种养体验、休闲观光、民宿体验、自然研学夏令营、生态餐饮、半山露营”等活动为纽带，充分彰显园区“有机、绿色、生态”的价值核心。农庄采取生态建设、绿色发展、精准扶贫、全域旅游、特色小镇、科技兴农等方式，通过“公司＋基地＋合作社＋农户”的模式，创新发展有机农业，重点打造半山有机农业体验示范园区及田园综合体、半山有机农产品研发中心、半山农耕文化体验中心、半山有机农产品展示中心、半山有机农产品电子商城以及 100 家半山有机农产品线下体验店等项目，成为眉山市和洪雅县有机农业产业化发展的重点龙头企业，带动万民致富，努力实现“学在农业、美在农村、富在农家、乐在农民”的宏伟目标。

在雅女湖有机农庄，游客可以亲自下地翻土、播种、除草、种植、采摘，感受地道的半山农耕文化；可以选择自带、租用等方式体验露营乐趣，睡在苍穹星空之下，眠于群山环抱之中，欢畅体验人生的非凡境界与乐趣；可以贴近质朴、回归自然，暂别尘世纷扰，享受趣味的别样体验。

（三）主要有机企业

1. 新希望乳业有限公司洪雅阳平分公司

新希望乳业有限公司洪雅阳平分公司是四川新希望乳业有限公司下属二级生产分公司，是以生产乳制品、复合蛋白饮料、其他饮料为主的生产型企业。公司拥有职工人数 253 人，有各类技术专业人员 100 余人。公司拥有优质牧草 2 000 余亩，自建示范牧场、天然牧场、靖远牧场、青白江牧场等现代奶牛场，养殖西门塔尔、荷斯坦等优良品种奶牛 5 000 余头，全部实行机械化挤奶。公司目前拥有乳粉车间和液态奶车间(2 个)，主要生产设备和检验仪器从荷兰、瑞典、丹麦、美国等国家引进，日处理鲜奶能力 300 吨。

新希望乳业有限公司通过对奶牛育种、饲养、牧场、产品加工、冷链储运等优势资源，实现了从牧场到餐桌全程乳品质量监管及可追溯模式的质量反向追踪，通过五重健康安全保障，率先建立了乳业黄金产业链，有效地确保产品质量，实现乳业从单纯的数量扩张向整体结构优化转变，全面提高产业素质和核心竞争力。坚持以产品质量和安全为企业生存发展的基础，为消费者提供更多“安全、健康、营养”的新鲜放心产品。

2. 四川洪雅县幺麻子食品有限公司

四川洪雅县幺麻子食品有限公司成立于 2002 年 5 月，是一家集农业产业发展、农产品调味品生产、食品食材加工销售，融特色餐饮、民俗文化、演艺博览、旅游观光为一体的综合民营企业。公司以发展绿色生态调味品为主导产业，坚持自主创新，拥有国内最大的藤椒油生产车间、钵钵鸡休闲食品生产线、蔬菜制品烟熏雅笋生产线、复合调味酱生产线。

幺麻子食品有限公司的竹笋基地位于四川省洪雅县高庙镇黑山村，占地 573.33 公顷，认证面积 8 600 亩。黑山村处于高寒地带，地广人稀，全村森林覆盖面积达 98%以上，自然资源丰富，生态环境优美，气候条件宜人，平均气温相比周边低 6～10 ℃。每立方厘米空气中负氧离子含量均超过 8 万个，具有得天独厚的养生度假条件，同时也是原始有机产品的出产基地。

幺麻子清水雅笋以基地箭竹笋为原料，经过无硫烟熏工艺加工而成并通过有机认证，有 ISO9001 质量管理体系和 ISO22000 食品安全管理体系双认证作为质量管控后盾。该产品特点：无 SO_2 残留，口感脆爽，免煮免泡，开袋即可直接加工，零损耗，更节约成本等。2016 年由该产品创作的“雅笋烧牛肉”菜品荣获了“东坡味道・地标美食”的殊荣。清水雅笋产品一上市便供不应求，产品畅销全国，远销全球10多个国家和地区，为洪雅瓦屋山特色资源做出了巨大贡献，并带动洪雅竹笋产业向前发展，为洪雅“一地三区”建设谱写了新的篇章。

3.四川省雅雨露茶业有限责任公司

四川省雅雨露茶业有限责任公司位于洪雅县中山乡前锋村，成立于2004年11月，加工企业占地15亩，拥有现代初、精制加工车间5 000余平方米，先进制、选、测设备210台(套)，年加工设计能力600多吨。公司坚持健康、诚信理念，主要从事有机茶种植、生产、销售(出口)及茶文化传播，带动周边400户茶农增收。

近年来公司集中所有人力、财力和物力加快建设两个基地，现有通过有机认证基地面积1 800亩，其中雅雨露一号基地认证面积1 200亩，已获得中国、欧盟、美国和日本有机认证证书；雅雨露二号基地认证面积600亩，获得中国有机转换证书。2017年雅雨露一号基地进入初产，公司生产有机绿茶、有机工夫红茶深受消费者喜爱及业内行家好评，产品远销全国各地。雅雨露有机工夫红茶，2016年参加第五届中国(四川)茶博会获得金奖，荣获亚太茶茗大奖，峨眉山国际评比大赛获得金奖。

4.洪雅峨眉雪芽茶业有限公司

洪雅峨眉雪芽有机茶加工厂成立于2012年，是集茶叶生产、加工、销售于一体的专业茶叶生产企业，加工厂面积3 000米^2，年产量30吨，日最大生产量1 000千克，生产和加工过程不使用水，用有机专库贮藏原料和半成品，贮藏方式为低温贮藏，不外设仓库贮藏。公司开展有机产品的开发、生产、经营已有多年，主要产品有“峨眉雪芽”有机加持禅茶系列、雪霁禅心、慧欣系列、有机毛峰、有机绿茶系列等，年销售额近800万元。

峨眉雪芽作为峨眉山景区核心产区的优秀代表，肩负着峨眉山停耕还林农民种茶致富的社会责任，承担着深度挖掘和传承发扬正宗峨眉山茶文化的历史使命，为四川茶叶的大繁荣做出了积极的贡献。尤其是四川省委、省政府将“峨眉山茶”“蒙顶山茶”两个区域品牌作为打造川茶区域大品牌的重点目标后，拥有“峨眉山茶”核心的峨眉山景区境内一线产区优势的峨眉雪芽，倡导有机生态安全理念，打造高品质健康茶典范，更加注重品牌的塑造、茶园的管理、生产的监控和质量的保证，在重塑和提升“峨眉山茶”的道路上首当其冲，已成为“峨眉山茶”的领先品牌。

生态蒲江　绿色典范

——蒲江县有机产品认证示范区创建纪实

一、蒲江县概括

蒲江县始建于公元554年，是一座隐于湖光山色间的小城，“江以草而名、县以江为名”

“以南枕蒲水故”，因此称为蒲江。这里生活节奏很慢，这里瓜果很甜，这里蒲山何青青，蒲水何渟渟，山青鸣野鹤，水渟怡鹡鸰，山水相依、人文厚重、民风淳朴。蒲江位于成都、眉山、雅安三市交会处，是成渝经济圈层的重要门户，毗邻天府新区，紧邻成都自贸区、“一带一路”西南通道，属成都“半小时经济圈”，是“进藏入滇”的咽喉要道，交通十分便利。全县辖区面积 583 平方公里，辖 1 街道办 7 镇 4 乡，森林覆盖率 53.6%，属四川盆地中亚热带湿润气候区，全年皆温和，无酷暑严寒，地表水达到国家Ⅲ类水域水标准，空气质量优于国家Ⅱ级标准，全境地貌概括为“三山”夹“两水”，状若卧放之瓮坛。这里历史悠久，人杰地灵，是宋代理学家魏了翁和抗日名将李家钰的故乡。县内旅游景区众多，有全国重点文物保护单位飞仙阁摩崖造像和龙拖湾摩崖造像，有古盐井、古炼铁、古瓷窑、古县城等文物古迹，有“水上迷宫”之称的石象湖生态风景区、“翡翠之湖”——朝阳湖、世外桃源——长滩湖、春来第一果——光明樱桃山、生态圣境——大溪谷、禅茶清修之地明月国际陶艺村。这里错落有致、山水相依，享有“美丽蒲江·绿色典范”的美誉，先后荣获“国家生态文明建设示范县”“国家生态县”“全国休闲农业与乡村旅游示范县”“中华最佳生态养生地”等荣誉，是成都市民乃至四川人心中最佳生态休闲自驾游、最棒近郊游目的地。

二、蒲江县有机产业和有机认证情况

近年来，蒲江县坚持以“生态经济立县、绿色产业富民”的发展思路，依托良好的生态资源禀赋和特色产业优势，深入实施“乡村振兴”战略，推进整县打造有机农业县，建成品种优良、种植标准的猕猴桃基地 10 万亩、茶叶基地 10 万亩、柑橘基地 25 万亩，产业集中度达 90%以上，构建了“主导产业鲜明、产业关联紧密、要素保障有力”的产业生态圈，获批建设国家级“特色水果现代农业产业园”。先后荣获“中国特色产业百强县”“全国休闲农业和乡村旅游示范县”“国家级茶叶、猕猴桃标准化示范区”“国家地理标志保护产品示范区”“全国出口食品农产品质量安全示范区”“中国绿茶之乡”“省级农产品质量安全监管示范县”等称号，为发展有机农业奠定了坚实的基础。蒲江有机产业发展历程如下：

第一阶段：有机农业萌芽阶段(2005—2010)

有机农业早在 2005 年已在蒲江悄然落地，四川绿昌茗茶业有限公司、四川嘉竹茶业有限公司采用茶园托管模式和病虫害统防统治模式大力发展绿色生态农业，2005 年年底取得“出口茶叶种植基地备案”证书，产品出口日本、欧盟，2007 年两公司开始有机基地建设，翌年获得有机产品转换认证，成为蒲江首批有机产品生产基地。有机农业在蒲江落地便如雨后春笋般蓬勃发展，2009—2010 年两年间全县新增有机认证主体 9 家，认证面积 1.1 万亩。

第二阶段：有机农业突破阶段(2010—2013)

2011 年，农业部农村社会事业发展中心新农村建设课题组专题调研蒲江，并形成《统筹城乡发展推进新农村建设“蒲江模式”研究报告》，在调研报告专家研讨会上，农业部原常务副部长刘成果指出：“蒲江县的特点就是绿色生态本底好，生态文化、生态经济、生态农业、生态环境都挺好，蒲江既是省级文明县，又是国家生态示范县，就要往上提到生态文明建设这个高度。生态文明建设和物质文明建设、精神文明建设、政治文明建设、社会文明建设是并级的，要把生态文明建设作为一项重要建设任务，蒲江有条件这样提，明确地提出来，就更上一个层次，抓起来也更自觉。”蒲江县委、县政府全面审视县情：蒲江生态禀赋良好，无传统工业污染，空气、水源、土壤等自然资源优良，适宜发展绿色产业；现代农业基础厚实，拥有一批龙头企业和茶叶、猕猴桃、柑橘、生猪等优势产业，具备绿色产业基础；地处进藏入滇咽喉要道，流通物流畅通便捷，拥有良好区位条件。在经济红利向创新红利转变的发展趋势下，抢占高端产业和产业高端将成为区域竞争主流，特别是随着对食品安全的高度关注，有机食品消费群体迅速扩张，市场前景广阔。同年，政府发文大力鼓励发展有机农业高端，并对有机农业发展给予奖励扶持。

2012 年，蒲江县政府委托中国农业科学院技术转移中心编制蒲江有机农业发展规划。规划编制工作由中国农业科学院技术转移中心蔡辉益主任亲自主持，聚集科技部农村发展中心、国家认证认可监督管理委员会、农业部农产品质量安全监管局、农业部政策法规司、农业部农村发展研究中心、农业部绿色食品发展中心、北京低碳农业协会、中国农业科学院成果转化局、农经所、柑橘所、茶叶所等单位的专家 25 人，历时一年多，经反复实地调研、内部研讨、专家评审，修正六稿形成《成都市蒲江县有机事业发展规划(2013—2022)》终稿，《规划》以建设生态文明和现代农业为指导，以经济可持续发展和城乡居民过上美好生活为目标，以有机发展为理念，以有机产品、有机产业和有机生活方式的养成为主体内容，着力解决生态环境保护和提升、有机产品质量和流通、有机农业产业循环永续发展等核心问题，实现农民持续增收，为建设“绿色蒲江、生态新城”提供了强有力的发展支撑。

第三阶段：有机农业快速发展阶段(2013—2018)

遵循规划，2013 年，县政府成立了由县长任组长的有机产业发展领导小组，专设有 7 名正式编制的副局级全额拨款事业单位“蒲江县有机产业发展办公室”，启动国家有机产品认证示范区创建工作，大力推动有机产业发展。从 2012 年至今，国家质检总局党组副书记副局长梅克保、国家质检总局副局长张沁荣、农业部绿色食品中心主任王运浩、环境保护部有机食品发展中心主任肖兴基、国家认监委副主任王大宁等先后多次带领部委领导、省市相关部门深入蒲江实地考察、帮扶蒲江发展有机产业，指导蒲江从机构、人员、规划、方案、措施等方面强力推进，积极树立有机产业在全国的样板。2014 年 6 月蒲江通过国家认监委专家组评审，被列为国家有机产品认证示范创建区，2015 年 10 月被首批授予国家有机产品认证示范区称号，2017 年 9 月荣获国家生态文明建设示范县称号，2017 年 12 月被环保部有机食品发展中心首批列为国家有机食品生产基地建设示范县(试点)。

截至 2018 年 11 月，全县“三品”认证面积达 9 万亩，其中有机(转换)认证面积 4.5 万亩，产品 80 个，认证主体 62 家，认证产品涵盖茶叶、水果、生猪、蔬菜等四大产业 36 个品种，有机基地实现了 12 个乡镇(街道)全覆盖，有机农业产值占农业总产值的 10%以上，有机产业带动 4 万余农民年人均增收近 4 000 元。

三、主要做法及成效

(一)坚持政府主导，统一认识，助推产业发展

成立由县政府主要领导任组长的有机县建设工作领导小组，建立联席会议制度和科学的考核机制；组建蒲江县有机产业发展办公室，落实编制人员，专职负责全县有机农业发展工作，出台《蒲江县有机农业发展奖励补助办法》，整合涉农资金对有机农业基地建设、投入品使用、产品认证、标识使用、产品销售等给予项目扶持、补助。同时，充分利用电视、报刊、网络等各种舆论工具，采取设立有机农业科普宣传栏、拍摄有机农业专题宣传片、开展有机生产管理技术

培训、开办“绿色蒲江·有机农业”法治服务乡村大讲堂、在全县巡回开展有机农业和法治宣讲等形式，广泛宣传，统一思想，引导广大干部群众发展有机农业，消费有机产品，践行低碳生活。

（二）坚持规划引领，统筹发展，绘制有机农业发展蓝图

以《蒲江县有机事业发展规划（2013—2022）》“四区五中心”为目标，在成佳镇建成有机茶叶基地 5 000 亩；在大塘、复兴乡、大兴建成有机猕猴桃基地 7 000 亩；在长秋、鹤山、寿安、朝阳湖、西来、白云等乡镇建成有机柑橘基地 25 000 亩；在甘溪镇、寿安建城有机蔬菜基地 4 100 亩；在光明、朝阳湖、寿安建成有机樱桃、蓝莓、葡萄等其他水果基地 2 500 余亩，在大塘镇建成年出栏 1 200 头有机生猪生产基地。全县有机认证总面积 4.5 万亩，产品 80 个，认证产品涵盖茶叶、水果、生猪、蔬菜等四大产业 36 个品种，有机基地实现了 12 个乡镇（街道）全覆盖。

（三）坚持生态优先，改良土壤，夯实有机农业发展本底

以创建国家级生态文明示范县、国家有机产品认证示范区、国家有机食品基地示范县为载体，全面实施生态环境保护、生态污染防治、生态产业开发、生态文明培育四大工程，通过饮水源长效保护、天然林保护等生态项目及全域畜禽养殖粪污循环综合利用 PPP 模式，大力实施城乡环境综合治理。组建国内首支耕地质量提升产业基金，投资于蒲江土壤改良、农技服务、冷链物流、品牌打造及营销体系等产业链关键环节，为有机农业持续健康发展奠定坚实的基础。依托这支产业基金，整合农业公共服务和农业企业资源，建立起“5＋1”综合服务平台，集成推广土壤有机质循环养地利用，生物防控，农业机械化，养土肥田，土壤大数据系统，仓储物流营销平台建设以及农产品拍卖会等，改良土壤 32 万亩次，农药化肥使用量逐年降低，土壤质量逐渐恢复，“耕地提升—品质品味—生态涵养”三位一体的目标逐步实现。

（四）坚持品种优新，标准化生产，保障产品品质

加强与中科院武汉植物园、中科院茶研所、中国农科院柑橘研究所等单位合作，引进中科院武汉植物园培育全球领先的高端猕猴桃专利保护品种“金艳”“东红”，培育种植春见、不知火、清见等优质晚熟杂交柑橘品种，引进推广中茶 302、中茶 108、黄金茶等优新茶业品种。对标有机食品国家标准，制定完善有机茶叶、柑橘、猕猴桃生产技术操作规程，指导生产主体规范建立农事操作记录档案，大力推广病虫害太阳能杀虫灯、黄板等物理防治和投放捕食螨、性诱剂等生物防治方法，做到种养技术“一本书”、诱杀害虫“一盏灯”“一块板”“一袋虫”、生产投入“一本账”。同时，构建农业标准、质量管理、综合服务、巡查执法“四位一体”的农产品质量安全监管体系，强化证前证后监管，部门联动，定期不定期对认证基地开展巡查执法检查，严格产品抽检，规范包装标识，对违规使用投入品的认证基地实行“一票否决”退出机制，做到数量和质量并重，认证和监管同步。

（五）坚持品牌带动，市场化运营，增强发展动力

引进联想佳沃集团投资 10 个亿，打造中国猕猴桃之都；引进佳橙现代农业公司投资 3 个亿，打造晚熟柑橘规模化、机械化、规范化栽培现代典范；引进盛泽源集团投资 6 个亿，打造西部最大的水果专业产地物流中心；引进绿一源现代农业公司投资 3 个亿，打造以“低碳养殖，种养循环”为理念的中关村循环农业示范园。大力培育泰禾农业、绿昌茗茶业、国康农庄等一批

潜心有机产业发展，致力于生态优质有机农产品生产、销售和市场拓展的新型经营主体集群。围绕“蒲江雀舌”“蒲江猕猴桃”“蒲江丑柑”三大区域公共品牌建设，通过举办成都有机农业论坛、采茶节、国际品牌论坛等节会，及组织企业参加德国纽伦堡有机食品博览会、西博会、茶博会等国内外知名展会，提升蒲江农业品牌知名度和影响力，开拓有机产品国内外市场。2017年，蒲江县有机产业协会正式加入国际有机农业运动联盟（IFOAM），“蒲江雀舌”“蒲江猕猴桃”“蒲江丑柑”三大区域公共品牌价值达287亿元，蒲江农产品进出口贸易企业达33家，转口贸易涉农企业12家，建成出口备案基地12个、面积2.6万亩，茶叶柑橘提取物、农业投入品、蜂蜜制品、茶叶、猕猴桃、柑橘、雷竹笋等远销新加坡、日本、俄罗斯、荷兰、法国、德国、加拿大，全县出口总额6.186亿元，其中农产品出口总额2.604亿元。

（六）坚持三产融合，完善产业链条，提升综合效益

有机农业基地建设带动形成了以绿色生态为本底、以河流道路为景观走廊、城市绿地与乡村农地渗透融合的优美城乡形态，建成“成新蒲都市现代农业示范带”、成佳茶文化观光区、光明樱桃山观光区、复兴猕猴桃观光区，形成“一带三片区”休闲农业布局，以“有机产业＋观光体验＋农家休闲”模式，建成升悦蓝莓谷、加威有机农庄、微耕有机农庄、良峰有机茶馆等集农业农耕展示、有机美食采摘、品尝等有机生活体验为一体的休闲体验教育活动基地。

四、经验启示

（一）发展有机农业是生态文明建设不可或缺的内容

有机农业以健康、生态、公平为原则，尊重生态经济规律，强调生态、经济和社会效益的统一。有机农业的发展可以有效解决传统农业带来的土壤质量下降、农药和化肥大量使用对环境造成的污染和物种多样性减少等问题。有机农业的宗旨与生态文明的绿色发展、循环发展、低碳发展理念辩证统一。蒲江整县实施有机农业，大力实施耕地质量提升工程，有力地促进了生态文明示范县建设。

（二）发展有机农业是提升食品质量安全的有力途径

有机农业生产过程中不使用化学农药、化肥、生长调节剂等化学合成物质，不用基因工程生物及其产物，其有机食品是真正自然、健康、安全环保的生态食品，在全民高度关注食品安全的当下，发展有机农业契合食品安全从源头抓起的要求。特别是蒲江县在发展有机农业过程中，创新构建农业标准、质量管理、综合服务、巡查执法“四位一体”的全产业链质量安全监管体系，更为食品安全奠定了坚实的基础。

（三）有机农业是现代农业的发展方向

有机农业需要有全新的经营理念，前沿的技术投入，是现代农业高技术化、高标准化的具体体现，代表着现代农业的发展方向。在现代农业面临转方式、调结构的今天，发展有机农业，推动农业发展由数量增长转到注重质量提升、由依靠物质投入转到依靠科技创新、由依靠资源消耗转到资源节约、环境友好上来，是解决农业资源短缺、生态环境恶化、数量与质量、成本与效益等矛盾的有效途径，蒲江现代农业转型有机农业，正是着力于破解上述发展过程中形成的

矛盾。

（四）发展有机农业是探索解决“三农”问题的有效途径

蒲江有机农业的发展，加快了生态环境的治理和恢复，实现了农村劳动力的就地转移，促进农业和农村的可持续发展，有机产品溢价，有效促进了农民增收。2017 年，实现农村居民年人均可支配收入 19 768 元，位列全省丘区县第 2 名，城乡居民收入比仅为 1.56：1，高于全国、全省平均水平，荣获“全省‘三农’工作先进县”“全省县域经济发展先进县”称号，全县农民家庭年收入 10 万元、20 万元的比比皆是，城乡差距在进一步缩小，均衡发展在进一步实现，加快了建设业兴家富人和村美新农村的步伐。

五、经典范例

蒲江县明月村：“有机＋文创”融合发展成就中国乡村建设

蒲江县明月村依托竹海、茶山、松林良好生态本底，发展有机产业，吸引艺术大师李清、服装设计师宁远、“水立方”中方总设计师赵晓钧等 100 余位艺术家和创客入村，引入“火痕工坊”“蜀山窑”等创新项目，擦亮“竹海·茶山·明月窑”新名片，建成“望得见山、看得见水、记得住乡愁”的有机乡村，明月村已经成为中国乡村建设的典范，绿色有机、低碳环保的理念让这个传统的村落焕发出新的活力与生机，持续受到中央电视台《新闻联播》《新闻调查》等栏目的关注与报道。明月村年人均可支配收入从 2009 年的 4 772 元增长到 2017 年的 20 327 元。短短数十年，一个市级贫困村是如何蜕变成为中国乡村建设的典范？

明月村依托自然地理环境和传统文化优势，坚持生态发展理念，发展绿色有机产业，从 2012 年开始，明月村大力发展雷竹产业，建成雷竹基地 6 000 亩，雷竹作为主导产业是因为雷竹病虫害少，易于生态化种植，明月村有机雷竹认证面积达 2 000 亩，茶、柑橘、猕猴桃等将逐步实现绿色有机种植。现已发展形成雷竹、茶业和陶艺三大特色产业，并在此基础上向文化创意、乡村旅游跨界发展，坚持以文化润色旅游产业，充分挖掘和发扬当地特色陶艺文化，为明月村增添了产业活力，培育引导村民开设民宿、客栈、茶社、特色餐饮、体验农庄等，拓展挖雷竹笋、采茶、采果等农事体验，开发手工茶、花果酒、雷笋干等深加工农产品，充分挖掘陶艺、染织、编织等民俗文化魅力，推动农业与文化、旅游、传统手工艺等产业深度融合，先后被评为全国文明村、中国乡村旅游创客示范基地等。

明月村在发展过程中，始终把生态作为最重要考量，在新村建设中，注重保护原有林地资源和地形、水系特征，最大限度地减少人为因素对自然的破坏，采用市场主体运营，变废为宝，促进畜禽粪污、废旧秸秆综合利用率 98%以上，农膜果袋回收利用率达 96%以上，通过互联网科技手段开展可回收垃圾的有效处理，开展晨跑捡垃圾活动提升村民环保理念，实现生态宜居。明月村已吸引文创项目 45 个，带动原住民发展乡村旅游创业项目 23 个，同时，乡村旅游合作社 1/3 股份经营收入归全体村民共享，让群众得到实惠，激活自发保护环境的动力。

郑茹和江维是村上的返乡青年，回到家乡后他们都做起了有机农场，在两人看来，如何将文创转化为产业，是带动村民发展的重要一步。就在几年前，村上做的还是常规农业，发展思路也停留在粗放的以量取胜上。这两年，江维通过做生态有机农业，提高了农产品的销售价格，村民们也逐渐地改变了观念，生态保护的意识增强，更多的人加入生态有机农业的发展中。

“乡村滋养文创，文创带动村民创业增收。”郑茹回乡后做起了手工有机茶，既是村上旅游合作社的员工，又要负责农业合作社的事，让她对农商文旅的结合有着自己的看法，光做旅游和村民关联很小，只有将各自的优势串联起来，整合资源，让文创转化为产品的输出，在生态价值和经济价值都得到实现，才能在最大程度上激活本土活力。

明月村，正向着艺术与生态有机共生、新老村民共建共创共享、产业良性发展、人与环境友好、人际关系和谐、村民安居乐业的美好愿景，一步步迈进。明月村由此散发出一种强烈的感召力，这种感召力在明月村各种角色中相互传递并向外发散，形成了明月村巨大的现实影响力。有不少社会学者、研究新型城乡关系的专家慕名前来，探寻未来乡村的发展道路。

六、特色产品

（一）蒲江雀舌

蒲江产茶历史悠久，县境内至今保存有唐宋时期的茶马古道遗址，其“雀舌”茶源于唐，随后名扬四海。据陆羽（公元 733—804 年）《茶经》的记载：“临邛数邑茶，有火前、火后、嫩绿、黄芽等号”。“临邛数邑”即指临邛郡管辖区（现包括邛崃、蒲江、大邑等县）；“火前”即茶名，是指在清明前两日的寒食节（禁止用火）之前采制而成的嫩茶，因其芽嫩细匀，形似“鸟雀之舌”，故称为雀舌。“蒲江雀舌”秉承千年的独特工艺精制加工而成，采摘早春鲜嫩茶芽为原料，茶叶扁平挺直，形似鸟雀之舌，色泽翠绿光润，香气馥郁高长，汤色清澈，滋味醇和、嫩绿明亮。现有茶叶标准化种植面积 10 万亩，年产茶 1 万吨。“蒲江雀舌”系采摘早春鲜嫩茶芽为原料，“蒲江雀舌”具有“色翠、香高、味醇、形美”的独特品质，“蒲江雀舌”于 2008 年被评为成都市茶界首个国家地理标志保护产品，并先后注册地理标志证明商标、中国驰名商标，品牌价值 174.26 亿元，连续五届获得“中茶杯”一等奖。

（二）蒲江猕猴桃

蒲江县位于北纬 30°，是世界公认的猕猴桃最佳种植区，有全球最大的优质黄肉猕猴桃产业基地，是世界少有的红、黄、绿“三色齐聚”的猕猴桃产地。拥有猕猴桃标准化种植面积 10 万亩，年产量 7 万吨，品种主要有红阳、东红、金艳。独特的地理、气候、土壤条件和优良的生态环境，成就了蒲江猕猴桃的独特品质和风味。金艳，具有果肉金黄、维生素 C 含量高、细嫩多汁、酸甜可口、耐贮性好，综合商品性能佳等特点。东红，是红肉型猕猴桃专利品种，目前全国只在蒲江有种植，具有果肉金黄、果心红艳、风味浓甜、耐贮性强等优点，产品销售遍及国内大中城市及新加坡、俄罗斯、欧盟等国家和地区。红阳，是红肉型品种，具有沿果心有放射状紫红色条纹，果汁多，肉质鲜嫩、香甜清爽，果心小，果味浓。2010 年凭借果形美观、香气浓郁、酸甜爽口、风味独特、营养丰富的特质，蒲江猕猴桃被认定为国家地理标志保护产品，2011 年成功注册地理标志证明商标，“蒲江猕猴桃”品牌价值达 102.35 亿元。产品远销荷兰、法国等欧盟国家和新加坡等东南亚地区。

（三）蒲江丑柑

柑橘种植业作为蒲江现代农业三大主导产业之一，种植面积已达到 25 万亩，年产量 36 万吨，主要以“蒲江丑柑”品牌系列的“不知火”“春见”的晚熟柑橘为主。“不知火”于 2000 年引入蒲江县，因其外观丑陋、皮肤粗糙、头上长包，被消费者亲切地称为“蒲江丑柑”。目前，蒲江丑柑”已成功申报国家地理标志保护产品和证明商标，品牌价值达10.43亿元。蒲江得天独厚的气候条件，延长了蒲江丑柑生长期，经过漫长一年的积累，成就了蒲江丑柑营养丰富、果香浓郁、脆嫩多汁、酸甜爽口的特点，其维生素C的含量是50mg/100g，远远大于其他同类水果，含糖量达到14%～16%，最高可达18%以上。另外它还具有多肉无籽易剥皮、好吃不上火的优势，深受广大群众喜爱，先后获评2015年“全国十大最具魅力农产品”、2016年“蒲江丑柑”获评成都市最受消费者欢迎十大优质农产品荣誉称号，2017年“全国名特优新农产品”、2018年“四川网友最喜爱的十大农产品”等荣誉称号，成功入选2018年中国品牌价值评价榜单区域品牌（地理标志产品）100强，位列第51位。

七、创建故事

有机农业守望者：大学生毕业到蒲江当农民

太阳烤得地面发烫，成都泰禾农业科技有限公司负责人杨欣正拿着喷灌设备在他的猕猴桃种植基地浇灌，耳畔回荡着林间的鸟叫声，脚下密布的是两寸多高的杂草，因为坚持有机种植，这片猕猴桃基地看起来似乎有点不太一样。

再过一段时间，这100多亩的猕猴桃树即将结出硕果，销往全国。得益于高达53.6%的森林覆盖率，蒲江有“天然氧吧”的美誉，生态环境优良，这里盛产猕猴桃、柑橘等，一年四季鲜果不断。2012年，蒲江开始转变农业生产方式，大力发展有机农业，杨欣种植的有机猕猴桃便是其中的代表。

首次创业遇灾害坚持按有机标准种植

30多岁的杨欣毕业于四川农业大学，现在是高级农技师，成都市“十佳高级农业职业经理人”，IFOAM国际有机运动联盟成员，蒲江县有机产业协会会长，成都市青联委员（生态农林界别）。带着对有机农业的愿景，他一毕业便投入到了蒲江猕猴桃的事业中。

2013年，杨欣承包土地100亩，成立了自己的猕猴桃种植公司。从改土、育种、选苗、栽种到基地建设，他都事无巨细撸起袖子亲力亲为，哪怕是建园的一根铁丝、一个石条，也严格按照国际标准来执行。

好事多磨。2015年，眼看精心培育的猕猴桃树日渐茁壮，杨欣满以为会丰收。哪知一场前所未有的冰雹突袭了猕猴桃基地，屋瓦掀翻、围墙倒塌，正值花期的猕猴桃一片惨状：枝丫断了，花蕾损了，就连地上重育的小苗也都全军覆没。

“撑住！重建！这是我当时唯一的信念。”杨欣咬牙坚持。

摸索修剪技巧，拯救树苗，他顶着烈日开始了“拯救工程”。因为坚持有机种植，猕猴桃基地最后有1万余千克果子存活下来。杨欣说，如果选择化学肥料，猕猴桃可能会存活得更多，但坚持有机农业的初心让他放弃了这样做。

以草为宝维护土壤微生物含量

做有机，诉求很简单。“如果说起初只是为了一个有机梦。有孩子以后就觉得，不仅要让孩子们吃上放心美味的水果，还要让所有的人来认可中国的好品质。”带着这样的愿望，杨欣坚信能做出自己的有机品牌。

所谓有机种植，简单说就是不使用任何含化工原料的肥料。也正因为如此，100 来亩的猕猴桃种植基地里杂草密布，不过其中自有学问。“我们不是除草，而是控草。”有机猕猴桃基地技术主管邓卫国解释，不将杂草“赶尽杀绝”而是控制它的高度，每当超过标准时才对其进行修剪，如此一来能够建立一套草的生态体系，“草可以收集空气中的氮元素，树盘周围的草更是可以维持土壤中微生物和昆虫的含量。”

“这种天气，如果没有杂草会导致园里的热量太高，对猕猴桃的生长来说也是不利的。”邓卫国解释说，他们每年会根据杂草的状况，大约进行 3 次修剪。猕猴桃和脚下茂密的草，在杨欣眼中都是宝。

网络实时监控二维码追溯生长过程

普通红心猕猴桃成熟期大约在 8 月中下旬，但有机猕猴桃由于不使用化肥，成熟期要晚 20 多天。因此大约要再过 2 个月，杨欣种植的猕猴桃将迎接新一轮的市场检阅。

早就备好的猕猴桃包装盒上，精致的图案旁印着一个二维码，颇为惹眼。杨欣解释说，他的有机猕猴桃种植目前设有一套农业物联网监控系统，商家可通过物联网监控系统对猕猴桃的培育进行 24 小时实时监控，二维码的设置也是其中的一个环节。

当猕猴桃走进千家万户，消费者只需拿出手机扫一扫，便可追溯猕猴桃的生长过程，从培育到收获，都能了解。发展至今，公司品牌“泰禾有机”代表的“蒲江有机猕猴桃”独树一帜，2018 年获得德国纽伦堡国际有机展猕猴桃品类唯一一个“低碳产品”奖。为蒲江猕猴桃产业“供给侧改革”探索出一条可行的发展之路。从事猕猴桃标准化种植科研 13 年，沉淀积累了丰富的猕猴桃产业标准化实操经验。杨欣的有机猕猴桃种植基地已被中国优农协会授予“最具培育潜力的优质果品基地”称号。

醉美纳溪　生态家园

——纳溪区发展有机农业工作汇报

一、区情概况

纳溪位于四川之南，地处长江之滨、永宁河畔，是“中国酒城”泸州三大核心城区之一。辖区面积 1 150 平方公里，辖 12 个镇、3 个街道。纳溪主要特点体现在“四美”。

(一)历史之美

古称云溪，因三国诸葛武侯平定云南，“蛮夷纳贡而出此溪”得名，南宋理宗绍定五年(公元 1232 年)建县，1996 年撤县设区。国家级文物、泸州酒文化代表——麒麟温酒器在境内出土。朱德成名之战——护国讨袁战争棉花坡战役在境内打响，建有全国唯一以护国战争为主题的护国战争纪念馆、百年护国战壕遗址。邓小平、胡耀邦等党和国家领导人曾亲自到纳溪视察指导工作。

（二）自然之美

28.5公里长江黄金水道穿境而过，有永宁河等大小溪河130余条，森林覆盖率高达57%，是“全国生态文明建设先进区”“长江上游生态屏障建设先进单位”，享有“中国特色竹乡”“中国特早茶之乡”“全国十大魅力茶乡”等美誉。天仙硐、凤凰湖、花田酒地、云溪温泉等国家4A级景区风光秀丽，大旺竹海“中国森林养生基地”独具魅力，是“全国休闲农业与乡村旅游示范区”“中国最美乡村旅游目的地”“四川省旅游强区”。

（三）人文之美

唐代诗人李白在大渡口留下“夜发清溪向作三峡”著名诗句。宋代书法家黄庭坚手书石刻“二月茶”留存至今。由著名音乐人小虫作词作曲、著名歌唱家李谷一演唱的形象歌曲《那溪那山》荣登央视晚会，纳溪民歌被评为四川省首批非物质文化遗产，是“全国文明城市”“中国民间文化艺术之乡”。

（四）活力之美

321国道、隆纳高速、宜泸渝高速、隆黄铁路等纵贯全境，是中国西南出海大通道必经之地、川滇黔渝四省市结合部重要交通节点。创造了多项示范试点，是“国家现代农业示范区”“全国结合新型城镇化开展支持农民工等人员返乡创业试点地区”“四川省农村综合改革试验区”。

二、有机农业工作推进情况

近年来，纳溪区始终坚持“绿色发展”的理念，以国家有机产品认证示范区创建为抓手，不断深化农业供给侧改革，着力提高区域品牌竞争力，坚定不移地把发展有机产业作为助农增收的有效途径。全区有机产品生产基地稳步发展，有机产品不断呈现，有机品牌日益响亮，创建工作扎实有效。2018年，全区有机种养殖认证面积10.23万亩，预计实现有机产品产量2.8万吨、产值2.5亿元，有机产业产值占农业总产值的7.1%。无公害产地整体认证面积达43.2万亩，主要农产品标准化生产覆盖率为80.1%。拥有有机产品认证企业8家，有机基地13个（其中种植基地12个、养殖基地1个），有机认证证书13张，涵盖原粮、果蔬、茶叶、野生采集、食用菌、葡萄酒和畜禽养殖7大类27个有机认证产品，拥有“瀚源”有机茶、“银桩”跑山猪、“天仙硐土凤凰”林下鸡、启玉葡萄、“鲜凤”玉米等多个有机品牌。成功创建为全国首批的“国家药品安全示范区”“四川省级农产品质量安全监管示范区”“四川省质量强市示范城市”。

（一）系统思维抓发展，致力有机之路

发展有机产业工作是个系统工程。纳溪区认真组织、科学安排，全力实施。一是高位推进。成立区政府主要领导任组长、分管区领导任副组长、相关部门“一把手”任成员的有机产业发展领导小组，全面协调、强力推进工作落地落实。区委常委会、区政府常务会多次审议听取、安排部署有机农业发展相关工作。二是高标规划。对标国家有机产品认证示范区标准，组织

邀请专业技术团队编制泸州市首个有机产业发展专项规划——《纳溪区有机产业发展规划(2016—2025)》，着力解决生态环境保护、产业协调发展、食品质量安全、资源循环利用、农民致富增收等核心问题，指导和推动全区有机产业发展。配套出台了《百亿茶产业发展规划》等11个发展规划，统筹推动全区有机产业发展。三是高效保障。落实1.2亿元惠农资金优先向有机企业和业主倾斜，整合涉农资金3亿元，专项用于打造以有机茶叶、林下鸡、有机高粱等有机产业示范项目。加强与中国农科院茶叶研究所、省农业科学院、四川大学等科研院校的合作，引进有机生产技术转化先进成果35项，编写市级地方标准1个，有机认证企业拥有专利技术6项，开展农产品标准培训和有机产品生产技术指导近10万人次。成立有机产品认证服务中心、有机产品服务中心和有机产业发展协会，建立“中心＋协会＋公司”模式，为有机产业发展提供科技支撑与服务保障。

(二)立足本底抓发展，筑牢生态之基

有机产业发展需要良好的生态本底。自2013年启动有机产品认证示范区创建工作以来，纳溪区全力实施生态环境保护“四大行动”，让纳溪水质更优、蓝天更多、土壤更洁、环境更好，为有机产业持续健康发展奠定生态本底。一是开展“碧水东流行动”。深入推进河(湖)长制，严格落实饮用水水源长效保护机制，纳溪污水处理厂二期工程建成投用，全区12个镇污水处理厂完成升级改造，城市饮用水源达标率、永宁河监测断面水质达标率均为100%。牵头组织召开全国首届长江生态旅游发展研讨会，当好“长江生态大保护”的践行者，确保“一江清水向东流”。清溪河流域生态治理工程被评为“国家水土保持生态文明工程”(全国仅5个、四川省唯一1个)，昔日的臭水沟蜕变成远近闻名的4A级景区。二是开展“土壤修复行动”。实施土壤酸化治理8万亩，完成土壤有机质提升20万亩、提升耕地有机质含量1个百分点。启动实施76家养殖场养殖污染源综合治理工作，新建农村户用沼气池20 535口，实现畜禽粪便资源化综合利用和循环发展，常规化肥用量逐年递减。三是开展“蓝天保卫行动”。实施重点行业脱硫脱硝除尘改造，完成四川银鸽竹浆纸业有限公司、泸州市海纳环保科技有限公司锅炉脱硫除尘工程等烟气治理项目。积极推动秸秆综合利用，着力消化秸秆存量。实施减排工程12个，二氧化硫和氮氧化物排放量年均减少700吨和50吨以上。四是开展“全域绿化行动”。创新实行“N禁皆知”“N禁合一”，用一张图标明环保、国土、规划、农业、林业等方面禁止开发建设范围，指导区域范围或主管范围经济社会发展各项活动。实施天然林资源保护工程2.5万亩，巩固退耕还林工程5.2万亩，推进营造林工程3万亩，被评为四川省绿化模范先进单位。

(三)突出重点抓发展，成就品质之道

品质和健康是创建工作的根本所求。纳溪始终不断提升有机产品品质、品牌和品味。一是建好基地。以“一线三区十园”建设为抓手(一线：全域有机生活交通环线；三区：有机产业限制发展区、缓冲发展区、适宜发展区；十园：现代有机特早茶产业园、标准化有机牲畜产业园、川南特早茶产业园、林下有机家禽产业园、有机高粱产业园、有机水稻全程机械化产业园、有机果蔬循环种养殖产业园、有机蔬菜粮经复合种植产业园、竹纤维产业园、有机农副产品冷链物流产业园)，以点带面推进基地建设，启玉果业、银桩农业等13个有机基地竣工投用，建成3个国家级标准化示范区、4个省级标准化示范区，瀚源公司、太山公司成功创建国家有机产品示范基地。二是做强品牌。实施品牌强区战略，区财政每年拿出不少于500万元，奖补示范区创

建、有机产品认证等工作。农产品地标保有量居四川省县区之首，拥有国家地理标志产品 5 个（其中有机企业 1 个）、省名牌产品 15 个（其中有机企业 1 个）、省著名商标 17 个（其中有机企业 1 个）。“银桩”跑山猪、“天仙硐土凤凰”林下鸡等有机产品进入北京、广东、上海等省市。四川首批中国—欧盟地理标志互认产品——“纳溪特早茶”远销港澳台及欧洲市场。利用纳溪电商平台推出“纳溪有机馆”，开展线上营销线下体验，集中优势力量宣传纳溪有机产品，尤其是大学生创业孵化平台（赶场天电商）吸引数 10 名创业者加入。今年 1—9 月，通过电商销售农副产品 3 108 万元、同比增长 9%。三是做实监管。在全国率先启动下一代互联网 IPv6 建设，探索智慧监管体系，实现信息实时共享，有效遏制有机产品质量安全事故发生。高标准建设农产品质量安全监督检测站，实行农产品基地产地准出制度，完善有机产品质量追溯体系建设，确保全程监管“行有据、查有迹、追有踪”。

（四）服务民生抓发展，共享幸福之源

发展有机农业的最终目的是提高人民群众的生活质量和水平，真真切切为老百姓谋福利。为此，纳溪始终将“有机产品认证示范区创建”工作作为一项惠民、利民工程。一是助农增收，施惠于民。建立健全发展有机产品和贫困户的利益联结机制，支持贫困户采取土地入股、劳动力入股等多种方式，与有机企业建立利益联结机制，共享有机发展红利。创建国家有机产品认证示范区 3 年来，纳溪区农民人均年收入从 2015 年的 1.26 万元增加到 2017 年的 1.51 万元，增长率达 19.8%。二是循环发展，造福于民。以有机发展带动循环发展、资源共享。天仙镇有机养殖、有机种植、粪污一体化和生物有机肥循环利用项目试点成功。竹韵公司的“竹林种植＋林下种养＋竹产品加工＋生物质燃料肥料”循环经济模式得到省领导高度肯定。全区万元 GDP 能耗不断降低，被评为“全省减排先进集体”。三是创新宣传，取信于民。充分利用报刊、电视、广播、网络、公益广告、文艺晚会、图片展览、科普教育、摄影大赛等各种宣传形式，全方位、多角度、多形式地宣传有机农业工作，群众知晓率、参与率不断提升。有机文化、有机生活的文明新风逐渐形成，群众幸福指数不断提高。

三、创建故事

坚守有机茶达十八载　富裕老百姓初心不改

李爱民，男，汉族，家居四川省成都市。1982 年 10 月—1996 年 10 月先后在 81065 部队、黑龙江省军区、成都军区后勤部服役。1996 年 11 月—2000 年 10 月在中国银行四川省分行成都高新区支行工作。2000 年 4 月至今在四川瀚源有机茶业有限公司任董事长。

李爱民于 2000 年辞去在中国银行的工作，来到泸州，成立了四川瀚源有机茶业有限公司，主要从事有机茶的种植、生产、加工和经营。

四川瀚源有机茶基地正式选址在泸州市纳溪区白节镇团结村。2002 年创建四川瀚源有机茶业有限公司。2003 年年初，第一批新茶面市，同年荣获第五届“中茶杯”特等奖、四川省“甘露杯”优质名茶。首次通过中国农科院有机茶发展中心有机茶生产、加工、标志使用认证。公司集有机茶科研、生产、加工、销售为一体，实行“公司＋基地＋专合社＋农户”经营模式，现已建成有机茶基地 2 680 亩，带动周边茶农发展茶园 2 万余亩。2003 年以来，企业连续 15 年

通过中国农科院茶叶研究所有机茶生产、加工、产品认证、标志使用四项认证。公司的“瀚源牌有机茶”被省政府授予四川名牌产品称号,四川省著名商标。公司一路走来,在董事长李爱民的带领下,公司快速地成长。

科学规划,明确目标

公司计划到2020年,牵头建成白节有机茶基地1万亩,综合产值达到2亿元。

主动作为,争取投入

公司得到当地党委政府高度重视和大力支持,先后得到国家、省、市、区各种项目资金1 500余万元,公司自筹投入8 000多万元。

融合发展,提质增效

公司立足全产业链发展战略,推动一、二、三产业融合发展。

建设有机茶主题观光园。公司选择方圆30公里环境无污染的三华山片区种植有机茶,间植苦楝树、桂花树、樱花树,以有机茶认证面积为核心,着力打造万亩特早茶生产基地,既是公司茶叶生产加工的原材料基地,也是全区全域乡村旅游的观光型有机茶园,更是纳溪特早茶的主题文化公园。

建设有机茶生产加工中心。公司与中国农科院和省农科院等单位合作,成立泸州市瀚源茶叶研究所以及专家院士工作站,完善产品质量监督检验中心,构建从茶园到茶杯的有机茶质量安全追溯监控网络体系,在种植、加工、销售、监管等环节,推行有机茶生产经营“四项制度”,着力打造标准化的有机茶加工中心。

建设特早茶营销体验中心。在有机茶基地,建设有3 000平方米“本色瀚源广场”、4 000平方米的“本色瀚源茶庄”,欢迎四方宾朋,入园参观旅游,品尝有机茶。公司配合地方政府开展春季“茶叶开采活动周”活动。牵头中国特早茶城(泸州)体验中心建设。2018年9月23日在中国特早茶城成功举办了“早茶香·丰收节·中国梦——纳溪特早茶在行动”活动,上千名市民相聚一堂,共享纳溪特早茶,讲述纳溪茶故事,畅聊纳溪茶文化,庆祝首届中国农民丰收节。

创新机制,助农增收

公司在自身发展的同时,不忘带动当地茶农增收致富。牵头周边茶农成立泸州市纳溪区兴众兴生态茶叶专业合作社,实行“公司+基地+专合社+农户”经营模式,建立紧密利益链接机制,确保茶农天天有活干,月月有工资,就在家门口,收入有保障。17年来,李爱民董事长承担起了社会责任,带动了当地的经济,公司得以快速成长,老百姓生活也发生着翻天覆地的变化。

2012—2017年,李爱民董事长出资30万元冠名了泸州市“瀚源有机茶杯”中小学生新概念作文竞赛。本届作文大赛共计1万余人参加,大赛评委组对全部稿子进行了初评、复评,从中评出了高中组15名、初中组40名、小学组45名进入决赛。整体水平较高,参赛学生积极性很强。本次作文大赛为公益比赛,实行学校报名参赛的方式。由著名作家、资深编辑和教育名家组成命题及评委专家组。从初评到决赛均按竞赛规定把学生姓名、学校班级、指导老师等内容全部封订,保证评奖的公正性。

2018年7月李爱民董事长积极响应了泸州市政府的号召参与了泸州市“千企帮千村”助力藏区脱贫攻坚活动,帮扶对象为稻城县桑堆镇所冲二村。积极开展扶贫济困,通过捐款捐物、助学、助老、助残、助医等形式,帮助改善结对贫困群众生产生活条件。2018年藏区松茸出产旺季，公司员工在李爱民董事长的带领下积极帮助帮扶对象所冲二村进行松茸销售，销售额达10多万元，大大帮助改善了结对村贫困群众生产生活条件。

用生态农业打造最初的梦想乐园

徐嘉忆，女，四川省泸州市太山生态农业有限公司总经理、四川大雅房地产经纪有限公司总经理、泸州市纳溪区有机产业发展协会理事长。泸州市拔尖人才，纳溪区第九届、第十届政协委员，泸州市第八届人大代表。

徐嘉忆1993年在四川美术学院毕业走上工作岗位，自1993年起至2003年，先后就职于广西北海海海广告公司、天津天海联安集团、天津医药品公司、天津大成房地产公司、泸州广夏房地产开发有限公司，分别从事过广告策划与设计、营销代理等工作。通过在不同的岗位上的历练与经验积累，于2004年注册了四川大雅房地产经纪有限公司，成为该公司法定代表人兼总经理，敏锐的判断力加刻苦勤奋的精神，使她获得了事业上的第一桶金。出于对家乡的热爱及对大自然、原生态物质状态的憧憬，2011年毅然决然回到家乡做起了生态农业项目，注册了四川省泸州市太山生态农业有限公司，亲自挂帅创建了太山生态园。

徐嘉忆立足生态农业，通过对中国农业、世界农业发展史及现状的了解与研究，深刻认识到发展生态农业是加快转变农业发展方式、推进农业现代化、实现农业资源高效、可持续利用的必然选择，是保护和改善农村生态环境，解决好“三农”问题、促进农业增效、农民增收和农村繁荣的重要途径，是满足人民群众对农产品质量的更高要求、是纵深推进生态文明城市建设的迫切需要。生态、有机、旅游是当今世界经济发展的潮流，也是太山生态园的发展方向。她经营的生态农业，不仅仅是一种生态环保的体现，更是以一颗崇尚自然的虔诚之心来体验沉静的农耕文化，以一种对生活的顿悟和顺应自然规律来创造未来。

按照“有机种养、立体种养、永续农业”的理念，徐嘉忆将太山生态园打造为一个集有机种植业、养殖业、加工业、教育、旅游为一体的有机生态循环农业综合体，现占地面积近2 000亩，已完成投资近6 000万元。

8年坚持，坚持有机循环农业

太山生态园崇尚自然农法原则，在这里，土壤、空气、水、植物、动物与人回到最天然的相处模式，彼此和谐、相互依赖共存。尊重生态系统平衡与生物多样性的原则，在园区建立起养殖与种植相辅相成的循环生态系统，希望保证各个环节投入物的安全性与可追溯性。目前太山生态园主要产品包括有机稻米、四季蔬果、有机鸡鸭猪羊等畜禽产品，园林作物以桂花树为主。22项产品连续5年获得有机产品认证，大米和鸡蛋获得农业部的绿色产品认证。

太山生态园不仅仅是一个单纯的有机农场，它的特色在于拥有相对独立的生态循环系统。按照科学的比例，将养殖和种植有机地结合起来，以保证动物饲料大部分都能来自园区，种植业也能通过养殖场得到所需求的安全的有机肥，这样的模式能够最大限度地减少农场土壤与动植物受到外来投入物的污染。

目前太山生态园的生鲜产品主要以CSA会员配送的方式销售，业务范围涉及泸州、成渝、上海、北京、浙江等地。

纯正有机农场，记忆中的梦想乐园

纯正的有机农场，是一片悠悠天地，是大自然中的健身会所，是青少年的教育基地。太山生态园在生态有机农业园的基础上，围绕“生态农业与教育培育”两大主题，各类旅游设施建设日益完善。目前园区已建成拓展训练基地、亲子酒店、餐饮中心、手工作坊、运动场地、野炊基地和露营基地等基础设施和配套设施，增加了各类教育宣传展示设施以及安全保障设施，加强了园区旅游体验的科普性、学习性、参与性。

2015年，太山生态园被四川省质监局评为“四川省中小学生质量教育基地”，同时与纳溪区政府合作共同建设集旅游观光、有机农业、科普教育、生活体验为一体的“国家级现代农业中小学生综合实践基地”，并与纳溪区合面镇政府签订了《学生实践活动运行管理协议》，接待纳溪区辖区内所有小学一年级到高中二年级学生的素质教育必修课，2015年10月正式开园，已接待学生近3万余人次，获得了社会各界的好评。

打造以“有机”“健康”“亲子活动”和“素质教育基地”为特色的太山生态研学旅行基地，在2016年8月获评为国家3A级景区。对外承接研学旅行、团体会议、拓展训练、户外婚礼等各类活动。

创业路上前行　社会责任在身

创业以来，徐嘉忆始终以扶持高校毕业生创业为己任，全面落实国家积极就业政策，大力推进创业促就业工作，帮助高校毕业生就业创业，太山生态园获评为泸州市大学生创业园区、国家级众创空间。多年来，先后有40余名高校毕业生在太山生态园创业、见习，在爱才、惜才的徐嘉忆的亲切关怀和指导下，同学们大胆实施自己的创业计划，不畏失败，在实践中探索前进。他们不但学会了做事，也学会了怎样做人。园区的开发建设，也解决了当地100余名剩余劳动力就业，带动了周边农民致富，取得了一定的经济效益和良好的社会效益。园区先后捐助太山村小学课桌、板凳、电风扇等物品，累计价值10余万元，赢得学校师生及家长好评。

认真勤奋耕耘　取得骄人成绩

在徐嘉忆眼里企业家有别于商人，企业家肩负国家和社会的责任更多，因此做企业是为了创造社会财富，实现社会价值。她带领自己的团队经过多年的努力，生态农业项目已取得了一系列的成绩。园区成立了党支部、团支部。在园区员工的共同努力下，获得四川省农业产业化经营重点龙头企业、市级科技创新示范园、市级农业科技综合信息服务示范点、泸州市高校毕业生创业园区等荣誉称号。

以后的创业路艰辛且漫长，徐嘉忆正率领自己的团队践行着“尊重传统、崇尚自然，农业文化、文化农业，有机精品、养生乐居”的企业发展理念。

带着农民闯互联网

泸州纳溪桂珑商贸有限公司所属纳溪电商中心始建于2015年，占地面积约3 600平方米，总投资2 000万元。作为纳溪区的电子商务中心，桂珑公司主要负责纳溪区特产和农村电子商务，致力于助农增收和精准扶贫。

公司董事长赵祥伟是一个朴实敦厚的学者型企业家，20世纪80年代毕业于师范院校，曾是三尺讲台上传道授业解惑的先生。改革开放的浪潮，把他卷入了经济领域，开始了他商海沉浮的生涯。如今的他，年过半百，事业有成，经济实力雄厚。2015年，善于捕捉商机的赵祥伟看到了互联网经济给农村、农民带来的巨大现实利益，他毅然决然地把全部精力都投入到了农村电子商务事业中。“不奢望赚多少钱，只希望能够帮农民一点儿忙”，简简单单的一句话，却是赵祥伟董事长的全部愿望。

他是这样说的，更是这样做的。

泸州市纳溪区地处乌蒙山区边缘，山高路远，自然条件恶劣，盛产竹木及竹木制品，但销售一直是一个阻碍竹木产业发展的大问题。电商中心成立后，赵祥伟董事长就把竹木制品的销售放在了电子商务的首位，他积极联系纳溪区竹木制品企业，在互联网上为纳溪区的竹木制品开辟专卖店，仅2年时间，就让纳溪区的竹木产业尤其是高附加值的竹木桌椅产值实现翻番，为企业、农民增加了收入。

纳溪区天仙镇，是一个有着20多年枇杷种植历史的乡镇，由于水土、气候、品种的关系，这里的枇杷个头大、味道佳、产量高，很受消费者欢迎，是全国绿色食品、地理标识认证产品，核心种植1万亩，发散种植2万余亩，年产枇杷150余万千克。但由于地理条件限制，天仙枇杷销售价格一直上不去，严重影响了果农的种植积极性。2017年5月13日，纳溪电商中心充分发挥电子商务优势，成功举办了以“枇杷+旅游”为主题的“赶场天·天仙枇杷节”，开幕当天就实现销售400多万元，极大地提升了天仙枇杷的商业价值。

纳溪区龙车镇鼓楼村是远近闻名的贫困村，由于山高崖多路险，治贫问题一直缺乏有效手段。赵祥伟董事长多次带队到村里考察，寻找农民脱贫路子。2016年，他引导村民养殖蜜蜂，电商中心为蜂蜜寻求销路。现在，鼓楼村的蜂蜜年产量已突破10吨，产值突破100万元。

纳溪区打古镇是一个与叙永县比邻的山区小镇，这里的人们世代相传着用红薯制作粉条的手艺，这里制作的红薯粉条，纯天然无污染，口感好，极富韧性。由于地处偏远，交通不便，打古粉大多在本地销售，不被外人所知。赵祥伟董事长了解此事后，多次实地察看，鼓励当地村民提高产量，通过电商中心平台进行销售。短短2年时间，打古粉的产量就从1万千克提高到了10万千克，年产值超过300万元，一项濒于失传的传统手工艺因此得以保存和延续。

在他的带领下，纳溪电商中心迅速崛起，涵盖纳溪特产文化体验中心、旅游文化展示中心、电商平台、电商培训和物流中心等诸多功能，在纳溪区政府的指导下，紧扣“扶贫攻坚”主题开展工作。三年来，电商中心自建了“赶场天”电子商务平台（www.gc.tt）和“好享纳溪”自媒体平台，建设并完善了152个农村电商服务网点，其中镇级网点15个、村级网点137个，基本解决了农民尤其是贫困人口购销两难的问题；建立了淘宝、天猫、天虎云商店铺，并与供销e家对接，目前入驻电商中心的企业和农村专业合作社33家，产品8大类139种，主销“乐道子林下鸡及鸡蛋”“护国陈醋”“纳溪特早茶”“生态大米”“特色水果”等“纳溪产”特色农产品，以及天仙硐等9个旅游景区全域旅游营销，形成了“进口丰富、出口顺畅”的良好格局。

电商中心积极参与农业标准化示范区（基地）建设，支持农产品“三品一标”认证，中心设立了农产品质量检测室，开发了“纳溪农产品质量安全追溯系统”，做到农产品“生产有记录、去向可查询、质量可追溯、品质有保障”，消费者可通过手机扫描二维码查询，放心消费。

纳溪电商城乡物流配送中心是纳溪桂珑公司的运营机构。中心设备设施完善，拥有完整的分拣系统，通过整合纳溪当地各大快递物流公司，负责从纳溪城到镇再到村的城乡配送体系，在农村选取优质的便利店作为村级物流服务站，培育农村电商、物流服务的领军人，同时联合副食品、日用百货、农资农具等供应商，对下属网点提供货源、商品配送、商品质量标准化服务，帮助村民在网上代买代卖、收发快递、代充话费、代缴水电费等。有效地解决了农村物流最后一公里的问题，形成“以站带商、以商补站”的综合服务模式。截至2017年年底，完成了201个农村电商物流配送网点的建设工作，其中区域物流分拨中心1个、镇级网点15个、186个村级服务站的建设，实现纳溪区城乡物流配送全覆盖。目前，物流中心配送车有8辆，每天往各乡镇、各村配送，中心物流配送网络覆盖全区90%以上区域，可在48小时内送达，基本实现“快递到镇、配送到村、服务到户”，填补了区以下农村物流配送的空白，打通了工业品下乡的“最后一公里”和物流进社区的“最后一百米”。

2017年，纳溪电商中心斥资100余万元，在深圳市福田区万科金域蓝湾建立了“纳溪客厅”。目的是让深圳民众通过“纳溪客厅”，更好地了解泸州纳溪的区域特产、区域农产、区域文化、区域旅游和区域推介，助推纳溪经济的外向型发展。纳溪客厅分为居民活动室、社区居民学习室、居民休息区、公益茶吧4个部分，每个部分都设有纳溪文化展示和纳溪商品展示，社区居民在这里可以对泸州纳溪区的人文、地理、历史、物产等有一个较好的了解。从此，纳溪区在深圳市拥有了一个展示纳溪形象的窗口。

2018年，泸州纳溪桂珑商贸有限公司建设纳溪城乡配送分拨中心，购置至少4条自动分拨链，充分利用云计算和人工智能技术，自动高效实现整理、分类、分拨城区、乡镇、村的包裹。配置冷藏、冷运设备设施，确保农产品、鲜产品、水产品在物流过程中的安全。同时，进一步完善以纳溪电商城乡物流配送中心为主体，利用村级物流服务点等物流基础设施为触角的县、乡（镇）、村三级农村物流服务网络体系，实现中心到站、站到点、点到户的精准定向服务，有效解决农村物流双向流通问题。

公司充分发挥企业的市场主体作用，引进优秀经营管理人才和高级专业技术人才，培养村级服务站管理人员，确保物流运营畅通无阻，用实力提升企业的影响力。公司进一步完善信息平台建设，优化资源配置，减少农民不必要的费用支出，减少农产品损耗，促进农产品加工增值，增加农民收入。

纳溪电商中心成立3年来，累计创造产值近2亿元，为农民增加收入近3 000万元，创造就业岗位230个，协助村民实现创业12人，直接帮助农村46户家庭实现脱贫。

天下米仓　有机旺苍

——旺苍县国家有机产品认证示范区创建纪实

一、旺苍概况

有着“绿谷红城”美誉的四川省旺苍县，地处四川盆地北缘、米仓山南麓，幅员2 987平方公里，辖38个乡镇、351个村，是全国重点生态功能区、川陕革命老区、国家扶贫开发工作重点县、秦巴山区连片扶贫开发县、四川省扩权强县试点县和“5·12”汶川特大地震重灾县。这里常年云雾缭绕，光照适宜，雨量充沛。采高山秀水之灵气，集日月韶光之精华，得天独厚的地理气候环境，富硒富锌的土壤条件，1 900 米的海拔落差，馈赠给这片大地丰富的物产，穿越四季，彰显的是绿色有机的独特魅力。旺苍历史积淀厚重。公元 420 年设郡县；第二次国内革命战争时期，徐向前、李先念、许世友等老一辈无产阶级革命家曾在这里挥师作战，当时仅有 10 万人的旺苍就有 1.2 万人参加红军，旺苍作为川陕苏区后期的首府长达两年半之久。旺苍地形地貌复杂。喀斯特地貌特征明显，地势北高南缓、中部低平。北部属高寒山区，自然条件十分恶劣；南部属深丘地貌，农业基础较好；中部属河谷走廊，工业相对发达。旺苍自然资源丰富。被誉为“川北聚宝盆”，境内有矿产资源 70 多种，其中煤炭、铁矿、石灰石、大理石、花岗石、菊花石、天然气等极具工业开发价值；旺苍还是全国名特优经济林木——杜仲之乡、全国绿色食品原料（茶叶）标准化生产基地；有米仓山国家级自然保护区、鼓城山—七里峡国家 4A 级旅游景区、苍王峡世界地质奇观、“四川名泉”鹿亭温泉等生态旅游资源和“中国红军城”、木门军事会议会址等红色旅游资源。

二、旺苍县有机产业和有机认证情况

近年来，旺苍依托生态和特色产品资源优势，全力开展国家有机产品认证示范区创建工作，大力开展有机产品认证发展，有机产业发展初具规模，有机产业效益逐步体现，为推动全县经济社会追赶跨越和决战决胜脱贫攻坚工作创造了有利条件。于 2016 年 12 月正式被国家认监委评为“国家有机产品认证示范区”，在省局、市局和各位专家的大力指导和关心下，我县有机产业与验收当年相比较，取得了显著的进步。一是产品种类更加丰富。2016 年，旺苍县仅有茶叶和杜仲雄花两个品种通过了认证，目前认证产品涵盖了茶叶、核桃、道地中药材、水果、畜禽、水产六大产品，种类更加丰富。二是认证数量显著增长。2016 年，旺苍县仅有 5 家企业取得有机认证证书 10 张，2018 年，全县已有 9 家企业取得有机认证证书（含转换）17 张，认证面积达 2.29 万亩。三是产业效益全面凸显。2018 年，旺苍县有机产品年产值达 2.1 亿元，占全县农业总产值的 7%，产业效益逐步体现，产业品牌进一步凸显，为推动全县经济社会转型发展、跨越发展奠定了坚实基础。

二、保障措施

（一）立足自然禀赋，明确发展路径

一是着眼于长远定思路。立足得天独厚的气候、土壤等自然资源，瞄准建成全国有机产品生产示范基地目标，科学制定有机产业发展中长期规划和年度实施方案，着力扩大产业规模，力争到 2020 年，全县有机产业认证面积达 5 万亩以上，畜禽认证 3 万头（羽、尾）以上，有机产品加工企业 15 个以上，有机产品产值达到 10 亿元。二是三区并进布产业。根据“北高南低中部地平”的地形地貌特征和产业发展实际，确立了北部特色有机农业产业发展区、中部 G542 沿线有机产品加工物流区和南部生态有机农业产业发展先行区的“三区并进”布局，先后建成木门、五权、高阳、枣林“四个万亩”茶叶生态示范产业带和以国华—英萃—盐河为核心的杜仲产业带。三是三产互动扩内涵。推行农旅结合、文旅互动的特色发展模式，大力发展农业观光、农业体验和“茶叶自留地”等乡村旅游，培育有机观光茶园 8 座，建成木门茶博园、三合文化创意园、米仓山博艺园等景园一体、文园一体特色园 14 个。

(二)夯实政策保障,激发产业活力

一是制定政策强保障。出台《关于加快构建新型农业经营体系的意见》《旺苍县有机产品认证奖补办法》等系列产业扶持政策,县财政每年预算不低于1 000万元的扶持资金用于有机产业发展,对新建500亩以上的标准化基地,给予100元/亩的补助,对新建连片成带5 000亩以上的标准化基地,一次性安排200万元支持其发展,同时对认证费用按照4万元/项的标准予以补贴。二是整合资金提效益。采取"整合资金、打捆使用、以奖代补、绩效管理、带动投入"的办法,放大单项资金的投入效益,重点向生态有机农业示范区集中,用于示范区的基础建设和配套服务设施建设。2018年,累计投入资金1 210万元,打造有机产品基地4 230余亩。三是严格考核聚合力。成立全县有机产业发展工作领导小组,建立乡镇、县级相关部门专门工作机构,并将有机产业发展列入年度绩效目标任务进行考核,强力督促各级各部门履职尽责、形成合力,共同推进有机产业持续发展。

(三)强化科技支撑,提升有机产业品质效益

一是借科研机构之力,建立标准体系。积极对接中茶所、省农科院、川农大等科研机构的技术力量,编制了《米仓山有机茶生产技术规范》《川仲雄花丰产技术规程》等标准,搭建起了以茶叶、杜仲等为主的有机产品农业标准化架构,建立了"县—乡镇—村社—农户"四级有机农业标准化推广网络,建成国家级、省级农业标准化示范暨有机产品区7个。二是走技术引领之路,提高产出效率。大力推广测土配方、立体开发等技术,全面推广灯光诱杀、色板诱杀等物理和生物防治措施,率先在全市培育起光华有机肥料生产企业,进一步提高了土地资源综合利用率和产出率。三是补传统农业之短,打造智慧农业。在园区高度集成及时气象、视频监控等"十大系统",充分运用精准感应、信息传输、自动控制等物联网现代新技术,实现园区生产信息化、自动化。率先在三合现代农业园区1 000余亩智慧黄茶园引进水肥一体自动供给系统,采用计算机远程控制,实现每亩节水近30%,降低成本约2 500元,有效提升了有机产业的品质和效益。

(四)严格市场监管,保障有机品质

一是把好"品种关"。统一采购优质种苗改良品种,先后引进天台黄、龙井长叶、福鼎大白等10多个名优特早无性系优良品种,确保有机茶叶种苗下地,同时充分挖掘和大力繁育本地适宜新品种,良种覆盖率达100%。二是把好"准入关"。打好联动监管"组合拳",从基地环境检测、生产、加工、存贮和运输等各方面严格市场准入,严格生产监管,严格监督检验,建立质量安全监管的长效机制,有力遏制了有机产品质量安全事故的发生。三是把好"监测关"。积极建立有机农产品质量安全监测体系,提升农产品质量快速检测能力,推行农产品基地、园区备案和标准化、安全化生产,严格督促指导有机农产品基地、园区开展产品质量自我监测;推进质量安全追溯体系建设,确保全程追踪"行有据、查有迹、追有踪"。

(五)着力市场推广,兑现有机效益

一是广借平台推出去。充分利用万企出国门、川货全国行、惠民购物全川行动市场拓展三大活动,实施"互联网+有机产品"行动,采用"农超对接"、电子商务等销售方式,拓展传统门

店及超市销售渠道。目前，有机产品销售收入累计实现1.6亿元。二是强化合作招进来。与浙江九好集团、浙江天台九遮茶叶有限公司等企业签订投资协议，对旺苍县有机农产品资源进行深度开发。三是多措并举扩路径。继续深化线下体验，积极探索“私人订制”，打造基地推广种植采摘模式，引导消费者通过“线上”“线下”渠道走进有机企业，开展有机茶、黄茶定购，有机茶采摘，茶树认养等活动，让消费者参与有机种植过程。2018年，消费者累计订购有机产业20余亩，有机企业实现采摘收入500余万元。四是强化品牌提美誉。2018年，国家质检总局批准旺苍县筹建“全国米仓山茶产业知名品牌创建示范区”。在2018年中国品牌价值评价信息发布会上，“米仓山茶”入选地理标志产品区域品牌全国百强榜单，名列全国第73位。通过品牌创建，米仓山茶与峨眉山、蒙顶山和宜宾早茶共同形成了全省名茶“三山一早”格局。精心培育的广元黄茶售价达1.8万元/千克，有机雀舌售价达2 900元/千克，价格远远高于同类产品。

四、实施成效

（一）精准定位，打造特色产业

旺苍探索有机发展起步早、行动快，早在2004年，米仓山茶就通过有机产品认证，旺苍有机产业发展的大幕就此拉开。在有机产业推动进程中，旺苍充分尊重有机产业贡献生态保护的特性，根据区域环境实际，综合种养习惯、优势特色等条件，精准选择主导产业，将有着传统种植历史的茶叶锁定为促进农业经济跨越发展的“拳头产品”来打造，“十二五”期间将杜仲产业纳入有机发展重点产业，同时淘汰了部分产业规模小、后续发展不足、带动示范不明显的小项目，有效避免了产业发展中盲目跟风和无序建设的风险。通过10余年创建，旺苍基本形成了以“茶叶主导、多产业融合发展”的有机产业格局，建有机加工厂5个，引进有机肥生产企业2家，形成了较为完善的产业链条。

旺苍县共有2 418亩茶园通过了有机产品基地认证，186吨鲜茶通过了有机产品认证。以有机产业为引领，旺苍已建起万亩亿元茶叶示范园8个、千亩千万元示范园30个和百亩百万元示范园100个，全面普及了诱虫板、频振灯、性诱剂等绿色防控措施和自动化、清洁化加工技术，大大提升了茶叶生产的标准化和现代化水平。初步建成有机产业专业乡镇13个、专业村143个，生态种养循环示范片区48个；建成国家级、省级农业标准化示范暨有机产品基地7个。

（二）红绿结合，惠及民生福祉

旺苍，依托绿谷红城的资源优势，以有机产业带动加快第三产业发展，走出了一条“红绿结合、气质鲜明”的县域发展之路。“有机认领”“有机茶餐”“有机观光”等独具特色的有机旅游品牌，助推了乡村旅游的蓬勃发展。在加强旅游扶贫示范村建设中，旺苍县已初步形成了东河镇—高阳镇—盐河乡—万家乡—木门镇乡村旅游示范带；已建成木门镇柳树村、东河镇鱼林村、鼓城乡关口村、古城村等4个省级乡村旅游村；鼓城乡、木门镇被评为省级乡村旅游示范乡镇；东河镇东河村被评为省级精品村寨。今后，旺苍县将坚持“红绿”“红古”“红俗”相结合，将红色元素、有机元素与乡村体验旅游、民俗文化旅游、生态康养旅游等深度融合；积极构建东连重庆，南接南充、广安、巴中，北融延安的红色有机文化精品旅游圈。

(三)平衡发展,助推生态保护

旺苍全面发展的有机产业,不仅大幅度提高了村民收入,也进一步提高了生态环境质量,让百姓家园愈加美丽。目前,已建成木门镇柳树村等幸福美丽新村109个、新村聚居点145个、低碳新农村综合体8个,按照“一村一品”连片发展特色产业15万余亩,采取“新建、改造、保护”等方式建设新民居3.1万余户;培育了有机观光茶园8座,建成木门茶博园、高阳茶文化特色园等景园一体、文园一体特色园14个。目前,旺苍县森林覆盖率已提升9.47个百分点,达57.1%,县城环境空气质量优良天数比例达95%以上,主要河流出境断面水质达到国家Ⅱ类水域标准,有害生物监测率达96.9%,产地检疫率达100%;先后荣获“中国城市建设魅力生态城市”“全省长江上游生态屏障建设先进县”“四川省绿化模范县”等荣誉称号。

有机产业良好的贡献了生态环境发展,旺苍县将生态文明建设摆在工作首位,创造性地将生态文明建设与生态司法、生态执法衔接,先后出台了《旺苍县人民代表大会常务委员会关于加强绿色检察工作的决定》《加强生态司法、生态执法衔接,大力保护自然生态环境资源的意见》,开展“绿剑”“啄木鸟”“绿盾”三大行动,创造性地建立全国首个“绿色检察”生态补偿基地,用法治守护生态绿色,并被授予“全国生态环境法治保障制度创新最佳事例”荣誉。

(四)助力扶贫、打造增收产业

充分利用“国家有机产品认证示范区”金字招牌,积极组织引导企业和经营主体发展有机产业,形成了有机产业创业新潮,全县从事有机茶叶、核桃、中药材等生产的新型农业经营主体达1 353个。旺苍县茶叶总产量达到6 500吨,产值12.3亿元,其中有机茶产量43.9吨,产值达到6 724万元,从事有机茶生产的农民人均纯收入增加了215元;全县杜仲产值达2.8亿元,其中有机杜仲产值为5 600万元,人均纯收入增加了1 600元。茶叶、杜仲等有机产品畅销省内外,其价格为普通农产品的1.5倍,经济效益实现进一步扩大,“生态有机牌”不断提高当地农产品的附加值和经济效益。今年,已累计带动脱贫减贫1 800余人,直接受益200余人。

五、经典范例

1千克有机绿茶销售均价达2 100元,一盒60克装的杜仲雄花销售价格近3 000元,利用绿意盎然的有机茶园、乡村景观打造的“有机观光之旅”特色旅游产品,备受游客青睐……旺苍县有机产业的逐步发展壮大,不仅为当地群众打造了一个增收致富“金字招牌”,也极大地提高了当地生态环境质量,让百姓家园更加绿色、低碳、环保、优美。

为促进有机产业发展,旺苍县明确了特色有机农业产业基地、农业产业化龙头企业、农民示范专合组织和农业品牌创建“四位一体”发展重点,确立了北部特色有机农业产业发展区、中部有机产品加工物流区和南部生态有机农业产业发展先行区的“三区并进”发展格局,并严把“品种关”“准入关”和“监测关”三大关口。

在发展茶叶、杜仲等有机产业中,旺苍县统一采购优质种苗改良品种,先后引进天台黄、龙井长叶等10多个名优特早无性系优良品种,良种覆盖率达100%;同时,建立健全质量安全监管长效机制和有机农产品质量安全监测体系,实行农产品基地、园区备案和标准化、安全化生产，确保全程监管“行有据、查有迹、追有踪”。

为确保全县有机产品标准化生产，旺苍县先后出台了系列扶持政策，县财政每年预算不低于1 000万元的扶持资金用于产业发展；编制了《旺苍县有机茶生产种植技术规程》等标准，建立“县—乡镇—村社—农户”四级有机农业标准化推广网络；组建院士（专家）工作站，为有机产品生产管护提供研发服务。

六、特色产品

（一）茶叶

全县优先发展有机茶叶，打造有机茶生态园区，形成有机绿茶、有机黄茶两大主导产品。旺苍茶叶自古以来就被列为皇家贡品，而有机绿茶、有机黄茶更是继承了贡茶的制作精髓。米仓山有机绿茶经常年云培雾养，集奇峰之灵气，采青山之精华，尽显自然。全县茶叶种植面积达到22.6万亩（其中黄茶种植面积5 000亩），米仓山茶荣获国家地理标志保护产品、中国驰名商标、国家级绿茶农业标准化示范区、四川省茶叶产业基地强县、四川省十大名茶等殊荣。

（二）杜仲雄花

地上冬虫夏草，树上川仲雄花。旺苍闻名全国的“林荫药乡”“杜仲之乡”，全县现有杜仲3 000余万株，杜仲大户5 000余户。杜仲全身上下都是宝，两千年中医验证，杜仲具有降血压、补肝肾、强筋骨、安胎气等诸多功效。而作为旺苍特色的“川仲雄花”，是广元亿明生物科技有限公司利用杜仲雄树所开之花，采用高科技设备和工艺，加工而成，产品对人体有效活性物质含量达40%，在全国同类产品中最高。“川仲雄花”研发生产被国家科技部纳入国家星火计划，在第十届中国国际有机食品博览会中获得金奖。全县1.5万亩杜仲林通过了有机产品基地认证。旺苍杜仲荣获国家级杜仲农业标准化示范区、国家地理标志保护产品等殊荣。

（三）核桃

旺苍的土壤和气候适宜发展核桃，在三江至大两、普济至化龙2个核桃产业示范带，大力推广“旺核1号”“旺核2号”，以新产品带动核桃产业转型升级。以普济、三江、大两、英萃等乡镇为中心，建设标准化有机核桃种植基地，开展核桃有机认证，已完成核桃有机基地转换认证4 000亩，年产量超过1 200吨。旺苍核桃的营养丰富，富含蛋白质、脂肪、碳水化合物，并含有人体必需的钙、磷、铁等多种微量元素和矿物质，以及胡萝卜素、核黄素等多种维生素。核桃已经成旺苍县脱贫攻坚和农民增收致富的骨干产业。

七、休闲、观光景点

旺苍特定的自然地理位置和喀斯特地貌，造就了奇特的山川地势。有2.5亿年前海洋沉淀雕琢而成的“天下第一鼓——东西鼓城山”，有举世罕见的潜龙十八潭，有潇洒飘逸的月牙儿瀑布，有“四川名泉”——鹿亭温泉。旺苍县以红军城景区为核心，规划建设县城区及周边生态休闲度假旅游区。依托木门景区及三合现代农业园区，加强农旅融合，将木门景区打造成集红色文化体验、茶文化体验、乡村休闲体验于一体的农旅结合示范区。已连续举办了九届红色旅游文化节暨米仓山红叶节，“天下米仓，康养旺苍”的品牌愈益闪亮。

（一）木门景区

木门景区坐落于木门镇，核心景区6.73平方公里，由木门军事会议会址纪念园、米仓山万亩生态茶园、柳树幸福美丽新村三部分构成，体现了“三美”：红色美、生态美、乡村美。景区内有徐向前元帅亲笔题写的“木门会议会址”匾额，红军石刻标语有310余处，其中“赤化全球”标语气势磅礴、全国仅有。

（二）鼓城山—七里峡

鼓城山景区以山为主体，森林景观、野生动物、地下景观相辅相成，云景气景四时不同，绚丽多彩。鼓城山山体似鼓而四周峭壁如垣，高达150～200米，山顶宽广平缓，方圆2万～3万平方米，东西两鼓城山相距近千米。主要景观有“云海天鼓”，大红岩“崖壁城堡”，中山包“天然风蚀园林”，塔坝河“花径通幽”，大红岩“地下暗河迷宫”等。

（三）鹿亭温泉

鹿亭温泉位于绝壁天成、峡谷幽深的鹿亭溪旁。该温泉含有锶、锂、锌、硒、硼等多种微量元素，具有较高的医疗价值，它对皮肤病、关节炎、神经麻痹等都具有很好疗效。在鹿亭温泉，你还可以品尝到千年贡茶高阳坡名茶——鹿亭贡茶，聆听汉王传说。不论成人儿童，均能在此找到属于自己的乐趣。

生态田园　有机西充

——西充县国家有机产品认证示范区创建纪实

我国作为一个发展中国家，正面临着发展经济和保护资源与环境的双重任务，但在发展经济的同时常常会导致环境的破坏与资源的浪费。在所有产业中，农业与资源环境的关系最为密切和特殊，农业生产既可以保护和改善生态环境，也可能对环境造成重大破坏并浪费大量资源。如过量的施用化肥、大量使用化学农药和除草剂，不但破坏土地资源，更直接威胁到我们的食品安全。有机农业在发挥其生产功能即提供有机产品的同时，关注人与生态系统的相互作用以及环境、自然资源的可持续管理，是解决环境与农业持续发展矛盾的重要途径。

党的十九大报告指出：“人与自然是生命共同体，人类必须尊重自然、顺应自然、保护自然”；党中央、国务院强调“坚持质量兴农，实施农业标准化战略，突出优质、安全、绿色导向，健全农产品质量和食品安全标准体系。引导企业争取国际有机农产品认证，加快提升国内绿色、有机农产品认证的权威性和影响力”为以有机农业为主的现代农业提出了发展方向。

西充县是四川省丘陵区的农业大县，农业人口众多，工业经济发展规模偏小，三次产业结构不合理。西充县委、县政府在充分调研的基础上，结合西充社会经济发展情况和生态资源条件，创造性地提出发展有机农业的战略目标，也是西充县委、县政府认真贯彻中央、省、市对农业农村工作方针，落实乡村振兴的战略部署，推进城乡统筹、开拓农业新局面的现实要求。

一、西充概况

西充位于北纬 30°，四川盆地东北部，处于嘉陵江、涪江的脊骨地带，海拔高度一般 350～450 米，面积 1 108 平方公里，属川北浅丘地带，丘低谷宽，地势较平，四季分明，气候温和，年均气温 17 ℃，年降雨量约 980 毫米，无霜期长达 300 多天，森林覆盖率达 45%，生态禀赋良好，无传统工业污染，空气、水、土壤等自然资源优良，土地肥沃，土层深厚，物产丰富，主要产水稻、小麦、玉米、红薯、辣椒、柑橘、香桃、蚕桑、油菜等。全县辖 44 个乡镇，621 个行政村（其中 34 个社区），是“诳楚存汉”大将军纪信、第一届中央人民政府副主席张澜先生故里。

西充历史人文厚重，于公元 621 年（唐武德四年）置县，自古崇教尚学，耕读传世，“诳楚存汉”大将军纪信，三国硕儒谯周，唐代高僧何炯，“保路运动”先锋罗伦，无产阶级革命家于江震，第一届中央人民政府副主席、民盟创始人张澜等皆诞生于此。忠义文化、红色文化、宗密文化、民俗文化源远流长，是全省文化县、全省文物大县、中国（纪信）忠义文化之乡。

西充区位交通独特，距南充市主城区仅 16 公里、成都市 170 公里、重庆市 180 公里，国道 212 线、国道 101（国道 37 公里，省道 69 公里），5 条高速过境（里程共 119 公里），广南、巴南、成德南、遂西高速已建成通车，绵西高速即将建成通车（枢纽互通 3 处，落地互通 9 处，服务区 2 处），全县乡乡通油路、村村通公路。

西充产业特色彰显，坚持三产联动、融合发展，以有机农业为特色的现代农业领先全市、示范全省，是中国西部有机农业第一县，以农产品精深加工、生物制药、精密制造为特色的新型工业集群发展、增长强劲；以乡村旅游为特色的现代服务业高端发展、形成热点，张澜故居 4A 级景区、中国有机生活公园 3A 级景点、青龙湖国家湿地公园、充国香桃源、双龙桥国家宜居村等景区广聚游客，“桃花节”“荷花节”“品果节”等节庆活动品牌日益响亮。

二、有机产业和有机认证情况

（一）艰难抉择，独辟有机农业发展的蹊径

西充是川东北丘区典型的农业县。嘉陵江与涪江脊骨地带的特殊方位，决定了诸如“十年九旱”之类的天灾频发。这里自然资源匮乏，因酸菜红薯作主食被一直戏称为“苕国”，农产品“优而不多、多而不优”致使群众收入水平低，经济发展滞后，民生问题突出，各类矛盾交织，曾一度处于举步维艰的发展困境。2007 年，在四川省 68 个丘陵类区县综合实力评比中居于末位。

2008 年，西充县决策一班人敢于开拓，锐意进取，根据西充经济社会发展情况和适宜发展绿色有机产业的生态优势，提出建设“发展有机农业产业，建设生态经济强县”发展战略，着力打造集绿色发展理念、绿色产业体系、绿色技术创新、绿色消费文化于一体的中国“西部绿谷”，走出了一条“生态为基、绿色崛起”的县域经济底部崛起之路。

10 年来，全县有机农业基地从无到有，从有到多，认证面积不断扩大，生产监管不断增强，产品质量不断提升，全县已建成有机食品生产基地 100 个，生产面积 18.5 万亩，其中 75 个基地通过有机认证或有机转换认证，认证品种 105 个，有机农业已成为西充一张靓丽的名片。先后荣获国家现代农业示范区、全国绿化模范县、全国生态文明示范工程试点县、全国生态保护和建设示范区、国家有机食品生产基地建设示范县（试点）、首批国家有机产品认证示范创建县、首批国家有机产品认证示范县、国家清洁生产示范县、中国低碳经济示范县、国家“十二五”科技支撑计划认证认可重点领域科技示范基地、国际有机运动联盟亚洲科研基地、国际有机运动联盟亚洲有机农业技术研发中心等诸多殊荣和称号。

（二）齐抓共管，助推西充有机产业高质量发展

加强保护，构建有机农业的生态保障体系。深入开展生态环境保护、生态污染防治、农业生态修复和农村环境综合治理“四大行动”，完善水源、土地、森林等资源付费使用机制，推行排污权交易制度，实行森林禁伐制度，形成了涵盖源头保护、治理修复、责任追究等系列生态文明制度体系；以创建国家级生态文明示范县为统揽，实施长江中上游防护林工程、“海绵”城市建设、10 公里城市生态圈、“两河”生态景观打造等重大生态工程 18 个，建立生态环境保护体系；持续开展“蓝天、碧水、净土、宁静、青山”五大专项行动，创新开展全民卫生行动，集中治理城乡面源污染，推行乡镇生活污水生态治理模式，建立生态污染治理体系；完善有机园区土壤检测制度，土壤改良机制，形成了土壤治理制度体系。

抓住优势，构建有机农业的产业发展体系。依托畜禽、果蔬、粮油、农产品加工等产业优势，引进培育农业企业 105 家、农民合作组织 479 家，各类家庭农场和专业大户 1 658 家，培育了有机农业发展生力军；坚持“规模化、集约化、标准化、品牌化、信息化”方向，建成优质农产品生产基地 35 万亩，有机食品生产基地 18.5 万亩，其中 75 个基地、12 万亩通过有机认证，认证品种 100 个，形成了稳定的有机生产规模；有 6 个基地先后获环保部命名“国家有机食品生产基地”，树立了有机农业基地标杆。

规范生产，构建有机农业生产标准体系。在严格执行国家有机产品标准 GB/T19630—2019 基础上，针对西充地域性特点，编制发布粮油、果蔬、笋菌、畜禽、水产等 5 大类 40 项有机产品区域性地方生产标准及 20 项有机产品地方团体质量标准，做到操作有规程。按照国家有机农业标准要求，积极推广物理防控技术，配套安装太阳能杀虫灯、诱虫黄板等绿色防控设施，配套建设腐熟池、干粪房等农业废物综合利用设施。积极推广液态有机质肥料制作技术和设备，以及肥水一体化灌溉设施等。不断完善基地生态隔离带、缓冲带建设，全面构建布局合理、功能齐全、综合效益较高的有机产业基地。

严控质量，构建有机农业的生产监管体系。建立有机农业投入品配送中心和监控系统，完善生物农药和有机肥等物资供应链，结合有机农业扶持政策，实行统购、统销、统管，确保有机生产投入品安全；强化环境监测，常年对有机生产基地大气、水样、土样进行适时抽检，保障生产环境优良；对有机生产基地常态化巡查，及时掌握基地生产状况，严肃处理违规行为；强化同

质监部门合作，加强对认证机构监督，促进认证机构严肃认证，保证认证质量；引入第三方检测机构，开展对有机产品产前、产中、产后全程抽检，严把产品质量最后一道防线；加强市场监管，开展农牧、市场监管、环保等部门联合执法，依法打击制假售假、假冒伪劣、以次充好等行为，保护西充有机品牌信誉。

开拓市场，构建有机农业的市场营销体系。依托西充有机农产品优势资源，成功创建西充县农产品区域公用品牌“好充食”，培育壮大 5 大类 63 个有机品牌，创建国省农产品品牌 12 个，国家地理标志保护产品 4 个；在京沪广深等国内大中城市创办西充有机农产品旗舰店 12 家、配送店 251 家，综合运用“互联网＋”、会员营销、高端配送、订单直销、电子商务、农超对接等营销方式，形成了较为完善的西充有机农产品营销网络，西充有机农产品市场占有率不断攀升，有机农业总产值突破 30 亿元。

三、保障措施

（一）强化组织保障

成立由县委、县政府主要领导牵头的创建工作领导小组，组建常设机构——西充县有机食品办公室，专门负责全县有机农业发展规划、技术指导、认证组织、生产监管、市场开拓等工作。将有机产品示范县认证创建建设纳入相关部门和乡镇年度目标考核，形成了上下齐抓、协力推进的良好格局。

（二）强化规划引领

聘请四川省农科院，精心编制了《西充县有机农业发展规划（2009—2020）》；并根据国家有机农业发展导向和本县实际，编制完善了《西充县有机农业发展“十三五”规划》（2015—2020），对产业布局等核心内容做了进一步细化；根据《中共西充县委关于集中力量抓好 10 件大事的决定》，编制了《西充县建设“中国有机农业第一县”实施方案》（2018—2021）。

（三）强化政策引导

健全财政投入稳定增长机制，2019 年前每年保证不低于 1 000 万元有机农业发展资金，2019 年预算有机农业发展资金 1 500 万元，以后每年增加 10％，用于有机农业基地建设、生产发展、标准制定、质量监管、市场营销、科技推广、开放合作等方面。

（四）完善激励措施

按照“政府引导、企业主体、社会参与”的思路，并分别于 2013 年、2017 年制定出台有机农业发展扶持办法，坚持“统筹兼顾、统一标准、公开操作、严格监管”的原则，重点在宣传培训、有机认证、生产投入、生产监管、绿色防控、市场营销等环节给予补助，出台县级科技创新、回乡创业人员政策，探索科技人才与新型经营主体联效计奖机制，激励各类经营主体增加科技投入，极大地提高了有机农业企业有机生产发展积极性。

（五）强化项目整合

按照“规划引领、立项统筹，性质不变、渠道不乱，各司其职、各计其功”的原则，近 10 年累计整合涉农项目资金15亿元，争取金融支持12亿元，吸纳社会资本8亿元，集中投入有机产业、重点基地和龙头企业。

（六）强化技术服务

以推进农科教结合、产学研协作为主要抓手，不断完善有机农业科技创新体系和现代农业产业技术体系。组建亚洲有机农业技术研发中心，积极开展有机农业病虫害防治技术、土壤改良、产业管护等方面的技术课题研究和技术培训，形成有机种养技术发展强大科技支撑；培育和引进有机农业社会化服务组织，与企业签订技术服务协议，为企业制定产业管护方案，指导企业开展土壤培肥、病虫草害防治等工作；鼓励有机农业企业强化研发机构建设，引进领军人才和研发团队，实现有机农业科技研发能力大幅度提升。

四、实施成效

（一）生态效益独特

提升了土壤质量：通过生产系统内部物质的循环利用，如包括豆科植物在内的作物轮作、秸秆还田、施用绿肥和有机肥、种植养殖有机循环等措施，土壤有机质和氮磷钾含量得到有效提高和转化，有机农业基地土壤通气性及疏松度明显改善，土壤肥力和保水能力显著提高，有机质普遍提升到2.5%以上，土壤全氮、全磷、全钾、有效磷以及速效钾含量均明显高于常规农田。改善了区域生态环境：有机农业在生产过程中禁止使用人工化学合成的投入品，病虫草害防治采用生物、物理及人工措施，减轻了化学肥料、农药对水体和环境的污染，避免了水土流失等问题的产生。促进了资源合理利用：据测算西充县每年可综合利用有机生产废弃物40万吨，畜禽粪便约50万吨，相当于减少化肥施用量2 000吨（纯氮），减少化学农药使用量75吨。促进了生物多样性发展：通过在田间管理中强化生态平衡和注重物种多样性的保护，促进了农田养分循环、改善田间小气候，全县生物种类及数量逐年增加，森林覆盖率达45%。

（二）经济效益显著

有机农业已成为西充县发展的当家产业，2017年全县有机农业总产值达到30亿元。有机农业还极大地带动了三产互动发展。一方面，有力带动了有机农产品加工业发展，川东北有机农产品精深加工园建设正快速推进，预计全面投产后年产值可达100亿元；另一方面，生态改善极大带动了乡村旅游发展，义兴百科有机生活公园、古楼西充桃文化博览园、凤鸣双龙桥有机循环第一村等特色旅游景点，成为南充、以及成渝市民休闲度假目的地，2016年，全县乡村旅游总收入突破32.45亿元，真正实现一业引来百业兴。

（三）社会效益良好

西充县坚持群众共建共享，探索“企业＋业主大户＋农户”“企业＋专合组织＋农户”“职业经理人＋专业合作社＋农民”等经营模式，推广“两统两返”“五方联动”等助农增收利益联结机制，引导群众广泛参与农业产业化经营，坚持把有机农业作为扶贫开发的重要抓手，多渠道实现增收致富，农业园区人均收入达到2.5万元，带动1.3万人实现减贫脱贫；发展有机产业带动了城乡统筹协调发展，通过基地建设和三产融合，推动落实工业反哺农业、城市支持农村的方针，实现以城带乡、以工促农、城乡互动、协调发展。同时，成功举办 2015 国际有机农业论坛、第二届亚洲有机农业大会暨 2017 中国有机农业峰会、国家可持续发展高峰论坛，有机产业成为西充县对外展示形象的最靓丽名片，极大地提升了西充县的知名度和美誉度。

五、经典范例

创新发展机制，始终坚持龙头带动、协会组织农民发展现代有机农业，探索出“五方联动”“两统两返”“六统一分”“入股分红”“统一经营”“统分结合”等机制；创新“畜禽—沼渣（沼液）—果蔬”、秸秆—食用菌—有机肥—粮油（果蔬）循环经济发展模式，力保有机农业可持续发展。

紧扣新时期农业农村实际，以实施组织化经营作为有机农业的生产组织保障，规范发展有机农业龙头企业、专合组织、种养大户和家庭农场等新型经营主体。依托多扶食品工业园和橡胶坝工业集中区，先后引进宏森双孢菇、天盛竹业等农产品加工型龙头企业 14 家；依托农业品牌优势，先后培育百科、航粒香、茂源、金科、广绿等农产品生产型企业 105 家，规模以上“农”字号企业达 42 家（其中国家级 1 家、省级 11 家、市级 30 家）。

截至 2017 年，全县已有天盛竹业、航粒香米业、百科、广绿、德仁和、盛祥玫瑰、三江甲鱼等 70 余家有机农业龙头企业，辐射带动 82 个村发展果蔬基地 8 万亩、高产粮油基地 14 万亩，发展种养业等各类农民专业合作组织 479 个，全县共培育香桃、脐橙、蚕桑、蔬菜、畜禽等各类家庭农场和专业大户 1 658 家。已建成有机食品生产基地 18.5 万亩，其中 75 个基地、12 万亩、100 个品种获得有机认证或有机转换认证，年出栏有机畜禽 50 万头（只），涉及粮油、果蔬、畜禽、蚕桑、笋菌及白酒加工等产业，2017 年有机农业总产值达到 30 亿元，全县直接从事有机农业的第一线农人达 7 万余人。

1. 四川省航粒香米业有限公司

经营水稻种植、大米加工、仓储物流的省级重点龙头企业。截至目前公司已建成四川西充、苍溪、黑龙江五常有机水稻种植基地，有机认证面积 2 万余亩，拥有“航粒香”有机大米系列产品 20 余个品种，销售渠道覆盖北京、上海、广州、深圳、重庆、成都等近百座城市，进驻“永辉”“天虹”“家乐福”“欧尚”等多家全国精品商超系统，其中“玉晶香”“天府璀钻”系列大米在 2016 年昆明农博会获得金奖殊荣。

2. 四川省德仁和农业开发有限公司

集种植、加工、仓储、销售为一体的现代化一条龙的新型农业产业化龙头企业，流转租赁土地 6 000 余亩，拥有“麦匠人”面粉、面条系列产品 8 个品种，其产品口感细腻爽滑，韧性好，双层独立包装，保鲜更耐存，按食用量独立小捆装，尽显人性化设计，无微不至。公司新开发“五度佳”有机香醋即将进入市场。

3. 四川省西充县高新有机食品开发有限公司

集生产、加工、营销为一体的股份制企业，现有有机农产品展销大厅 300 平方米，生产基地 1 050 亩，主打产品“充国”牌香薯、黑豆、黑花生、绿豆、蚕豆，畅销全国。

4.四川省盛祥玫瑰生态农业开发有限公司

以有机玫瑰、莲籽种植、加工、销售为产业基础，依托张澜故里国家4A级旅游风景区的市级重点龙头企业。拥有玫瑰花茶、玫瑰醇露、玫瑰蜜酱、荷叶茶、莲子等系列产品，销售省内外，在阿里巴巴1688网站、淘宝网、邮乐网、天府绿谷网、和聚蜀商网、微博、微信、陌陌等知名电子商务网站上交易十分活跃。在2015年中国森林食品交易博览会上“玫澜”牌玫瑰醇露荣获金奖、玫瑰蜜酱荣获最受喜爱产品奖。

5.四川省广绿农业科技有限公司

独具特色的台资有机农业企业，基地规模达2 000余亩。公司采用台湾精品农业发展模式，以“诚信与良心做安全食材”为理念，以打造中国西部有机农业示范样板和教学培训基地为目标，引进台湾果蔬新品种、新技术进行有机种植，实现了台湾有机农业经营模式和大陆有机农业实用技术的有机结合。公司立足“行业高端”发展定位，先后引进台湾火龙果、蜜枣、木瓜、珍珠苦瓜、栗子南瓜、水果玉米、香水柠檬等台湾高端果蔬品种13个并试种成功，其中种植红心火龙果201亩，于2013年取得有机认证。

6.西充县朝阳特种水产专业合作社

毗邻4A级旅游景区——张澜故居，流转土地300余亩，从事有机甲鱼繁殖、稚幼鳖培育、成鳖养殖、生活体验、西凤脐橙种植等为一体的一条龙生产经营，现有甲鱼养殖基地100亩，休闲渔业基地50余亩，有机西凤脐橙种植基地150亩，“灵宝甲鱼”已远销省内外。

7.西充县金山红薯农民专业合作社

专业“黄心苕”“红心苕”种植基地，租赁土地300亩，“西充黄心苕”获得国家地理标志产品，其产品表面光滑、营养丰富，口感极佳，可煮食、烤食、切片晒干等。

8.西充县金科种养殖有限公司

集种植、养殖、观光旅游及电子商务为一体的市级重点龙头企业，流转土地2 600亩、有机认证核心区1 000亩，主要从事有机蔬菜、桃、柑橘种植和“巴马香猪”、土鸡养殖。在重庆“有田有家”旗舰店主营有机农产品配送，服务城市中等收入以上用户1 000余家。

9.西充茂源生态农业发展有限公司

跨区域、跨产业布局的企业集团，涉及农业种植、畜牧水产养殖、农产品加工、储藏保鲜、土地治理、乡村旅游开发等。目前已在西充、海南、西昌多个地区建立了规模不等的农业发展园区，以特色养殖、种植为核心，乡村旅游观光、健康养老为辅。其“丈黑香猪”利用四川黑猪一号与甘孜州山地藏猪杂交培育，因饲料加入被誉为抗衰老的“八丈草”而得名，其肉质鲜美、细嫩、口感好，富含铁质、蛋白质和维生素等平衡安康的营养素，胆固醇和脂肪含量都比普通猪肉低。

10.西充县三江甲鱼生态养殖专业合作社

集甲鱼养殖、生活体验为一体的市级专业合作社，注册商标“养寿”。合作社流转土地380亩，建成现代化甲鱼养殖塘和稻田鱼养殖塘320亩，建立了相对独立的有机生产循环体系，采用先进养殖管理技术，选用优良品种从产蛋、孵化、育苗、喂养到出栏全程自行培育养殖，年产甲鱼上万只，味道鲜美，口感细腻，产品远销成渝、广深等地。

11.四川天盛竹业有限公司

集竹笋种植、研发、加工、销售于一体的省级重点农业（林业）龙头企业，主要从事麻竹、雷竹种植、加工，建设麻竹、雷竹种植示范基地 4.6 万余亩，有机麻竹种植示范基地 3 600 亩，年产有机鲜笋 5 万吨，注册商标“竹娃娃”获省著名商标，旗下竹娃娃农民专业合作社获批国家级农民专业合作社。“竹娃娃”产品有 5 大系列 30 余个品种。“竹娃娃”系列产品采用山间野生竹笋，雨露滋养，民间古法炮制，脆嫩丰美，返璞归真，健康天下人。先后多次获得中国西部国际农产品博览会“最畅销产品奖”“中国森林食品交易博览会金奖”等。

12. 四川森肽集团有限公司

坐落在多扶食品工业园的森肽集团，下辖四川宏森公司、四川丰森公司、四川懋森公司和四川泰森粮油 4 个子公司，推行循环农业发展模式，形成“有机水稻—双孢蘑菇—有机肥料”循环产业链，新建有机水稻基地 6 000 余亩，年产有机肥 1 万吨、有机稻 2.4 万吨、双孢菇 1 500 吨，2017 年实现产值 1.9 亿元。

13. 西充县钰兰种养殖家庭农场

该农场为专业土鸡养殖场，采用土鸡围山放养，长期以自然觅食结合自产粗饲喂养。鸡肉肉质结实，胶质蛋白丰富，汤汁浓郁，口味鲜美。鸡蛋品质优良、营养丰富。

六、特色产品

实施品牌带动战略，培育丰源禽蛋、牛奶猪、航粒香大米等特色有机农产品品牌 63 个，“竹娃娃”“充国槐树”“充国香桃”“航粒香”4 个四川省著名商标，以及“西充黄心苕”“西凤脐橙”“充国香桃”“西充二荆条辣椒”4 个国家地理标志产品。富硒猪肉、丰源禽蛋、“竹娃娃”被上海世博会评为最受欢迎产品。已建成北京、成都、重庆、广州、深圳等城市有机农产品旗舰店 12 家，有机产品配送店 251 家，有机体验馆 10 家，西充有机农产品昂首阔步走向全国。成功认证有机产品 100 个。

1. 充国香桃

西充本地原生野桃经过南充市科协和南充市农科所 20 多年的精心选育而成的具有当地特色的水果，远销成都、重庆等地，在川东北水果市场有较高的美誉度。“充国香桃”汁多味甜，香脆浓郁，果实圆形，果皮色彩白里透红，外观艳丽，肉质脆嫩，离核，平均单果重量 230～280 克，2008 年 2 月 28 日正式在国家商标总局注册。2009 年，以古楼镇“充国香桃”母本园为核心的“充国香桃源”2 000 亩基地获得有机转换认证、并获得“中华名果”殊荣。2012 年获农业部农产品地理标志登记证书。

主要生产企业：西充县元斗桃园、西充县古楼镇赵家庙香桃专业合作社、西充县金科种养殖有限公司、西充县古楼镇金子山种植专业合作社等。

2. 西凤脐橙

原产美国的奈维林娜脐橙的引进品种，西充县农业局果技专家于 1992 年从中国农科院柑橘研究所引进，在西充县凤和乡母本园选育而成，命名为“西凤脐橙”（取原产地西充县凤和乡之意）。其果品呈椭圆形，果面光滑，果色橙红鲜艳，油胞细小，果汁丰富、香甜爽口，果肉细嫩化渣，味香浓郁，老少皆宜，深受广大消费者喜爱和专家好评。2003 年在全国第七届名特优果品展销会获“中华名果”殊荣，2004 年经国家工商总局注册为“西凤”牌商标，2013 年 12 月获得由农业部颁发的农产品地理标志登记证书。

主要生产企业：西充县百科有机种养殖有限公司、西充县灵宝山西凤脐橙专业合作社、西充县花木山农业专业合作社、南充市凤鸣绿色食品有限责任公司、四川桐子河观光农业有限公司、四川天马山农业有限公司等。

3. 西充黄心苕

西充县素有苕国美誉，建成有机红薯基地 3 000 余亩，新建淀粉薯基地 5 000 余亩。发展了红心薯、紫心薯等多个品种。黄心苕就是其中的代表品种，含有丰富的淀粉、膳食纤维、胡萝卜素、维生素，以及钾、铁、铜、硒、钙等微量元素和亚油酸等。以其丰富的营养、独特醇香的口感深受消费者喜爱。于 2011 年获得由农业部颁发的农产品地理标志登记证书。

主要生产企业：西充县金山红薯农民专业合作社、西充薯宝宝专业合作社、南充市凤鸣绿色食品有限责任公司、四川省西充县高新有机食品开发有限公司、南充市舜之本农业有限公司等。

4. 航粒香大米

通过精选的优质水稻品种，严格按照有机产品国家标准进行种植生产，经现代工艺加工、严格筛选，米粒大小整齐，米色呈珍珠般玉白。富含铁、磷、锌、硒等多种微量元素以及丰富的蛋白质。蒸出的米饭晶莹透亮，绵软略黏，鲜香爽口，为米中极品。航粒香天府璀钻系列大米在 2015 年第九届中国国际（上海）有机食品博览会年度有机产品品评活动中获得“味优奖”。

5. 红心火龙果（广绿公司）

由广绿公司引进台湾红心火龙果经有机种植，糖分达 15 度以上，口感清甜而不腻，营养极其丰富、功能独特，它含有一般植物少有的植物性白蛋白以及花青素，丰富的维生素和水溶性膳食纤维，对人体有绝佳的保健功效。

6. 双孢菇（宏森公司）

工厂化种植，富含蛋白质、脂肪、糖、纤维素、磷、钙、铁及多种氨基酸、核苷酸、维生素等营养成分，素食之王。

7. 牛奶猪（百科公司）

源于美国 PIC 五元杂交品种，猪仔饮用有机牛奶，以有机玉米、青绿叶菜等为饲料；具有低脂肪、低胆固醇，肥而不腻等特点。

8. 香葵鸡（百科公司）

采用野生放养，以葵花盘、叶、秆等炮制饲料喂养；具有高蛋白、低脂肪、高维生素 E、高钙等特点。

9. 巴马香猪（金科公司）

中国四大香猪之首，具有悠久的饲养历史和稳定的遗传基因，是品质优良而珍贵稀有的地方小型猪品种。其性野早熟，外貌清秀，体型矮、小、短、圆；饲养粗放，适应性和抗病能力强，成年最大个体 45 千克左右。巴马香猪肉蛋白质含量高，脂肪低，热量也较低，钙磷含量和比例几乎与鸡蛋完全一致；巴马香猪肉营养全面，人体必需的氨基酸和微量元素普遍高于普通猪，其中谷氨酸的含量是普通猪的 2 倍以上。更为独特的是，巴马香猪肉中含有一种丰富的不饱和脂肪酸的特殊物质，它具有多种药理性。巴马香猪肉不仅肉质细嫩，肉色鲜红，而且肉香扑鼻，不腥不腻，符合现代人对美食的追求，深受美食者喜爱。

10.“竹娃娃”系列产品（天盛竹业）

山间野生竹笋，民间古法炮制，雨露滋养，脆嫩丰美，返璞归真，健康天下人。

11.三江有机甲鱼（三江甲鱼专合社）

一种珍贵的滋补食品，严格按照有机标准选用优良品种养殖。

12.玫瑰花茶（盛祥玫瑰公司）

甜香扑鼻、香气浓郁、滋味甘美。具有和血平肝、补养血气、恢复精神、润泽肤颜等功效，是现代人非常合适的下午茶饮品。

13.丈黑香猪（茂源公司）

由川黑一号和高原藏猪杂交培育的独特品种，因饲料中加入被誉为抗衰老神奇草药的“八丈草”而得名，其猪肉肉质鲜美。

14.八宝洞猪（凤鸣绿色公司）

放养山林，栖于洞穴，食有机玉米红薯青饲料，味美，保健，安全，环保！

七、创建故事

数千年前，这片神奇的土地上就有先民辛勤劳作，耕读传家，孕育了丰厚的历史文化。这里，有自然赋予的好山好水，有传统农耕的原乡原味，是中国西部现代农业公园——西充，培育了一代又一代新农人。他们满怀梦想，选择了忠实于这块自然土地，书写天地人交流协作的农产作品，这是对食物的敬畏，也是他们以农利国的信仰。

诚信

高元斗，西充县古楼镇过江楼村人。2008 年回乡，看到家乡香桃卖不出去，乡亲们都在砍树。原本怀揣“淘金梦”，告别土地汇入到务工的大潮中的他改变了主意，放弃高薪，带领乡亲们种植香桃，帮助他们找出路。一开始很难，乡亲们技术和观念都跟不上，他一点一点指导他们，把 8、9 根主枝剪成 3 根，开花时为桃树疏花，挂果后为桃树疏果，不施用化学农药和肥料，只能施有机肥等等。当他把原来 1 块钱 1.5 千克的桃子卖成 6 块钱 1 千克，大家也就都跟着他干了，这一干就是 9 年多。他掌握物理灭虫、人工除草、生物农药防病、施用有机肥、套种三叶草、在桃树下铺设反光膜等成套技术。他的香桃成为西充首批获得认证的有机农产品之一，年收入也从 2009 年的 7 万元增加到 2017 年的 130 余万元。2016 年，元斗香桃不够卖，有人叫他收别人的桃子当元斗品牌卖，“怎么能这样呢？”因为高元斗知道，收别人一箱桃子，就毁了一辈子的信誉，真心和诚信比生命重要。如今，元斗桃园里产出的香桃个头硕大、形状规范、鲜美香甜，一系列举措，使充国香桃的知名度不断攀升，现已远销深圳、昆明等地，一上市便供不应求，价格卖到每千克 20 元。

“一花独放不是春。”高元斗并没有独掌技术一家独大，而是将他成功的经验无偿传授给桃农。2010 年，他牵头组建“西充县充国香桃专业合作社”，担任理事长，引导果农规范栽植，精心管理，拓展市场。至 2017 年，全镇 3 000 多农户种桃增收逾 10 万元。

国际化标准

李义洋，台湾地区人，48 岁，大学本科，高级农艺师。来到西充做农业，是一场偶然，从台湾来到大陆，本来是想投资鞋厂，却被西充的原生态环境所吸引，西充的气候地形，与台湾地区很像，但却是一块没有充分开垦的宝地。刚好政府倡导有机农业，李义洋就想：能不能将台湾地区成熟的有机体系移植到这里呢？这样大陆的同胞也能够用更低的价格尝到最正宗的热带水果。2013 年，广绿公司成立了，大棚建起来了，台湾地区的农用机械和高新水果种苗也带进了西充，实现了生产作业机械化，并引进了领先的微生物酵素有机肥料，将更国际化现代化的有机农业标准带入了西充，带领 1 000 多农户发展起了有机农业。6 年里，流转土地 2 000 余亩，完成生产性总投入 3 900 万元，实现经营总收入 1 800 万元。6 年来，团队从最初的 8 名员工发展到现在的 116 人。6 年来，为社会无偿培训人才 160 余名，接待社会团队考察 300 多次，将台湾地区精致农业理念带到了全国各地。

追求

谭嵩，地地道道的重庆人，是一个对生活品质要求比较高的人，当过厨师、开过饭馆、办过酒楼。为了追求儿时记忆中的那种味道，和许多城里人一样，为了孩子，为了健康，也为了对生态有机农产品有着大量的迫切的需求，做了一个新农人。

2012 年，谭嵩来到西充，流转土地 2 000 余亩，投资 1 000 万元，在店子山村创建了一个集种植、养殖、体验、观光旅游及农业电子商务为一体的有机农业生产基地。谭嵩认为，做有机农业并不是刀耕火种，而要借助科技力量进行创新。金科有机农产品生产基地便是谭嵩创新的试验田，基地里建设了智慧农业园，园区内包括智慧农业总控制中心、智能玻璃温室大棚，以及新品种示范区和农业物联网工程等，只需一部手机就能把蔬菜大棚管起来，极大地节省了人力和物力，更节约了生产成本。

发展有机农业要比一般农业付出更多时间，生产成本相对较高。只有产生效益，产业发展之路才能够继续。于是，2012 年，一家西充有机农产品体验展示中心在重庆应运而生，创立“有田有家”营销平台和社区体验店，发展了大量家庭用户，会员在网上下单，蔬菜直接配送到家。目前，重庆展示中心的 VIP 会员已达 300 多个，手机商城的注册用户达到 3 000 余个。

同时，谭嵩以对品质的高标准、严追求，带动周边农户共同致富，实现了一个新农人对情怀、对品质的理解，那就是有田有家，田园生活送到家。

使命

黄峰，四川省航粒香米业有限公司董事长，曾经是国营房地产经销商，转行做有机大米，为啥？黄峰说：中国，是水稻的故乡，但今天的中国大米，却没有响当当的品牌。品牌的保障是产品自身品质，得从源头做起。很多人都劝他说，种田是亏本的，但看看家乡的好山好水，祖祖辈辈栽种了几千年的水稻，他觉得这片肥沃的紫土不会亏待他，中国的大米，也可成为品质的象征，需要他们这样的企业做好先行军。

沿用老祖宗们的智慧，秋冬季深耕晒土，春夏稻田养鸭，全程不用化学农药和化学肥料，每一粒米，都是天生地养。他相信，只要用心耕耘，就能种出闻着就香、吃着就好的真正好米。

如今，航粒香已经有了自己的生产线和品牌，有着遍及全国各地的销售市场，带领着200多农户脱贫致富，吃着好米饭，过着好日子。

农业大县　有机先行

——安岳县有机产品认证示范区创建纪实

安岳县位于四川盆地中部“南充古陆核”附近，属丘陵地区，地跨沱江、涪江分水岭，地势西北向东南倾斜，中部高、两边低。属亚热带湿润季风气候，四季分明，年平均气温17.4 ℃，无霜期314天，空气湿度75%～80%，年降雨量1 200 mm左右。安岳不受寒潮霜冻影响，既无冻害，也无毁灭性病虫害和水、空气污染，宜种性强。

目前，安岳县的粮食总产量和出栏生猪居全省、全国前列。优质粮油、生猪、柠檬和蔬菜已成为安岳的四大主导产业。其中，安岳柠檬是全国唯一的柠檬商品基地，国家柠檬标准化生产示范区，产销量均占全国总额的70%。

在上述背景下，为适应经济发展新常态，落实中央提出的绿色发展理念，巩固和深化生态建设成果，发展有机产业是建设生态文明的有效途径。安岳县自2013年起大力发展有机农业，2014年4月15日，安岳县人民政府与环境保护部有机食品发展中心签订《安岳县有机产业发展战略合作框架协议》，坚定了安岳发展有机产业的决心。安岳县紧紧围绕建设“中国柠檬之都”和“川渝绿色农产品配送中心”，大力发展柠檬主导产业，推动通贤柚、优质粮油、蔬菜、薯类等产业优质发展。截至2018年10月，安岳县从事有机生产的共有13个企业，15个基地（获得有机认证证书的企业6家、基地8个，面积125.91公顷，产量2 547.32吨。获得有机转换认证证书的企业7家、基地7个，面积190.9公顷，产量855.51吨），其中囊括柠檬、通贤柚、红薯、鸡、鸡蛋、核桃和水稻。

一、建立健全有机产业监督评估机制

安岳县有机产业工作领导小组每年制定有机产业年度工作目标，分解下达任务，完成情况纳入相关部门和重点乡镇年度综合目标考核内容。

截至2018年10月，安岳县已获得有机认证的企业基地主要坐落在安岳县人和乡、周礼镇、镇子镇、八庙乡、乾龙乡、石桥铺镇、城北乡、卧佛镇、偏岩乡、大埝乡和来凤乡等11个乡镇。安岳县着眼于区域未来的可持续发展，将有机产业发展规划为近期（2017—2020）、中期（2021—2025）和远期（2026—2030）三个规划阶段，努力形成“一核四带”有机产业格局，重点发

展有机柠檬、有机粮油产业，促进有机果蔬种植、有机畜禽和水产养殖发展，积极推进有机农业循环经济发展模式，推动安岳有机产业健康发展。

一核："有机谷"核心区：依托安岳县农业现代化建设核心区，建设"有机谷"核心区，核心区位于安岳县兴隆镇、天宝乡，将安岳县"有机谷"打造成为引领川东丘陵地区有机农业发展的核心。四带：有机柠檬产业带、有机粮油产业带、有机特色示范农业产业带和有机循环农业产业带。

二、制定扶持有机生产的优惠政策

政府从生产投入品、认证及产品检测费、市场推广、有机技术应用等方面，出台具体的扶持政策，提高企业从事有机生产的积极性。

目前安岳政府为规范有机产业发展，已经制定了一套有机产业发展以奖代补办法政策，对县境内从事有机产业发展的企业、专业合作社等符合有机认证条件的对象开展奖补，奖补范围包括有机认证申报及检验检测方面、有机转换认证方面、基础设施建设及设备配置方面（杀虫灯、黄板、蓝板、除草机、有机产品质量可追溯信息录入设备、基地监控设备等），县政府鼓励、支持、引导安岳县有机产业的发展，并对有机产业实行不定期监督和管理。

三、加强对有机产业基地硬件的支撑

引进品质优良的有机农产品品种，选派专业技术人员扎根基地，进行种植、施肥、病虫害防治等技术指导；构建果实贮藏冻库，并且与科研院联系，甄选生物保鲜剂，降低企业损失。

四、构建有机产业生态循环和经济循环发展新业态

在基地标准化建设的基础上，积极推广林下生态养殖，如林下养鸡、鸭等，拓展林下种植，套作牧草、蔬菜、中药材等。推广废弃物处理后还田技术，鼓励利用农作物秸秆、家畜粪便、工业酒糟、食用菌渣等有机肥料还田，改良土壤。与此同时，在努力构建有机产业融合发展大格局的基础上，创新创建"农户养殖（种植）、产地加工、休闲旅游、循环生态" 的一、二、三产业融合发展新业态。

以柠檬产业集群为支撑，联通农、牧、工、商四大业态和链条，形成"1＋4"融合发展模式。坚持用"全链条、全循环，高质量、高效益"的理念发展有机柠檬产业，形成规模化、标准化生产，配套建设有机柠檬加工、饲料加工、生物肥料生产、农产品配送、电子商务、冷链物流、有机产品销售、柠檬采摘体验和休闲观光等产业，实现安岳有机柠檬产业经济的良性循环。

五、提高当地劳动力就业率

通过实施有机食品产业规划，使大部分农民有机会接触有机农业生产技术，对他们进行农业、环保、加工、植保等方面的技术培训，提高当地农民的技术、管理素质，带动当地农民一起富裕。

四川军豪农业开发有限公司成立于2014年11月，主要从事种植中药材和蔬菜、养殖淡水鱼和家禽、初加工、贮藏及开展农业技术服务。该公司采用“公司＋协会（专业合作社）＋基地＋农户”的农业产业化经营模式，实行规模化、专业化、市场化经营的致富之路，转变农户传统的生产经营理念，逐步向高产、优质、高效的农牧业生产方式发展，促进农业的可持续发展。目前，该企业园区带动980户农户从事果木，家畜养殖等生产服务，年人均纯收入增加2 800元以上。

从2013年起步，到2015年成功申报省级有机产品认证示范创建区，再到如今成为国家级有机产品认证示范创建区。安岳作为农业大县，紧紧抓牢有机产业发展机遇，在5年之内完成两次质的飞跃，使一些传统优势农产品成为有机产业发展的“排头兵”。

云南省

绿色生态　有机思茅

——普洱市思茅区国家有机产品认证示范区创建之路

面对全球气候变暖、环境污染、能源资源供应危机、生态破坏、贫困威胁等严峻挑战，绿色发展成为全球应对危机的共同选项。党的十八大以来，国家把“创新、协调、绿色、开放、共享”作为发展理念，秉承“绿水青山就是金山银山”为保护生态环境的总目标，树立“保护生态环境就是保护生产力、改善环境就是发展生产力”的重要思想，牢固树立生态文明理念，坚持发展与生态两条底线一起守，两个成果一起要，加快建设特色生物、清洁能源、现代林产业、休闲度假养生四大绿色产业基地，努力构建以绿色发展为主题、绿色经济为主流、绿色产业为主体、绿色企业为主力的绿色发展新格局，把保护生态环境列入重要议程。以习近平新时代中国特色社会主义思想为指导，云南省委、省政府提出绿色经济强省发展战略。有机产业又是绿色生态产业的重要支撑，遵循“尊重自然，顺应自然，人与自然和谐相处”的生态文明理念和“健康、生态、公平、关爱”的原则。通过严控投入品、规范生产过程记录及加强监督第三方认证机构认证行为等科学制度体系，保障了土壤健康、农民健康、生态健康，也给消费者带来纯正和健康安全的食品。思茅区结合自身实际确定了发展的目标和方向，咖啡种植面积、产量居全国第一。茶叶、石斛种植面积、产量居全省第一。“普洱有三宝：茶叶、咖啡和石斛”是普洱人的共识。

思茅区以市场经济发展为导向，抢占绿色生态产业发展的制高点，确定和树立适合自身发展的新思想、新目标、新方向。发展有机农业产业，实施绿色生态立区，努力提升自身竞争力，为建设国家绿色经济试验示范区打基础。打好“绿色能源、绿色食品、健康生活目的地”三张牌，创建国家有机产品认证示范区是思茅区打造绿色生态产业发展的必然之路！

一、思茅区概况

思茅区位于普洱市南部，澜沧江中下游，是全市政治、经济、文化中心。全区国土面积约3 928平方公里，辖5镇2乡、56个村和17个社区。思茅区的基本情况可归纳为8个方面：一是历史悠久。早在3 000多年前，思茅就有人类繁衍生息；在汉代，这里被叫作哀牢地，宋大理国始建思摩部，元代置普日思摩甸长官司；雍正十三年（1735年）设思茅厅；1913年废思茅厅改为思茅县；1958年，思茅县并入普洱县，1981年恢复；1993年撤县设市为思茅市；2004年撤地设市建区，将思茅市改为翠云区；2007 年，翠云区更名为思茅区。二是气候宜人。全区海拔在 587～2 154 米之间，年均气温 18 ℃，年均降雨量 1 510.1 毫米，冬无严寒，夏无酷暑，是最适宜人类居住的地方之一。三是生态良好。全区森林覆盖率高达 72.64%，负氧离子含量高于七级标准，享有“绿海明珠”“林中之城”“天然氧吧”的美誉。四是资源富集。全区活立木蓄积量 2,295 万立方米，水资源总量 58 亿立方米，有铜、锌、锰、石灰石等 19 个矿种，有石斛、茯苓、龙血竭等名贵中药材原料 1 000 多种，享有“云药之乡”的美誉。五是区位独特。昆曼大通道和即将建成的玉磨铁路穿境而过，有普洱机场和国家级一类口岸思茅港，是普洱对外开放的核心区，是中国面向东南亚、南亚开放的重要交通枢纽和黄金前沿。六是文化多彩。全区聚居着汉、彝、傣、哈尼等 26 个民族，少数民族人口占 36.6%，是驰名中外的普洱茶原产地和集散地，具有鲜明厚重、多姿多彩的茶马文化、生态文化和民族文化。七是品牌魅力。思茅区有“天赐普洱·世界茶源”的世界级别的普洱茶城市品牌名片效应，先后荣获国家卫生城市、国家园林城市、国家森林城市，国家水生态文明城市、国家级生态示范区、省级生态文明城区、省级文明城区、省级旅游标准化示范区的美誉。目前，思茅正在积极参与普洱市创建全国第六届文明城市、国家民族团结进步示范区。八是绿色产业。有丰富的自然资源和绿色生态环境优势，绿色产业发展充分，截至 2017 年年末，全区茶园面积达到 10 067 公顷，实现了生态茶园全覆盖。全区咖啡种植面积达到 14 607 公顷，完成生态咖啡园建设 1 119 公顷。思茅区是云南省科技厅、云南省食品药品监督管理局认定的云南省首批 20 个“云药之乡”之一。全区生物药种植面积达到 4 927 公顷。

二、思茅区有机产业和有机认证情况

自开展国家有机产品认证示范区创建以来，思茅区有机产业发展取得一定成效。一是认证面积情况。截至 2018 年 5 月，思茅区茶叶、咖啡、生物药基地种植面积分别达到 10 067 公顷、14 607 公顷、4 927 公顷。创建国家有机产品认证示范区 3 年以来，思茅区咖啡种植面积、产量、产值均居全国第一。茶叶、石斛的种植面积、产量、产值均居全省第一。二是产品产值情况。有机生产产值由 2015 年的 5.33 亿元上升到 2017 年的 7.03 亿元，有机产品出口贸易额由 2015 年的 1 272 万美元上升到 2017 年的 2 093 万美元。三是品牌打造情况。思茅区始终坚持以市场为导向，大力实施品牌战略，以知名品牌、龙头企业带动有机农业产业整体发展。成功打造知名品牌，培育出中国驰名商标 1 个、云南省著名商标 6 个、普洱市知名商标 10 个、核准使用国家地理标志保护产品专用标志 3 个。四是获得证书情况。截至 2018 年 5 月，思茅区有机获证企业达 23 户，认证证书 30 张。其中，茶叶企业 11 户获得证书 15 张，咖啡企业 4 户获得证书 7 张，石斛企业 7 户获得证书 7 张，水稻和玉米企业 1 户获得证书 1 张。

三、保障措施

（一）组织保障

思茅区成立了创建国家有机产品认证示范区工作领导小组，由区政府主要领导担任组长，分管副区长担任副组长，国家普洱茶检测中心、农业、茶特、市场监管等多个部门主要领导组成。明确了各成员单位的工作职责，形成了层层抓落实的工作格局。

(二)制度保障

制定出台了《普洱市思茅区“十三五”生物产业发展规划》《普洱市思茅区“十三五”咖啡产业发展规划》《普洱市思茅区有机农业产业发展总体规划(2016—2020)》等一系列规划,使创建工作有规可依;同时建立和完善制度管理,创建办和各相关部门共同制定出台了一系列管理制度:《思茅区有机产品投入物管理办法》《思茅区有机产品退出管理办法》《思茅区有机产品质量安全事故责任追究制度》《有机石斛种植风险预警制度》等。

(三)经费保障

一是加大基地建设。加大对生态茶园、生态咖啡园建设力度,大力支持有机茶园和有机咖啡园建设,累计投入资金 1.31 亿元;二是加大基础设施建设。投入 2.67 亿元用于对城乡水环境、基础土壤环境及基础设施等的建设;三是保障产品质量。思茅区重视有机农业发展及产品质量安全,累计投入 2 219.7 万元用于农产品质量安全和标准化建设。向中央争取到 1 亿元用于思茅区国家现代农业产业园区建设;四是加大企业扶持力度。区财政累计安排 1.38 亿元用于产业发展扶持,支持工业园区建设及扶持优势产业、优势企业发展,促进绿色产业发展。五是保障日常工作经费。市、区两级财政部门共安排 88 万元工作经费用于创建国家有机产品认证示范区。

(四)技术保障

一是技术机构健全。思茅区辖区有普洱市质量技术监督综合检测中心、普洱市食品药品检验检测中心、滇西应用技术大学普洱茶学院、国家咖啡检测重点实验室等专业的技术机构,为有机产品提供及时、优质、便捷的检验检测服务和技术支撑保障。二是形成有机茶园技术规程。以有机茶的标准对茶园环境、茶园病虫草害绿色防控、茶园土壤培肥等方面的统一管理。三是形成国家级立体茶园。以茶为主,实行品种组合和茶、林、果、养殖结合的栽培方式,培养立体采摘,运用绿色技术防控病虫害,充分利用空间增加茶叶产量,提高品质,改善茶园生态环境。是一个具有自我维持、自我调控功能的人工生态系统。四是强化技术培训。创建以来,区创建办联合认证机构及权威专家开展了“有机农业和国内外有机产业发展趋势”“有机种植中的病虫草害防治技术”“中药材害虫的生物防治”“有机法律法规”等技术业务培训。

(五)监管保障

一是加强对企业监管。监管部门根据监管工作职责加强对企业监管,开展各项工作检查。创建办为了强化企业主体责任意识,与有机获证企业签订《思茅区有机产品生产者目标责任书》《思茅区有机产品销售者目标责任书》,鼓励企业加强行业自律,诚信经营。二是加强部门联合执法。区创建办每年牵头组织农业、畜牧等职能部门开展联合执法,严格把控农业投入品、有机肥使用、周边环境治理等方面的制度落实情况。三是建立健全管理制度。思茅区根据有机产业发展需求,制定并颁布出台了一系列有机产业发展管理规章制度,完善有机产业发展管理体系。四是严格产品抽样检查。实现城区集贸市场和超市农残监测站全覆盖,每天对入场的农副产品进行抽样检查,保证人民群众食品安全。

(六)宣传保障

一是通过大型户外广告宣传。思茅区通过设立户外大型广告方式向市民、企业传递创建有机产品认证示范区活动的信息，倡导市民、企业了解有机知识，走有机发展之路。二是借助节日现场宣传。以“3·15”国际消费者权益日、“5·20”世界计量日、“6·9”世界认可日等活动为契机开展现场宣传，着重宣传有机知识、有机健康生活理念、有机产品认证等内容；三是利用媒体宣传。思茅区在当地网络、报刊、广播及各级电视台宣传创建有机产品认证示范区工作、有机产品和有机企业等；四是开展宣传培训。联合认证机构及国内权威有机专家对从事有机农业产业人员开展业务培训，宣传国际新的有机理念、有机先进技术及相关法律法规。五是建立培训基地。2016年12月建立有机产业发展培训基地，培训基地设在普洱祖祥高山茶园有限公司。六是参加展会。政府组织企业参加国内外展会。如国际农业博览会、南亚博览会、茶博会、国际茶业展销会等。

四、实施成效

(一)特色产业链

思茅区有机产业发展逐步形成了以茶叶、咖啡、石斛为主导的种植、加工、销售于一体的特色产业链。一是种植方面。全区通过有机认证面积2 533.94公顷，正处于转换期的面积133.71公顷，其中通过有机认证的茶叶面积897.6公顷、咖啡面积543.3公顷、石斛面积1 226.8公顷；有机种植年产量4 578.59吨；转换期的年产量669.5吨；二是加工方面。思茅区目前加工获证企业8户，有8张加工证书，加工种类有茶叶和咖啡，加工年产量1 356.9吨。三是产品销售。思茅区重视完善市场体系，不断完善商贸流通基础设施，同时，为更好推动有机产品销售，鼓励有机获证企业发展多种销售渠道，思茅区积极打造线下线上销售和新型零售等多类型销售模式相结合之路。包括传统销售商铺、线上销售、参加会展及大力发展休闲旅游、健康养老、社区服务等新型消费模式。思茅区电子商务工作由阿里巴巴农村淘宝服务中心和区级电子商务公共服务中心联合推进。仅2017年，全区累计实现电子商务交易额1.2亿元，同比增长20%。四是打造农旅融合。思茅区政府重视培育和打造集生态、运动、养生及旅游于一体的有机庄园，目前思茅区正积极推动天士力帝泊洱生物茶谷创建4A级工业旅游景区、蓝眉山运动养生旅游度假村、祖祥高山有机茶庄园、普洱茶小镇、爱伲国际咖啡博览园等一系列的有机生态产业园发展为生态观光园、农事体验园和百姓致富园。

(二)惠及民生

一是极大提高了有机从业者的收入。目前思茅区从事有机农业的农户年人均收入达到2.5万元，比当地常住居民可支配收入高1.5万元。如思茅区开展有机肥替代化肥项目后，思茅区核心产区生产基地茶园亩产值增加350元，茶农人均增收470元，直接惠及1.05万户，茶农化肥用量明显减少，有机肥资源利用明显提升。二是有效提升了食品安全质量。思茅区有机产业发展为人民群众带来了健康、生态的有机茶、咖啡、石斛等健康食品，也在一定程度上带动了其他有机产品的认证，进而增加消费者选择安全食品的种类。三是保护和改善了生态环境。思茅区投入2.67亿元用于对城乡水环境、基础土壤环境及基础设施等的建设，其中，思茅区开展农村环境综合整治共投入资金 4 310.33 万元，直接受益人约 5.7 万人，主要工程内容为农村生活污水治理、农村生活垃圾治理和畜禽粪便综合利用工程。

(三)平衡发展和生态保护

1.生态环境优良

思茅区是普洱市国家绿色经济实验示范核心区，区委、区政府高度重视环境保护工作，在2012 年提出“生态立区、绿色发展”战略思路，牢固树立“绿水青山就是金山银山”的理念，实行最严格的环境保护制度，着力加强环境保护和生态文明建设，在全社会的共同努力下，获得了国家级生态示范区、国家森林城市、国家园林城市、国家卫生城市等称号。建成区绿地率 37.9%，城镇生活污水集中处理率 90.19%，生活垃圾无害化处理率 98.17%，森林覆盖率为 72.64%，根据《云南省生态环境状况遥感监测与评价报告》2014—2016 年思茅区生态环境状况指数分别为 77.53、79.11、79.58(2017 年生态环境状况指数还未公布)，思茅生态环境综合评价等级为优。

2.大力整治农村环境

目前，有 56 个行政村被命名为市级生态村，创建率达 100%，6 个省级生态文明乡(镇)，创建率达 85.7%。截至 2017 年，思茅区已开展农村环境综合整治的行政村共有 29 个，占全区行政村 51.78%，共投入资金 4 310.33 万元，直接受益人约 5.7 万人，主要工程内容为农村生活污水治理、农村生活垃圾治理和畜禽粪便综合利用工程。

3.重视环境监测

思茅区辖区内共设置 2 个环境空气自动监测点，2015 年至 2017 年城市区域环境空气优良比率分别为 96.2%、99.7%、97.3%，无重污染天气。地表水共设置 2 个水环境监测断面，即澜沧江思茅港和思茅河莲花乡，2017 年水质监测达到《云南省地表水水环境功能区划(2010—2020)》水环境功能区划的要求，无黑臭水体，河流水质达标率 94.12%；集中式饮用水水源地共设置 4 个断面，即箐门口水库、木乃河水库、纳贺水库、大箐河水库，2017 年水质达到《地表水环境质量标准》(GB 3838—2002)Ⅱ类，饮用水水源水质达标率为 100%。思茅区区域环境噪声共设监测点位 123 个，区域环境噪声监测统计值为 51.8 分贝，达标率为 95.93%。土壤环境质量分级标准为 1 级，2017 年，土壤污染等级为安全，土壤污染水平为清洁。

(四)脱贫与精准扶贫

思茅区坚持发展有机农业产业为民，有机农业产业的发展也实现了利民，为人民群众增收特别是脱贫攻坚战提供了强有力的产业支撑，带动了贫困群众脱贫致富。目前思茅区有 14 户企业参与“扶贫产品”第一批供货企业，其中有机企业 3 户，共提供 12 种产品，参与“扶贫产品”的供货企业将不低于 10%的产品销售额用于支持扶贫工作。2015—2017 年期间：思茅区共脱贫出列 10 949 人。

五、经典范例

(一)有机肥替代化肥项目的实施

由普洱市土肥站制定《主推技术方案》《主推技术标准规范》及技术路径；由普洱市、区土肥站建立生产基地监测点，并落实调查监测工作；和云南农业大学热带作物学院、滇西应用技术大学普洱茶学院、普洱茶树良种场、普洱茶学院等机构合作，开展有机肥替代化肥种植技术培训工作。项目实施后综合效益明显提升。思茅区核心产区生产基地茶园亩产值增加 350 元，茶农人均增收 470 元，直接惠及 1.05 万户，茶农化肥用量明显减少，有机肥资源利用明显提升。2017 年，项目区化肥用量较上年减少 18.2%。辐射带动全区茶园化肥使用量实现零增长，有机肥用量 2017 年较上年提高 38.6%，2017 年全区畜禽粪污综合利用率较上年提高 5%。

（二）建立普洱“思茅有机茶”产业联盟

普洱“思茅有机茶”产业联盟于 2018 年 8 月 25 日成立，是云南省普洱市第一家以种植、加工、生产、销售有机茶为目的的联盟团体，以打造“普洱思茅有机茶”区域公共品牌，擦亮普洱茶金字招牌为目标，实现普洱思茅有机茶品牌统一、标识统一、标准统一，产品质量整体提升、经济效益整体提升、生态效益整体提升。联盟将为推广普洱思茅有机茶产业发展而全力以赴，将具有思茅特色、思茅特征、思茅特质的有机普洱茶奉献给广大消费者。

（三）建立智慧茶山物联网及溯源平台

通过现代信息技术在生产、管理、服务等领域的应用示范，建立农业物联网数据交换共享和可视化农产品追溯体系，用于展示及体验溯源。溯源的全过程从种子—种苗—浇水—施肥—打药—开花—结果—采摘—生产—加工二维码扫码体验。了解产品信息化追溯全过程。

六、特色产品

目前，思茅区有机产品有茶业、咖啡、石斛、玉米、水稻、鸡蛋、鸡等种类。有机产品以茶叶、咖啡、石斛为主。茶叶类产品主要有有机绿茶、有机白茶、有机黄茶、有机红茶及有机茶鲜叶等，从产品形状分有砖、饼、沱、茶珍等；咖啡类产品有咖啡豆、咖啡粉、挂耳、咖啡鲜豆。石斛类产品有石斛鲜（干）条、石斛粉、石斛冲剂、石斛切片、石斛润肤膏等。

（一）有机茶

1. 有机绿茶：无量雪龙（普洱祖祥高山茶园有限公司产品）

白毫如雪，条卷似龙，田园香气，滇绿首创。用传统工艺及奇巧的做型工序，造就了云南大叶种绿茶巅峰之作。注入开水后，悠远的香气，让人感动，令人迷惑，静品之，醇厚且甘甜，鲜爽且提神。饮用方法：取约 5 克茶叶，加入 150 mL 的 90～100 ℃的开水，冲泡 10～15 秒时间即可。

2. 有机黄茶：无量蜜境（普洱祖祥高山茶园有限公司产品）

有红茶蜜甘，兼绿茶香爽，不燥不寒，最适夏冬品饮。采高海拔大叶种，取黄茶绿茶技艺制成。有绿茶丰富多样的香气，少了苦涩；有红茶入口的甜润，多一些清爽；不同的泡饮手法，香气和口感上出现的丰富变化，是得益于工艺上的取长补短，还是因为有机茶丰富的内含物质，做茶师傅也说不清楚——这也是取名蜜（迷）境的原因。饮用方法：取约 5 克茶叶，加入 150 mL 的 90～95 ℃的开水，冲泡 5～10 秒时间即可。

3. 龙生有机绿茶：龙生翠茗（云南龙生茶业股份有限公司产品）

本品采用海拔 1 800 米的云南大叶种无性系良种有机鲜叶为原料，通过杀青、揉捻、做形等特殊工艺加工而成。产品具有条索弯曲、色泽绿润、显毫、完整、香气清香持久，滋味鲜醇、汤色绿艳明亮、叶底黄绿均亮、完整的品质特征，是龙生绿茶的代表性产品。

4. 龙生普洱茶：龙生庄园有机熟茶（云南龙生茶业股份有限公司产品）

本产品选用公司已经通过有机认证海拔 1 400 米的生态保存完好的云南大叶种良种有机茶园纯手工采摘加工的晒青毛茶为原料，经过发酵、筛制拼配后在仓库干仓储存 5 年的有机普洱茶。产品具有外形色泽红褐，内质汤色红褐、香气纯正、滋味醇和，叶底红褐的品质特点。

5. 有机普洱茶珍（云南天士力帝泊洱生物茶集团有限公司产品）

本品选用中国·云南省普洱茶地理标志产品保护区域内高海拔大叶种茶叶为原料，经现代生物技术加工、科学配比和数字化提取分离工艺提炼而成的普洱茶精华即溶普洱茶珍，即冲即饮，独特醇香，红艳明亮，未使用任何添加剂，是您健康生活的好伴侣。

6. 有机晒红（普洱新华国茶有限公司产品）

选用云南大叶种茶鲜叶为原料，通过萎凋、揉捻、发酵、日光干燥而成。结合了普洱茶与滇红茶的优点，具有后发酵的特质；在适宜的条件下可以长期储存，是越陈越香的茶。

7. 萝诗蓝重瓣玫瑰花代用茶（云南茶祖茶业有限公司产品）

“萝诗蓝”来自神奇的云南——闻名遐迩的植物王国，其花型端庄、花色粉润，香气轻蔓柔润，口感甘醇萌动，除此之外，其具有的天然抗氧化元素，针对新生细胞的催生和衰败细胞的修复，有着无可争辩的功效。再加之从育苗到流通都完全贯穿有机体系，并通过国家认证，是一款名副其实的纯有机健康花饮。

8. 帕卡普洱熟茶（普洱茶树良种场产品）

精选无量山、哀牢山等原始自然生态区茶树的茶叶为原料，通过现代数字化控制技术加工而成。该产品品质稳定，质量上乘，具有养胃、减肥、降脂、抗癌、降血糖、抗衰老等功效。其外形完整、端正，芽叶匀整、色泽红褐尚润；质香气纯，陈香浓郁；汤色红浓明亮，品之醇和滑润；叶底匀齐，褐红明亮。

9. 绿茶：云长峰（普洱茶树良种场产品）

采用十几种云南大叶种无性系茶树良种有机原料，通过现代数字化控制技术加工而成。该产品品质稳定，质量上乘，具有提神清心、清热解暑、消食化痰、生津止渴、降火明目等功效。其外形芽叶细嫩稍直，条索厚重紧结、匀净，色泽绿润有光泽，芽叶硕壮饱满、锋苗显露；香气清鲜高长，熟茶香味纯正持久；汤色黄绿明亮；滋味醇厚，鲜爽回甘；叶底匀整，嫩绿明亮。

（二）有机咖啡

1. 意式拼配豆（云南爱伲农牧集团有限公司产品）

这是一款意式拼配豆，用不同的咖啡、不同的焙炒程度、按不同的比例拼配而成，提取各自最佳优点以达到它最佳的口感。略带果酸，层次感丰富，醇厚度和苦味比较均衡，香气馥郁，回甘持久让人充满激情。

2. 爱伲之花（云南爱伲农牧集团有限公司产品）

果酸比较清爽，醇厚度比较好，略带一点橘子的风味，回甘持久，令人愉悦。

3. 法式烘焙豆（云南爱伲农牧集团有限公司产品）

很舒服的苦味伴随着咖啡的焦香味，其中略带一点淡淡的巧克力风味，醇厚度比较好，苦味比较明显，总是会让人联想到人生的艰辛与幸福。

4. 奇象挂耳咖啡（普洱鑫丰农业开发有限公司产品）

100%咖啡熟豆研磨而成，绝无添加，锁定咖啡健康因子，奇象庄园精选产品，不去咖啡厅就能体验冲咖啡的乐趣。纯生态有机，入口醇香，回甘持久，浓厚的花香、坚果味，鲜爽且提神，方便冲泡。饮用方法：1 袋挂耳包（10 g），加入 150 mL、82～90 ℃的开水过滤冲泡。

5. 恋歌挂耳咖啡（云南蓝珀咖啡有限公司产品）

咖啡生长在高山云雾间，呼吸着新鲜空气，水源符合饮用标准，海拔高达 1 500 米，优质土壤无污染，采用生物防虫、人工除草方式，使用有机肥料保证咖啡真正有机种植，纯手工采摘严格筛选过滤掉不熟豆、烂豆、太熟的咖啡豆保证咖啡品质，新鲜豆不落地、不过夜当天加工、晾晒不触地更加卫生健康。口感香醇，香气悠远，回味无穷。饮用方法：1 袋挂耳包，加入 150 mL、82～90 度的开水过滤冲泡。

（三）有机石斛

1. 铁皮石斛超细粉（云南斛哥庄园有限公司产品）

益胃生津、滋阴清热；用于热病津伤、口干烦渴、胃阴不足、食少干呕、病后虚热不退、阴虚火旺、骨蒸劳热、目暗不明、筋骨萎软。

2. 神采奕液冲剂（云南斛哥庄园有限公司产品）

神采奕液经严格挑选，以铁皮石斛、西洋参、芦根、菊花、甜茶等有效活性成分配置而成，具有清热解读，醒酒健胃，解酒护肝等功效；饮酒后服用，可以缓解饮酒引起的头疼，咽喉疼痛，食欲不振，发热等症状。

3. 石斛御肤膏/工斛润肤膏（云南斛哥庄园有限公司产品）

铁皮石斛中蕴含的紧致焕颜因子，焕活肌底原有的青春力量，令肌肤恢复细腻平滑，紧致饱满。

4. 石斛多功能精粉（普洱市天昌生物科技有限公司）

包括石斛茎粉和花粉，有效利用各种石斛不同治疗保健作用，公司可结合个人体质和身体状况，进行石斛精粉的私人配制。

七、创建故事

让更多的人喝上一杯干净的茶

董祖祥，男，1962 年生于南屏镇整碗村，先后从事过农科、胶合板厂工作、种植业、养殖业工作，自 2006 年起创建普洱祖祥高山茶园有限公司并担任董事长。

巍峨的无量山脉南麓，思茅西南方十余公里的地方，有一个秀美的小坝子，人们称为整碗坝。坝子周边的丘陵地带长满了碧绿的茶叶，整齐规矩的台地茶一片片相连，把起伏不定的一个个山峦全部染成翠绿或墨蓝，从你的眼前一直伸展到极目的天边……其中，有 2 000 多亩就是普洱祖祥高山茶园有限公司有机茶原料基地，不仅是有机生态，而且风光秀美，曾获得云南省农业厅授予“秀美茶园”的称号。

云南普洱祖祥高山茶园有限公司董事长董祖祥，是一个地地道道的农民，从小生长在思茅区南屏镇整碗村。出于对茶叶的热爱，怀着对发展家乡经济、带领乡亲们脱贫致富奔小康的美好愿望和梦想，带领家人和员工走上了一条种植生产有机茶的道路。20 年来，虽然历经坎坷，但他矢志不渝，义无反顾地前行，立志实现自己的有机茶梦想，让人们喝上一杯干净的茶。

公司创办于 2000 年 7 月，在普洱市委市政府出台的一系列振兴茶产业、惠及茶农的政策推动下，祖祥公司这几年稳步发展，逐渐壮大。公司现有自营有机茶园 133.33 公顷，自建符合欧盟技术要求的加工厂占地面积 1.33 公顷，建筑面积 8 000 多平方米，设有有机茶生产车间、普洱茶生产车间、名优绿茶、红茶初/精制车间，年加工生产能力 4 500 吨。2010 年起，公司茶园及产品连续 9 年获得中国、欧盟、美国、日本有机认证，2015 国际质量管理体系认证及 HACCP、雨林联盟及 UTZ 等多项国内外质量认证，建立了从鲜叶原料到成品茶生产的全流程质量控制体系。先后被认定为“云南省农业产业化经营与农产品加工重点省级龙头企业”“云南省农产品深加工科技型企业”“云南省农业科技示范园”“云南省科技型中小企业”。

普洱祖祥高山茶园有限公司创建之日起，始终把带动农民增收放首位。2009 年 4 月，公司和本村百姓共同创建了普洱市思茅区高山茶园专业合作社，通过合作社将农民和公司连成一个利益整体，合作社牵头与公司、农户签订了协议，明确了责、权、利关系。多年来，连续对周边的茶园进行有机转换改造，到 2017 年春天，有 1 万亩农户茶园达到有机茶标准，获欧盟有机认证。2014 年 12 月，合作社被农业部门认定为国家级农民专业合作示范社。2017 年加工厂向合作社农户收购茶叶鲜叶 4 920 吨，每千克比当地全年平均价高出 6 元，仅此一项，茶农增加收入 2 952 万元，户均增加收入 2.6 万元。

公司依托普洱生态自然条件优势，重点研究和发展适合普洱市有机茶园生产的土肥、植保关键技术；针对性地研发相应的土壤改良、肥力提升、病虫害防控、生物多样性修复技术，打造普洱市高端茶叶生产基地。茶园里杜绝一切农药、化肥和化学除草剂，加工过程决不使用任何添加剂、包装运输过程严格清除有可能的污染源；保护好这片绿水青山、保护好每一寸土地每一滴水不被污染，为全世界消费者提供一杯干净的茶。

为了种好有机茶，董事长董祖祥从将开垦茶园的山地里取出数十份土样，亲自带着土样到北京、上海去检验，确认地块的土壤成分，以保证茶叶的有机品质。可以说，祖祥公司一开始就以科技为先导，引领企业走好发展的每一步。做这些事情的时候，他还不是什么董事长，仅仅是整碗村的一名普通农民！

普洱祖祥高山茶园有限公司的事业，是以茶叶的生态种植为起点，所以公司把茶园的管理视为公司的生命根基。多年来，除了在自有基地里坚持不使用农药化肥，进行严格的有机生态茶园管理，更注重对周边村民生态保护意识的灌输和提高。为了保证茶园严格管理的落实，公司从边远高寒山区招聘了两百多户的低收入农户，负责公司的 2 000 多亩有机茶园的生产管护，公司不仅指派专业的技术人员指导茶园维护和鲜叶采收，而且还建盖住房和提供日常的生活生产物资，所有的防虫用品和有机肥，都是公司统一发放。这些在生活上获得实实在在改善提高的新茶农，就像珍爱自家财产一样，严格按照公司的有机管理标准，管护自己负责的茶地。茶农罗登学、李云珍一家从思茅港镇偏远的山区被招来公司管理茶园，带来两个孩子。董事长特别关心孩子的教育问题，亲自打电话到村小学协调孩子上学事宜，嘱咐他们不要荒废了孩子的学业。两人在所管理的茶园里尽心尽职地工作，积极参加有机茶生产技术培训，每年他家管理的茶园都是最好的，收入也是最高的。如今大女儿从一所中专学校会计专业毕业，回到公司从事财务工作，小女儿高中在读，去年一年，他们一家总收入达 15 万元左右，成了茶农脱贫致富奔小康的典范。

为了确保公司有机茶园的品质，保证欧盟的检测机构在任何时间任何条件下的抽查都能达标，除了坚持不用任何农药化肥，还按标准在茶园里配置了杀虫灯和粘虫板，在茶园中养鸡，杀灭虫害，早期甚至按每抓到一条虫就支付五分钱的笨办法来灭虫。在肥料使用上，选择用羊粪、塘泥及其他生物制剂渥堆发酵的自有配方农家肥，再配合使用经有机认证的有机肥，每年最少使用两次以上。为进一步保持祖祥有机茶的品牌，结合思茅区实施生态茶园建设，按每亩茶园种植 8～10 株乔木，在茶园里种植香樟、灯台树、木姜籽、沉香等树种，达到每亩多于 6 种树种的技术要求。这些既能防虫，又能释放出清香气味且能与茶树共生的树种，形成天然生物链，遮阴以减少茶园水汽蒸发，改善茶园小气候，增加肥力。高标准进行生态茶园改造，使祖祥茶园的茶保持了一贯的风味特色：茶香持久温和，口感饱满回甜，带有迷人的兰花香。

要做出一杯好茶本来就不容易，更何况要做出连西方那些发达国家都认可、并愿意花美元来买的有机茶那才叫难。普洱祖祥高山茶园有限公司董事长董祖祥把种植和发展有机茶作为毕生的事业，经过 20 多年的努力，把产业做强做大，其创业的艰辛、奋斗过程中的酸甜苦辣与成功的喜悦都可以写一部厚厚的书了。其中一些创业时的艰苦辛劳还带有一些传奇色彩的故事至今还在公司和当地乡亲们的口中流传。

蚂蚱腿事件

有机茶刚出口的那年，一名德国客商到公司考察后，决定购 10 吨散茶，给的价格不菲，但要求高，本来人家就奔着欧盟认证这块金字招牌来的。订好合同，完全按要求加工运到口岸，德方验收人员竟然在散茶中检出一条蚂蚱腿！10 吨散茶中找出一条蚂蚱腿，可以想象人家办事多么认真严谨。在国内也许随手捡起扔了了事，可对西方人而言这可捅了大娄子了，一个电话打到公司，要求公司最大的领导前往做出说明，否则原地销毁，通报两国监管部门并按照合同加倍赔偿货款。

董祖祥董事长乘飞机、坐火车赶到口岸城市，请外国客商喝酒吃饭，人家板着脸不理睬，只要求做出合理说明。最后花钱请来翻译，讲了几个小时，告诉客户可能是茶农采茶时一只蚂蚱跳进茶筐，当人把虫子捉丢后不小心一条腿留下了。最后德国客户认可了这解释，但要等一个月后才有结论，他们把这条蚂蚱腿带回德国去检验，如果没有病毒，这笔生意才能成交。

回来以后，董祖祥吃不好、睡不香，度日如年！那可是几十万美元的生意啊，经济上损失不说，公司的名誉受损那才是最要命的。28 天后，德方通过口岸办公室打来电话，经过化验，蚂蚱腿无病毒，交易成功！生态有机茶园里的蚂蚱也是有机生态无病毒的！后来，这家公司成了普洱高山茶园有限公司的生意伙伴，每年都来公司考察进货。

勇闯纽伦堡

有机茶做出来了。可是销路并不好，因为茶叶外形虫吃狗咬的卖样不好，外观上比人家喷洒农药、化肥的茶叶难看多了，当时国内一般人对有机茶的认知度很低，没有人对这种茶感兴趣。

没有办法，只好把销售目标瞄向国外，有资料显示，西方发达国家有机茶热销已有几十年的历史了。

得知在德国纽伦堡召开世界有机食品博览会的消息，董祖祥决定去闯荡一番。一个外貌朴实的农民，不会半句外语，又请不起翻译，却毅然扛起几袋自己生产的有机茶、心中装着让更多的人喝上放心茶的梦想，飞向纽伦堡、冲进有机食品的世界舞台。没有华丽多彩的宣传册子、没有有效的对外宣传广告语言、更没有漂亮的小姐在产品展台前妩媚的笑脸。不起眼的展台上只有一堆来自万里之遥的东方产茶大国中有世界茶源美誉的普洱有机茶，还有一个中国农民模样的人用地道的南方普通话向能听懂中文的人介绍自己的有机茶。在这充满全世界顶级有机产品的大市场上，董祖祥的展位显得渺小和无奈。

直到第三天，来了一个大老板模样的德国人，他一边认真地检查那堆茶叶，一边用德语问这问那，但董祖祥一句都听不懂，最后带着样品走了。第二天，那老板带着一名翻译来到展位前，通过翻译要求到酒店里谈谈。会谈进行了 3 个多小时，翻译是一名曾经在北京留学三年的德国小伙，竟然很听不懂他的南方普通话，拿来一张纸，讲到有关技术术语和翻译听不懂的地方要用汉字写出来，这倒是难不住高中毕业的董祖祥，德国老板问他种植生产加工有机茶的各类技术，各种细节，他对答如流，翻译听不懂的就用中文写出来，使得德国老板直伸大拇指，终于做成了外贸第一笔生意。随着普洱祖祥高山茶园的名声越来越大，引来了美国客商、日本客商。打开了公司有机茶产品大量出口的新局面。

如今，秀美茶园里修了栈道，建起了观光品茶、采茶制茶体验馆，这是公司正在实施的茶旅融合建设项目，人们在茶园里徜徉，享受春花秋月、闻听鸟语花香、晴空万里、白云悠悠、万芽峥嵘。

董祖祥作为一名普通农民，为了让更多的人喝上一杯干净的茶，从自己家的 30 亩茶园开始，不断地实践和探索，逐渐建立起一整套有机茶生产技术体系。公司注册的商标中“无量翠环”“祖祥＋TEA＋图形”先后获“云南省著名商标”“普洱市知名商标”认定，“无量翠环”产品先后获第八届国际名茶评比银奖，第四届中国民营企业科技产品博览会中获科技创新成果金奖。公司“祖祥”宫廷普洱茶(熟饼)产品先后荣获“新中国六十华诞‘国庆杯’”云南名优茶金鼎奖、“云南茶界庆祝中国共产党成立 90 周年‘辉煌杯’云南名优茶金奖”。他种植生产有机茶取得了好成绩的同时自己也从一名普通农民成长为“大国茶匠”、农民企业家。因在有机茶产业上的突出贡献，曾多次受到各级政府的表彰奖励，2017 年被评为全国农业劳动模范，到北京参加表彰大会，受到国家主席习近平、总理李克强的亲切接见。

牛仔与咖啡

刘明辉，男，汉族，大学本科学历，1965 年 10 月 20 日生于普洱市景东县。爱伲咖啡、爱伲牛肉创始人。现任爱伲集团董事长，名下的爱伲集团始建于 1993 年，专注于从产地到餐桌的全产业链健康饮食产业，是国家级重点农业龙头企业。公司有三类产品：咖啡、红酒和牛肉。

刘明辉，这个被称作“咖啡王子”的中国牛仔，从事咖啡行业 30 年，一直在践行他的咖啡之梦，用生命在云南种咖啡。小时候，刘明辉经常和小伙伴一起把咖啡树上那些红彤彤的果子摘下来直接当零食吃。那个时候，刘明辉可能也没想到，他会是第一个把云南咖啡带入国际咖啡市场的“先驱者”。

与咖啡结缘

1986年大学毕业后，刘明辉被分配到云南省农垦总局工作。这时正值联合国开发计划署开始在云南征选年轻人才作为项目执行官员。这个机会很诱人，但选拔相当严格，要经过百里挑一的考试。尽管如此，刘明辉依然从数百人中脱颖而出，成为最终被录取的5个人之一。

回忆起26年前那场考试，刘明辉总结：主要是英语好。但熟悉刘明辉的人都知道，高考时，他英语才考了7分。“机会永远是给有准备的人。”高考的7分，让刘明辉意识到自己的不足，大学期间的恶补，让他在毕业后，凭借着不错的英语成绩得到了联合国开发署的项目机会。通过考试后，刘明辉先到南京航空航天大学英语系深造，半年后，他通过再一次考试，到德国参加咖啡生产技术学习培训，正式与咖啡行业结缘。

在执行联合国项目中，刘明辉认识到云南小粒咖啡是国际最好品质的咖啡之一。用刘明辉的话说“你在自己家自说自话云南小粒咖啡好，国外的人很难知道，那我就跑到国外，到你的家门口去推介，更容易让国外了解。”作为土生土长的云南人，刘明辉觉得有责任让全世界都认识云南咖啡。

与咖啡牵手

1993年，联合国项目执行结束，刘明辉毅然决定下海。下海第一步，刘明辉选择从自己熟悉的咖啡做起。他东拼西凑了2 000元钱，在昆明的翠湖边开了一个咖啡馆。“这是一个画廊，我跟老板商量他白天卖画，我晚上开咖啡馆，一拍即合”。在一种艺术的氛围中喝咖啡，这间小小的咖啡馆生意很不错。

正是这间只在晚上开张的“黑店”，奠定了刘明辉把咖啡当事业做的决心。在开咖啡馆的同时，刘明辉利用积累的人脉、资源及专业知识，做咖啡及贸易的中介。在积累了20万元时，1993年，刘明辉在昆明滇池路上开起爱伲山庄，专营云南民族餐饮。4年之内，他就赚到100多万元。

1997年，刘明辉做出一个惊人的举动，把生意红火的餐馆交给妻子打点，自己带着所有的积蓄远赴美国纽约，开设一家咖啡厂，把云南非常有名的特产小粒咖啡，运往美国加工销售。不过他很快发现了作为采购商的弊端：经常会出现样品让客户赞叹叫好然后下单后，发过去的货却出现品质参差不齐的情况而接到投诉。

1998年，为了进行更好的品质把关，刘明辉做出一个重要决定：回国建设自己的咖啡园，从源头种植、收购到烘焙加工的所有环节都由自己来进行质量把关。从一头扎进西双版纳勐腊县这个偏僻的山沟，一举租下5 000亩土地，招兵买马亲自种咖啡，到经历霜冻天灾，损失百万，再到解决管理中的“人祸”，克服重重困难，刘明辉以每户为单位将咖啡基地分包，直至2002年才获得第一批咖啡豆。

刘明辉坚持人手采摘、只挑选成熟的饱满的咖啡豆这种方式，尽管在当时看来效率较低，却赢得了欧美客户的信赖，包括德国的Bernhard Rothfos、Tchibo，瑞士的Blaser等都与其签订了供货合同。到2003年，刘明辉的咖啡亩产量从600千克达到了1 800千克。并且通过德国贸易商eaugene向星巴克出口了两个集装箱的一级咖啡豆（每个集装箱标准重量为19.8吨）。

与咖啡的插曲（正式成为牛仔，造就了亿元肉牛产业财富。）

正是因为国外客户的高标准、高要求，刘明辉完全采用有机肥种植咖啡。“爱琢磨”刘明辉为解决有机肥这一大难题，2004年开始发展肉牛养殖。发展肉牛养殖只为咖啡提供有机肥，在很多人看来这个举动很疯狂。其实不然，用刘明辉的话说“发展肉牛养殖，我们既有了这个有机肥，有机肥就不用买了，相当于就有了纯利润了，对不对，牛肉还可以卖钱，还可以实现我当牛仔的梦想，这个是多好的好事。”

还在念中学时候，刘明辉就特别崇拜美国西部影片中，那些骑在马背上英勇威猛的硬汉，时常梦想着有一天也能成为一个牛仔，没想到步入不惑之年后自己会和梦想如此的接近。经过多年的发展，刘明辉现拥有1个万亩四季常绿高原牧场，1个集约化肉牛育肥场，1个标准化肉牛屠宰加工厂，1个爱伲牛肉精深加工厂，30余家爱伲牛肉餐饮连锁店。已经能稳定地给咖啡种植基地供给有机肥料，同时建成了“从牧场到餐桌、从种子到杯子”的全产业链，给刘明辉造就了亿元肉牛产业财富。

与咖啡拥抱

为增加当地农户的经济收入和加快咖啡产业的发展步伐，2009年6月刘明辉无偿提供优质咖啡苗100万株，扶持农户发展咖啡种植业。

刘明辉向农户收购咖啡豆，但他并不像其他同行一样，与农户签订固定价格的排他收购协议，通过收购价与销售价之间的差价获利，而是根据每天的国际咖啡期货市场牌价，制定出根据市场价格浮动的合理收购价，收购的对象只选择市场上最优质的成熟咖啡豆。公司的利润来自汇率差价以及政府对公司的5%退税优惠。

尽管这样会导致议价能力不高以及毛利率较低，但是却能令他的产品永远保持恒定的水准，确立品牌优势。2010年，刘明辉名下的爱伲集团出口到欧盟和北美的咖啡豆创造历史记录地达到了7 500吨。2012年2月6日，爱伲集团与星巴克在昆明签订正式合作协议。新合资公司将融合星巴克专业的咖啡生产经验和爱伲已有的咖啡种植模式，致力将云南打造成全球认可的优质咖啡种植区，以促进普洱、云南乃至全国咖啡产业的发展。

如今的刘明辉，拥有两个咖啡种植示范基地，总面积约15 000亩；两个脱皮脱胶湿法加工厂，每小时加工咖啡鲜果10吨；两个咖啡加工厂，年处理带壳咖啡豆3万吨、生产商品咖啡豆2.3万吨；一条千吨焙炒咖啡生产线；35家咖啡馆，建成了“从种子到杯子”的全产业链。

过去15年，刘明辉的爱伲咖啡在国际市场取得良好口碑和声誉，现转入国内市场，刘明辉希望有更多的国人了解、爱上云南咖啡，让云南咖啡帮更多的人走上致富之路。

与有机的两情相悦

澜沧江边的高原雨林常年云雾缭绕，刘明辉为了维护原始环境，30年一直坚持可持续性的生态发展和雨林咖啡种植，种咖啡同时保持自然环境的多样性，咖啡在热带雨林的呵护下自由生长。在落实欧盟、中国有机认证的原则下，刘明辉禁用农药、禁用化学肥料。

在爱伲庄园工作22年的场长董树祥说，不用农药的庄园成为红蚂蚁乐园，帮着消灭咖啡树的其他害虫；另外，咖啡树最大灾害虫天牛，幼虫最爱啃食主干的外皮，成虫啃至主干心部，造成咖啡树枯萎，刘明辉奖励人工除虫，每抓到一只给5角钱，既保护环境无污染，又给了咖农增加额外收入。

不知道是得益于在国外学习的经验还是敏锐的商业嗅觉，2009年刘明辉的咖啡已经通过中国绿色食品认证；2011年刘明辉咖啡基地、咖啡产品全部通过中国有机认证，后来刘明辉又给自己的咖啡园做了欧盟有机、国际雨林联盟认证。

“故天将降大任于斯人也，必先苦其心志，劳其筋骨，饿其体肤，空乏其身，行拂乱其所为”正因为不懈的坚持与对咖啡的热爱，刘明辉缔造了一个又一个的传奇。刘明辉被评为云南省技术创新人才、2015优秀品牌创建人、建国六十年最具社会责任感(贡献)企业家、普洱市优秀民营企业家，荣获第二届“云南青年创业省长奖”提名奖、普洱市有突出贡献优秀专业技术人才（二等奖）和全市民族团结模范个人等荣誉。

可持续发展的云南有机咖啡：爱伲庄园

普洱爱伲庄园咖啡有限公司，专门从事咖啡种植、加工、销售，持续开展有机认证近10年，目前有有机产品34种；现有职工120人，其中管理人员35人。

繁华的普洱市区没入层层山林之后，大巴驶进蜿蜒山路，不知什么时候开始车内空气清新起来，眼前已是澜沧江支流曼老江的开阔河谷，闻名遐迩的爱伲庄园世界咖啡博览园坐落其间，33个优质咖啡品种在此生根茁壮，不但为普洱咖啡产业奠定长远发展的扎实基础，也催生了云南咖啡全球共享的美好愿景。

爱伲庄园位于普洱市思茅区倚象镇曼中田村，总面积合计约三万亩，纬度与牙买加蓝山地区相近，这块天赐之地拥有得天独厚的地理气候条件，平均气温20 ℃，排水性良好的土壤等自然生态环境，都属于适合种植咖啡的黄金地带，平均海拔1 500米，高海拔地区的咖啡生长周期长，这样的咖啡积淀了丰富的营养物质，风味、口感、品质一流；咖啡主要种在山的背阴面，平均日照时间短，为咖啡这样喜阴的植物创造了最好的生长环境；这里全程使用有机肥，综合牧场全力为爱伲庄园的咖啡输送着有机肥料。

中国第一座雨林咖啡庄园：瑰夏新故乡

爱伲集团旗下的爱伲庄园建于1993年，坚持“绿色循环经济发展”，首创在原始雨林种咖啡的发展模式，辛勤努力耕耘过程被看见，2011年开始在星巴克与云南省政府的协助下，从全球咖啡主产区引进瑰夏、波邦、卡杜拉、卡杜埃、铁皮卡、维拉萨奇、瑞吉纳等33个优质咖啡品种，建立世界咖啡博览园，这项项目得到中国科技部国际合作司的立项和扶持，同时云南省农业厅也给予大力支持。云南咖啡种子资源基因库于2012年成功育苗，2013年6月移植，2015年全面投入量产。

被咖啡饮品界视为顶级中的顶级、精品中的精品——瑰夏，种子来自巴拿马，对爱伲庄园环境适应性良好，抗锈病，产量高，抗寒性强，经过近5年种植、初加工工艺的摸索，生豆质量趋向成熟、稳定，2016年1月爱伲庄园把瑰夏等33个新咖啡品种的样品寄到美国，请世界咖啡界泰斗、美国精品咖啡协会（SCAA）前主席、咖啡质量研究所（CQI）创始人之——泰德·林格（Ted Lingle）杯测，其中前5个品种的杯测成绩是84.25、84.5、84.5 、85.5、87分，得分最高的一款品种就是瑰夏。

不仅如此，爱伲庄园特地将拥有50年国际杯测经验的咖啡大师Jeremy Wakeford从欧洲邀请到爱伲庄园，同样对这33个品种进行整体品鉴和评选，同时邀请法国著名咖啡杯测大师BBA进行杯测，两者杯测结果与泰德先生的杯测结果高度一致。于是爱伲集团2016年9月正式对外宣布爱伲庄园一代瑰夏问市，其风味和品质可与哥伦比亚瑰夏相媲美，受到国内咖啡行业的瞩目和欢迎。咖啡产业界和当地政府都表示，这对于整个中国咖啡行业发展以及云南咖啡种植和品种改良都具有里程碑式的意义。

Jeremy Wakeford形容爱伲庄园的瑰夏“如天使般纯净”，“果酸清爽，醇厚度良好，略带茶香、以及蜜柚、杏桃、柑橘、焦糖的风味”。2017—2018年产季，爱伲庄园产出了二代瑰夏，与一代瑰夏相比，二代瑰夏对云南当地环境和气候条件的适应性更好，其品质和风味也更加稳定，二代瑰夏上市消息一经发出就被订购一空，备受瞩目。

咖啡庄园有机双认证：踏上国际精品舞台

澜沧江边的高原雨林常年云雾缭绕，爱伲庄园为了维护原始环境，30 年来一直坚持可持续性的生态发展和雨林咖啡种植，种咖啡同时保持自然环境的多样性，咖啡在热带雨林的呵护下自由生长，爱伲庄园目前荣获国际雨林联盟认证、欧盟有机认证、中国有机认证和“云南十大精品咖啡示范庄园”称号。

在落实欧盟、中国有机认证的原则下，爱伲庄园禁用农药、禁用化学肥料，在爱伲庄园工作 22 年的场长董树祥说，不用农药的庄园成为红蚂蚁乐园，帮着消灭咖啡树的其他害虫；另外，咖啡树最大灾害虫天牛，幼虫最爱啃食主干的外皮，成虫啃至主干心部，造成咖啡树枯萎，爱伲奖励人工除虫，每抓到一只给 5 角钱，既保护环境无污染，又给了咖农增加额外收入。

星巴克认同爱伲集团对种植咖啡的用心，2012 年起双方正式签约，成立星巴克爱伲咖啡(云南)有限公司，这是云南咖啡发展史上极具意义的事件。双方除了商业合作，还在云南种植并出口优质的阿拉比卡咖啡豆，也在普洱运营咖啡初加工工厂，联手致力于改良云南咖啡品种，提升咖啡质量和改良种植水平，把云南最优质的咖啡带到中国及全球其他市场。

“管理方面更精进了，年年培训优秀人才，各场技术员带着咖农做采果、脱皮及后制加工作业”，场长董树祥说，爱伲庄园以户为基础，要求承包种植咖啡的农民管理种植、采摘质量，现有 121 户为爱伲工作，技术员指导种植技术细节，包括咖啡树苗“钉根”要笔直，根系平均抓进土壤里，绝不能歪斜，以保证咖啡树的茁壮成长和健康挂果。

爱伲庄园主要上市的咖啡产品有卡蒂姆水洗豆、卡蒂姆蜜处理豆，瑰夏、维拉萨奇、卡杜埃、卡杜拉、瑞吉纳等五大精品咖啡品种。通过星巴克 CP 认证，爱伲咖啡庄园的产品质量和国际行业先进水平比肩，精选 17 目以上生咖啡豆当原料，透过标准化的挂耳咖啡生产线和烘焙精深加工生产线，保证消费者喝到新鲜又优质的现磨咖啡。

30 年坚持守护：爱伲永续保护生态环境

普洱市森林覆盖率超过 72.64%，是云南“动植物王国”的缩影，全国生物多样性最丰富的地区之一；是北回归线上最大的绿洲，被联合国环境署称为“世界的天堂，天堂的世界”。爱伲庄园是物种多样性最丰富的地区之一，庄园里保留着很多知名不知名的植物，由于良好的雨林咖啡种植环境，近几年连濒危的国家一级重点保护动物亚洲野象都会常来光顾，尤其是在 2014 年 7 月 11 日，有 21 头亚洲群象到爱伲庄园的雨林咖啡林里漫步，在庄园脚下的曼老江戏水玩耍，与庄园的牛群和谐共处。

爱伲集团经营目标专注于“从土地到餐桌”的全产业链健康饮食产业，是国家级重点农业产业化龙头企业，目前产品集中在咖啡、红酒和牛肉这三大类。目前，爱伲庄园依托普洱的绿色资源优势，在已有的咖啡、畜牧、餐饮三个产业为核心的绿色生态循环经济产业链上进行建设，已建成集农业、工业、旅游业、咖啡文化体验、高原牧场观光及休闲养生度假为一体的、真正意义上的中国第一座雨林生态的现代农业咖啡庄园，荣获 2015 年云南十大特色旅游新地标，以及首批“云南十大精品咖啡庄园”称号。星巴克云南咖啡原产地之旅已连续两年来到爱伲庄园，2018 年烘焙师协会中国原产地之旅云南站也来到爱伲庄园考察这个精品咖啡示范庄园。爱伲集团通过组织咖啡林爱心领养计划和云南咖啡原产地之旅等活动，带领对咖啡有兴趣的民众认识咖啡、杯测、品尝精品咖啡，使消费者能够近距离接触咖啡，了解从种子到杯子的全产业链过程。

爱伲庄园咖啡是爱伲集团旗下重点打造的中国咖啡全产业链民族品牌，承载着集团董事长刘明辉的咖啡梦想和情怀——“咖啡就在我的血液里奔涌，就像那位康巴汉子唱的那样：‘青稞酒在我心里歌唱的时候，我血管里就听到马蹄的声音’。想到咖啡也是一样，仿佛有万马在我血液里奔腾。”爱伲庄园每一位成员用专业的匠人精神和质量保证，亲力亲为，共同打造从种植、加工、烘焙、产品研发、品牌营销到杯子的咖啡全产业链。

2012 年爱伲庄园和星巴克缔约，当年 4 月《福布斯》中文版杂志专访过刘明辉的文章《刘明辉：把咖啡卖给星巴克》，结尾提到刘董的愿望，“任何一次对地球新的开发，虽然会给人类带来物质上的享受，却也给人类带来了生态的灾难”。他希望的不是多种咖啡提高收入，而是未来创造出恒定质量的高端云南咖啡品牌，更希望通过“雨林咖啡”种植模式来履行保护自然生态的使命，带领爱伲集团每位成员成为地球模范公民，同时也让云南的精品咖啡走向世界！

综合开发型庄园：云南斛哥庄园有限公司

云南斛哥庄园有限公司，2013 年 10 月进行项目筹备，于 2013 年 12 月底由上海怡源纺织品进出口有限公司和香港动力节能有限公司共同出资在普洱市注册成立，公司租赁三木公司国有林 15 613 亩，租赁期为 30 年。在这 3 年不到的时间里，公司投资 15 000 万元（含西双版纳斛康生物科技有限公司）。完成了林下仿野生石斛种植 3 500 亩，林下仿野生中药材种植黄精、滇重楼、白及、大黄藤等将近 2 000 亩。公司致力打造集种、养、加、游、购、娱为一体的综合开发型庄园。在园区建设森林观光、休闲、度假、娱乐、疗养等接待设施和产品服务，满足旅游者综合性需求。

公元前 210 年，秦始皇遣方士徐福率三千之众东渡大海求不死药“紫瀛仙姝”。徐福所寻之“紫瀛仙姝”乃历代帝王争求之滋阴圣物，野生铁皮石斛也。惜呼千百年来，此稀世之珍，已杳如黄鹤，踪迹难寻矣。

文献载录，铁皮石斛宜生于东经 100°北纬 22°海拔约 1 800 米之原始森林。中医传承居士杜先生与香港儒商汤先生为弘扬中医精髓不远万里探寻，终于在云南省普洱市思茅区回龙山之森林寻得适宜石斛种植之坐标。该地域年均 15～20 ℃，温暖湿润，天地氤氲，万物化醇，石斛常浴雾露，受天地之灵气，吸日月之精华，岂能不修成灵药仙草呼。回龙山实为可遇不可求之石斛孕育之宝地也。投资人怀灼见之明，将棚栽石斛通过技术转接方式回归大自然放养，品尊第一，信本至上，于 2012 年圈地 1.5 万余亩成立云南斛哥庄园有限公司。斛哥庄园依山而建，此地有崇山峻岭，万年森林，更有青砖黛瓦，碧野蓝天，身处天人合一和谐共生之境界，栽培延年益寿造福人间之仙草信可乐哉。石斛本出于莽原山林，斛哥人遵从“返璞归真”之理念将石斛回归自然，任其在林海茫茫之天境中滋养共生。

为提升石斛品质建立业内具规模之石斛育苗基地成立西双版纳斛康生物科技子公司，历经 3 年已建育苗大棚 200 余亩，年产铁皮石斛苗千万株，铁皮石斛百余吨，并成功研创斛哥 1 号种苗。行检数年，石斛多糖含量均高于 36%，远超国家药典 27%之标准，世间赞誉此地石斛为“天人合一，神山圣斛”可谓名至而实归也。

斛哥庄园锐意创新，造福黎民，历年荣获“中国森林食品认证”“中国良好农业认证”“中国有机食品认证”。千里之行，总有开怀，斛哥庄园在科学发展普洱绿色产业经济同时传承云南具当地特色的少数民族风韵与之共融，带富济贫，为一方经济发展做出贡献。而今，斛哥庄园已形成集基因研究、组织培养、有机种植、原始放养、产品销售为一体之铁皮石斛产业链。

香港斛哥研发团队毅然卓见、精诚所至竭力研究“仙草益元膏”“神采奕液”，此乃人类益寿之福。产品是当代亚健康人的真实需求。

遵循绿色发展　创建立体生态茶园

肖时英，男，毕业于武汉大学，自 20 世纪 50 年代起在云南从事茶叶种植研究，开创了多项茶叶种植方面的新技术。

20 世纪 50 年代初，是个革命激情燃烧的年代，也是百业待兴的年代。肖时英先就读于武汉大学农学院茶学专业，后经院系调整毕业于华中农学院。在武大听教授介绍云南茶业，得知云南大叶种茶树是世界上最优良的茶树种群之一时，引起了肖时英对云南大叶茶的兴趣，萌生了到云南工作的愿望。大学毕业分配工作时，全班 50 多个学生都分配到内地省份工作，唯独他和一位要好的女同学张木兰写报告，要求到云南工作。

就这样，肖时英和张木兰千里迢迢来到昆明，向省农业厅报到，农业厅又将他俩分配到地处边疆的勐海，当时昆洛公路正在分段测量和施工，从昆明到普洱主要是乘修公路的工程车和马车，而从普洱到勐海则全要步行了。于是肖时英和张木兰跟随马帮，连续步行 12 天才到达茶叶试验场，在那里和茶叶结下了不解之缘，一生坚守在茶叶生产、科研、教学岗位上，为发展云南茶业做出卓越贡献。

新建茶园技术研究阶段

1953 年，云南的茶园都是历史遗留下来的古老茶园，是各民族刀耕火种建造的。古茶园里的茶树生长得高大如乔木，不施肥不喷农药，不中耕不修剪，古茶树却延年长寿，至今还可采摘茶叶，靠的是自然环境优越，是一种原始的生态茶园。原始生态古茶园是珍贵的历史茶文化遗产，要在保护的前提下适当采茶。古茶园的产量很低，要增产茶叶就要发展新茶园。发展新茶园需要大量的茶子，而老茶树的结实性很差，解决发展新茶园严重缺乏种子种苗的研究课题，成为肖时英的第一个试验研究项目。他开展茶树扦插试验，但乔木形古茶树扦插生根难，成活率低，他就在不同土壤、不同时期、用不同年龄的枝条、插枝上留叶多少、插的深浅等进行连续三年的试验。结果表明，扦插土壤以红土为好，枝条年龄以当年生红色树皮枝为好，插穗留叶以留 1～2 片半叶比全叶好，插的深浅以适当浅为好。综合这些研究成果组成配套扦插技术进行扦插，成活率达 80％以上，打破了 1952 年茶场进行大面积的茶树扦插，成活率只有 8％的局面。为茶树扦插技术的推广，提供了依据。

他还利用幼年植物变异性和适应环境能力强的特性，试验成功了“以苗育苗”新方法，就是剪取幼年茶苗的枝梢扦插，比成年茶树的枝条扦插能提前半个月生根、根系发达、成活率高，苗木成长快。据此写了《茶树扦插新途径》一文发表在 1957 年《华东农业科学》杂志上。这是我国首创和首次发表的茶树“以苗育苗”新技术，成为后来省内外解决新建茶园种苗不足和加速良种繁殖的新技术。

1962 年，普文农场要发展茶叶生产，由肖时英负责新建茶园的技术工作。当时云南缺少现成的新建茶园技术经验，他在实践中边干边试验，创造出一些新建茶园的新技术。例如，当时引用外省栽 2 年生大苗建立新茶园，育苗时间长、栽苗工效低、栽后恢复生长慢。肖时英用栽半年生小苗的方法建立新茶园，获得育苗时间短、栽苗工效高、栽后恢复生长快的效果。他还创造出旱季茶子直播、茶树修剪和茶园管理等新技术，运用这些技术建起三个茶叶专业队，共5 000余亩高标准新茶园。这些茶园成为新建茶园技术推广的样板。

从此，云南有了大面积的现代新茶园，有了云南特色的新建茶园技术。但在茶园管理上，要投入大量化肥和农药来获得高产，是一种能源农业茶园。

良种良法配套实施阶段

1978年3月，全国科学大会召开，迎来了科学的春天。在科学大会精神鼓舞下，普洱市要大力发展茶叶，要建立良种场。肖时英和张木兰带着自己选育的茶树良种，调来思茅参与良种场的筹建工作，在良种场完成选种材料的选种程序，选育出：云瑰、云梅、矮丰、雪芽100号、短节白毫等无性系茶树良种。有了良种要推广，要建立良种茶园。但当时存在良种苗木繁殖难、苗木移栽成活率低、苗木成长慢等技术问题，影响和制约着良种的推广。

于是，肖时英开展良种法配套技术研究，研究出一套能提高不同树龄良种扦插苗移栽成活率高和成长快的方法。如培育壮苗、用地覆盖抗旱保苗、适量合理施肥、系统修剪等措施，大大提高了扦插苗移栽成活率和加速成长。还开展良种名优茶研制，创制出多个云南大叶种名优茶，提高良种茶叶的经济效益来促进良种推广。通过技术培训现场指导，促进良种良法配套技术推广，加速良种茶园的建设。例如龙生公司，在肖时英的指导下，建立了2万亩高标准无性系良种茶园。

在省农业厅的倡导和扶持下，基层科技人员的努力，云南良种茶园的建设有了大发展，良种茶园对优化茶园结构，提高云南茶产量和品质发挥了重要作用。

立体生态茶园建成阶段

1996年，退休后的肖时英和张木兰，要把在职时未实现的新茶园建设的新设想和技术加以验证和实现，自费租用山地，开展立体生态茶园建设试验研究，经过20多年的努力探索，建成了具有以下特点的立体生态茶园：

云南一般常规茶园中的茶树，修剪成平面采摘面树形，使茶树之间互相拥挤，互相争夺光热水肥，采摘面小，产量低。立体生态茶园中的茶树，经过一系列的修剪，使茶树的采摘面向空间扩展，形成较平面树形大一倍以上的立体采摘面树形，从而大幅度提高了产量和效益。

一般新建茶园，不种树不养草，茶园生态条件退化。立体生态茶园中，沿着茶园分区道路种植可再生的乔木树种，构成网络化的防护林带，起到防风防寒作用。茶园内配植果树和花木，既改善生态环境，又增加了经济收入。

现在新建的无性系良种茶园，采用单株单行方式种植单一的品种。立体生态茶园实行多品种组合栽培，即在同一个梯级平台上栽种两个品种，如在梯台里面栽早发芽品种，外面栽迟发芽的品种，早发芽的品种先采茶，迟发芽品种后采，这样能错开茶树春茶萌发高峰期，调剂采茶劳动力，及时将茶叶采下树，实现均衡生产，保证增产增收。这种多品种搭配种植方式，还能提高茶园的整体抵抗病虫害能力。

一般常规茶园，单一种植茶树，茶园只能靠生产茶叶取得经济收益。立体生态茶园的园林环境，为生态养殖创造了良好条件，茶农在茶园中散养土鸡和旱鸭，还可放养猪羊，可在茶园间种果树，获得比单一种茶更高的综合经济效益。茶园养鸡还能有效防治茶树害虫。

一般常规茶园管理，措施不规范，成本高，经济效益差。立体生态茶园，采取符合绿色食品和有机食品要求的技术措施管理茶园。如坚持施用有机肥改良土壤，只在茶树幼年期在有机肥中配施少量化肥，以促进茶树快速成长成林，茶树开采茶叶后只施有机肥，停止施用化肥，结果土壤得到明显改良，肥力明显提高，茶叶高产稳产，茶叶品质也得到明显改良。

在防治病虫害方面，立体生态茶园幼年期茶树，只在冬季茶树修剪后或春茶采后的停采期，喷1～2次绿色食品允许使用的农药防治病虫害。开采茶叶后的成林茶园，不再喷施化学农药，靠保护害虫天敌，建立起天敌与害虫之间的生态平衡关系来防控虫害，靠散养土鸡啄食土中虫蛹来防治虫害，靠及时采摘和修剪等农业防治方法来防控茶树病虫害。

综上所述，立体生态茶园，是一个具有立体生态农业和生态农业特色，以茶为主，茶、林、花果和养殖结合的人工生态经济系统。它具有自身维持和物质良性循环功能，获得比单一种植茶树生产茶叶的常规茶园更好的经济效益、生态效益和社会效益。2008年，立体生态茶园建设研究项目通过鉴定验收，由国家标准化委员会列为——国家级立体生态茶园标准化示范区。2017年，《立体生态茶园提升工程》列为第九批国家农业标准化示范项目，要求在创新与绿色发展理念引领下，加强立体生态茶园绿色技术，实现资源共享，87岁高龄的肖老还在为完成这一任务努力着。

千年梯田　和美元阳

——元阳县国家有机产品认证示范区创建纪实

一、元阳概况

元阳县位于云南省南部，红河南岸，哀牢山脉南段，东邻金平县，南靠绿春县，西接红河县，北与建水县、个旧市隔红河相望。于1950年由建水、个旧、蒙自三县析置成立，称新民县，1951年更名为元阳县。境内山高谷深，无一平川，地势由西北向东南倾斜，红河、藤条江两干流自西向东逶迤而下，地貌呈中部突起，两侧低下，地形呈“V”字形发育，鸟瞰全境“两山两谷三面坡，一江一河万级田”，构成了元阳特殊的地形地貌。境内气候属亚热带山地季风气候类型，具有“一山分四季，十里不同天”的立体气候特点。

全县面积2 212.32平方公里，最高海拔2 939.6米，最低海拔144米，耕地面积37.22万亩，森林覆盖率为45.84%。全县辖14个乡镇、138个村委会（社区）、1 234个自然村，是集边疆、山区、民族、贫困“四位一体”的国家扶贫开发工作重点县。

元阳县境内有全世界规模最大的梯田，这片由哈尼族祖先于1 300多年前开始依山塑造的地貌，面积共19万亩，它既是中国原生态梯田的杰出代表，亦是世界农耕文明史上的一个奇迹。20世纪80年代以来，元阳哈尼梯田逐渐被世人知晓，1993年召开的第一次国际哈尼族文化研讨会，中国、荷兰、日本、美国、英国、泰国等10多个国家的100多名代表参观过哈尼梯田，深为其景观的壮丽与文化的丰富所折服。2013年6月22日在柬埔寨首都金边举行的第37届世界遗产大会上哈尼梯田被成功列入世界遗产名录，成为我国第45处世界遗产。另外，元阳哈尼梯田还获得国家湿地公园、全国重点文物保护单位、中国重要农业文化遗产、联合国粮农组织全球重要农业文化遗产、国家4A级旅游景区、中国十大魅力湿地等殊荣。

近年来，元阳县通过充分发挥地理条件优越、农业基础深厚、旅游资源丰富等优势，做强绿色农业、做优有机产业、做特生态旅游，打造高原热区特色品牌，逐步探索出了一条“创新驱动、生态优先、统筹城乡、全域发展”的科学、转型、跨越发展新路子。全县通过进一步加快农业产业结构调整，逐步完善农业基础设施建设，以市场需求为导向，以科技创新为手段，以项目基地为依托，不断壮大农业主导产业，培植新的农业产业项目，高原热区特色农业示范区建设工作取得了新的成效。

二、发展背景

(一)资源环境

境内有大小河流29条，属红河水系和藤条江水系，全长700余千米，常年流量为42.7立方米/秒，水能蕴藏量36.81万千瓦，其中可开发量21.38万千瓦，占水能资源的58.1%。县域有红河和藤条江两大干流，其支流有乌湾河、麻栗寨河、逢春岭河、金子河等29条，总长700余公里，建成沟渠4 600多条，有效灌溉面积20多万亩，具有丰富水资源。

全县耕地面积共有83.17万亩，其中水田面积40.65万亩，旱地面积42.19万亩。绝大部分均为山地，有赤红壤、红壤、水稻土等多种土壤类型，有热区土地61万亩，坡度在25度以下的可垦土地20万亩，适宜种植辣木、柠檬、冬早蔬菜、热带水果等多种经济作物。

境内气候多属亚热带季风类型，高温多雨。地形复杂悬殊，境内海拔相对高差达2 795.6米，气候呈现垂直分布，由低海拔到高海拔经历热带、温带、寒带的变化。河谷因其酷热干旱，素称“干热河谷区”，高山区因低温降雨量大称为“阴湿高寒区”，为产业发展奠定了坚实基础。

元阳是山的世界，全境为山地所控。省级自然保护区——东观音山，雄踞县境东部，奇峰峭壁，巍峨险峻，主峰面积200平方公里，有森林面积13.3万亩。西观音山位于县境西部，山高谷深，多岭多涧，主峰面积60平方公里，有森林面积2.87万亩。“两山”一东一西，雄姿挺拔，气势非凡，瀑布飞流其间，林木遮天蔽日，终年流水潺潺，是境内天然的绿色水库，灌溉着10余万亩梯田。“两山”动植物资源丰富，生物多样性明显，是境内天然的生态屏障。形成了“森林—水系—梯田—村寨 ”四素同构的生态保护系统，是人与自然相依相伴，和谐相处，协调发展的生态景观。

(二)人文特色

元阳县境内世居的各民族各自创造了本民族传统文化，形成了具有民族特色的文化遗址、历史文物、民居建筑、服饰、饮食、乐器、歌舞刀具、宗教器物、交际礼品、工艺品、生活器具、生产工具，以及神话传说、诗史谣谚、寓言故事、音乐舞蹈、节庆活动、民间习俗、生活礼仪、禁忌形式、宗教祭典、村规民约、道德习惯等物质和非物质文化遗产312项，孕育出了梯田文化、火塘文化、贝玛文化、谱牒文化等异彩纷呈的民族民间传统文化。其中：民族服饰有彝族的日月系腰服、苗族的百褶裙、瑶族的马尾帽、壮族的系腰带、傣族的花腰服等；民族传统节日有哈尼族的“昂玛突”“开秧门”“苦扎扎”节，彝族的“火把节”，苗族的“踩花山”，瑶族的“盘王节”，傣族的“泼水节”，壮族的“三月三”等节日。元阳县为哈尼族聚居大县，哈尼族的哈尼文化包括以森林为标志的生态文化，以梯田为标志的农耕文化，以长街宴为特色的饮食文化，以蘑菇房为标志的建筑文化，以服饰刺绣为主的服饰文化，以“苦扎扎”节为标志的人神共娱的节日文化，以“龙头”、村民间往来为主的礼俗文化，以棕扇舞、木雀舞为标志的歌圩文化，以图腾、手刺绣为代表的艺术文化，以贝玛为标志的宗教文化，以哈尼医学为主体的医学文化，以铓锣为标志的铓鼓文化，以丧葬为标志的礼仪文化等。

三、发展有机产业有利因素分析

(一)区位优势明显

县城距省会昆明 273 公里，距州府蒙自 92 公里，距国家一类口岸河口 157 公里，是内地通往边疆的重要通道。随着元阳民用机场试验段工程和元江至蔓耗、元阳至绿春、建水(个旧)至元阳高速公路建设，元阳作为红河南部交通枢纽的地位基本形成。

(二)旅游资源独特

全县境内拥有 19 万亩哈尼梯田，于 2013 年 6 月 22 日被成功列入世界文化遗产名录，先后获得国家湿地公园、国家 4A 级旅游景区、全国重点文物保护单位、全球重要农业文化遗产保护试点和首批中国重要农业文化遗产等称号。这里有传承千年的梯田农耕文化和风情浓郁的民族文化，《哈尼古歌》惊艳米兰，民族刺绣走向全国，梯田红米走向世界，元阳旅游产业迎来了良好的发展机遇，将成为全州乃至全省旅游二次创业的重要增长点。

(三)水电资源充沛

全县水电可开发装机容量达 87.36 万千瓦，目前仅开发 28.42 万千瓦，具有广阔的开发前景。

(四)热区资源富集

有热区土地 60 万亩，其中坡度在 25 度以下的可垦土地有 40 万亩，适宜种植热带水果、冬早蔬菜等多种经济作物。

(五)人力资源丰富

全县共有农村劳动力 24.96 万人，外出务工人员达 8 万余人，年可实现劳务收入 26 亿余元，已成为推动县域经济快速发展的最大优势。

四、创新实践

2017 年 10 月，国家认监委公布元阳县获批创建“国家有机产品认证示范创建区”。元阳县认真落实党中央“加快生态文明建设，走绿色发展、和谐发展道路”要求，认真践行“创新、协调、绿色、开放、共享”的新发展理念，深入贯彻落实中央和国务院有关推进质量认证体系建设的精神，充分发挥认证认可“传递信任、服务发展”的支撑作用，积极推进“国家有机产品认证示范区”创建工作。

（一）强化组织领导，立足长远规划

成立由县政府主要领导任组长的有机产品认证示范创建区申报工作领导小组，设立有机产品认证示范创建区申报工作领导小组办公室，明确工作职责。县政府把国家有机产品认证示范区创建工作列为重点工作，纳入年度综合考核。制定《元阳县有机产品认证示范区创建工作方案》，建立《元阳县政府认证认可工作联席会议制度》，加强部门联动，形成创建合力。编制《元阳县有机产业发展规划》，摒弃编制复合式项目的规划思路，把有机产业作为一项区域经济发展的系统性工程来策划规划，根据区域实际，综合种养传统、特色优势等条件，精准选择主导产品，合理布局产业园区，进一步明确全区有机农业产业发展方向。

（二）加大产业扶持，落实政策保障

制定了《元阳县有机产业发展扶持奖励办法》《元阳县招商引资优惠政策（初稿）》等产业扶持奖励政策。增加农业投入，进一步完善财政支农资金管理体制，对重点农业项目的投入资金进行整合，提高资金使用效率，确保重点农业项目落实。认真研究和解决农业发展中的重大问题和困难，研究制定有利于农业发展的政策措施并抓好落实，确保领导到位、工作到位、政策措施到位、财政投入到位。引导各金融部门制定切实可行的扶持农业发展的贷款政策，简化贷款手续，增加贷款规模；鼓励保险机构开展农业保险业务，财政给予适当的保险补贴。先后引进元阳英茂糖业有限公司、龙泰粮业有限公司、红河州鼎生物资源开发有限公司等一批有实力的农业企业，有效带动了甘蔗、蔬菜、水果等优势农业产业的发展。鼓励和引导农民向集中经营转变，重点发展家庭农场、农民专业合作组织，有效提高农业生产组织化程度，拓宽农民增收渠道。鼓励农户依法采取以转包、出租、互换、转让、股份合作等形式将土地经营权向农业企业、专业大户、家庭农场和农民合作社流转，发展多种形式的适度规模经营，积极推进土地适度规模经营和土地承包经营权流转，为现代农业的发展奠定基础。

（三）坚持市场导向，强化科技支撑

坚持市场导向，是有机产业发展的基础。元阳县委、县政府高度重视有机产业发展，依托红河谷经济开发开放带现代农业示范区建设，围绕“两谷三带一核心”产业布局，大力培育壮大特色优势产业，搭建“互联网＋农业”平台，充分利用哈尼梯田世代相传特有的耕作方式，深入推广稻鱼鸭综合种养模式，打造梯田红米、梯田鸭蛋等系列品牌，利用线上线下等多种销售渠道，搭建多元化产销平台，完善物流体系，拓展国际国内销售市场，增强企业发展有机产品认证的信心与动力。为强化辖区内有机生产管理，元阳县政府依托云南农业大学、中国医学院药用植物研究所等大专院校和科研院所，积极构建“产、学、研”合作平台，强化科学技术对产业发展的支撑作用。建立以企业为主体的产学研合作机制，组建以知识产权等方式入股、产权明晰的市场化科技研发体系，促进企业与大专院校、科研院所密切合作。实施智力引进工程，聘请省内外本行业知名专家，组建元阳县现代特色有机农业建设专家顾问团，指导元阳县农业产业规划、政策研究、产业发展和技术培训等。

（四）提升品牌价值，鼓励龙头带动

元阳县立足区域优势和资源条件，紧紧围绕发展高原特色农业的要求，坚持引龙头、建基地、创品牌为突破，通过提升品牌价值，促进有机产业发展。元阳梯田红米被评为“云南六大名米”、荣获第九届中国昆明泛亚国际农业博览会优质产品金奖；元阳“梯田红”茶叶，荣获第十届中国云南普洱茶国际博览会 2015 年“云茶杯”名优茶评比红茶类铜奖；水卜龙茶厂注册的“水龙”牌商标在 2010 年荣获云南省著名商标，所生产的“云雾茶”产品连续荣获第四届至第八届云南省消费者喜爱商品称号。元阳县把产业培植作为促进经济增长和农民增收的重要手段，加快推进梯田红米、蚕桑、板蓝根等优势特色产业，继续巩固提升茶叶、香蕉、甘蔗等传统优势产业，稳步推进火龙果、柠檬、蓝莓等新兴产业发展。先后引进云岭火龙果开发有限公司、云上梯田蓝莓开发有限公司，着力建设火龙果、蜜桃、柠檬、蓝莓、蚕桑等特色农业，引领全县农业产业转型升级。目前已形成了一批“龙头企业＋基地＋农户”的产业化经营组织，使农业产业化发展出现了良好发展势头。龙头企业的迅速兴起，使元阳县农业产业化经营逐渐成熟，农民收入逐渐提高。

（五）实施规范运作，加强市场监管

元阳县一直注重现代化农业发展，立足自然资源和生态环境，推动产业化升级，促进有机农业产业快速、健康发展，规范管理，加强整合，做大、做响有机产品品牌，进一步提升全国有机食品基地质量安全体系建设的能力，加快推进标准化生产，从建设优质农产品基地入手，开展农产品质量安全绿色行动、食品放心工程计划，健全组织机构，加强体系建设，加大产地环境、市场准入等环节监管，积极推进全程监控，强化农产品质量安全工作。以有机产品认证示范区创建为契机，全面加强对有机食品生产销售的认证监管工作，有效促进了农产品的安全建设。突出以有机产品认证为重点的整治，切实强化有机品牌保护，按照有机食品生产的技术要求和元阳县种植、养殖业生产实际，制定《哈尼梯田红米稻谷生产技术规程》《哈尼梯田稻鱼鸭综合种养技术规程》《辣木病虫害绿色防控技术》等，对有机农产品的栽培、繁育、饲喂、投入物使用的操作规程以及档案记录，按有机化标准规范具体要求。同时，制定《有机食品标志申请使用管理办法》，规定标志的申请使用程序，对申请使用标志的食品进行严格监管，不符合有机标准的食品坚决不准使用有机标志。经过 6 年多的生产实践，生产和开发有机食品，从未发生重大食品、农产品质量事故。

（六）加大宣传推广，促进人才培养

为推动创建工作顺利进行，元阳县注重营造良好的舆论氛围。一方面，县内形成创建氛围。根据国务院、省、州府的部署，通过墙体公益广告栏、展板、条幅、报纸、网页、电视等形式，在全县范围内积极开展食品安全宣传活动；设立了食品安全咨询宣传点，现场发放食品安全资料，接受市民食品安全咨询；举办食品安全专题培训会，利用入厂、入店、入校检查等时机，开展安全宣传指导，提高全民食品安全意识。另一方面，做好对外推介。举办“长街宴”“开秧门”“新米节”等大型节庆活动，组织参加北京、上海、广州等大型城市农产品展销会。在展会及活动上充分展示元阳县有机农畜产品，并重点介绍县域经济发展情况、投资优势以及有机农牧业生产基地和有机农畜产品，有力提升元阳县的知名度和吸引力。另外，加强人才队伍建设，提高技术咨询、技术推广、技术培训、生产管理、信息服务等方面的能力；引导龙头企业和社会力量参与创办农业服务组织，实现农业服务体制的多元化，创新人才培养和引进长效机制。通过送出去、请进来等方式，组织技术人员参加省农业厅、云南农业大学和省农业院等组织举办的专题培训班，邀请省内外有机农业生产管理专家到县、到基地对技术人员、企业从业人员进行有机生产管理技术培训，组织县内相关部门、企业人员到陕西洋县等成功创建国家有机产品认证示范区的县市进行实地考察，学习成功经验和先进管理方法。

五、创建成果

（一）元阳县有机产业发展现状

近年来，元阳县委、县政府高度重视有机产业发展，紧紧抓住红河谷经济开发开放带建设的历史机遇，利用哈尼梯田成功申报世界文化遗产、梯田红米生长的哈尼稻作梯田系统先后被联合国粮农组织和农业部列为全球重要农业文化保护试点的机遇，大力培育壮大特色优势产业，努力创建国家有机产品认证示范区。

截至2017年，元阳县已有农产品商标品牌5个：水龙、梯田、漫江河、DKP、元梯红；地理证明商标2个：元阳香蕉、元阳梯田红米。获无公害农产品认证企业7家，认定面积2 600亩，认证产品8个：紫山药、草果、香蕉、水果甘蔗、云梯红牌大米、阿波红尼牌大米、芒果、火龙果，认证产量达20 400吨；获得绿色食品认证生产企业4家，认证产品4个：红河秀峰、多阔牌云雾茶、水卜龙牌云雾茶、漫江河牌蒸清云雾茶，产地认定面积4 430亩，认证产量465吨。全县有机特色产业得到快速发展，有4家企业共获得有机产品认证证书6个，有机产品认证总面积23 794.295亩，总产量7 837.9吨。其中元阳县粮食购销有限公司认证稻谷生产基地1 999.965亩，产量535吨；认证大米加工基地9.53亩，产量275吨。元阳县哈尼梯田有机红米专业合作社认证稻谷生产基地16 552.8亩，产量4 965.9吨。元阳县水卜龙茶厂认证茶叶生产基地229.95亩，产量50吨；认证茶叶加工基地2.1亩，产量12吨。另外，元阳县优源商贸有限公司于2018年2月获得有机转换认证证书，认证稻谷生产基地4 999.95亩，产量2 000吨。

（二）特色产业链逐步完善

元阳县立足产业发展现状，准确把握有机农业发展方向，按照“千亩成片、万亩成带”的产业发展要求，围绕“两谷三带一核心”产业布局，以草果、蔬菜、水果、红谷等“特色种植业”和生猪、土鸡、黄牛等“优势养殖业”为重点，打造循环农业产业链，形成科技园区小循环、示范县大循环的良好发展局面。通过大力发展梯田红米，深入推广稻鱼鸭综合种养模式，逐步形成了“一水三用、一田三收、稻鱼鸭共赢”的生物多样性有机循环特色产业。

（三）民生经济快速发展

2017年，全县完成地区生产总值49.74亿元，同比增长10.2%；固定资产投资103.35亿元，同比增长19%；地方公共预算收入2.8亿元，同比增长4%；地方公共预算支出25.6亿元，同比增长4%；社会消费品零售总额14.46亿元，同比增长12.2%；城镇常住居民人均可支配收入28 265元，同比增长8.1%；农村常住居民人均可支配收入7 830元，同比增长9.8%；实现旅游综合总收入39.36亿元。通过大力发展有机农业，促进农业产业转型升级、旅游产业快速发展，带动全县农村经济保持高速增长，实现农民增收。

(四)区域发展与环境保护实现“双赢”

通过有机产品认证示范区创建工作的开展落实,元阳县取得了良好的生态环境效益,与“生态立县,文化兴县,产业强县”的决策部署相契合。元阳县围绕大农业,发展高端种养殖业,大力发展绿色、有机农牧产业。有机产品认证示范区创建工作开展后,依托土地管理信息平台明确土地属性及使用情况,使土地流转使用更趋规范化、制度化。元阳县及其周边地区无大型工业企业和化工企业,无污染源存在。有机生产基地实现农药、化肥的零投入,农业上使用的塑料薄膜必须回收并妥善处理,减少农业面源污染和白色污染。经检测,地表水环境质量逐步提高,为有机农业的发展提供水利方面的保障。这些具体措施的落实有效提升了元阳县的整体环境质量,切实保障了有机产业的可持续发展。通过大力开展生态保护、生态建设、生态产业三大工程,认真落实《红河哈尼梯田保护管理条例》,元阳生态系统得到不断修复和改善,森林生态效益得到充分发挥,构建了天然“绿色水库”,较好地保护了哈尼梯田,实现了区域产业发展与生态保护的“双赢”。

(五)产业发展助力脱贫攻坚

全面建成小康社会,最艰巨最繁重的任务在农村、特别是在贫困地区。打赢脱贫攻坚战,是目前元阳县发展的重中之重。元阳县按照省委省政府扶贫工作要求,积极探索产业发展带动脱贫攻坚,构建“公司＋合作社＋基地＋贫困户＋电商”的合作机制,支持有机产品认证企业在贫困村建立有机种植、养殖基地,统一技术规程和标准,强化产业监督管理,广泛吸纳贫困户和低收入家庭劳动力务工,利用企业的产业平台、信用平台、“互联网＋”营销平台等资源优势,结成企农共赢利益联结机制。认真贯彻落实上海徐汇区与元阳县东西部结对帮扶工作要求,制定《上海徐汇区与元阳县 2018 年帮扶协作实施方案》,切实加强元阳县与上海铭言集团帮扶合作,共同推进元阳县农特产品走进上海市场,促进元阳县脱贫致富奔小康。开展结对帮扶,由上海铭言集团百名企业家帮扶百户建档立卡贫困户。开展梯田红米、梯田鸭、梯田鸭蛋、元阳土猪产业帮扶,对元阳农副产品进行整体策划、品牌推广、包装设计,协调物流运输,进入上海市场销售。制定《旅游产业助力元阳县梯田核心区一万人脱贫攻坚实施方案》,由云南世博元阳哈尼梯田文化旅游开发有限公司通过大力发展旅游产业,开展农副产品帮销、旅游产品开发、美丽乡村建设、劳务输出及就业帮扶,助力梯田核心区贫困户脱贫增收。

六、经典范例

(一)元阳电商产业园区

元阳县电子商务产业园位于元阳县地税公寓,于 2016 年启动实施建设,共投资 1 000 多万元,占地规模 482.26 平方米。于 2017 年 9 月竣工并投入使用。园区设有创业公共服务机构,并配备有相关专业知识、技能的管理服务人员,建立了创业指导专家队伍,为入驻创业实体提供政策咨询、信息服务、项目开发、风险评估、开业指导、融资服务、跟踪扶持等“一站式”公共服务,为企业提供免费孵化服务。具备完善的供电、供水、道路、通信、网络等基础设施;设有园区服务办公场地,并分别下设园区综合服务工作站、创业项目洽谈室、创业孵化室三个功能区。园区也为入驻企业提供“贷免扶补”“创业担保贷款”或“劳动密集型小企业贷款”等相应的配套金融帮扶举措。同时，以区域优势资源为基础，积极吸纳并有效带动各类创业群体开展创业工作，并对高校毕业生、返乡农民工入园给予重点扶持。

目前，入驻电商产业园的企业有元阳县尼龙门人力资源服务有限公司、元阳县绿盈互联网农业发展有限公司、云南一片林网络科技有限公司、云南龙润集团有限公司、红河元阳梯田云科技股份有限公司、云南蓝典科技股份有限公司、红河州宇创人才科技股份有限公司、云南省国有资本运营商城管理有限公司。累计销售额达到 1 000 余万元。

(二)大鱼塘稻鱼鸭种养综合模式

元阳县呼山众创农业开发有限公司，计划投资 1 600 万元，建设大鱼塘稻田综合种养试验基地，位于哈尼梯田核心区的新街镇大鱼塘村，涉及 41 户农户，覆盖建档立卡户 12 户。基地采取“公司＋合作社＋基地＋农户”的模式，以亩均补偿 400 千克稻谷的方式进行土地流转，公司自主经营管理，并每天返聘 30 人当地农户特别是贫困户到基地务工，每人月平均工资 3 000 元。农户土地流转受益又可到基地务工，提高经济收入，加快脱贫步伐。在政府的引导下，公司采取“六统一”(即统一品种、统一技术、统一收购、统一包装、统一品牌、统一销售)方式，与农业合作社签订产品收购服务协议，在带动产业规模化的同时，带动农民增收致富。基地严格按照标准化技术规程移栽水稻、开挖鱼沟鱼凼 400 亩(其中试验养鱼 350 亩、试养泥鳅 50 亩)，开展红米品种试验筛选 28 个，建设鸭舍，进行鱼苗新品种试验，筛选优质、高产稻鱼鸭品种。以绿色食品为目标，筹备农产品质量追溯平台建设、智慧农业、“互联网＋农业电商平台”建设、“三品一标”认证。实施田间人行道路修缮和扩建 1 000 米。采用安装病虫害绿色防控诱虫灯、绿色防控农药、施用有机肥等多种方式，研究植物与动物共生关系试验。大鱼塘稻田综合种养试验基地的建设，预计亩产值万元以上，具有良好经济效益、社会效益和生态效益，较大幅度提高了梯田产出率，增加了农民收入，为哈尼梯田旅游发展提供上层旅游农产品，促进一、二、三产融合发展，推动脱贫攻坚工作，在山区精准扶贫中发挥了典型的示范带动作用。既保护了哈尼梯田，保证了粮食安全，又促进人与自然和谐发展，永葆大鱼塘优美的自然风光。通过试验田建设，带动新街镇土锅寨、全福庄、多依树、爱春片区发展稻鱼鸭 9 500 亩，涉及 3 152 户农户，覆盖建档立卡户 627 户。

七、特色产品

元阳特色产业为梯田红米：味甘，性温，为禾本科红糯稻的种仁。红米稻已有数千年的栽培历史，中医认为红米能滋阴补肾、健脾开胃，是延缓衰老的保健食品。2015—2016 年红河州质量技术综合检测中心负责对梯田红米进行采样检测。通过检测分析对比，哈尼梯田红米营养价值丰富，富含所测 17 种氨基酸中的 16 种，总氨基酸含量高于普通大米，且组成较合理，较接近人体所需氨基酸构成，8 种人体必需氨基酸含量丰富，红河哈尼梯田红米中铁、锰、铜、锌、硒、钙、镁、钾、磷等矿物质和微量元素含量也比较丰富，其中铁、锌、硒、钙、磷、钾含量较高，优于普通大米。红米含有丰富的淀粉与植物蛋白质，可补充消耗的体力及维持身体正常体温。它富含众多的营养素，可以补充人体所需微量元素。元阳县粮食购销公司的全国第一条红米胚芽生产线建成投产，目前已研发了梯田印象、梯田红米以及元阳红梯田红米产品系列萌芽红糙米、萌芽留胚红米、萌芽精制红米等高端产品。哈尼梯田红米产品主要销往北京、昆明、重庆等地，与上海自在源发展有限公司、深圳海纳纸业有限公司等 40 多家企业建立了红米产品购销合作伙伴。市场占有率逐步扩大，形成了稳定的销售网络。另外，公司通过淘宝、京东、龙润集团、有赞、微信公众号、彩云优品、雅购供销 M 商城、公司微商城等 20 多家网络销售红米产品。截至 2016 年 7 月，共销售红米 5 242 吨，销售额 3 480.8 万元。

元阳县先后荣获“全国粮食生产先进县”“水稻绿色高产高效创建项目县”“中国红米之乡”称号。2013 年 10 月，哈尼梯田红米荣获第九届中国昆明泛亚国际农业博览会优质产品金奖，先后被评为“云南六大名米”之一，入围全国“十大魅力农产品”。2017 年 12 月，元阳梯田红米被评为“云南名牌产品”。

另外，元阳“梯田红”茶叶，荣获第十届中国云南普洱茶国际博览会 2015 年“云茶杯”名优茶评比红茶类铜奖。元阳县水卜龙茶厂注册的“水龙”牌商标在 2010 年荣获云南省著名商标，所生产的“云雾茶”产品连续荣获第四届至第八届云南省消费者喜爱商品称号。

浙江省

“两山”理论萌发地　有机示范受益区

——淳安县国家有机产品认证示范区工作情况汇报

2016年12月，淳安县有机产品认证示范区创建工作顺利通过国家认监委的考核验收，成为浙江省第三家荣获国家有机产品认证示范区称号的县(市)，在3年示范区创建及推进过程中，淳安县委、县政府高度重视，提出打造“有机千岛湖”的发展战略，在组织、人员、经费等方面给予充分保障，示范区创建领导小组将创建工作与保护绿水青山、百姓增收致富、打造品牌农业相融合，积极推进“环千岛湖”有机产业带和聚集区建设，在全省率先开展有机认证招投标工作、建立有机产品抽检三方合作机制、加强有机企业诚信评价体系建设等工作，取得了一定的成效，得到了多方的肯定。在示范区创建期间，国家认监委和省市局领导多次莅临千岛湖指导，县领导在2016年全国有机产品认证示范区推进会议上做典型交流发言，创建办在峡山湖有机论坛做经验介绍，内蒙古、江苏、安徽、江西、重庆、河南、云南等示范创建区来淳安县进行了工作交流和学习。

一、淳安县县情简介

淳安县行政隶属杭州市，位于浙江省西北部，是浙江省面积最大而经济总量又是杭州地区最小的加快发展县，是一个有着“八山半田分半水”之称的山区县，是一个拥有1 800多年建县史而建成不到60年的新城。因拥有“天下第一秀水”美称的千岛湖而驰名中外，因是习近平等五位省委书记的工作联系点而备受关注。淳安县是国家首批生态保护与建设示范区，4 500平方公里的县域面积，有75%的森林覆盖率，有近99%的优良天气率，一湖秀水，满目青山，清新空气，这些为淳安发展有机产业提供了资源优势和地理条件保障。

二、示范区创建工作成果

(一)“三个保障”助推有机产业发展

1. 强化运行保障

为深入推进示范创建工作，成立了以县长为组长，分管副县长为副组长的示范区创建领导小组，市场监管、农办、农业、林业、财政、环保等部门主要负责人为成员。领导小组成立后不定期开展工作协调会，及时解决创建过程中出现的问题，增进了部门之间的协调配合，达到齐抓共管的良好效果。

2. 强化政策保障

县政府出台了《淳安县创建国家有机产品认证示范区实施方案》《关于加快生态农业发展的实施意见》等一系列扶持有机产业发展相关政策。据统计，2013—2017 年，在有机产品认证补助方面，下达资金 650 余万元；在有机肥施用补助上，下达资金 2 000 余万元；在现代农业园区建设上，下达资金近亿元。此外，为保障领导小组创建工作的运行，县财政还给予 200 万的示范区创建专项工作经费，用于对有机产业的宣传、培训等方面。

3. 强化技术保障

开展有机生产标准化建设，先后发布实施了《有机鲢鳙鱼生产技术规程》《有机铁皮石斛种植技术规程》等 10 余项有机生产地方标准，同时收集整理国家有机相关标准和有机投入品推荐目录，汇编成册，作为工具书供企业使用。此外，在杭州千岛湖发展集团有限公司等标杆企业组织开展了县级有机生产标准化示范活动。

(二)“三个融合”明确创建工作主旨

1. 突出有机产业与保护绿水青山的有机融合

千岛湖地处钱塘江上游，是浙江省的饮用水源地，也是华东地区重要战略备用水源，环境保护是头等大事。有机产业就是生态环保产业，它顺应自然，不以牺牲环境为代价，减少了农药、化肥、饲料添加剂、生长调节剂的使用量。据测算，推行有机生产可使全县每年减少化肥、农药用量 1 000 余吨。有机肥还能消化和处理废弃菌棒、桑枝条、秸秆、畜禽粪便等一批垃圾，使垃圾资源化，实现循环利用、变废为宝，减少了污染物排入千岛湖的总量，从而进一步保护了千岛湖。

2. 突出有机产业与加快百姓富裕的有机融合

淳安县 45 万人民有 38 万是农民，他们的主要经济来源是传统农业种植、养殖，他们手中拥有最多的资源就是茶叶、山核桃、水果、中药材等各种农产品。通过积极引导有机企业发挥示范引领作用，带动周边农民逐步按照有机标准要求来开展种植、养殖，从而提升农产品品质。有机产业的发展使农民手中优质的农产品转化成有机产品，促进淳安的生态农产品从“物美价廉”到“优质优价”的良性转变。

3. 突出有机产业与促进企业转型升级的有机融合

淳安是农业大县，农产品企业多，但普遍发展水平低，经济效益差，究其原因，主要还是缺乏特色产品和亮点品牌。有机产品就是一块可以吸引市场目光的金字招牌，千岛湖有机鱼率先通过有机认证后，走出了一条传统渔业向品牌渔业、文化渔业的转型升级之路，开创了欠发达地区通过打造有机产品，将资源优势转化为产业优势的典范。“清野”牌大米获得有机认证后，连续 2 年荣获浙江省好吃大米称号，“常香果”牌山核桃、“金狮峰”牌茶叶、“瑶记”牌山茶油等有机产品多次荣获省农博会金奖。

（三）“三个网络”规范创建工作质量

1.设置市场准入网，规范认证行为

2013年12月，在全国率先开展有机产品认证招投标工作，经过招投标，4家认证机构成为淳安县有机产品认证示范区创建的合作单位（分别为杭州万泰认证、杭州中农认证、浙江公信认证、南京国环认证），合作单位免费向淳安县企业提供技术指导培训，适当降低认证费用，而政府也对合作单位认证的企业给予财政补助。

2.建立质量风控网，强化源头管理

全省率先开展了有机产品检验报告三方合作机制（行政部门、认证机构、检验单位），每年安排20余万元专项经费，承担全部有机企业的产品检验费用，一旦发生质量安全问题，检验机构需第一时间通知行政部门和认证机构。合作机制开展以来，一方面切实减轻了企业负担（企业缴纳的费用减少了15%左右），同时更重要的是实现了对认证机构、获证企业的认证和质量的源头监管，切实降低有机产品潜在质量风险。

3.强化服务监管网，倒逼诚信自律

每个季度，行政部门组织人员到有机企业评价一次，实行A、B、C三个等级诚信评价结果，其结果与行政监管、政府奖励资金直接挂钩，开展诚信评价之后，很多企业变“被动”为“主动”，要求认证机构从严认证，提高认证质量。

三、示范区推进工作成效

国家有机产品认证示范区创建成功后，在县委、县政府的领导下，坚持一张蓝图绘到底，不断推进有机产业向前发展，淳安县也被农业和农村部列为茶叶有机肥替代化肥全国试点县。

（一）有机产业处于全省领先

截至2018年11月，全县共有有机认证企业74家，认证证书110张（含2家国外有机认证企业），约占杭州地区的40%以上，占全省的10%以上，有机基地总面积约63万亩，有机产业产值超6亿元，约占全县农业总产值的12%，形成了淡水鱼、茶叶、山核桃、水果、铁皮石斛等有机特色产业，“淳”牌千岛湖有机鱼被认定为中国驰名商标，2000年认证成为全国第一条有机鱼，浙江淡竹生物科技有限公司的活树附生有机铁皮石斛成为浙江省林下经济发展的典型。现在，淳安县已经成为杭州市有机企业认证数量最多、产值最高、产业最全、规模最大的县（市），也走在了全省有机产业的前列。

（二）“有机千岛湖”形成共识

2013年起，每年将有机产业发展写入政府工作报告。2016年，经过充分酝酿，县第十四次党代会首次提出打响“有机千岛湖”品牌，积极发展有机产业，作为全县发展康美产业的五个支点之一。2018年县“两会”继续提出围绕“有机千岛湖”建设，大力发展有机农业、品牌农业和特色农业。市场监管部门牵头制定有机产业发展规划、维护市场经济秩序；农林部门大力推行农业面源污染防治、废弃农业投入品回收、推广有机肥和林下经济等活动；旅游部门在有机园区积极推行旅游驿站和星级评定工作;商务部门积极搭建产品销售网络;财政部门积极给予产业发展扶持政策;环保部门牵头推进环水有机农业课题研究。

(三)构筑有机诚信发展

有机产业实质上是一个"良心产业""诚信产业",可以说,有机产业要想健康发展,离不开经营者的诚信。在构筑诚信发展上,市场监管、农业、林业、环保等部门各司其职,加强有机产品的日常监管,重点规范有机投入品的采购、使用环节,不定期开展产品抽检,发展问题及时查处,坚决将不诚信的企业排除在外。2017 年,成立了全省第一家县级有机行业协会,成功举办了全国性有机日宣传推介活动,积极参与政府、社会和企业三方交流服务平台和发挥行业自律机制,促进行业诚信发展。

(四)共享生态文明成果

淳安积极践行习近平总书记生态文明思想,先后荣获国家级生态示范区、国家卫生城市称号,有机产业的打造,进一步提升了千岛湖生态文明建设。农业产业发展上,积极推进农业林业彩化工程,打造农业大景观,形成了区域性"花香十里,果熟四季"的美丽景致。在城乡环境建设上,逐步打造为"全国最整洁最温馨最具魅力的旅游休闲城市",深化城区绿化美化亮化工程,加快城市小品、城市家居及城市飘带等建设,切实增强城市动感和美感。全县 23 个乡镇有 10 余个举办过以有机鱼、有机茶、有机水果、有机中药材等为主题的旅游节庆活动,2018 年 1—10 月份,共接待采摘体验游客 120 余万人次,实现经济收入 7 000 余万元。

(五)有机产业助推环境保护

普通的淳安县,特殊的千岛湖,作为长三角重要战略水源地,中央高度关注和重视千岛湖环境保护工作。1998 年和 1999 年千岛湖连续 2 年出现严重的水华现象,曾经无比纯净的千岛湖水面,漂浮着一层蓝、绿色的藻类,还有轻微异味。经过各方面专家的充分论证,采用有机方式养殖,丰富鱼类资源,降低藻类和浮游生物含量进而保护千岛湖生态环境的"保水渔业"应运而生,成为全国水库(湖泊)生态渔业发展的典范,在成功打造"淳"牌有机鱼成为国内第一个有机鱼品牌基础上,相继开发出巨网捕鱼旅游项目、鱼拓艺术品等衍生产品,2018 年实现有机渔业综合收入达 2 亿元以上,撬动的产业经济超过 20 亿元。千岛湖有机鱼发展模式已被列为践行"两山"理论教学案例,作为中央党校厅局级干部进修班教材。通过 18 年坚持不懈地有机渔业打造,千岛湖的生态环境质量连续多年名列浙江省前茅,生态环境质量处于国内一流水平,是国家公布的首批五个"中国好水"水源地之一。2017 年,主城区环境空气质量总监测天数 365 天,优良天数为 333 天。

四、示范区推进主要做法

(一)坚持认证质量优先

2013 年,淳安县启动了国家有机产品认证示范区创建工作,只有 11 家获证企业 17 张有机证书,有机产业还未形成一定规模和品牌效益,通过几年的努力,实现了有机认证数量每年 70%的增长率。但随着有机产业规模的不断增长,对于行政监管提出了更高的要求,有机产业的风险也在不断积聚。2016年以后，我们经过评估，认为现有的产业规模符合千岛湖发展实际，及时调整了工作重点和有机产业培育方向，加强了认证机构的联系，实行“认证联合诊断”，共同把握认证质量。这两年，出现了“不愿意做有机的企业多了，愿意做有机的企业也多了”，有10余家企业退出了有机市场，同时也新增了20余家有机企业，这些企业更多的是自身发展的需要（横向对比省内其他示范区，淳安县有机补助标准最低），从长远来看，淳安县有机产业还是具备较强的持续发展的动力。

（二）坚持企业需求导向

在加强日常监管的同时，每年召集有机企业开一次座谈会、办一个培训班，并且也深入有机企业开展走访调研，认真听取企业的想法和建议，针对企业提出的有机生产技术问题，建立有机企业微信群，加强与认证机构、北京上海等地植保产品企业合作，为企业提供有机实用生产技术培训和几十次的现场农技指导，得到了企业的热烈欢迎。针对企业提出的销售问题，出台了企业参展、电商销售、注册品牌等多方面的鼓励政策，并且联合认证机构，举办了营销对接活动，成功促成有机企业与盒马鲜生、京东超市、世纪联华超市等销售平台的合作。针对企业提出的品牌维权问题，组织相关执法单位和人员，到北京、广东及省内等地开展了千岛湖有机鱼执法打假活动。

（三）坚持园区示范引领

业内也经常听到，做有机农业，要求很高，投入大，短时间内根本不可能赚到钱，有机生态农业在中国，未来绝对有市场，但现在还处在晨光熹微之中。应该说，愿意从事有机产业的人，应该都是有一定“情怀”的，他们的本意是想把有机做好。5月份，央视焦点访谈《有机背后的玄机》可以说是给有机从业人员敲响了警钟，企业没有效益，产品市场不认可，有机产业是难以发展的，为此，在有效控制产业风险的同时，淳安县依据不同产业类型，鼓励企业将有机产业园区打造成农事体验园、休闲观光园、科普示范园等。

五、创建故事

有机成就“鱼跃人欢”——千岛湖有机鱼成长记

大家好！我是一条来自千岛湖的有机鱼，不过我可不是一条普通的鱼，我是中国第一条获得有机认证的鱼，我的家很大，有573平方公里的自然水体，3 000多座翠绿岛屿，每天我都美美地享受水生藻类和浮游生物，荤素搭配，营养健康，春天湖面上漂浮着橙黄色的松花粉，这可是我健康成长的天然滋补品。尽情情畅游6年后，体重达到4千克以上，我就“成年”了，“鱼跃人欢”一片丰收的景象。每条鱼都有座右铭，我也一样——做一条价值链最完整的鱼！

曾经的我

千岛湖大库渔业始于1962年，在当时的计划经济时代，产品不愁销，渔业以传统渔业为主，侧重于鱼货数量。经过长期的积累，独创具有千岛湖特色的大水面三级放养模式和“拦、赶、刺、张”联合渔具渔法，在全国大水面渔业养殖行业中处于领先地位。但当时鱼货均为鲜鱼，既没有商标、没有产地，也没有标准，而且采取等客上门的被动销售方式。随着计划经济向市场经济的转型，淡水养殖蓬勃发展，名优品种异军突起。千岛湖渔业开始转向鳜鱼、鲈鱼等名优品种的网箱养殖，捕捞银鱼影响幼鱼和鳡鱼，危害资源，大库鲢鳙和野杂鱼资源严重枯竭，水体出现异味，产量急剧下降，鱼品价格低位，大个儿的鳙鱼不到 6 元一千克，鲢鱼 2 元多一千克，鱼头 0.16 元一千克，几乎是当处理品卖的，千岛湖渔业出现举步维艰的局面。

有品牌的鱼

1998 年、1999 年连续两年，千岛湖局部水体季节性出现蓝藻暴发，引起了县四套班子领导的高度重视并深入调研，提出保水渔业，形成“保护千岛湖渔业资源就是保护水资源”的共识。在县委县政府的果断决策下，出台《淳安县渔业资源保护和管理办法》，实施封库禁渔和季节性休渔期。从 2000 年开始，千岛湖率先开展有机鱼认证，通过市场推介、参与各类展览、举办主题活动、创新营销模式，打响了千岛湖有机渔业的品牌，先后荣获中国名牌农产品、中国驰名商标、中国有机鱼之乡称号。

有味道的鱼

千岛湖有机鱼利用千岛湖鱼味馆的品牌效应和成熟的烹饪技术，深入开展有机鱼肴、全鱼宴的开发和扩展。以中国名宴——“淳鱼宴”和“淳鱼头”为主的系列鱼宴成为引领餐饮品牌时尚的菜肴。目前公司餐饮已发展了鱼味馆总店、钓鱼岛品鱼馆、淳香苑店等三家在当地具有很大影响力的餐饮名店，同时还在杭州、安徽黄山和合肥等地连锁发展了 10 家餐饮酒店。同时，通过制定直销直营政策、实行区域专卖制度、制定指定经销商制度、推行有机鱼专门防伪器皿、实施品牌保证金制度等营销政策，维护和推广千岛湖渔业品牌，使千岛湖有机鱼受到广大客户的青睐，千岛湖有机鱼活鱼配送业务已遍布全国 23 个省市的 230 家品牌酒店客户，形成了供不应求的良好态势。此外，延伸加工产业链，2016 年，建成有机鱼加工厂，引进微冻设备和技术，开展淳鱼分割鲜冻产品的加工，行销全国各地。

有看点的鱼

经过精心策划包装，整合了休闲垂钓、休闲餐饮、巨网捕鱼、鱼拓创作、淳鱼荟萃等资源，将“中华一绝”千岛湖巨网捕鱼正式推向市场，并成为千岛湖的一个常态化旅游项目，全年接待休闲渔业游客约数十万人，较好地传播了千岛湖渔业品牌。已成功接待江泽民、李鹏、曾庆红、吴仪、李岚清、尉健行和西哈努克等国内外领导人及来自国内外众多的观光团，成为千岛湖对外宣传和重大接待的主平台。此外，推出定时、定点、定量的“体验式捕鱼”及千岛湖钓鱼岛休闲垂钓等旅游产品，也赢得了游客和市场的良好评价。

有文化的鱼

2007 年，有机鱼文化展示中心建成并对外开放；2009 年成立了淳安县鱼文化协会；2010 年首届千岛湖有机鱼文化节隆重举行；2011 年，以首届千岛湖国际鱼拓大赛、有机渔业科技文化展和第四届千岛湖国际环保钓鱼大赛为主要内容的第二届千岛湖有机鱼文化节成功举行。2012 年、2013 年、2015 年、2017 年，第三、四、五、六届千岛湖有机鱼文化节又相继举行。通过文化创意将淳牌有机鱼的品牌宣传和推广推向高潮。一条鱼创造的生态渔业发展商业模式受到了专家学者的关注，2013 年《中国鱼——个鱼头和千岛湖的故事》出版发行。现在，随着千岛湖有机鱼游进全国各地，千岛湖的品牌、文化也随着每条有机鱼输入到各个城市，成为千岛湖的活广告。

现如今，千岛湖有机渔业已建立起了以保水为前提，以生态为依托、以文化为统领的集“养殖、管护、捕捞、销售、加工、烹饪、旅游、科研”为一体的一条完整的产业链，发起成立了全国天然水域渔业产销联盟，制定产品团体标准，成为我国湖泊（水库）生态渔业经营的典范。

短短20年间，千岛湖鱼从一条不知名的生态鱼，身着有机的外衣，跃过了道道龙门，转型为融入旅游的文化鱼。

这条鱼的故事，值得一读！

大美新安　有机建德

——建德市有机产品认证示范区创建纪实

建德市地处浙江西部、钱塘江上游，隶属杭州市，行政区划总面积2 321平方公里。它东接杭州，西连黄山，境贯“两江一湖”（富春江、新安江、千岛湖），自古就有“锦峰绣岭、山水之乡”的称誉。它历史悠久，山川秀丽。境内古迹众多，江、湖、岩、洞、瀑、雾等自然景观丰富多彩。新安江畔的瀑高百丈、飞珠霰玉的“葫芦飞瀑”，青山滴翠、春水碧波的“七里扬帆”，虚无缥缈、如梦如幻的“白沙奇雾”，以及人称江南第一悬空寺的“大慈岩”等景点融为独特的新安江山水风光。

早在东晋时期，谢灵运曾写道：“石浅水潺缓，日落山照耀。荒林纷沃若，哀禽相叫啸。”把新安江山水惟妙惟肖地搬到了纸上。后有唐代大诗人孟浩然在游历建德后，留下了一篇以建德命名的名篇，叫《宿建德江》，诗中写道：“移舟泊烟渚，日暮客愁新。野旷天低树，江清月近人。”展现了一幅美丽的山水画卷。

在这里，空气清新宜人。全市森林覆盖率88%以上，这里有亚洲最大的原生态楠木森林公园，有富春江和新安江两大国家级森林公园，有华东地区生态保护最佳的情人谷与葫芦峡，这些城市“绿肺”每年吸走二氧化碳140万吨，释放氧气100万吨，空气中负氧离子的浓度是都市的3.5倍以上，是名副其实的天然氧吧。

在这里，水清冽甘甜。境内有新安江、富春江、兰江及寿昌江四大河流，水质平均达标率92%以上，尤其是新安江，源自千岛湖深处的江水，从新安江水电站70米高坝底喷涌而出，绕城东去，常年保持14～17 ℃恒温，无须处理即可达国家一级饮用水标准，“农夫山泉有点甜”的农夫山泉矿泉水就从这里流向全国各地。

这里的土壤肥力充足。建德的土壤属黄泥土、红黄泥土、石砂土，土层较厚，质地疏松，拥有良好的透水透气性能，有机质含量较高，氮、磷、钾含量较丰，肥力充足。2018年建德被评为中国唯一的“气候品质城市”。

如此优越适宜的生态环境，不断催生着建德有机产业的萌芽与生长。浓厚的历史文化、优质的果园农场、宜居的生活环境让建德成为集休闲、观光、养老为一体的好去处。今日的建德，有“国家级生态示范区”“国家绿色农业示范区”“国务院首批重点风景名胜区”“中国优秀旅游城市”等无数荣耀照射在这方水土上，是杭州——黄山黄金旅游线上一颗璀璨的明珠。

一、有机产业发展

建德有机产业起步于2004年。当时的市政府就将“生态立市”作为建德市发展的基本战略，坚持生态理念，充分发挥生态优势，积极探索和谐生态发展之路。2011年国家认监委开展“有机产品认证示范区”创建活动，建德市迅速响应，认真谋划，精心组织，积极申请开展“国家有机产品认证示范区”创建活动，并于2012年1月成功获批成为全国首批11个“国家有机产品认证示范创建区”之一。

开展国家有机产品认证示范区创建以来，建德市通过规划引领、政策引导、项目扶持、示范带动、科技支撑、平台服务，大力推动优势生态农产品产业发展。截至2018年年底已发展无公害产品面积11 133公顷，绿色产品面积3 200公顷，茶叶、油茶、毛竹、中草药作为市重点发展的特色农业产业更是得到了大力推广，现有茶叶面积4 094公顷、油茶3 133.3公顷、毛竹13 333.3公顷、铁皮石斛43.3公顷，为下一步发展有机特色产业奠定坚实的基础。有机作为生态农业的最高模式，也获得了巨大的发展。企业由申报初期的11家有机企业发展成33家，有机产品认证面积也由初期的2 474.88公顷发展到3 356.06公顷。有机产业生产总值从2011年的1.8亿发展到6亿元以上。有机产业链从有机肥生产、种植、养殖、产品加工一直到网上销售、采摘养生旅游等各个方面，有机一体化程度高。

(一)政府重视，规划管理有序推进

建德一直将示范区的创建工作作为全市重点工作来抓。市长亲自“掌舵”，担任创建工作领导小组组长，负责解决创建工作中的重大事项和全局性问题。政策上，制定了《建德市十二五有机产业发展规划》，并先后出台多项政策着力推动有机产业发展；工作上，把有机产品认证示范区建设与国家级生态示范区、省级生态市建设有机结合，整合各方资源，共同参与建设，大大提高了创建效果；管理上，建立领导小组办公室，与农办、农林水、环保等部门建立联席会议制度，强调部门之间的协调配合，实现监管、服务两腿并进，确保有机产业健康有序发展，示范区的创建工作扎实推进。监督上，政府近年来每年都将有机示范区创建工作列入“六个领衔”工作(即“重要工作、重点工程、重大项目、招商引资、信访包案、难题破解”工作)，由人大副主任、副市长监督工作进程。

(二)政策引导，扶持资金落实到位

建德有机农业发展追求的是“质、量并举，以质优先”。政府出台了《关于加快现代农业发展实施意见》，围绕“政策推动、龙头带动、项目拉动、品牌驱动、改革促动”的现代农业发展思路，充分发挥得天独厚的农业资源和生态环境优势，以建设生态循环农业、高效设施农业、特色精品农业为主线，以优势产业及重点项目的发展提升、农业精品园、“建德果蔬乐园”的品牌创建、“阿里巴巴·建德农食馆”的有效运营、区域农产品公用品牌的创建、新型业态经济的发展等为抓手，推动有机农业产业的发展。政策中不仅列出有机专项补助资金(用于补助有机企业认证经费，首次有机认证3万、后续认证1.5万)，2018年又调整有机补助政策，对连续认证十年以上的有机企业、有机食品生产基地的企业增加补助，鼓励有机企业做大做强，对超过基本量有机基地实行面积、数量补助。另外，在农业项目实施上将有机认证作为优先条件，补助政

策向获得有机认证的企业倾斜，扶持资金逐年上升。

（三）部门合力，协同创建

建立有机产业发展推进联动机制，将示范区创建工作细化分工，责任到部门。各职能部门集中人力、物力，结合各部门工作职责，实现监管、服务两腿并进，确保有机产业健康有序发展，示范区创建工作扎实推进。建立了市场监管、农办、农林水、环保等部门建立联席会议制度，定期对有机产业发展规划、有机生产管理效果、有机产品生产企业诚信度进行评估，增进部门之间的协调配合，达到齐抓共管的良好效果。

（四）内外结合，监管覆盖各个环节

有机管理注重过程控制。良好的内部管理是有利于有机品质的保障，完善的外部监管可促进有机市场的净化。建德市在创建示范区过程中注重企业内部管理和社会的外部监督。

内部管理。开展诚信经营自我承诺活动，每家企业取得有机认证证书后就签订《有机产品认证企业诚信经营承诺书》，落实企业主体责任。企业定期开展内部检查活动，建立自查自纠制度，注重农事记录，做好投入品出入库及使用登记，保证有机品质。建设农产品质量安全追溯体系，安装追溯软件，形成二维追溯码，实现网上实时监管，自觉接受社会、部门监督。

外部监督。创建办制定质量管理制度，开展联动监管。一是由农业主管部门定期开展有机产品、投入品监督抽查；二是市场监管局牵头、联合农业、林业部门开展有机企业网格化检查和有机市场巡查工作，对有机生产、销售各个环节开展监督检查，检测项目涉及农残、水质、空气等（2018 年建德市开展空气检测 10 批次，水质 10 批次，覆盖所有有机生产乡镇。产品农药残留检测 20 批次，包括基地、市场。市场标识检查 50 余批次）；三是组织义务监督员队伍，聘请 12 名科技界人士为有机产品认证示范创建义务监督员，引进社会监督；四是开展部门联审工作，将联审结果与各项农业补助、奖励资金发放相结合，督促企业诚信经营。

通过严格的监管，3 年来建德市有机产品企业进退有序，一批管理不善的水果蔬菜及少量茶叶企业认证单位陆续退出有机产品认证。管理较好的企业则不断发展壮大。近年来，产品认证企业未发生一起质量安全事故，产、商品质量抽检均合格。

（五）注重服务，提升有机产品品质

根据监管发现问题开展配套培训，培训内容涉及监管要求、认证知识、投入品管理、品牌建设等各个有机相关领域，有针对性地指导企业规范农事管理，建立有机档案，提升有机种植技术，建立微信群，引进认证专家、投入品专家、咨询公司、种植技术专家，定时发布有机资讯，同时方便有机企业及有意向开展有机认证的企业开展实时咨询。及时解决风险隐患。实施有机＋标准化＋品牌建设战略。截至 2018 年，制定杭州市级以上有机农产品种植技术标准 4 个，特色区域品牌团体标准 2 个，发布有机产品“浙江制造”标准 1 个（山茶油），产品标准达国际先进国内一流，申报品字标“丽水山耕”品牌认证 9 个，大大提升建德有机产品品牌知名度。

（六）政府搭桥，构建检测推介销售三大平台

提供检测服务平台。建德市市场监管局与建德农业局、水利水产局联合建立建德市农产

品检验检测中心，提供农药残留、重金属的检测服务，建德市环境检测站则为企业提供空气、土壤、水质的检测，为农业生产企业提供了极大的便利条件。

搭建推介平台。大力宣传建德有机产品，推动“建德制造”有机产品走向市场。一是通过举办“新安江之夏”旅游节、“建德开茶节”等活动，开展阶段性有机产品推介活动；采用多种方式，搭建产供销平台。二是通过农博会、森博会等展会形式，搭建建德有机农产品专柜，宣传有机产品示范区。三是在上海、南京、杭州等地创办建德市名特优产品展示展销中心实体店方式，宣传建德有机理念，展示销售建德有机产品。四、建立“有机建德”“建德果蔬乐园”微信公众号等新媒体形式推进有机文化宣传，推介优质农产品、有机产品。五是通过有机宣传周广场活动，有机知识进社区、进学校活动，让更多的百姓了解建德有机示范区的创建过程，了解有机知识，宣传建德的有机产品。

打造销售平台。一是开设建德市名特优产品展示展销中心，在上海、南京、杭州等地建立实体店，销售建德优质农产品。二是探索网络销售新模式，与阿里巴巴等第三方专业电子商务服务机构携手，创建“建德农食馆”，开办“建德有机年货节”，在“丰收节”、名优特产品展销会上销售有机产品。三是创新营销方式，打造“建德果蔬乐园”品牌，将有机种植与休闲旅游、养生相结合，吸引消费者走进有机企业，开展有机蓝莓采摘、铁皮石斛认养等活动，让消费者参与种植过程，增强消费者对建德有机产品的认可度。

（七）加大宣传，提升建德有机知名度

通过有机宣传周广场活动，有机知识进社区、进学校活动，建立“有机建德”微信平台、组织企业开展有机产品展示等多种形式，推进有机文化宣传，让更多的百姓了解建德有机示范区的创建过程，了解有机知识，宣传建德的有机产品。通过展会宣传、广告宣传、新闻媒体等形式，大力宣传建德有机产业，主要有：在杭州等地主要媒体开展建德国家有机产品认证示范区专题播报两次，在上海、杭州农产品展销会设专门摊位宣传示范区建设、在杭州涌金广场播放建德“国家有机产品认证示范区”形象宣传片等。2016 年政协大会期间，向市政府提交《关于加快我市有机产业发展的若干思考》提案一篇，在大会上发言。

二、创建成效

（一）生态环境不断优化

有机示范创建工作开展以来，对企业的生产监管更加严格，对于投入品的使用，更是三令五申，严厉打击了生产、经营、使用禁用农业投入品的违法行为，净化了投入品市场，杜绝了禁用药品和违禁药物违法销售行为。目前，企业对投入品的使用管理逐渐规范，特别是农业生产中的农药、化肥使用大幅度减少，农村面源污染对千岛湖水体的破坏大大降低，生态环境得到了有效保障。

（二）有机产品特色明显

建德市有机产业以山林产品为主，茶叶、油茶籽、笋有机种植起步较早，近年来水果、铁皮石斛等作为新兴产业通过有机认证的数量也逐年增加。目前，建德市认证面积最大的产业为油茶籽，面积为 1 716.13 公顷；其次是茶叶，认证面积为 1 035.7 公顷；第三是竹笋；第四是水

果；第五是中草药。龙头产业带动较为明显。

（三）品牌助推产业发展显著

通过创建“国家有机产品认证示范区”，企业的产品附加值和品牌影响力大大增强，农产品的品牌影响力大幅度提升，逐步实现优质优价，老百姓尝到了发展有机产业的甜头。“千岛银针”牌有机茶已获得中国驰名商标，“千岛银针”茶、“大库湾”香榧等有机产品被评为浙江省名牌产品，成了标杆式的“建德制造”，久晟山茶油主导制定浙江制造标准，3 家有机企业获得品字标“丽水山耕”认证，产品质量达国际先进、国内一流。有机蓝莓采摘游、有机石斛认养等带动建德养生休闲旅游产业发展壮大。建德的有机产品更是随着名特优产品展示展销中心、网上“建德农食馆”的推广获得百姓认可。建德的有机产品已不再局限在中国，有机企业已将目光瞄准世界，有机茶、山茶油已远销欧美。

（四）有机产业不断发展壮大

自开展示范创建以来，建德市有机产业发展迅速，有机产品认证企业从 17 家增加到 33 家（含国内、国外有机认证），认证面积从 2 586.29 公顷增加到 3 356.06 公顷，有机产业已成为建德现代农业的支柱产业，生产总值从 1.8 亿元增长到 6 亿元以上，2017 年全市有机农业龙头企业生产总值突破 6.64 亿元，占全市农业龙头企业总产值的 1/5 以上，利润达 5 389.7 万元，占全市农业龙头企业 1/4 左右。有机产业在逐步发展，农民收入在逐年增加。

有机示范区建设给建德市农业带来巨大的变化，有机产业已成建德市农业的支柱产业，它不仅在生态改善、产业优化方面发挥了巨大的作用，同时引领了休闲观光农业的快速发展，我们将进一步发挥政府联动、监督服务推动的作用，使建德市有机企业更快更好地发展。

实现绿色崛起　建设“两美”武义

——武义县有机产品认证示范区创建纪实

一、武义概况

武义县地处浙江中部，始建于三国吴赤乌八年（公元 245 年），距今已有 1 700 多年的建县历史，位于长三角经济圈南缘，东邻永康、缙云，西接遂昌、松阳，北靠义乌、金东、婺城，南界丽水莲都，是革命老区县、少数民族聚居地区，总面积 1 577 平方公里，下辖 15 个乡镇、3 个街道、1 个温泉度假区。呈“八山半水分半田”地理格局，生态环境优越。

武义山川秀美，物华天宝。萤石储量居全国之首，温泉资源“华东第一、全国一流”，素有“萤石之乡、温泉之城”的美誉。武义“宣莲”是中国三大名莲之一。有机茶颁证面积和产量居全国前列，是“中国有机茶之乡”。武义历史悠久，文化积淀十分深厚。唐代诗人孟浩然曾夜泊武义，写下了“鸡鸣问何处，风物是秦余”的佳句。南宋时期，吕祖谦、朱熹等理学大师在武义明招寺设堂讲学，形成了独树一帜的明招文化。是新文化运动先驱、湖畔诗人潘漠华、著名经济学家千家驹、著名工笔画大师潘洁兹的故乡。自然山水和人文旅游资源十分丰富，有全国文保单位延福寺、俞源明清古建筑群；有全国历史文化名村郭洞和俞源；有历经 800 年风雨的江南廊桥代表熟溪桥；有江南“小九寨”——“牛头山”国家级森林公园；有誉为“浙江第一、华东一流”的武义温泉，日出水量 1 万吨以上，水温 42～45 ℃，武义温泉度假区是浙江省最佳休闲旅游胜地。境内还有大红岩、寿仙谷、刘秀垄、清风寨等 10 多处省市级景区。

近年来，武义县以党的十九大精神为指针，按照浙江省委和金华市委的战略部署，紧紧围绕“打造中国温泉名城，构建东方养生胜地”的总体目标，牢牢把握“生态发展、绿色崛起”工作主线，大力弘扬“诚信尚义、包容开放、创新奋进”的武义精神，深入实施“生态立县、工业强县、旅游富县、科技兴县”战略，全面推进“富强武义、宜居武义、幸福武义、生态武义、和谐武义”建设。同时，武义县全力打造区域经济品牌，先后被命名中国旅游休闲产品出口基地、中国文教用品生产基地和中国电动工具制造业基地、中国门业产业基地等荣誉称号，进一步弘扬经济转型升级的主旋律，汇聚支持实体经济发展的正能量，增创武义转型富民的新动能。

二、武义有机产业和有机认证情况

武义是中国有机茶之乡，早在 20 世纪 90 年代初就提出建设“有机茶生产强县”的目标。1995 年开始与中国农科院茶叶研究所合作进行有机茶开发，翻开了武义有机产业发展的新篇章。1997 年，“采云间”系列有机茶顺利通过了国家环保局有机食品发展中心严格检测，武义金山茶业有限公司成为全省首家获得 OFDC 颁证的有机茶生产企业，并通过瑞士 IMO 等国际有机茶认证机构的认证，加入国际有机农业运动联合会。2001 年被命名为“中国有机茶之乡”，2003 年被评为浙江省茶树良种化先进县，2004 年被评为浙江省茶叶加工厂改造先进县，“武阳春雨”茶通过农业部农产品地理标志登记保护，连续两届荣获浙江省十大名茶称号；2005 年获得全国三绿工程茶业示范县、浙江省十大旅游名茶茶文化休闲观光基地称号，“武阳春雨”茶获浙江省名牌产品称号、中国茶叶流通协会推荐“放心茶”品牌，并成为首批国家生态原产地保护产品。2015 年 10 月，武义县获国家认监委颁布的“首批国家有机产品认证示范区”的称号，浙江更香有机茶业开发有限公司有机茶基地、浙江寿仙谷医药股份有限公司有机中药材基地先后获环保部颁布的“国家有机食品生产基地”。

良好的水土孕育了丰富的农产品资源。武义县优质稻米、有机茶、笋竹两用林、高山蔬菜、食用菌、优质水果、油茶、蚕桑、宣莲、板栗等产业特色明显，是全国杂交旱稻示范县、中国名茶之乡和重点产茶县、中国宣莲之乡、浙江省名特优经济林示范县、中国第一有机国药基地，还是国家外贸部确定的全国出口梨基地县，浙江省商品粮、商品猪、出口茶、桑蚕、杉木、毛竹、油茶林基地县。截至 2017 年年底，全县共有有机产品生产、加工认证企业 96 家，面积 5.1 万亩，有机认证证书 120 余张，其中有机茶认证企业 20 家，面积 1.7 万亩。共有茶叶、山稻、大米、莲子、火龙果、树莓、杨梅、柿子、猕猴桃、辣椒、秀珍菇、香菇、灵芝、铁皮石斛、藏红花、肉牛、山羊、鲢鱼、鳙鱼、竹笋、板栗、山茶油等 184 个产品通过认证。

三、保障措施

为加快实现绿色崛起，建设“两美”武义，提升武义县有机产品质量安全水平，2012 年县委、县政府决定由县市场监管局（原质监局）牵头，启动了“国家有机产品认证示范创建区”创建工作。通过健全组织领导、强化生产标准化、规范农业投入品管理、推广绿色防控技术、开展统防统治、加强疫情监测、完善追溯体系、落实主体责任等一系列举措，夯实了全县有机产业发展基础，有力地促进了以有机茶为主导的有机产业健康快速发展。武义县以国家有机产品认证示范区创建为工作载体，市场监管、农业、林业、水务、环保等部门围绕“生态发展、绿色崛起”主线，强化有机产品认证监管，推动全县有机产品认证工作持续健康发展。

（一）强化组织领导，明确任务职责

1. 健全组织

武义县委、县政府自 2000 年始就出台了《关于建立武义县有机茶开发领导小组》文件，并于 2012 年成立县长任组长，县委县府办、质监、工商、农业、环保、科技、发改、水务、林业、食药监等多个相关职能部门为成员的武义县创建国家有机产品认证示范区工作领导小组。领导小组下设办公室（设在县市场监管局，原质监局），并安排专门场所作为创建领导小组常设办公室，强化示范区创建组织协调，确保有效运转。领导小组定期召开联席会议，组织制定示范区建设相关政策、措施和管理办法，积极协调解决有关有机产业发展的问题和矛盾；对相关职能部门与各有机企业完成项目实施情况，及时汇总分析，全力做好创建各项工作，确保示范区建设顺利进行。2017 年，为做大做强有机产业，实现绿色转型、美丽富民的目标，进一步调整完善领导小组，成立专门机构“有机办”，并对有机办内部职责进行分工，内设综合组、宣教组、督查组、项目部，负责具体组织协调落实工作，推进有机产业的发展。

2. 明确职责

建立部门各司其职、密切配合、齐抓共管的协作机制。县政府专门下发了《武义县创建国家有机产品认证示范区实施方案（2013—2015）》（武政办〔2013〕13 号）文件，对创建任务进行分解落实，多次召开联席会议，初步构建了“地方政府负总责，监管部门各负其责，企业是第一责任人”的质量安全责任体系，形成了创建工作合力和良好氛围。

3. 突出扶持

充分发挥地方财政的推动作用，县政府在每年出台农业农村发展扶持资金意见中，专项安排有机产业扶持导向目录，把促进有机产业发展作为重点。近年来，县政府逐年加大对有机农业发展的扶持力度。农业企业、专业合作社、家庭农场等生产组织通过有机产品认证奖励 4 万元，到期复认成功的，按首次认证奖励金额的 50%给予奖励。农产品生产种植基地、畜禽饲养量达到一定规模，根据不同产业认证规模以奖代补每亩 150～600 元或 2 万～6 万元不等。对有机农产品标准制定、营销体系构建给予相应补助；有机产品质量追溯体系建设给予 3 万～5 万元的奖励。2017 年 4 月，县政府印发了《关于加快推进有机农业发展的实施意见（试行）》，进一步加大扶持力度，全域推进粮食、果蔬莲、茶叶、中药材、畜禽、水产、竹笋、山茶油、食用菌等有机产品的生产，安排财政资金 2 000 万元，对有机产品认证、基地建设、产品加工、有机农

业投入品、基地保护、品牌建设等各环节进行奖励。

(二)完善标准化体系,提高质量水平

1. 加强标准化建设,提升产业水平

为从源头上保证有机产品质量,按照有机种植、生产加工、出口贸易等各个环节,全面推进标准化建设。先后申报创建了"国家级有机茶农业标准化示范区""国家级出口茶叶质量安全示范区"和"农业部茶叶标准园"项目,组织制定《武义有机茶生产技术规程》(DB 3307/T 87—2018)、《武阳春雨茶生产技术规程》(DB 3307/T 039—2018)。通过标准化推广和实施,武义县茶叶标准化率达90%以上,大大提高良种茶园的比例和管理水平,为有机茶产业发展提供了基础。

2. 开展三品认证,打造知名品牌

组织有机示范区内生产加工单位积极开展三品认证和品牌申报创建,截至2017年,示范创建区内有县级以上农业龙头企业77家,其中国家级农业龙头企业1家,省级农业龙头企业4家;省级以上示范性合作社6家、示范性家庭农场5家。拥有驰名商标1个、著名商标9个、名牌产品8个。全县"三品一标"认证面积达24万亩,主要农产品"三品"认证比率达61.65%。

3. 强化基地管理,紧抓产业始环节

从源头上把好准入关,严格按照有机农产品种植基地相关要求,制定并严格执行"农业投入品管理""疫情疫病监测""有毒有害物质控制"以及"生产可追溯管理"等规章制度,有效保障产地原料质量安全。

4. 强化监督抽查,加强有机产品风险监测

为加强对有机农产品产品质量安全监管,积极组织开展监督抽查工作。近3年每年对武义县生产的有机茶、有机稻米、有机水果、有机食用菌、有机林产品、有机畜禽产品等进行全面的监督抽检,合格率达100%。2018年印发了《武义县有机产品质量安全专项监测方案》,委托第三方对全县88家种植单位生产的106个产品根据生产季节进行不通知抽检,目前抽检的50个产品检测结果全部符合要求。

(三)强化源头治理,规范投入品管理

2015年县政府制定出台《武义县农业投入品管理办法》,建立健全农业投入品的安全使用制度,加强对投入品科学使用的指导和监督。启动实施基本农药集中采购、统一配送和零差价供应工作,首批确定47家经营点,实行"统一报备、统一采购、统一标识、统一配送、统一价格、统一管理"管理模式,规范基本农药采购、供应秩序,营造科学环保的用药环境。全县共67家农资经营单位建立农资质量追溯与信息化服务管理,从源头上保障农资质量安全,建立"源头可追溯、流向可追踪、信息可查询、产品可召回"的农资质量追溯体系。同时,设立茶树用药专柜和有机农业投入品专柜,为茶农和有机农业生产者提供良好的技术指导和服务。2015年出台《武义县基本农药废弃包装物回收和集中处置实施方案》,每年安排200万元资金用于农药废弃包装物回收和集中处置补贴。按不同品种,以0.2~0.4元/只价格回收,由县农资批发企业归集、运输,负责送交资质单位无害化处理。截至2017年12月20日,回收农废包装物

242.45万只，其中塑料带、瓶235.34万只，壶、桶、玻璃瓶7.11万只，重量约为40.25吨，回收处置34.14吨，回收处置率达84.82%。累计支付回收资金和处置费共270多万元，形成化学投入品“产、供、销、用、回”全过程链条式长效控制机制。

(四)注重过程管理，实现全程追溯

完善信息数据。县农产品质量安全监控信息网主动对接省农产品质量安全追溯平台，进一步整合政府监管、主体生产、消费服务等功能，将县级有机生产企业或组织及县级以上示范性专业合作社等生产主体，均纳入信息库，实现大数据、大监管。完善追溯体系。开展有机生产主体“有管理制度、有专门人员、有生产记录、有质量检测、有产品标识”的“五有”产地准出管理。在全省率先研发县级农产品质量安全追溯信息平台，对有机产品检验检测、鲜叶加工、采摘收购、用药施肥等各个环节全程监控，实现基地种植、生产全程溯源。全县241家“三品一标”单位生产的产品质量安全实施二维码追溯。

(五)建立预警机制，提高应急管理

武义县先后出台《农产品质量安全应急处置办法》《重大食品安全事故应急预案》等制度，建立科学完善、操作性强的监测通报网络体系。将县质量技术监督检测中心和县农产品质量安全检测中心合二为一，充分整合资源，全面加强农药残留及其他有毒有害物质监测检验工作，随时发布农残监测、质量监查、产地环境等综合信息，做到安全问题“早发现、快行动、严处理”。

(六)开展诚信教育、深化责任意识

加强宣传培训，定期开展业务培训，组织全县有机生产单位技术负责人深入学习《农产品质量安全法》《有机产品认证管理办法》《有机产品生产、加工、销售、管理标准和生产技术知识》及其他法律法规，强化主体责任意识，增强依法诚信经营和守法意识，提高科学用药水平，保证茶叶等有机农产品质量。连续2年举办武义有机产品品尝推介会及有机产品展示展销会，宣传有机理念，引领健康生活。建立奖惩制度及黑名单管理制度，采取诚信考评等形式，提高有机从业人员道德素质，规范生产经营行为，完善诚信体系建设，引导有机产业健康发展。

(七)强化科技支撑，深化技术体系建设

近年来，武义县进一步加大了产学研合作力度，有机农业科技水平不断提升。浙江更香有机茶研究院作为全国首家有机茶研究院，围绕有机茶产业支撑技术开展深入研究，被农业部命名为“国家茶叶加工技术研发中心”。浙江寿仙谷生物科技有限公司承担国家级星火计划项目“灵芝新品种选育、生态高效栽培及精深加工产业化研究”(通过神舟飞船在“天宫二号”开展太空试验)，制定《灵芝有机栽培技术规范》，其建立的种植基地通过了中国和欧盟国际有机认证。同时，高度重视技术推广和标准化生产，加强病虫害物理和生物防治等先进技术推广体系和动植物疫病防控体系建设。实施了金华寿仙谷药业有限公司的“铁皮石斛标准化栽培”和浙江丰华农业开发有限公司的“笋竹两用林标准化栽培”两个省级农业标准化推广示范项目，并顺利通过了专家组验收。

四、实施成效

(一)质量安全管控有效

经过多年的探索实践,武义县有机农业质量安全管控体系日趋成熟完善,有机农业标准化程度和产品质量水平显著提高,从政府到企业、到农户,有机产品质量安全意识、品牌保护意识已深入人心,武义有机产品"安全、生态、有机、养生"的产品特性已成为共识,出口有机茶全部通过输入国官方检测,为近年来有机茶出口稳步提升、有效突破国际技术贸易壁垒,提供了坚强的品质保障和发展信心。

(二)生态效益明显增强

通过建立完善农业投入品控制体系,加强源头管理,开展农资废弃包装物回收工作,武义县农业投入品管理使用逐步规范化、科学化,大大减少化学投入品的使用,有效减轻对生态环境的破坏,保护了茶园生物多样性,有效改善茶叶基地小气候,进一步促进了有机产业的可持续发展和生态文明的建设。

(三)示范带动作用凸显

通过示范创建,逐步形成"政府主导、部门联动、龙头带动、全民行动"的发展机制,管理体系和政府扶持政策直接惠及于民,直接带动了有机龙头企业的发展壮大和中小有机企业的快速成长。同时,创建活动进一步增强了出口企业的信心,带动了一批武义县出口外贸加工型的企业转型自产自销,初步形成"龙头领队,企业组团"的出口模式,开创武义县以有机茶叶为主的农产品出口新局面。

(四)经济社会效益提升

武义是传统的农业县,也是浙江省商品粮、茶桑竹等基地县之一。通过发展有机茶、铁皮石斛等有机农产品,促进有机产业的持续健康发展,直接影响到武义县 1 000 多名从事有机产业生产工作者和 6 万名茶产业从业者。近年来,武义县以有机茶为代表,两条腿走路,同时开拓国内外市场,取得了丰硕成果,年人均收入增加 4 000 多元。有机产业的健康稳步发展,在促进企业盈利、农民增收的同时,也为当地提供了大量的就业岗位,有力促进了美丽乡村、和谐社会的建设。

(五)茶文化氛围日渐浓厚

武义产茶历史悠久,明朝期间武义茶叶曾列入贡品。武义县十分重视茶文化的研究和弘扬、推广工作,2013 年 10 月与农业部职业技能鉴定指导中心、中国就业培训技术指导中心、中国茶叶学会联合举办"武阳春雨杯"第二届全国茶艺职业技能竞赛,受到全国茶业界的高度关注。同时,依托武义县茶文化研究会平台,大力挖掘整理武义茶史、茶诗、茶文、茶俗、茶人等文化史料,培育武义特色茶文化,2015 年 9 月正式出版 30 余万字的《武义茶文化》书籍;并致力于茶产业发展研究,服务技术推广与合作交流,为发展武义茶经济服务。在创建推动下,研究会还深入开展茶文化进机关、进企业、进学校、进社区的“四进”活动，繁荣武义茶文化，引起社会强烈反响。

五、特色产品

武阳春雨有机茶（更香、乡雨、汤记）：1994年由武义县农业局研制开发以来，先后获得“全国农业行业最高奖”“中国名牌农产品”“中国精品名茶博览会金奖”，两次蝉联“浙江省十大名茶”荣誉称号。

武义宣莲：武义特产，地理标志证明商标，始种于唐朝显庆年间（656—660），以颗大粒圆、饱满肉厚、肉酥味美、营养丰富、药用价值高而著名。清嘉庆六年（1802）列为朝廷贡品。

武义铁皮石斛等珍稀药材（寿仙谷）：武义铁皮石斛2011年通过农业部农产品地理标志登记保护，浙江寿仙谷医药股份有限公司生产的寿仙谷牌珍稀药材基地位于武义县源口水库（饮用水源）脚下，是一块远离污染的净土，有着得天独厚的自然环境，主要种植有铁皮石斛、灵芝、西红花等珍稀药材。